DEBUT D'UNE SERIE DE DOCUMENTS EN COULEUR

L'ESCLAVAGE

AUX

ANTILLES FRANÇAISES

AVANT 1789

D'après des documents inédits des Archives coloniales

PAR

LUCIEN PEYTRAUD

DOCTEUR ÈS LETTRES
INSPECTEUR D'ACADÉMIE DE TOURS

« Maudit soit Canaan ! qu'il soit l'esclave
« des esclaves de ses frères ! »
(Genèse, IX, 25).

PARIS
LIBRAIRIE HACHETTE ET Cie
79, BOULEVARD SAINT-GERMAIN, 79

1897

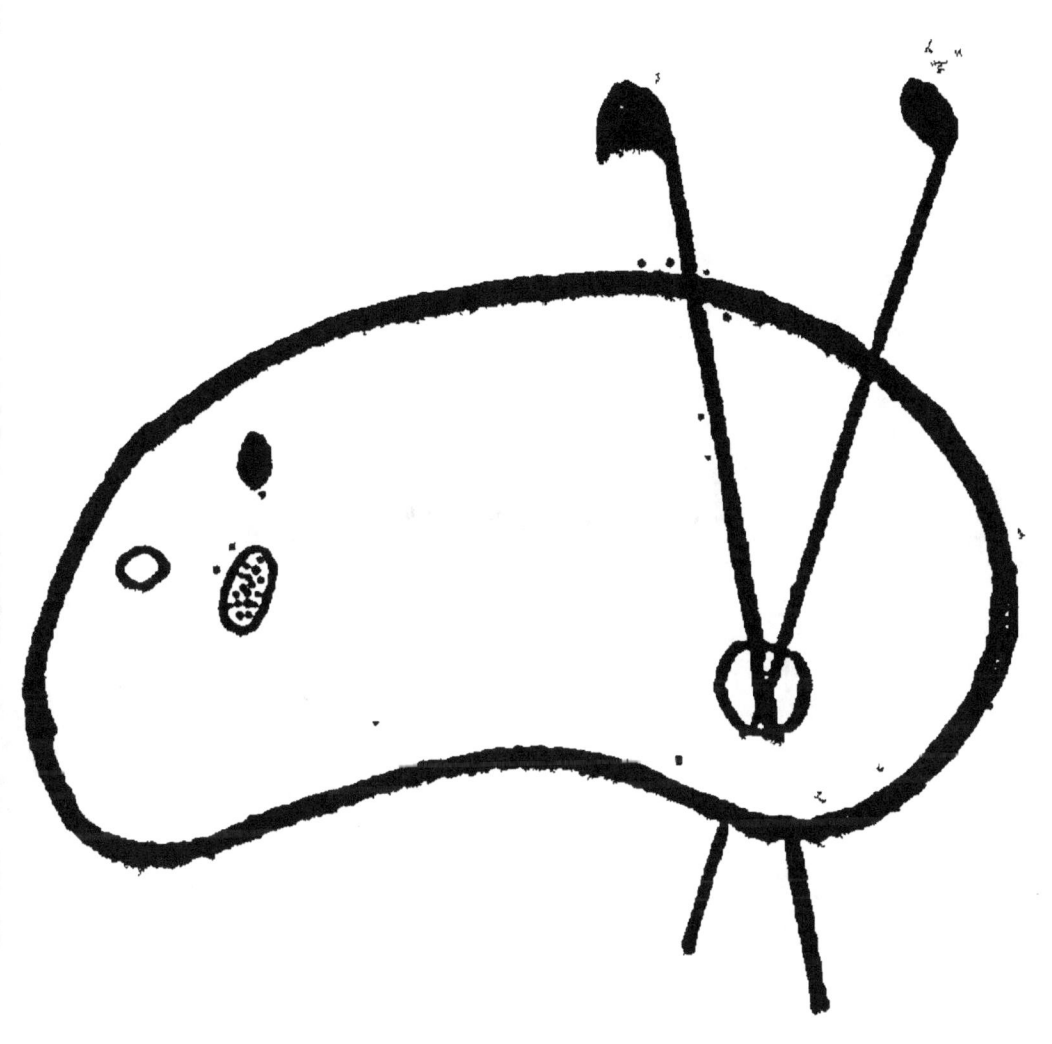

FIN D'UNE SERIE DE DOCUMENTS EN COULEUR

L'ESCLAVAGE

AUX

ANTILLES FRANÇAISES

AVANT 1789

TOURS. — IMPRIMERIE DESLIS FRÈRES

L'ESCLAVAGE

AUX

ANTILLES FRANÇAISES

AVANT 1789

D'après des documents inédits des Archives coloniales

PAR

LUCIEN PEYTRAUD

DOCTEUR ÈS LETTRES
INSPECTEUR D'ACADÉMIE DE TOURS

« Maudit soit Canaan ! qu'il soit l'esclave
« des esclaves de ses frères ! »
(Genèse, IX, 25).

PARIS
LIBRAIRIE HACHETTE ET Cie
79, BOULEVARD SAINT-GERMAIN, 79
—
1897

A MES MAITRES

ERNEST LAVISSE ET MARCEL DUBOIS

PRÉFACE

Thèse de l'utilité de l'esclavage au point de vue économique. — Supériorité du travail libre. — Fausse conception de l'intérêt. — Intérêt même actuel de la question de l'esclavage. — Ni esclavagistes, ni abolitionistes ne l'ont traitée avec une impartialité suffisante. — Étude faite par M. P. Trayer au point de vue juridique. — Indication sommaire du plan du présent ouvrage.

L'esclavage a joué un rôle capital dans l'histoire des Antilles. On est généralement d'accord pour lui attribuer la prospérité matérielle de ces îles [1]. Sans les nègres esclaves, dit-on, leur sol, d'une fécondité si admirable, n'aurait pu être que très imparfaitement mis en culture. L'esclavage a donc été un mal nécessaire; et, si la philosophie le condamne au point de vue humanitaire, l'histoire est obligée de constater qu'il en est résulté un grand bien au point de vue économique.

Cette thèse nous a paru singulièrement exagérée. Après avoir étudié l'esclavage dans les Antilles françaises et tâché de nous rendre compte de son organisation et de ses conséquences, nous croyons d'abord pouvoir dire et

[1] Les principaux économistes qui, de notre temps, ont vanté le côté économique brillant de l'esclavage sont Merivale et Roscher. (Voir, plus loin, la bibliographie des imprimés.)

nous espérons montrer que le travail libre eût été de beaucoup préférable. En réalité, c'est un intérêt mal entendu qui a fait adopter par la métropole et par les colons le travail servile comme unique moyen d'exploiter le sol. Nous ferons voir, en effet, comment ce préjugé a faussé dès le début le développement de nos colonies, qui en ressentent encore aujourd'hui, dans une certaine mesure, les effets.

Aussi avons-nous pensé qu'il n'y aurait peut-être pas seulement un intérêt rétrospectif à retracer le régime de l'esclavage, dont on parle assez communément, mais sans le connaître toujours d'une manière bien exacte. Ce n'est pas qu'il n'existe déjà une multitude d'écrits sur la matière. Mais presque tous les auteurs ont surtout traité la question de l'abolition de l'esclavage, qui a tant passionné les esprits dans la première moitié de ce siècle. Or, les abolitionistes se sont placés uniquement au point de vue philosophique et philanthropique, tandis que les partisans du maintien de la servitude n'ont guère envisagé que celui de leurs intérêts. Qui ne sait que, dans toute polémique, où la passion, même la plus noble, est en jeu, on ne voit des faits que le côté propre à soutenir ou attaquer une théorie préconçue? De là vient que la plupart ne se sont pas proposé de faire avant tout un exposé historique, dégagé de tout esprit de parti.

Il y a quelques années seulement, M. Paul Trayer a pris comme sujet de thèse pour le doctorat en droit une

Étude historique de la condition légale des esclaves dans les colonies françaises[1] ». Mais, comme l'indique le titre, c'est principalement le point de vue juridique qui domine dans son étude. Tout en reconnaissant la valeur du travail de notre devancier, auquel nous devons plus d'une indication utile, nous espérons nettement marquer la différence qui existe entre le sien et le nôtre.

Tout d'abord, il est facile de constater le développement particulier que nous avons donné à la traite, qui était liée plus intimement à notre sujet.

Comme on pourra s'en rendre compte par la bibliographie que nous indiquons ci-dessous, nous croyons n'avoir laissé de côté aucune source importante de la question, tandis que M. Trayer s'est contenté, ou à peu près, de puiser aux sources du droit. Nous avons notamment fait un usage constant de la grande collection Moreau de Saint-Méry, conservée aux Archives Coloniales, et dont une partie considérable est restée inédite, ainsi que de la correspondance générale échangée entre le Roi ou ses ministres et les administrateurs des îles.

Nous avons jugé à propos de nous borner aux Antilles françaises, vu la quantité de documents que nous devions déjà consulter pour ces îles. Nous avons même étudié l'esclavage plus spécialement à la Martinique, parce qu'elle a été pendant assez longtemps l'unique chef-lieu des Antilles

---

[1] Paris, 1887, 104 p.

et qu'en somme la plupart des mesures prises pour elle ont été applicables aux autres îles.

Nous nous sommes abstenu systématiquement de toute comparaison avec l'esclavage dans les colonies des autres nations européennes, parce qu'en suivant cette voie nous eussions également été entraîné trop loin.

De plus, nous nous sommes efforcé de traiter aussi complètement que possible toutes les questions si diverses et si complexes qu'a soulevées l'esclavage moderne, considéré soit en lui-même, soit en ce qui a trait à son influence sur le sort de nos colonies. Remontant ainsi à son origine, nous avons voulu montrer son organisation progressive et son plein développement.

Pour ce qui concerne sa suppression, nous estimons qu'il n'y avait pas lieu d'y revenir après l'ouvrage de M. Augustin Cochin [1], qui a magistralement résumé les principaux documents parus sur ce sujet en notre siècle. C'eût été, d'ailleurs, la matière d'une autre étude.

Nous nous sommes arrêté à la Révolution, parce qu'elle a marqué aussi pour les colonies à esclaves une ère nouvelle, en ce sens qu'elle a donné une impulsion particulière aux premières idées d'émancipation et réalisé même passagèrement l'abolition par le décret d'affranchissement du 16 pluviôse an II (4 février 1794). Si elle n'a pas pu la faire prévaloir d'une façon définitive, elle avait du moins

---

[1] A. Cochin, *L'abolition de l'esclavage*. Paris, 1861, 2 vol. in-8.

affirmé assez hautement le principe pour qu'il triomphât pleinement dans les colonies françaises un demi-siècle après. Dans les discussions si ardentes que souleva ce grave problème, la cause de l'humanité et de la justice était heureusement destinée à l'emporter sur la politique oppressive et sans pitié de l'intérêt.

NOTICE BIBLIOGRAPHIQUE

I. — SOURCES MANUSCRITES

Presque toutes les sources manuscrites dont nous avons fait usage se trouvent aux Archives Coloniales. C'est Colbert qui eut, le premier, l'idée de faire réunir et copier les principales dépêches et instructions concernant les colonies. Mais ce ne fut qu'en juin 1776 que parut un édit royal[1] créant un dépôt fixe des Archives Coloniales à Versailles. Les collections en furent transférées à Paris, au Ministère de la Marine, en 1837. Depuis, elles ont été complétées, en particulier pour ce qui intéresse notre sujet, par l'achat des papiers de Moreau de Saint-Méry. Tous les documents relatifs aux colonies sont actuellement au Ministère des Colonies. Nous devons dire qu'il n'en existe qu'un catalogue sommaire, inédit[2], qui a été fait lorsque les Archives des Colonies ont été séparées de celles de la Marine. Or, il n'indique souvent que d'une manière très insuffisante la matière des 20.000 registres et des 4.000 cartons des Archives, ce qui rend les recherches assez difficiles. Au moment où les questions coloniales ont repris tant d'importance, il est à souhaiter qu'on entreprenne un catalogue analytique de ces Archives[3]. Faut-il dire que l'exemple nous en a été donné par le Canada qui, non content de faire copier toutes les pièces qui l'intéressent, en a fait dresser et publier un inventaire détaillé[4].

Nous ne mentionnerons que les documents que nous avons consultés.

Série B.

LETTRES ENVOYÉES: *Correspondance ministérielle et Ordres du roi.* 212 registres et 3 cartons, 1663 à 1789. — Voici la liste de ceux où il est question des Antilles :

2. Année 1670. — 3. 1671. — 4. 1672. — 5. 1673. — 6. 1674-1675. — 7. 1676-1678. — 9. 1679-1682. — 10. 1683. — 11. 1684-1685. — 12. 1686.

---

[1] Isambert, *Recueil général des anciennes lois françaises*, t. XXIV, 37.

[2] Guët, *Inventaire des Archives coloniales avant 1790.* Paris, 1884, 1 vol. manuscrit.

[3] Un comité nommé récemment se propose d'entreprendre au moins un nouveau classement.

[4] Douglas Brymner, *Rapport sur les Archives canadiennes et sur la manière de garder les documents publics.* Ottawa, 7 vol. in-8, 1882-1890. Cet ouvrage contient l'indication de toutes les pièces qui sont non seulement à Paris, mais à Londres.

— 13. 1687. — 14. 1688-1693. — 18. 1694-1697. — 21. 1698-1700. — 24. 1701-1702. — Lacune pour 1703-1704. — 26. 1705. — 28. 1706-1707. — 31. 1708-1709. — 32. 1710. — 33. 1711. — 34. 1712. — 35. 1713. — 36. 1714. — 37. 1715 (les huit premiers mois). — 38. 1715-1716. — 39. 1717. — 40. 1718. — 41. 1719. — 42. 1720. — 44. 1721. — 45. 1722. — 46. 1723. — 47. 1724. — 48. 1725. — 49. 1726. — 50. 1727. — 51 et 52. 1728. — 53. 1729. — 54. 1730. — 55. 1731. — 56 et 57. 1732. — 58 et 59. 1733. — 60 et 61. 1734. — 62 et 63. 1735. — 64. 1736. — 65. 1737. — 66. 1738. — 68. 1739. — 71. 1740. — 72. 1741. — 74. 1742. — 76. 1743. — 78. 1744. — 81. 1745. — 83. 1746. — 85. 1747. — 87. 1748. — 89. 1749. — 91. 1750. — 93. 1751. — 95. 1752. — 97. 1753. — 99. 1754. 101. 1755. — 103. 1756. — 105. 1757. — 107. 1758. — 109. 1759. — 111. 1760-1761. — 114. 1762. — 116 et 117. 1763. — 119. 1764. — 121. 1765. — 123 et 125. 1766. — 126. 1767. — 129. 1768. — 132. 1769. — 135. 1770. — 138. 1771. — 141. 1772. — 145. 1773. — 148. 1774. — 151. 1775. — 156. 1776. — 160. 1777. — 162. 1778. — 167. 1779. — 171. 1780. — 173. 1781. — 176. 1782. — 180. 1783. — 186. 1784. — 188. 1785. — 192. 1786. — 194. 1787. — 197. 1788. — 199. 1789.

Soit, au total, 103 volumes in-folio et un carton. Il faut dire que les recherches sont facilitées par des tables analytiques ; elles manquent cependant pour quelques volumes, et, pour d'autres, il n'y a souvent que le nom du correspondant indiqué. Ces lettres nous montrent au jour le jour l'histoire des îles. Il est à remarquer que, chaque fois que les fonctionnaires changent, on remet ou on envoie aux nouveaux des *Mémoires* ou *Instructions* conçus presque toujours sur le même plan ; on leur rappelle aussi constamment les anciens règlements. En somme, à mesure que nous avons avancé dans le dépouillement de cette correspondance, nous avons trouvé de moins en moins d'indications nouvelles.

Série C

Lettres reçues. — C⁶ : *Correspondance générale. Côtes Occidentales d'Afrique, Sénégal, Gorée, etc.* 1588-1890. 20 cartons.

Pour les Antilles, c'est la série C⁸ qui comprend la *Correspondance générale de la Martinique*, soit 90 registres et 16 cartons se suivant dans l'ordre chronologique, de 1639 à 1789. Les volumes ne sont pas paginés, et il n'y a pas de table, ce qui en rend le dépouillement très long. Aussi avons-nous dû renoncer à parcourir la correspondance générale de la Guadeloupe (C⁷, 43 registres et 5 cartons), celle de Saint-Domingue (C⁹, 163 registres et 43 cartons), celle des îles diverses des Antilles (C¹⁰, 24 cartons), et celle de Cayenne (C¹⁴, 63 registres, 2 cartons). Aussi bien, ce qui diminue nos regrets, c'est la pensée ou plutôt la certitude que, d'une manière générale, ces lettres contiennent des renseignements peu différents de ceux qui nous ont été fournis par celles des administrateurs de la Martinique. C'étaient fatalement toujours les mêmes questions qu'ils étaient appelés à traiter, et nous croyons que nous avons consulté assez de documents pour avoir pu essayer de tracer un tableau exact dans son ensemble; pour certains détails particuliers, nous n'avons jamais omis d'indiquer quand ils ne s'appliquaient qu'à telle ou telle des Antilles.

Série (1) F6

Police des noirs en France. 1777-1778. *Législation*. 1 vol.
Police des gens de couleur transportés en France et de France aux colonies. 1778, 1 vol.
Police des nègres. 1777-1778. *France*. 1 carton, A.
Police des nègres. 1731-1784. *Côtes d'Afrique*. 1 carton, B.
Ces deux volumes et ces deux cartons, sans numéros, viennent après le 48.

Série F2

COMPAGNIES DE COMMERCE. — N° 15. *Compagnie des Îles d'Amérique*. 1 carton.

N° 18. Dernis, *Histoire abrégée des Compagnies de commerce qui ont été établies en France depuis l'an 1626*. 1 vol.

N° 19. *Ordres du roi et autres expéditions de la Compagnie des Îles de l'Amérique*. 1635-1648. 1 vol.

Ces volumes, et les autres de la même série, sont surtout utiles à consulter au point de vue du commerce proprement dit ; il n'y a guère, relativement à l'esclavage, que des renseignements de statistique sur la traite.

Série F

COLLECTION MOREAU DE SAINT-MÉRY. — N° 17. *Description et historique. Essequèbe, Floride, Gorée, Grenade*. 1 vol.
N°s 18, 19, 20. *Historique de la Guadeloupe*. 1635-1699. 3 vol.
N°s 21, 22. *Historique. Cayenne et Guyane*. 1651-1790. 2 vol.
N°s 26 à 31. *Historique de la Martinique*. 1635-1790. 6 vol.
N° 40. *Code historique. Martinique*. 1780-1803. 1 vol.
N° 41. *Relation de l'établissement des Français depuis l'an 1635 en l'isle de la Martinique*, par le P. Jacques Bouton, de la Compagnie de Jésus. Paris, 1640. Ce manuscrit a été publié. Voir, ci-après, aux imprimés.
N° 42. *Récit des événements qui ont eu lieu aux Antilles de 1757 à 1763*. Anonyme. Le titre, au dos du volume relié, n'est pas de l'auteur ; il est d'ailleurs assez inexact, car une bonne partie du volume est consacrée à la relation du voyage d'un colon des Antilles en France et à Paris.
N°s 52, 53. *Saint-Christophe. Description et historique*. 1627-1784. 2 vol.
N° 60. *Code historique. Sénégal*. 1763-1808. 1 vol.

---

1 Nous suivons l'ordre du catalogue manuscrit de M. Guët.

N° 61. *Documents sur l'Afrique.* 1727-1789. 1 vol.

N°⁵ 67 à 72. *Historique. Colonies. Instructions aux administrateurs,* 1665 à 1788. 6 vol.

N°⁵ 78 à 95. *Colonies en général. Répertoire alphabétique.* 18 vol. Nous nous sommes servi à peu près uniquement du 13°, coté 90 et portant au dos *Esclaves;* il est sans pagination.

N° 128. *Traite des nègres* (Documents anglais traduits : *Comptes rendus des séances de la Chambre des pairs et des Communes,* 1788-1789). 1 vol. Contient une curieuse planche gravée représentant l'*arrimage* des nègres sur les navires de traite. V., ci-après, Bibl. des imprimés, *The debat on a motion,* etc.

N° 129. *Essai sur l'esclavage et observations sur l'état présent des colonies des Européens en Amérique.* Sinnamary, germinal an VII. Sans nom d'auteur. Attribué à Lafond de Ladebat, Barbé-Marbois ou Billaut-Varennes. Intéressant par quelques considérations historiques et philosophiques. 1 vol.

N°⁵ 132 à 155. *Notes historiques sur Saint-Domingue,* par Moreau de Saint-Méry. Les vol. 140, 141, 142 ont des n°⁵ *bis.*

N° 156. *Colonies. Alphabétique. Divers documents de 1785 à 1794.* 1 vol.

N° 157. *Tableau de l'administration des Iles-sous-le-Vent,* par M. Le Brasseur, ancien administrateur par intérim des îles (à partir du 20 juin 1780). Le même manuscrit existe à la Bibliothèque Nationale. Suppl. fr. 1794.

N° 158. *France. Supplément. 1785-1791. Mémoire de M. de la Luzerne, ancien gouverneur général des îles.*

N°⁵ 221 à 235. *Code Guadeloupe.* 1735 à 1806. 15 vol. Le dernier contient une Table générale chronologique et alphabétique.

N° 236. *Recueil des lois particulières à la Guadeloupe et dépendances.* 1636-1777. 1 vol.

N°⁵ 244 à 246. *Annales du Conseil souverain de la Martinique.* 1726-1778. 3 vol. Il n'y est mentionné que des affaires particulières concernant des esclaves jugés en vertu de la jurisprudence existante. Pas de règlements généraux.

N°⁵ 247 à 263. *Code Martinique.* 1629-1784. 17 vol., dont un de Tables. Cf. aux imprimés : *Code de la Martinique,* par Durand-Molard. Mais toutes les pièces n'y ont pas été reproduites.

N° 267. *Code. Description et historique. Colonies. A. V.*

N°⁵ 269 à 281. *Code Saint-Domingue,* de 1492 à 1789. 13 vol.

Série G

ÉTAT CIVIL. — G¹ : n°⁵ 468 et 469: *Recensements de la Guadeloupe à partir de* 1671. 2 vol.

N° 470. *Recensements de la Martinique.* 1664-1754. 1 carton.

N°⁵ 471 et 472. *Recensements de Saint-Christophe.* 1665-1701. 2 vol.

. Nous, avons donc consulté 326 volumes ou registres et 41 cartons des Archives Coloniales.

Ajoutons que nous avons trouvé quelques renseignements aux Archives Nationales, section administrative, F 6194 et 6197, et Z^{ID} 102 A, Z^{ID} 138 et 139 ; à la Bibliothèque Nationale, manuscrits F 4089, *Discours de marine et de commerce*, et F, fr. 5969, un volume portant pour titre *Ordonnances du présidial de Nymes*, et contenant un texte du Code Noir avec des annotations juridiques de Loisel, petit-fils du jurisconsulte ; — aux Archives du Ministère des Affaires étrangères, *Amérique*, *Mémoires et Documents*, t. IV.

II. — IMPRIMÉS

LISTE ALPHABÉTIQUE DES PRINCIPAUX OUVRAGES CONSULTÉS

N. B. — Nous ne mentionnerons pas un certain nombre d'ouvrages, où il est pourtant question de l'esclavage aux Antilles, mais qui ne nous fournissaient pas de renseignements particuliers. Nous n'indiquerons que ceux auxquels nous avons fait réellement quelque emprunt. On peut trouver au *Catalogue de l'histoire de France*, de la Bibliothèque Nationale, t. VIII, L^{k12}, une assez longue liste de livres et surtout de pièces qui ont trait plus ou moins directement à notre sujet, mais qui, en général, se rapportent plutôt à la question de l'abolition. La bibliothèque du Ministère de la Marine est également assez riche. Cf. t. I du *Catalogue, Législation et Administration*.

Archenholtz (J.-W. d'), *Histoire des flibustiers*, traduit de l'allemand par Bourgoing. Paris, an XII, 1804, in-8.

Avezac (d'), *Esquisse générale de l'Afrique*. Paris, 1837, in-8.

Avis des conseils coloniaux de la Martinique, etc. Paris, 1839, in-4.

Azurara (Gomes-Eannes de), *Chronica do descobrimento e conquista de Guiné...* Paris, 1841, in-8.

Bandinel (James), *Some Account of the trade in Slaves from Africa as connected with Europe and America; from the introduction of the trade into modern Europe down to present time*, etc. London, 1842, in-8.

Benzoni, *Historia del mondo nuovo*. L'ouvrage est de 1565. Une traduction française fut publiée à Genève en 1579 et 1700, d'après Brunet. L'exemplaire que nous avons consulté à la Bibliothèque Nationale est sans lieu ni date. En voici le titre : « *Histoire nouvelle du nouveau monde, contenant en somme ce que les Hespagnols ont fait jusqu'à présent aux Indes occidentales et le rude traitement qu'ils font à ces poures peuples-là. Extrait de l'Italien de M. Hierosme Benzoni Milanais qui ha voyagé XIIII ans en ces pays-là, et enrichie de plusieurs discours et choses dignes de mémoire* », par Urbain Chauveton.

Berlioux, *André Brue ou l'origine de la colonie française du Sénégal*. Paris, 1874, in-8.

Biot (Ed.), *De l'abolition de l'esclavage ancien en Occident*. Paris, 1840, in-8. Mémoire couronné par l'Académie des Sciences morales et politiques.

Bonnassieux (Pierre), *Les grandes compagnies de commerce*. Paris, 1892, gr. in-8. L'auteur a consulté les Archives Coloniales, mais il ne donne pas les références précises.

Bosman (Guillaume), *Voyage de Guinée*, trad. fr. du Hollandais. Utrecht, 1705, in-12. Le troisième livre traite du commerce des nègres.

Bouet-Villaumez, *Commerce et traite des noirs aux côtes occidentales d'Afrique*. Paris, 1848, in-8.

P. Bouton, *Relation de l'établissement des Français depuis l'an 1635 en l'ile de la Martinique*. Paris, 1040, in-8.

Boyer-Peyreleau (Eug.-Edouard, colonel), *Les Antilles françaises, particulièrement la Guadeloupe depuis sa découverte jusqu'au 1ᵉʳ janvier 1823*. Paris, 1823, 3 vol. in-8. Intéressant, documenté, utile à consulter au point de vue économique.

Brutails (Aug.), *Etude sur l'esclavage en Roussillon du* xiiiᵉ *au* xviiᵉ *siècle*. Paris, 1886, in-8.

Burney (James), *History of the Buccaneers of America*. London, 1816, in-4.

Caillet (Jules), *L'administration en France sous le ministère du cardinal de Richelieu*. 2ᵉ édit., Paris, 1860, 2 vol. in-12.

Castelli (abbé), *De l'esclavage en général et de l'émancipation des noirs*. Paris, 1844, gr. in-8.

[Chambon], *Le commerce de l'Amérique par Marseille*.. Marseille, 1764, 2 vol. in-4.

P. Charlevoix (Pierre-François-Xavier), *Histoire de l'isle espagnole ou de Saint-Domingue, d'après les mémoires manuscrits de Le Pers et les archives de la marine*. Paris, 1730, 2 vol. in-4, ou Amsterdam, 1733, 4 tomes en 2 vol. pet. in-8 ; c'est la seconde édition que nous citons.

Charrière (A. de la), *De l'affranchissement des esclaves dans les colonies françaises*. Paris, 1838, in-8.

Clarkson, *Essai sur les désavantages politiques de la traite des nègres*, précédé de l'*Extrait de l'Essai sur le commerce de l'espèce humaine*. Traduction de Gramagnac, Neufchâtel, 1789.

Clément (Pierre), *Lettres, instructions et mémoires de Colbert*. Paris, 1861-1882, 9 vol. in-8.

Cochin (Augustin), *L'abolition de l'esclavage*. Paris, 1861, 2 vol. in-8.

Code Noir (Le), ou *Recueil des réglemens rendus jusqu'à présent concernant le gouvernement, l'administration de la justice, la police, la discipline et le commerce des nègres dans les colonies françoises, et les Conseils et Compagnies établis à ce sujet*. Paris, 1788, in-24. Il y a trois autres éditions principales de ce recueil, 1742, in-24, 1745, in-12, et, 1767, in-12. Celle que nous indiquons est la plus rare ; c'est aussi la plus complète.

Commission coloniale : 1849-1851. *Notes, rapports, projets de décrets et projets de lois.* Paris, in-4.

Debat (The) on a motion for the abolition of the slave-trade in the House of Commons on monday and tuesday april 18 and 19 1791, reported in detail. London, 1791, in-f°.

Dejust (Henri), *L'esclavage dans l'antiquité, le colonat, le servage et la traite des noirs.* Paris, 1873, in-8.

Demanet (abbé), *Nouvelle histoire de l'Afrique française.* Paris, 1767, 2 vol. in-12.

Deschamps (Léon), *Histoire de la question coloniale en France.* Paris, 1891, in-8.

Description d'un navire négrier. Brochure s. l. n. d.

Desmarchais (le chevalier), *Voyage du ... en Guinée, îles voisines, et à Cayenne, fait en 1724, 1725 et 1726,* etc. Paris, 1730 ; Amsterdam, 1731, in-8 (avec cartes de d'Anville et figures gravées d'après les dessins de Desmarchais).

Dessalles (Adrien), *Histoire générale des Antilles.* Paris, 1847-1848, 5 vol. in-8. Le troisième (qui est le dernier de la première série) a pour titre : *Histoire législative des Antilles ou Annales du Conseil souverain de la Martinique ;* t. I, 1re partie : *Tableau historique du gouvernement de cette colonie depuis son premier établissement jusqu'à nos jours,* etc., par Pierre-Régis Dessalles, conseiller au Conseil souverain de la Martinique, avec des annotations par son petit-fils Adrien Dessalles. L'ouvrage de P.-Régis Dessalles a paru à Bergerac en 1786, 2 vol. in-8, sans nom d'auteur, et il est très rare ; ce sont surtout des notes, que son petit-fils a réimprimées dans son 3° volume. Quand nous citons ce volume, c'est donc, en réalité, le témoignage du grand-père que nous invoquons. L'œuvre de A. Dessalles est faite très consciencieusement, d'après les sources ; il a souvent mis à profit les Archives Coloniales.

Dujougon (abbé), *Lettres sur l'esclavage dans les colonies françaises.* Paris, 1845, in-8. Ces lettres ont été écrites à des amis pendant un séjour de dix-sept mois de l'auteur à la Guadeloupe ; la première est du 20 mars 1840.

Du Puis (Fr.-Mathias), *Établissement d'une colonie dans la Gardeloupe (sic).* Caen, 1652, in-8.

Durand-Molard, *Code de la Martinique, Saint-Pierre-Martinique,* 1807-1814, 5 vol. in-8. Nouvelle édition, continuée par Aubert-Armand, Fort-de-France, 1872, 8 vol. C'est de celle-ci que nous nous sommes servi.

P. du Tertre, *Histoire générale des Antilles habitées par les Français.* Paris, 1667-1671, 3 vol. in-4, dont le troisième comprend deux parties. La première édition est de 1654 ; mais elle est beaucoup moins complète que celle-ci.

Duval (Jules), *Les colonies et la politique coloniale de la France.* Paris, 1864, in-8.

Edwards (Bryan), *The history civil and commercial of the British west Indies*. Londres, 1793, 1re éd., 2 vol. in-8; 1819, 5e éd., 5 vol. in-8.

Frossard, *La cause des esclaves nègres et des habitants de la Guinée, portée au tribunal de la justice, de la religion, de la politique; ou Histoire de la traite et de l'esclavage des nègres, preuves de leur illégitimité, moyens de les abolir sans nuire ni aux colonies ni aux colons*. Lyon, 1789, 2 vol. in-8.

Gaffarel, *Les colonies françaises*. Paris, 1885, in-8, 3e édit.; — 5e en 1893.

Girard de Rialle, *Les peuples de l'Afrique et de l'Amérique*. Paris, 1880, in-32.

Giraud (Ch.), *Mémoire sur l'esclavage des nègres*, dans les *Comptes rendus de l'Académie des Sciences morales et politiques*. Année 1841.

Gomara (Fr. Lopez de), *Histoire générale des Indes Occidentales*, trad. franç. par Martin Fumée, sieur de Marly-le-Chastel. Paris, 1569, in-8.

Granier de Cassagnac, *Voyage aux Antilles françaises, anglaises, danoises, espagnoles, à Saint-Domingue et aux États-Unis d'Amérique*. Paris, 1842-1844, 2 vol. in-8 (L'auteur est partisan de l'esclavage).

Herrera (Antonio de), *Descripcion de las Indias Occidentales*. Édit. de Madrid, 1730, in-4.

Hilliard d'Auberteuil, *Considérations sur l'état présent de la colonie française de Saint-Domingue*. 1776-1782, 2 vol. in-8.

Humboldt (Alexandre de), *Examen critique de l'histoire de la géographie du nouveau continent et des progrès de l'astronomie nautique aux XVe et XVIe siècles*, Paris, 1836-1839, 5 vol. in-8.

Isert (Paul-Erdman), *Voyages en Guinée et dans les îles Caraïbes en Amérique par ..., tirés de sa correspondance avec ses amis*. Traduit de l'allemand. Paris, 1793, in-8.

Labarthe (P.), *Voyage à la côte de Guinée, ou Description des côtes d'Afrique depuis le cap Tagrin jusqu'au cap de Lopez Gonsalves*. Paris, 1803, in-8. — Du même, *Harmonies maritimes et coloniales, contenant un précis des établissements français en Amérique, en Afrique et en Asie*. Paris, 1815, in-8.

P. Labat (Jean-Baptiste), *Nouvelle relation de l'Afrique occidentale*, etc. Paris, 1728, 5 vol. in-12. — Du même, *Nouveau voyage aux isles de l'Amérique*, etc. Paris, 1742, 4 vol. in-12.

Lacour (A.), *Histoire de la Guadeloupe*. Paris, 1855-1858, 3 vol. in-8.

Lamiral, *L'Affrique et le peuple Affriquain considérés sous tous leurs rapports avec notre commerce et nos colonies*, etc. Paris, 1789, in-8. Ce volume est composé de notes ajoutées à une adresse des habitants de Saint-Louis à l'Assemblée Constituante.

Lechevalier (Jules), *Rapport sur les questions coloniales, adressé à M. le duc de Broglie, président de la Commission coloniale, à la suite d'un voyage fait aux Antilles et aux Guyanes pendant les années 1838 et 1839*. Paris, 1844, 3 vol. in-f°. Le premier est une *Étude des colonies sous le régime de l'esclavage*.

Lecointe-Marsillac (d'après Barbier), *Le More-Lack ou Essai sur les moyens les plus doux et les plus équitables d'abolir la traite et l'esclavage des nègres d'Afrique*, etc. Londres et Paris, 1789, in-8.

Leroy-Beaulieu (Paul), *De la colonisation chez les peuples modernes*. Paris, 1891, in-8, 4° éd.

Lettre de la Société des Amis des noirs à M. Necker, avec la réponse de ce ministre. Paris, juillet 1789, brochure.

Llorente (J.-A.), *Œuvres complètes de Las Casas, précédées de sa vie*. Paris, 1822, 2 vol. in-8.

Malouet, *Collection de Mémoires et correspondances officielles sur l'administration des colonies*, etc. Paris, an V, 5 vol. in-8.

Margry (Pierre), *Origines transatlantiques. Belain d'Esnambuc et les Normands aux Antilles*. Paris, 1863, gr. in-8.

Merivale (Hermann), *Lectures on colonization and colonies*. London, 1841, 2 vol. in-8.

Ministère de la Marine et des Colonies : Commission instituée par décision royale du 26 mai 1840, pour l'examen des questions relatives à l'esclavage et à la constitution politique des colonies. Paris, 1841-1844, 4 vol. in-4 de documents. Le quatrième contient le rapport du duc de Broglie, président de la Commission ; l'auteur donne une liste bibliographique ; il s'est servi de nombreux documents anglais.

Moreau de Jonnès (Alexandre), *Recherches statistiques sur l'esclavage colonial et sur les moyens de le supprimer*. Paris, 1842, in-8.

Moreau de Saint-Méry (M.-L.-E.), *Loix et constitutions des colonies françaises de l'Amérique sous le vent, de 1550 à 1785*. Paris, 1784-1790, 6 vol. in-4. — Du même, *Description topographique, physique, civile, politique et historique de la partie française de l'île de Saint-Domingue*, etc., à l'époque du 18 octobre 1789. Philadelphie, 1797-1798, 2 vol. in-4. Paris, 1875, 2° édit., 2 vol. in-8, qui ne reproduisent que le premier de l'ancienne, devenue extrêmement rare. — Du même, *De la danse (des créoles et des noirs)*. Article extrait du *Répertoire des notions coloniales*. Philadelphie, 1796, ouvrage réimprimé à 12 exemplaires, avec figures, à Parme (Bodoni), 1801.

Œxmelin (Alex.-Olivier), *Histoire des aventuriers flibustiers qui se sont signalés dans les Indes*, etc. Trévoux, 1744 et 1775, 4 vol. in-12. Trad. fr. par De Frontignières. L'original, en hollandais, est de 1678.

Pelletan (J.-G.), *Mémoire sur la colonie française du Sénégal, avec quelques considérations historiques et politiques sur la traite des nègres*, etc. Paris, an IX. — 1800, in-8.

Petit (Emilien), *Droit public ou gouvernement des colonies françaises*, Paris, 1771, 2 vol. in-8. — Du même (le nom n'est cependant pas indiqué, mais l'auteur cite son précédent ouvrage), *Dissertations sur le droit public des colonies françaises, espagnoles et anglaises, d'après les lois des trois nations comparées entre elles*. Paris, 1788, in-8. — Du même, *Traité sur le gouvernement des esclaves*. Paris, 1777, 2 parties réunies en un vol. in-8.

Pigeonneau (H.), *Histoire du commerce de la France*, Paris, 1885-1889, 2 vol. in-8.

Précis de l'abolition de l'esclavage dans les colonies anglaises. Paris, 1840-1843, 5 tomes en 3 vol. grand in-8.

Puynode (Gustave du), *De l'esclavage et des colonies*. Paris, 1847, in-8.

Raynal (l'abbé Guillaume-Thomas), *Histoire philosophique et politique des établissements et du commerce des Européens dans les deux Indes*, 1re édit. à Amsterdam, 1770, 10 vol. in-8. Paris, 1820, 10 vol. in-8, éd. Peuchet. Il ne faut pas oublier que c'est surtout un pamphlet historique.

Revue coloniale, années 1845, 1847, 1849.

Rochefort (Louis de Poincy, César de), *Histoire naturelle et morale des Iles Antilles de l'Amérique*. Rotterdam, 1658, in-4. Illustré, 2e édit., Amsterdam, 1716, in-4. C'est à celle-ci que nous renvoyons.

Roscher (Guillaume), *Principes d'économie politique*, trad. fr. par Wolowski. Paris, 1857, 2 vol. in-8.

Rouvellat de Cussac, *Situation des esclaves dans les colonies françaises*. Paris, 1845, in-8.

Saint-Hilaire (directeur des colonies), *Étude relative à l'esclavage*. Paris, 1832. Autographié seulement à un petit nombre d'exemplaires.

Schœlcher, *Colonies françaises. Abolition immédiate de l'esclavage*. Paris, 1842, in-8. — Du même, *Histoire de l'esclavage pendant les deux dernières années*. Paris, 1847, in-8.

Schwartz, *Réflexions sur l'esclavage des nègres*. Neufchâtel, 1781, in-8.

Sidney-Daney, *Histoire de la Martinique depuis la colonisation jusqu'en 1815*. Fort-Royal, 1846, 6 vol. in-8.

Tardieu (Amédée), *Sénégambie-Guinée*, dans *l'Univers pittoresque, Afrique*, t. III. Paris, 1847.

Thibaut de Chanvalon, *Voyage à la Martinique*, etc., en 1751 et dans les années suivantes. Paris, 1763, in-4.

Tourmagne (pseudonyme de A. Villard), *Histoire de l'esclavage ancien et moderne*. Paris, 1880, in-8.

Trayer (Paul), *Étude historique de la condition légale des esclaves dans les colonies françaises*. Paris, 1887, in-8.

Walckenaër, *Histoire générale des voyages*. Paris, 1826-1831, 21 vol. in-8.

Wallon, *Histoire de l'esclavage dans l'antiquité*. Paris, 1847, 3 vol. in-8 ; 2e édit. en 1879.

Yanoski (J.), *De l'abolition de l'esclavage ancien au moyen âge et de sa transformation en servitude de la glèbe*. Paris, 1860, in-8.

LIVRE I

LES FRANÇAIS AUX ANTILLES. — LA TRAITE

« Traite et esclavage sont deux faits presque corrélatifs, presque solidaires. » (Schœlcher, *L'Esclavage pendant les deux dernières années*, II, 317.)

CHAPITRE I

ÉTABLISSEMENT DES FRANÇAIS DANS LES ANTILLES

« Nulle nation au monde ne fournit des hommes plus intrépides que nos voyageurs et nos commerçants. » (P. Leroy-Beaulieu, *op. cit.*, p. 140.)

I. — Persistance de l'esclavage dans la péninsule ibérique jusqu'aux temps modernes. — Extension nouvelle qu'il prend en Amérique par la traite des noirs au XVIe siècle. — Las Casas. — Les Français n'ont fait que suivre l'exemple des Espagnols et des Portugais.
II. — Voyage de D'Esnambuc à Saint-Christophe (1625). — Premiers esclaves. — La Compagnie de Saint-Christophe (1626), appelée ensuite Compagnie des Iles de l'Amérique. — Les débuts de la traite française. — Occupation de la Guadeloupe, de la Martinique et dépendances. — Les flibustiers de Saint-Domingue.
III. — Peuplement rapide des Antilles. — Éléments divers de leur population : noblesse aventurière ; — fonctionnaires et officiers ; — ordres religieux ; — bourgeois ; — *engagés*, volontaires ou forcés. — Ainsi, avant que la traite se fût développée, constitution d'une société capable de vivre par elle-même. — Mais le courant d'émigration ne fut pas entretenu.
IV. — L'intérêt fait préférer les nègres esclaves. — Préjugé contre le travail libre. — Insuffisance de l'objection tirée du climat. — L'enquête de 1840 : les faits historiques ; — témoignages divers. — Conclusion : le travail libre des immigrants européens aurait pu suffire.
V. — Population indigène des Caraïbes. — Pourquoi on ne l'a pas réduite en servitude. — Des sauvages de la terre ferme. — Droits accordés aux indigènes des colonies françaises. — Rares essais tentés pour les civiliser. — Ils disparaissent peu à peu.

VI. — L'esclavage des noirs africains domine toute l'histoire des Antilles. — Indication des principales phases de cette histoire par rapport à notre sujet.

I

Les progrès de la civilisation, après avoir transformé peu à peu l'esclavage antique en servage pendant les premiers siècles de notre ère, avaient amené sa disparition à peu près complète dans l'Europe chrétienne vers la fin du Moyen Age[1]; depuis le x⁰ siècle, d'ailleurs, il n'avait plus subsisté réellement que dans des cas exceptionnels. Les Espagnols et les Portugais furent les derniers à le pratiquer dans l'ancien continent[2], comme les premiers à l'importer au Nouveau Monde. Ce fut, on le sait, la découverte de l'Amérique qui

---

[1] Voir à ce sujet : Ed. Biot, *L'abolition de l'esclavage ancien en Occident.* — J. Yanoski, *De l'abolition de l'esclavage ancien au Moyen Age*, etc.

[2] Biot, *op. cit.*, p. 419 : « Au xiv⁰ siècle, la traite des esclaves se continuait dans toute l'Espagne ; des maisons espagnoles faisaient métier d'enlever des chrétiens et de les vendre aux Maures. » — P. 420 : « Au xv⁰ siècle, les Espagnols faisaient la traite des Maures, des nègres, des habitants des Canaries et autres. » — P. 423 : « Les édits du xvii⁰ siècle nous montrent encore des esclaves chrétiens en Espagne. » — Sismondi, *Histoire des républiques italiennes*, édition de 1840, VI, 170, rapporte que, Sforza ayant pris Plaisance en 1447, les soldats eurent la permission « de réduire en esclavage 10.000 citoyens et de les vendre au plus offrant ». — En Roussillon, l'esclavage persista jusqu'au xvii⁰ siècle. Cf. Aug. Brutails, *Étude sur l'esclavage en Roussillon*. L'auteur prouve qu'il y avait des esclaves blancs et même des noirs, qui venaient d'un peu partout; nombreux exemples cités en note, pp. 7 et 8. — Cf. aussi A. Tourmagne, *Histoire de l'esclavage ancien et moderne*, p. 288, 289, au sujet du commerce d'esclaves dans les villes italiennes. — Dans un article de *la Revue Britannique* de décembre 1835 (*De l'esclavage chez les peuples anciens et modernes*), il est dit, p. 217 : « Le commerce vénitien ramena en Europe l'habitude des esclaves noirs que les Asiatiques préfèrent à tous les autres et pour lesquels les Romains eux-mêmes avaient une grande prédilection. Chez les peuples les plus catholiques et les plus méridionaux de la chrétienté, l'opinion s'établit généralement que tout païen méritait d'être esclave. Les guerres des croisades ne firent qu'augmenter ce préjugé. » — Nous pourrions ajouter que les chrétiens n'ont fait qu'user de réciprocité à l'égard des musulmans, puisque Mahomet avait fait de l'esclavage une institution fondamentale de l'islamisme.

contribua surtout à développer la traite des nègres, commencée dès le milieu du xv° siècle¹.

Les conquérants s'occupèrent d'abord d'exploiter les mines ; mais ils s'aperçurent bien vite que les indigènes, assujettis à un travail excessif, ne résistaient pas suffisamment. Alors ils eurent en même temps recours à des *engagés*. Ce système allait être imité par les Français aux Antilles, et nous verrons combien il est fâcheux qu'on n'y ait pas persévéré davantage. Mais ces travailleurs libres ne contractaient que des engagements temporaires ; de plus, comme ils étaient généralement misérables, il était assez difficile de les acclimater; les profits étaient diminués par leur salaire ; enfin, on trouva bientôt que leur nombre devenait insuffisant, dès qu'on se mit à cultiver la surface du sol, en vue d'en exporter les produits.

Comme on l'a dit pendant longtemps, comme on l'écrit même encore, ce serait Las Casas qui, désireux d'adoucir les misères des Indiens et préoccupé de convertir des idolâtres, aurait donné, le premier, l'idée d'employer des nègres d'Afrique. Cette question a prêté à de nombreuses et longues discussions, qu'il n'y a pas lieu de reprendre ici. Avec Llorente et De Humboldt ² nous croyons que Las Casas a simple-

---

¹ Azurara, qui nous a laissé le plus ancien récit des expéditions dirigées sur les côtes occidentales d'Afrique, fixe à l'année 1444 les commencements de la traite africaine. Voir *Chronica do descobrimento e conquista de Guiné*, etc. ; — et Ferdinand Denis, *Chroniques chevaleresques de l'Espagne et du Portugal*. Paris, 1839, 2 vol. in-8, II, 49: *Fragment de la chronique d'Azurara* intitulé : « *Le premier jour de la traite à Lagos* [8 août 1444]. » — D'après De Humboldt, *Examen critique de l'histoire de la géographie du Nouveau Continent*, etc. 5 vol. in-8, III, 305 : « Ortiz de Zuniga, *Annales de Sevilla**, lib. XII, n° 10, a prouvé que des noirs avaient déjà été amenés à Séville sous le règne du roi Henri III de Castille, par conséquent avant 1406. » Mais ce ne serait là qu'un fait exceptionnel.

² Cf. J.-A. Llorente, *Œuvres complètes de Las Casas*, I, 268, et surtout l'*Appendice* placé à la fin du second volume. — De Humboldt, *op. cit.*, III, 305, note où est discuté le problème avec textes à l'appui. — Voir aussi Grégoire, *Apologie de Las Casas*, dans *Mémoires de l'Institut, Sciences morales et*

* Le titre complet est : *Annales eclesiasticos y seculares de la muy noble y muy leal ciudad de Sevilla*. Madrid, 1677, in-4°. Cf. p. 305.

ment contribué à étendre la traite ; car il est sûr qu'elle avait été déjà introduite au Nouveau Monde dès 1501. Or la proposition de l'évêque de Chiapa d'amener des nègres pour soulager le sort des naturels ne date que de 1517 ; il obtint alors qu'on envoyât 4.000 esclaves de Guinée à Saint-Domingue. C'est surtout à partir de ce moment que le commerce des nègres fut régulièrement organisé, pour se développer rapidement dans des proportions considérables.

Ainsi la traite était devenue une véritable institution, lorsque les Français vinrent à leur tour coloniser les Antilles, dans la première moitié du xviie siècle. Ils ne firent que suivre l'exemple qui leur était donné par les Espagnols et les Portugais, imités déjà par les Anglais [1]. Encore même ne paraissent-ils pas avoir songé tout d'abord à l'importation des noirs pour peupler les îles. Quelques indications sur les premiers établissements qu'ils y fondèrent vont nous montrer comment ils furent entraînés à recourir eux-mêmes à ce procédé inhumain. Puis, avant d'exposer comment ils pratiquèrent la traite, nous essaierons de prouver qu'ils auraient pu se passer d'esclaves, si la métropole avait su ou voulu encourager et organiser une émigration régulière de colons libres.

II

C'est à Saint-Christophe que les Français vinrent tout d'abord se fixer. En même temps s'y installaient les Anglais. Les Espagnols allaient essayer de disputer aux uns et aux

---

politiques, t. IV, 1re série. — Antonio de Herrera, *Descripcion de las Indias Occidentales*, déc. I, lib. IX, cap. v, p. 235, rapporte une ordonnance du gouvernement espagnol, de 1511, par laquelle la Cour ordonne que l'on cherche les moyens de transporter aux îles un grand nombre de nègres de Guinée, attendu qu'un nègre fait plus de travail que quatre Indiens, « porque era mas util el trabajo de un negro que de quatro Indios ».

[1] Premier voyage d'Hawkins pour la traite sur les côtes d'Afrique en 1563. Cf. Lecointe-Marsillac, *Le More-Lack*, etc., p. 148.

autres leur possession¹. Comme l'a remarqué justement un auteur, « dans le mouvement d'expansion qui, depuis le xvi° siècle, porta les puissances maritimes de l'Europe occidentale vers le Nouveau Monde, chacune d'elles comprit que l'archipel des Antilles était l'avant-scène du continent Américain et voulut y prendre pied² ».

Le P. Du Tertre, qui fut un des premiers pionniers de la colonisation française aux îles d'Amérique et qui en a raconté les débuts dans un ouvrage des plus consciencieux et des plus intéressants, commence par l'histoire de Saint-Christophe, parce que, dit-il, « cette île a été comme la pépinière qui a fourni toutes les autres îles³ ». Belain d'Esnambuc⁴ y fit, en 1625, un premier voyage avec Urbain du Roissey et quelques Normands. En arrivant, ils trouvèrent plusieurs compatriotes, venus on ne sait quand, et dont le chef, le huguenot Levasseur⁵, leur céda ses droits. Lorsqu'ils repartirent bientôt après, ils possédaient déjà deux forts « ezquels y a 80 hommes et des munitions pour leur conservation, *et aussy des esclaves jusques au nombre de 40 ou environ*⁶ ». Ce sont les premiers esclaves qu'aient possédés les Français aux Antilles. Encore ne pouvons-nous savoir comment ils se les étaient procurés, car d'Esnambuc ne les avait sûrement pas amenés avec lui. Il est probable que c'était le résultat de quelque prise faite sur les

---

¹ Cf. P. Charlevoix, *Histoire de l'Isle Espagnole ou de Saint-Domingue*, III, 2, 3. — Dessalles (Adrien), *Histoire générale des Antilles*, I, 66.

² Duval (Jules), *Les Colonies*, etc., p. 125.

³ Du Tertre, *Histoire générale des Antilles habitées par les Français*, I, 3.

⁴ Cf. Margry, *Origines transatlantiques*. Comme l'auteur l'indique, p. 12, Belain signe d'Esnambuc et non d'Enambuc, nom sous lequel le désignent bien des historiens.

⁵ *Ibid.*, p. 68. C'est ce même Levasseur qui s'installa dans la suite à l'île de la Tortue.

⁶ *Ib.*, Appendix VI, p. 99. Contrat pour l'établissement des Français à l'île Saint-Christophe, 31 octobre 1626. Cette pièce est tirée des Archives du Ministère des Affaires Étrangères ; *Amérique, Mém. et Doc.*, t. IV, pp. 69 à 72. C'est une collation faite, le 27 décembre 1719, par les Conseillers du roi, notaires au Châtelet, sur la minute originale demeurée en la possession de l'un d'eux.

Espagnols, à moins qu'ils ne leur aient été achetés régulièrement.

Quoi qu'il en soit, d'Esnambuc, « inspiré de Dieu, qui l'avait choisi, écrit Du Tertre[1], pour être le père et le fondateur des colonies françaises dans les îles Cannibales », revint en France pour chercher du renfort[2]. Il rapportait surtout du *petun*, c'est-à-dire du tabac. Il eut une entrevue avec Richelieu, auquel il fit un séduisant tableau des richesses de l'île, et presque immédiatement il obtint la création d'une *Compagnie de Saint-Christophe et îles adjacentes*. Les lettres patentes qui la fondèrent sont du 31 octobre 1626[3]. Il y est dit que d'Esnambuc et son compagnon ont découvert Saint-Christophe, la Barbade, « et autres îles voisines toutes situées à l'entrée du Pérou[4] ». La Compagnie est formée, tant afin de faire instruire les habitants des îles en la religion catholique, apostolique et romaine, que pour trafiquer et négocier des deniers et marchandises qui se pourront recueillir et tirer desdites îles et de celles des lieux circonvoisins[5]. Richelieu fournit un vaisseau estimé à 8.000 livres et 2.000 livres en argent sur un capital total de 45.000. Dans la suite, il fut stipulé, par l'article X de l'acte de renouvellement de cette Compagnie, passé entre le cardinal et Jacques Berruyer, un des associés, le 12 février 1635, qu'elle ne s'appellerait plus que *Compagnie des îles de l'Amérique*[6].

---

[1] *Op. cit.*, I, 4.
[2] Cf. Caillet, *L'Administration en France sous le Ministère du Cardinal de Richelieu*, II, p. 104 et suiv.
[3] Moreau de Saint-Méry, *Loix et Constitutions*, etc., I, 20.
[4] Le nom du Pérou ne désignait pas alors seulement une partie occidentale de l'Amérique du Sud. On appelait Péroutiers ceux qui fréquentaient les mers voisines du Mexique. Des cartes du xviᵉ siècle désignent les Antilles sous le nom d'îles du Pérou. Margry, *op. cit.*, pp. 22 et 25 (*note*).
[5] Voir Arch. du Min. des Aff. Étrangères, volume cité, pp. 65-67, l'Acte d'association des seigneurs de la Compagnie des îles de l'Amérique, 31 octobre 1626.
[6] Archives coloniales, F², 19, fol. 6 : Texte original reproduit dans Moreau de Saint-Méry, I, 29.

Partis le 24 février 1627[1], d'Esnambuc et du Roissey arrivent le 8 mai, après un voyage des plus pénibles. Un certain nombre d'Anglais, commandés par le capitaine Waërnard, s'étaient trouvés débarquer précisément le même jour. Les Français partagent alors avec eux le territoire de l'île. Ils rédigent une convention pour maintenir entre eux des relations de paix et d'amitié. C'est l'article IV qui doit nous intéresser spécialement. Il est ainsi conçu: « Lesdits sieurs gouverneurs ne pourront retirer aucuns hommes ou *esclaves* dans leurs habitations, qui ne leur appartiendra (*sic*), ains s'en tiendront saisis jusqu'à ce qu'ils se soient donné avis desdits hommes ou esclaves[2]. » (13 mai 1627.) Ce texte confirme donc très nettement l'existence d'esclaves à Saint-Christophe. Tout ce que nous pouvons dire à ce sujet, c'est qu'ils n'avaient pas été importés par la traite française.

En effet, ce commerce spécial n'avait pas encore été organisé par les Français. Tout au plus allait-il commencer, quoiqu'il ne soit pas permis de préciser la date avec une absolue certitude. Nous constatons seulement qu'en vertu de lettres patentes du 24 juin 1633 « le sieur Rosée, Robin et leurs associés, marchands de Rouen et de Dieppe, eurent permission pour dix ans de *trafiquer* seuls à *Senega*,

---

[1] Margry, *op. cit.*, p. 28, dit : fin janvier ; mais c'est une erreur manifeste ; il suffit, pour s'en convaincre, de lire le Contrat qu'il a reproduit lui-même en appendice. — Les dates que nous donnons sont, d'ailleurs, non seulement indiquées par Du Tertre, mais encore dans un article du *Mercure français* de janvier 1761, intitulé : *Histoire de l'établissement des Français dans les Antilles*, p. 32.

[2] Du Tertre, I, 19. Le texte de cette convention existe en double exemplaire aux Arch. col., dans le Carton F³, 15. La pièce qui le reproduit est intitulée: *Traité par lequel les sieurs Waërnard, Lieutenant général pour le roi d'Angleterre à Saint-Christophe, et De la Grange, lieutenant général pour le roi de France, ont promis garder et observer les articles et accords convenus ci-devant avec ledit S' Waërnard et les S" de Nambuc et du Rossey*; elle est du 12 août 1638. Il est curieux de constater qu'un des deux exemplaires porte le texte tel que nous l'avons cité d'après Du Tertre, puis une rature mettant le pluriel et complétant la négation : « qui ne leur appartiendront pas. »

Cap Vert et Gambie, y compris les deux rivières [1] ». M. Pigeonneau écrit, à ce propos, qu'ils furent investis du « privilège du commerce et de la *traite des noirs* [2] ». A vrai dire, le texte ne l'indique pas expressément. Toutefois, nous inclinons à penser comme lui que le trafic en question devait comprendre cet *article*, car il était dès lors d'exportation courante au Sénégal et en Guinée. « Le fort Saint-Louis s'éleva sous la protection d'une escadre commandée par Claude de Razilly et devint le principal siège des opérations de la Compagnie. De 1633 à 1635, deux autres sociétés, l'une malouine, l'autre parisienne, obtinrent également le monopole du trafic sur la côte d'Afrique, la première de Sierra-Leone au cap Lopez, la seconde du cap Blanc à Sierra-Leone, sauf sur les points réservés à la Compagnie normande du Sénégal [3]. » Mais il faut croire qu'aucune d'elles ne transporta tout de suite beaucoup de nègres aux Antilles, car Du Tertre, qui ne parle nullement de vente de nègres à cette époque, nous apprend seulement qu'en 1635 Saint-Christophe reçut inopinément un secours considérable, qui n'était autre qu'une cargaison d'esclaves. Un capitaine nommé Pitre, « ayant fait une riche prise de quantité de nègres sur les Espagnols [4] », les amena vendre à Saint-Christophe. C'est de ce moment que datent, en réalité, les commencements de la prospérité de cette île. On constata de mieux en mieux combien les nègres étaient plus résistants au travail, et chacun voulut désormais s'en procurer.

La même année, un conflit s'étant élevé entre les Français et les Anglais, nous voyons que les esclaves « étaient bien au nombre de 5 ou 600, conduits par des officiers français ». Armés de coutelas et de serpes, ils « parurent aussi

---

[1] Bibliothèque Nationale, Mss. Fr. 4089, *Discours de marine et de commerce*, p. 29.

[2] *Histoire du commerce de la France*, II, 441.

[3] *Ibid.*

[4] Du Tertre, I, 59. A la page 130, il rapporte une autre prise de nègres qui furent distribués « à un chacun suivant la coutume ».

effroyables que des démons ». Pour les déterminer à bien se battre, d'Esnambuc leur avait promis la liberté. Comme les Anglais ne voulaient pas souscrire aux exigences des Français, « ils furent forcés à cela par la terreur que les nègres jetèrent dans l'esprit du petit peuple et des femmes anglaises [1] ».

Ainsi les premiers esclaves contribuèrent pour une bonne part à sauver la colonie naissante de Saint-Christophe. Il est probable que, s'ils avaient eu conscience de leur force, ils auraient pu se rendre maîtres de l'île. Mais leur intelligence n'allait pas jusqu'à la conception d'un tel projet. Tranquilles du côté des Anglais, les Français continuèrent à organiser leur conquête. Il vint « des navires français et hollandais, qui amenaient quantité de nouveaux habitants et *quelquefois des esclaves mores*, qu'ils allaient acheter en Guinée ou qu'ils prenaient sur les Espagnols le long des côtes du Brésil ; et, comme ces nègres sont toute la force et la richesse des îles, la Compagnie en retirait déjà de grands revenus. Enfin, l'île se trouva si peuplée que l'on prit la résolution de faire de nouveaux établissements dans les îles voisines. M. de l'Olive, lieutenant de M. d'Enambuc, entreprit celui de la Guadeloupe [2]. »

Il s'associa pour cette entreprise avec Du Plessis, et tous les deux passèrent à ce sujet avec les seigneurs de la Compagnie un contrat en date du 14 février 1635 [3]. Il y est bien question d'engagés, mais nous ne trouvons aucune disposition relative à l'importation d'esclaves. Le récit du voyage,

---

[1] Du Tertre, I, 61.
[2] Id., *Ibid.*, 63-64.
[3] Arch. Col., F, 247, p. 3. *Commission de gouverneurs de la Guadeloupe, Martinique et Dominique pour les sieurs Lolive et Duplessis.* « ..... Par contrat qu'avez fait avec ladite Compagnie le 14 de ce mois, vous ayant été accordé que vous auriez le gouvernement et direction de tous ceux qui s'habitueront dans l'une des trois îles de la Guadeloupe, Martinique ou Dominique, en laquelle vous pourriez plus facilement vous établir, etc. » La pièce est du 27 février 1635.

fait par Du Tertre[1], nous indique, du reste, qu'il n'y en avait pas sur les deux navires de l'expédition qui, partis de Dieppe, emportant l'un 450 et l'autre 150 personnes, abordèrent à la Guadeloupe, le 28 juin 1635. Après diverses péripéties, qu'il est superflu de rapporter, de l'Olive fut confirmé par la Compagnie en qualité de gouverneur de la Guadeloupe, le 2 décembre 1637[2].

D'autre part, d'Esnambuc, ayant choisi 100 hommes parmi les « vieux habitants » de Saint-Christophe, prit possession de la Martinique en septembre 1635[3]. Il y installa comme gouverneur Jean Dupont ; mais celui-ci, ayant été pris par les Espagnols en revenant à Saint-Christophe, fut remplacé par le neveu de d'Esnambuc, Duparquet, qui reçut en même temps que de l'Olive sa commission de la Compagnie.

La Tortue fut prise vers 1640 sur les Anglais par Levasseur[4]. Duparquet fit passer en 1643 à Sainte-Alouzie ou Sainte-Lucie, abandonnée par les Anglais, Rousselan, qui sut se concilier l'affection des sauvages en épousant une femme de leur nation[5]. En même temps, De Brétigny s'installait à Cayenne[6]. En 1648, les Français s'établirent à Saint-Martin

[1] I, 65.

[2] Cf. Arch. Col., F, 52, pour sa Commission de gouverneur renouvelée.

[3] Du Tertre indique juillet; c'est une erreur. Margry, *op. cit.*, p. 54, cite une lettre de d'Esnambuc à Richelieu, parlant du 1er septembre; cette lettre est aux Archives du Ministère des Affaires Étrangères; il y a aussi un acte de prise de possession, du 15 septembre 1635. C'est la date que nous avons relevée sur une copie conservée aux Arch. Col., F, 247, p. 13 et 14, et ce doit être la vraie : « Nous, etc... Cejourd'huy, 15e de septembre 1635, je suis arrivé en l'île de la Martinique par la grâce de Dieu, accompagné d'honorable homme Jean Dupont, lieutenant de la Compagnie colonelle en ladite île Saint-Christophe, etc. »

[4] Arch. Col., Carton F², 15. *Mémoire envoyé aux seigneurs de la Compagnie des Iles de l'Amérique*, daté de Saint-Christophe le 15 novembre 1640, non signé : « J'eus l'invention de lui faire acheter une barque et s'en aller avec le vent ; il s'établit en une petite île et proche Sainto Domingo nommé le Port Margot et pour nous le refuge. De là il a si bien fait qu'il s'est rendu maître de la Tortue. » — Cf. Charlevoix, III, 7 et suiv., qui rappelle une première prise de cette île par les flibustiers dès 1637.

[5] Cf. A. Dessalles, *op. cit.*, III, 80.

[6] Cayenne fut toujours considérée comme faisant partie des Antilles. « Sous le nom des Iles françaises du Vent sont comprises la Martinique... et Cayenne,

sous la conduite de De Latour, envoyé par De Longvilliers du Poincy, qui conclut un accord avec les Hollandais. Cette même année, ils prirent Saint-Barthélemy avec Jacques Gentes; les Saintes avec De Mé, puis Hazier Dubuisson (1652); Marie-Galante avec Le Fort, puis Houël et De Blagny (1653). L'occupation de la Grenade fut faite par Duparquet (1650), celle de Sainte-Croix par de Vaugalan (1651). Celle de la Désirade ne saurait être précisée. Quant à la Dominique et à Saint-Vincent, elles furent laissées aux sauvages et déclarées *neutres* [1].

L'établissement des *boucaniers*, plus connus ensuite sous le nom de *flibustiers* [2], sur la côte septentrionale de Saint-Domingue, date des premières années du xviie siècle. Mais il ne commença à devenir régulier que lorsque ces aventuriers eurent été reconnus par la France, en 1664. La Compagnie des Indes occidentales choisit alors et fit agréer par le roi, comme gouverneur de la Tortue et de la côte française de Saint-Domingue, d'Ogeron de la Bouère [3], qui avait été déjà leur chef pendant plusieurs années.

Nous devons nous borner à rappeler ici le plus sommairement possible ces indications indispensables. Mais qu'il nous soit permis, en passant, de rendre hommage à la valeur héroïque des fondateurs de nos colonies des Antilles.

---

d'où dépend la Guyane de la terre ferme. » Arch. Col., F, 70. *Instructions du ministre à l'Intendant Hurson*, 30 avril 1750. — Cayenne et les côtes voisines avaient été reconnues dès 1604 par La Ravardière, et pendant quarante ans des Normands y avaient conduit un grand nombre d'expéditions restées sans résultat.
[1] D'Esnambuc en avait cependant pris possession le 17 novembre 1635. Cf. Margry, *op. cit.*, p. 56. — Pour les détails sur tous ces faits, consulter A. Dessalles, t. I, ch. x, xi et xvi et t. III, *passim*.
[2] Voir OExmelin, *Histoire des aventuriers flibustiers*, etc.; — d'Archenholtz, *Histoire des flibustiers*, traduite par Bourgoing; — James Burney, *History of the Buccaneers of America*, London, 1816, in-4°. — H. Lorin, *De prædonibus insulam Sancti Dominici celebrantibus sæculo septimo decimo*. Parisiis, 1895, in-8°.
[3] Sur ce personnage si curieux, cf. Charlevoix, III, 7 à 48, et 75 et suiv.

III

Dès le début, les îles se peuplèrent avec une rapidité étonnante. D'après son premier contrat, la Compagnie était tenue de transporter 4.000 colons. Or, l'édit de mars 1642[1], qui la confirme dans ses privilèges, constate qu'elle en a introduit 7.000. Dans ces conditions ne sommes-nous pas en droit de nous demander si la colonisation n'aurait pas pu aussi bien, et même mieux, être opérée uniquement par des travailleurs libres, sans recourir à la traite des nègres ?

Comment se composait, en effet, cette population ? Toutes les classes de la métropole lui fournissaient, plus ou moins, des représentants. Ainsi les chefs des premières expéditions appartiennent pour la plupart à la noblesse. Les uns sont poussés par l'amour des aventures, les autres par l'insuffisance de ressources. Peut-être ne faut-il pas scruter le passé de chacun ; le départ pour l'Amérique a pu aider certains à liquider une situation malaisée, ou bien à effacer quelque faute, à fuir la lettre de cachet qui les menaçait. Du moins, là-bas, ceux-là se sont rachetés en servant bien le roi, disons mieux, la nation, puisqu'alors c'est tout un. Après eux viennent les fonctionnaires, d'abord uniquement ceux des Compagnies, puis les officiers du roi.

« A cette classe de haute lignée, qui versait au fonds social de la colonie l'entrain et l'audace sans scrupule, venaient s'en joindre d'autres qui tempéraient par un heureux alliage l'esprit général de la société coloniale[2]. » Il faut citer des premiers les religieux des divers ordres, Jésuites, Dominicains, Carmes, Capucins, Jacobins, Frères de la Charité, sans parler des religieuses. Dans l'histoire de la colonisation

---

[1] Moreau de Saint-Méry, *op. cit.*, I, 51.
[2] P. Leroy-Beaulieu, *op. cit.*, 159. Voir aussi J. Duval, *op. cit.*, 142.

française, il n'est que juste de le dire, les serviteurs de Dieu sont toujours et partout partis en avant pour porter au loin, avec les principes de la religion chrétienne, le renom et l'amour de la France. Ceux qui s'expatrient sont, en général, gens à l'esprit pratique et délié qui, tout en servant Dieu par leur propagande, croient aussi travailler à sa gloire en s'occupant des intérêts matériels de leur ordre. Ils se font au besoin médecins, architectes, ingénieurs, suivant les nécessités du moment ; en tout cas, ils s'entendent à merveille à faire fructifier leurs propriétés ; et, par surcroît, comme le P. du Tertre et le P. Labat, ils emploient leurs loisirs à nous retracer l'histoire des événements auxquels ils ont participé.

« Au-dessous de cette double aristocratie de naissance et de profession, ou plutôt à côté d'elle, car les distinctions de la métropole se perdaient aux Antilles dans la fusion de toutes les classes blanches [1], venait l'élément bourgeois avec sa consistance héréditaire, son esprit de prudence et de patience pratique, sa laborieuse persévérance et sa bienfaisante parcimonie [2]. » Sans doute, ces bourgeois, qui se décidaient à partir, n'étaient pas de ceux qui étaient déjà parvenus à une brillante situation. Plus d'un ne se lança hors de la mère-patrie qu'à la recherche de la fortune, introuvable pour lui jusque-là ; les privilèges entravaient celui-ci ; cet autre voyait peut-être la banqueroute imminente. Ici encore il est inutile de trop approfondir.

Enfin, en dernier lieu, viennent les *engagés*, qui se recrutaient un peu partout et n'importe comment. Ils étaient ou volontaires ou forcés. Les premiers comprenaient des gens

---

[1] C'est ce que dit Du Tertre, II, 471 : Pas de différence entre noble et roturier ; les officiers seuls tiennent rang ; autrement, les richesses créent la seule distinction. — Un arrêté du Conseil supérieur du Cap, du 21 février 1734, ordonne l'enregistrement des titres de noblesse de la famille Mol de Kjean, d'après la lettre d'attache du Ministre. Ce sont les premiers titres de noblesse qui aient été enregistrés. Moreau de Saint-Méry, IV, 139.
[2] P. Leroy-Beaulieu, *loc. cit.*

sans ressources, domestiques sans place, compagnons sans travail ou dégoûtés de ne pouvoir devenir maîtres, paysans las de la corvée et aux yeux desquels on faisait luire le rêve d'une propriété qui leur appartiendrait[1]. Les seconds étaient des vagabonds, des fraudeurs[2], ou bien des fils de famille déshérités, « des jeunes gens qui sont tombés dans des égarements de jeunesse et s'amusent à fainéanter dans le royaume au lieu de travailler[3]. » Aussi le roi les fait-il embarquer d'office pour les colonies.

L'origine des engagés nous est nettement indiquée dans la Commission qui porte privilège exclusif du commerce aux îles pour la Compagnie de Saint-Christophe. Elle interdit en effet de recevoir pour ladite entreprise d'autres personnes que celles qui feraient leur soumission de demeurer trois ans avec les représentants de la Compagnie. Il est évident qu'il ne s'agit que des gens qui ne peuvent payer leurs frais de passage. La plupart redoutaient de s'engager pour trois ans, ainsi qu'il résulte d'un arrêt du Conseil d'État du 28 février 1670[4], qui réduit le terme de l'engagement à dix-huit mois. Un autre arrêt du même Conseil, du 22 janvier 1671[5], prescrit que tout vaisseau de 60 tonneaux destiné aux îles portera 2 vaches ou 2 cavales, « et ceux au dessous 2 engagés pour chacune vache ou cavale », parce qu'il n'est pas facile d'embarquer des bestiaux dans les petits navires. En vertu d'une ordonnance royale du 30 septembre 1686[6], le nombre des engagés devait être, à Saint-Domingue, égal à celui des nègres, sous peine de confisca-

---

[1] Mais la constitution de la propriété resta toute féodale aux Antilles.
[2] Cf. Ordonnance du roi, du 14 janvier 1721. Moreau de Saint-Méry, II, 711. Ceux-là étaient engagés pour cinq ans, au lieu de trois.
[3] Instructions du roi à l'intendant Blondel de Jouvancourt, 4 janvier 1723. Arch. Col., F, 69. — Mêmes expressions dans un Mémoire du roi du 19 octobre 1721. Arch. Col., B, 44, p. 470.
[4] Moreau de Saint-Méry, I, 190. Cet arrêt contient d'intéressants détails sur la question; mais il est trop long pour pouvoir être reproduit ici.
[5] Id., ibid., 207.
[6] Id., ibid., 431.

tion de l'excédent de ces derniers. Le préambule est tout en faveur du système des engagés [1]. Mais jamais cette ordonnance ne fut rigoureusement exécutée. A Saint-Domingue, comme dans les autres Iles, la population des noirs s'accrut rapidement, de manière à être au moins dix fois plus considérable que celle des blancs. Une autre ordonnance, du 19 février 1698 [2], décide que le nombre des engagés devra être de 3 pour un bâtiment de 60 tonneaux, de 4 pour un de 60 à 100 tonneaux, de 6 pour ceux d'un tonnage supérieur. Un engagé connaissant un métier utile était compté pour deux. L'intendant Robert ayant fait connaître que les capitaines amenaient des enfants de dix à douze ans, inutiles ou à charge aux colonies [3], le minimum d'âge fut fixé à dix-huit ans [4]; en même temps, il fut enjoint aux habitants d'avoir un engagé pour 20 nègres, outre le *commandeur* [5], et la durée de l'engagement fut de nouveau portée à trois ans. Un Règlement du 16 novembre 1716 [6], renouvelant la défense d'embarquer des enfants, ordonne, en outre, que les engagés ne soient pas pris au-dessus de quarante ans, qu'ils aient au moins 4 pieds de taille et soient en état de travailler.

Ceux qui les employaient étaient tenus de leur fournir à chacun, par semaine, quatre pots de farine de manioc ou de la *cassave* [7] en quantité équivalente, et 5 livres de bœuf salé, plus les hardes nécessaires. Il était défendu de les renvoyer sous prétexte de maladie ; faute de les soigner, il fallait

---

[1] « Sa Majesté étant informée que ce qui a le plus contribué à l'augmentation de la colonie de la côte de Saint-Domingue est le grand nombre d'engagés qui y ont passé, dont plusieurs se sont rendus habitants dans la suite des temps et y ont même fait des habitations considérables, etc. »

[2] Moreau de Saint-Méry, I, 581. — Cf. Arch. Col., B, 21, p. 51, *Lettre ministérielle du 12 mars 1698 à M. Robert*, pour lui envoyer ladite ordonnance.

[3] Arch. Col., C⁸, 10. *Mém. sur les engagés*, 11 juillet 1698.

[4] Ord. du 8 avril 1699. Moreau de Saint-Méry, I, 628.

[5] Le commandeur était le gardien et le surveillant des nègres ; c'était généralement un noir.

[6] Moreau de Saint-Méry, II, 531.

[7] La cassave est le pain fait avec de la farine de manioc ; c'était alors la base de la nourriture aux Antilles.

payer une amende de 30 livres tournois, plus 15 sols par jour pour leur entretien à l'hôpital, et même davantage, en cas de récidive[1]. Enfin, il était interdit de recevoir des engagés fugitifs, à peine de 10 livres tournois d'amende pour chaque jour de rétention, au profit du maître[2].

Ces diverses prescriptions nous indiquent suffisamment quelle était la condition de ces malheureux. C'étaient de véritables forçats, non moins durement traités parfois que les esclaves. On les faisait travailler avec eux. Ainsi, le Règlement de M. de Tracy, lieutenant général de l'Amérique, du 19 juin 1664[3], porte, article 8 : « Défenses sont faites à tous *commandeurs d'engagés et de nègres* de débaucher les négresses. » Cependant l'article 14 nous montre qu'à la différence des nègres ils ne devaient pas être frappés : « Défenses sont faites aux maîtres de battre et excéder leur engagé ; et, en cas qu'il y ait preuve suffisante qu'il y soit par eux contrevenu, *ledit engagé sera réputé libre* et payé par le maître de ce qu'ils sont convenus jusqu'au jour qu'il sortira de son service. » Libre ! Il ne l'était donc pas ; et, en effet, non seulement il était vendu et par là esclave de fait pendant trois ans, mais encore il pouvait même être revendu à un autre maître dans cet intervalle[4]. Et en quelles mains pouvait-il tomber[5] ? Le système des engagés était devenu une

---

[1] Moreau de Saint-Méry, I, 638. Ordonnance de l'Intendant Robert, du 27 janvier 1700.—Un mémoire de Mesnier, commissaire de la Marine à la Martinique, du 5 novembre 1716, nous apprend que, malgré ces mesures, les maîtres profitent de la première maladie pour congédier un engagé, qui devient alors voleur ou mendiant. Arch. Col., C⁸, 21.

[2] D'après un arrêt du Conseil d'État, du 4 septembre 1684, probablement tombé déjà en désuétude, la peine était de 200 livres de sucre par jour, plus une amende de 4.000 livres de sucre pour le maître, et de 2.000 pour le commandeur, avec menace de punition corporelle pour la seconde fois. Arch Col., A, 24, p. 507.

[3] Moreau de Saint-Méry, I, 17.

[4] Boyer-Peyreleau, *Les Antilles françaises*, etc., I, 112.

[5] Cf. Du Tertre, II, 477. Il rapporte qu'il a connu un maître qui a enterré plus de 50 engagés « qu'il avait fait mourir à force de les faire travailler ». OExmelin, *op. cit.*, p. 105, 107, 108, 111, raconte les mauvais traitements qu'il a subis lui-même, ayant été vendu pendant un certain temps.

véritable traite de blancs. Aussi les capitaines en étaient-ils réduits à les racoler par surprise ou par force; et nous voyons, par une ordonnance du 14 janvier 1721[1], que ceux-ci cherchaient tous les moyens de s'échapper; en conséquence une amende de 60 livres fut imposée aux capitaines pour chaque évadé. Aux îles, les engagés étaient aussi adonnés au *marronage*[2] que les nègres et tâchaient de gagner le territoire espagnol. On en vint donc à donner une prime de 4 écus aux « captureurs » pour la prise de chaque engagé, et celui-ci dut rembourser son maître de cette somme par une prolongation de six mois de service au-delà de son engagement[3]. En regard de ces mesures sévères, la protection qui leur est accordée semble assez faible. Par exemple, un économe ayant brûlé les pieds à un engagé n'est condamné qu'à 50 livres d'aumône et 50 livres d'indemnité au maître de cet engagé, qui est déclaré libre, sans qu'il soit d'ailleurs nullement question de dommages-intérêts à lui accorder[4]. Il est facile de comprendre que, dans ces conditions, ils ne fussent guère encouragés à s'expatrier.

En réalité, il n'y avait que la détresse absolue et l'espoir vague d'acquérir quelques ressources qui pussent les déterminer à passer aux îles. Aucun document officiel ne nous indique le salaire qu'ils touchaient. Au dire de Rochefort[5], l'ordinaire était de 300 livres de tabac pour trois ans, outre la nourriture, mais sans qu'on leur fournît de vêtements. Malgré tout, s'ils arrivaient sans trop de mal à remplir leur engagement, ils pouvaient devenir ouvriers libres, ou bien, ayant obtenu une concession, s'établir comme *petits habitants* ou *petits blancs*. On en cite même qui devinrent de

---

[1] Moreau de Saint-Méry, II, 711.
[2] Cf. liv. II, ch. v, au sujet des nègres marrons.
[3] Ordonnance de M. de Galliffet, commandant en chef par intérim, du 15 septembre 1700. Moreau de Saint-Méry, I, 649.
[4] Arrêt du Conseil du Cap, du 3 mai 1706. Moreau de Saint-Méry, II, 69.
[5] *Histoire naturelle et morale des îles Antilles et de l'Amérique*, p. 310.

riches propriétaires[1] ; en 1780, un d'entre eux faisait partie du Conseil souverain de la Martinique[2]. Ils auraient donc pu fournir un fond solide de population blanche travailleuse et destinée à se développer régulièrement, si on les eût traités de manière différente et que la métropole eût entretenu un courant régulier et continu d'émigration[3].

Mais, dès 1706, par suite de la guerre qui rendait le recrutement plus difficile, le roi remplaça l'obligation de transporter des engagés par une taxe de 60 livres par tête[4]. L'ordonnance du 15 février 1724[5] les astreint à payer 120 livres par chaque « engagé de métier » qu'ils ne livreront pas aux îles. Suivant l'article XI d'un Règlement du roi, du 15 novembre 1728[6], « les particuliers embarqués par ordre du roi ou les soldats compteront sur le pied d'un engagé chacun ». Du reste, à partir de ce moment, les ordonnances tombent en désuétude; il se produit les plus grands abus[7], et l'on peut dire que c'en est fait désormais du système des engagés, jusqu'à ce

---

[1] Charlevoix, III, 71.

[2] Duval, *op. cit.*, p. 45.

[3] D'après un mémoire de M. de Pouancey, en 1682, il y avait à Saint-Domingue 7.818 habitants, dont plus de 4.000 Français capables de porter les armes. « Le soin que les habitants ont pris de faire passer à la côte grand nombre d'engagés est ce qui a le plus contribué à les peupler de Français. Si on y avait porté quantité de nègres, les habitants s'en seraient fournis et auraient négligé de faire venir de France des engagés qui leur coûtent beaucoup plus cher que les nègres. Ainsi la colonie serait demeurée faible et exposée aux insultes des Espagnols. » Il demande ensuite qu'il ne soit pas permis d'avoir plus de nègres que d'engagés. Arch. Col., F, 142. — Sur un état des vaisseaux arrivés à la Martinique pendant les six derniers mois de 1717, Arch. Col., C⁸, 25, il est mentionné, rien que pour cette période, 203 engagés. A 4 ou 500 par an, on aurait eu rapidement un nombre important de travailleurs. — Dans une table des ordres de passage, expédiés pour les colonies à la place d'engagés, en 1763, nous voyons qu'il y avait 1 281 places d'engagés ; mais ils ne sont remplacés que par 500 passagers. Arch. Col., B, 117.

[4] Moreau de Saint-Méry, II, 711. Ordonnance royale du 17 novembre 1706. — Arch. Col., B, 31, p. 66. Lettre ministérielle, du 16 mai 1708, aux juges consuls de Nantes.

[5] Moreau de Saint-Méry, III, 85.

[6] Id., *ibid.*, 264.

[7] Id., *ibid.*, 378. Lettres de M. le général au gouverneur du Cap, 20 et 28 octobre 1733.

qu'ils soient entièrement supprimés par arrêté du 10 septembre 1774[1].

En somme, et malgré tous les inconvénients du système des engagés, si mal compris et si mal pratiqué, nous croyons pouvoir dire, avec M. P. Leroy-Beaulieu, que, dès le début de notre colonisation, « se constituait aux Antilles, *avant que la traite des noirs eût fait irruption*, une société solide, douée de tous les éléments de progrès et de consistance, animée dans toutes ses couches de l'esprit de vie et d'entreprise, capable de se suffire et de grandir par sa force intérieure d'impulsion, société sans rivale, qui pouvait hardiment défier toutes les colonies de plantations des autres peuples de l'Europe[2] ». Si elle eût suivi son développement normal, les éléments impurs qui entraient, c'est évident, pour une bonne part dans sa composition, se seraient progressivement purifiés, par la force des choses. Ce fait s'observe dans toutes les colonies. Chacun n'a-t-il pas présent à la mémoire l'exemple le plus fameux des descendants des convicts de Botany-Bay ?

Malheureusement, dès qu'on eut commencé à avoir des noirs, on ne se préoccupa plus d'augmenter la population européenne. Dès lors elle fut destinée à n'être qu'une infime minorité, incapable de constituer une souche assez féconde pour couvrir les îles de ses rejetons. Ce fut la faute à la fois de la métropole et des colons, exclusivement soucieux de leurs intérêts immédiats, et qui virent tout de suite une source de profits bien plus considérables dans le trafic et l'exploitation des esclaves, sans s'arrêter à en calculer toutes les conséquences.

IV

Ainsi s'accrédita de bonne heure le préjugé, soigneusement entretenu par les intéressés, que les blancs d'Europe n'avaient

---

[1] Moreau de Saint-Méry, V, 116
[2] P. Leroy-Beaulieu, *op. cit.*, p. 161.

pas la force suffisante pour travailler la terre aux Antilles. Et cependant n'est-il pas certain que ce sont eux qui ont, les premiers, vaillamment mis la main à l'œuvre sans faiblir? « Les boucaniers, ces fondateurs des premiers établissements de la France et de l'Angleterre dans l'archipel américain, n'ont-ils pas montré que, malgré une vie turbulente et licencieuse, les Européens peuvent s'y livrer aux plus rudes travaux et braver l'ardeur du climat, lors même qu'ils sont privés de tous les biens de la civilisation ? N'appartenaient-ils pas à la race blanche, et nombre d'entre eux n'y occupaient-ils pas un rang distingué, ces premiers colons de la Martinique et de la Guadeloupe qui défrichèrent de leurs propres mains le sol de ces belles îles et qui fondèrent leurs cités [1]? » L'auteur, auquel nous empruntons cette citation, constate ensuite que, si les engagés « ne purent résister aux fatigues des travaux qu'on leur imposait, c'est qu'ils subissaient un véritable esclavage et qu'ils en éprouvaient l'effet fatal, comme les nègres l'éprouvent aujourd'hui, à une distance de deux cents ans. » Il cite encore ce qu'il a vu lui-même à Saint-Domingue, à la Guadeloupe, à la Martinique, et en particulier la force de résistance des troupes blanches.

Dans les divers documents que nous avons consultés, tous les esprits impartiaux s'accordent à reconnaître, soit d'après les faits historiques, soit d'après des observations faites sur place, que le climat n'est pas aux Antilles un obstacle invincible pour les Européens. Peut-être ne paraissent-ils pas capables de fournir la même somme d'efforts musculaires qu'une tyrannie incessante est arrivée à faire produire au nègre naturellement paresseux. Mais leur travail plus intelligent compense largement cette infériorité relative. En tout cas, il est sûr qu'ils peuvent s'adonner à la culture de la terre, s'acclimater et se développer.

Un administrateur de Cayenne, où le climat est de beau-

---

[1] Moreau de Jonnès, *Recherches statistiques sur l'esclavage colonial*, etc., p. 236, 237.

coup plus mauvais, écrit, dans un Mémoire[1] daté de 1788, qu'une population de blancs y est parfaitement possible.

C'est la conclusion d'une étude approfondie faite sur ce sujet par R. Lepelletier de Saint-Rémy[2]. L'auteur est seulement d'avis qu'il faut avoir soin de combattre l'action débilitante du climat, d'un côté par une réglementation bien comprise des heures de travail, de l'autre par un régime alimentaire fortifiant. « Les fruits, les racines féculentes des tropiques conviennent à l'Africain, dont la fibre serrée ne laisse échapper aucune déperdition. Mais à l'Européen, qui ne fait aucun travail sans être mouillé de sueur, il faut de la viande, du pain et du vin. »

Cette question a fait l'objet d'une enquête aussi complète que possible lors de la suppression de l'esclavage, et les résultats en ont été tout à fait probants.

Voici un premier témoignage extrait des *Procès-verbaux de la Commission de* 1840[3]. Le président, M. le duc de Broglie, s'adresse à M. Le Chevalier, qui avait été chargé d'une mission spéciale pour étudier les principales difficultés à résoudre en vue d'en arriver à l'abolition de l'esclavage : « Ainsi vous croyez que la culture du sucre pourrait être faite par les blancs. » — R. : « C'est une opinion qui a en sa faveur l'autorité d'un grand savant. M. de Humboldt, qui a vu ces pays beaucoup mieux que je n'ai pu les voir, a pensé ce que je pense à cet égard... Selon moi, ces climats ne sont pas inaccessibles à la race blanche. D'ailleurs, on sait que c'est par les blancs que la culture y a été fondée. Combien de pays plus malsains encore ont été habités et cultivés par les blancs ! » A l'appui de cette assertion, M. de

---

[1] Arch. col., F, 21. *Précis des observations sur la Guyane.*

[2] De quelques essais de colonisation européenne sous les tropiques: Le Kourou; la Mana; le Guazacoalco; Santo-Tomas de Guatemala (*Revue Coloniale*: janvier-août 1849, pp. 268-317).

[3] Ministère de la Marine et des Colonies. Commission instituée par décision royale du 26 mai 1840, etc. T. I, pp. 51 et 52.

Sade cite « un rapport anglais où il est dit qu'à Cuba les blancs cultivent le sucre concurremment avec les noirs ».

M. Émile Thomas, dans un rapport au Ministre de la Marine sur l'organisation du travail libre aux Antilles, écrit que l'erreur de l'impossibilité du travail européen sous le ciel des tropiques « mérite à peine qu'on la réfute [1] ». La même idée se trouve dans une note sur la colonisation blanche à la Guyane, de M. Pariset, ancien gouverneur de la colonie [2]. Avec lui nous la voyons encore confirmée dans un Mémoire des habitants de la Martinique, qui s'appuie sur les faits [3] : « Même à l'origine de notre établissement aux Antilles, la population de Saint-Christophe s'était tellement accrue en peu d'années qu'elle conquit, contre des forces imposantes, la partie anglaise de cette île, qu'elle détruisit plusieurs escadres espagnoles, ravagea les riches établissements de la côte ferme, porta l'épouvante jusque dans la mer du Sud et fonda, malgré le désaveu de la France, la magnifique colonie de Saint-Domingue. Si, plus tard, la population blanche resta stationnaire, et même décrut, c'est que l'on négligea les sages règlements de Colbert et que toutes les primes, toutes les faveurs furent accordées aux importations d'Africains. » A ce propos, nous ferons simplement la remarque qu'en réalité c'est Colbert qui a donné la plus vive impulsion au développement de l'esclavage et par là commencé à faire diminuer l'émigration européenne. Du reste, en envoyant des engagés, le gouvernement ne semble pas avoir eu alors la pensée de créer aux Antilles le travail européen, mais bien plutôt d'y constituer la propriété européenne. C'est pour

---

[1] Commission coloniale, 1849-1851, p. 31 du *Rapport*.
[2] *Ib.*, p. 6 et 7 de la note. Il dit, précisément à propos des anciens colons des Antilles : « Il n'y a aucun doute que cette population se fût développée sur ce sol, comme les Portugais à Madère et les Espagnols aux Canaries, et qu'elle eût colonisé les autres îles, la Martinique et la Guadeloupe, que nous commencions à occuper, si on n'avait imaginé d'aller chercher les nègres de l'Afrique. »
[3] *Ib.*, p. 10.

cela qu'à la fin de son engagement l'Européen recevait des terres et devenait *habitant*. Lorsque les terres vinrent à manquer, ce qui se produisit assez promptement, vu le système de la grande culture, les engagements prirent fin. Comme il est dit dans l'arrêté de 1774 : « L'accroissement de la population..... et la multiplication des noirs qui y ont été importés ont fait cesser depuis longtemps les engagements qui avaient lieu autrefois. »

Nous relevons dans un article de *la Revue Coloniale* de mars 1847[1], de M. P. Maurel, un passage caractéristique qui résume très nettement cette phase du peuplement de nos colonies. L'auteur de cette remarquable étude dit, en effet, après avoir cité l'arrêt de 1774 : « Ainsi finit, par son succès même, cette vieille institution des engagés. Que ceux qui citent les engagés pour prouver que le travail des blancs est impossible aux colonies, renoncent donc à cet exemple. Ils ne l'ont pas compris. *Les engagés ont fini non parce qu'ils ont échoué, mais parce qu'ils ont réussi.* La victoire fait cesser les efforts tout aussi bien que la défaite. » Amener d'autres Européens, c'était risquer de susciter des concurrents pour les premiers propriétaires. Or chacun voulait agrandir son domaine. Pour le mettre en culture, il ne lui fallait que des bras. En pouvait-il être de meilleurs que ceux de l'esclave, à la fois instrument et capital vivant, que seule manie la volonté du maître, tout en ayant le droit de l'aliéner à son gré ?

Constatons, au surplus, pour mieux prouver que ce sont surtout les colons qui ont empêché le développement du travail libre, ce qui s'est passé dans certaines colonies étrangères. « Encore aujourd'hui il existe à Cuba, à côté des riches planteurs, une population de petits créoles, semblables à ceux de la Réunion et se livrant aux travaux de la terre », écrit un

---

[1] T. XI, 227. *Histoire du travail libre aux colonies* (Extrait de *l'Avenir de la Pointe-à-Pitre*).

colon espagnol[1] ; et il ajoute : « Il y a un axiome d'arithmétique politique, sanctionné par l'expérience et par la nature des choses, à savoir que : « L'immigration des hommes blancs et libres dans les colonies européennes d'Amérique a été en raison inverse de l'accroissement de la population esclave. » Ce fait est si vrai qu'en 1774 le rapport des blancs aux noirs était dans la proportion de 6 à 4 ; la traite fit progressivement changer la balance jusqu'à ce qu'enfin, en 1841, les termes se trouvèrent complètement renversés, le rapport étant aujourd'hui de 4 à 6. »

A Porto-Rico, où les habitants ne pouvaient pas acheter autant d'esclaves, il y eut toujours beaucoup plus d'Européens obligés de cultiver eux-mêmes la terre. « Sur 357,000 âmes, on ne compte pas moins de 188,869 blancs, travaillant aux champs communément avec les nègres[2]. » En 1844, il y avait 1.277 petites plantations de cannes à sucre mises en valeur par la main-d'œuvre de leurs propriétaires[3]. L'auteur qui nous fournit ce renseignement remarque justement que « l'habitude du travail et surtout du travail de la terre donne... à l'Européen un avantage sur l'esclave noir, qui, la plupart du temps, a passé sa première jeunesse dans la fainéantise. » Il a constaté aussi que « les noirs sont beaucoup plus sensibles que les blancs à la transition de la chaleur au froid dans les Antilles. Accoutumés aux ardeurs du soleil brûlant de leur pays, on les voit, dans les Antilles, paralysés et grelottants, pour peu que le thermomètre baisse, se presser autour du feu aux heures qui ne sont pas consacrées au sommeil ou au travail. » Nous lui emprunterons, pour finir, cet

---

[1] *Mémoire présenté à la reine d'Espagne par D. Domingo de Goicouria à l'effet d'augmenter la population blanche et la production du sucre dans l'île de Cuba.* Septembre 1846. *Revue Coloniale* de janvier et février 1849, C. 2ᵉ série, t. II, p. 45.

[2] *Colonial Gazette* du 10 novembre 1841 : Rapport fait à la Société d'Émancipation et d'Agriculture de la paroisse Saint-Georges de la Jamaïque.

[3] José Saco, *De la suppression de la traite des esclaves africains dans l'île de Cuba* (*Revue Coloniale* de mars 1845, t. V, p. 257).

extrait significatif : « Lorsque la France étendit sa domination sur les Antilles..., ce ne furent pas des Africains qu'elle employa pour fonder ses premiers établissements. Des colons par centaines émigrèrent de la Normandie pour se livrer à tous les travaux de la culture coloniale... Par la suite, la culture cessa d'être faite par les blancs ; mais, s'ils l'abandonnèrent, ce n'est pas qu'ils redoutassent le climat : cet abandon résulta des désordres de l'administration, de la cruauté avec laquelle on traitait les colons, et de l'exemple des autres colonies, dans lesquelles on se servait des nègres, dont le travail donnait de grands bénéfices aux propriétaires et aux traitants. Sans l'attrait de ces gains funestes, l'émigration européenne eût continué, car elle n'a pas cessé à raison du climat des Antilles, mais par suite de la traite des noirs[1]. »

Le sénateur espagnol Guell y Rente affirmait, à la séance du 19 juillet 1884, qu'en 1862, à Cuba, sur 850.127 habitants formant la population rurale, il n'y avait que 292.573 esclaves. « Cette statistique combat le préjugé, d'ailleurs absurde, que la race blanche, avec des précautions et le secours du temps, ne peut pas s'acclimater dans la zone chaude et y cultiver la terre[2]. »

Nous aurions pu étendre encore ces citations, mais nous avons fait un choix des plus caractéristiques. En somme, nous croyons que cette réunion de faits et de témoignages est suffisante pour démontrer combien le gouvernement et les colons eurent tort de ne pas favoriser davantage le système des engagés ; car, à la seule condition d'être mieux pratiqué, il eût permis d'organiser le travail libre, qui se serait combiné

---

[1] José Saco, *op. cit.*, p. 258.
[2] P. Leroy-Beaulieu, *op. cit.*, p. 261. Cf. aussi, p. 252 et 269. — Les témoignages recueillis par la Chambre des lords dans l'enquête de 1840 viennent également à l'appui de notre thèse. Voir *Précis de l'abolition de l'esclavage dans les colonies anglaises*, III, pp. 400, sqq. — Nous renvoyons encore à l'opinion de médecins, rapportée par Schœlcher, *Colonies françaises, Abolition immédiate de l'esclavage*, Introduction, pp. 31, 34, 35, 39, 45.

avec la petite propriété. Ce seul fait eût changé, à notre avis, tout le développement économique des Antilles. Il est à présumer que leur avenir et leur situation actuelle n'en eussent été que meilleurs.

V

Il paraît singulier aussi, au premier abord, qu'on ne se soit pas préoccupé davantage d'utiliser la population indigène des Caraïbes [1]. Peut-on croire que ce fût par un scrupule excessif de porter atteinte à leur liberté ? Déjà, au xvi° siècle, cette question des indigènes avait été agitée à propos des colonies espagnoles. En 1525, une ordonnance de Ferdinand le Catholique avait déclaré esclaves tous les indigènes du Nouveau Monde [2]. Mais, en 1529, un Conseil ayant été tenu à Barcelone, le roi trouva bon d'approuver sa décision qui contenait, entre autres articles, la disposition suivante : « Il a paru à l'assemblée que le droit et la raison garantissent aux Indiens leur entière liberté [3]. » Une bulle du Pape Paul III, de 1531, reconnaît aussi que les Indiens sont libres et non esclaves [4]. Enfin, « le célèbre règlement de 1524, qui statua définitivement sur la franchise des Indiens, vint régulariser leur situation [5] ». Malgré tout, nous ne savons que trop comment furent mises en pratique ces déclarations de principes. A cet égard, on peut dire que les Français se montrèrent, au moins en apparence, plus conséquents avec eux-mêmes. Ainsi, en 1635, comme De l'Olive voulait faire la guerre aux sauvages pour les soumettre, son

---

[1] Sur les Caraïbes, Cf. A. Dessalles, *op. cit.*, I, p. 194, sqq.
[2] Gomara, *Hist. générale des Indes occidentales*, trad. fr., liv. V, p. 251, verso. Cf. Moreau de Jonnès, *op. cit.*, p. 3. L'ordonnance ajoute : « Sinon que de leur bon gré, quittant leurs erreurs grossières et superstitions damnables, ils voulussent devenir chrétiens. »
[3] Llorente, *op. cit.*, I, 245.
[4] Benzoni, *Historia del mondo nuovo*, liv. I, ch. xviii, p. 185-187 ; — ch. xvii, p. 176, de la trad. française, au sujet de la réduction des sauvages en esclavage.
[5] P. Leroy-Beaulieu, *op. cit.*, 13.

compagnon Du Plessis s'y opposa énergiquement. « Il lui représenta qu'il n'y avait rien de plus contraire aux ordres du roi et des seigneurs de la Compagnie qui, ayant pour but principal la conversion de ces infidèles, voulaient qu'on entretînt la paix avec eux pour faciliter ce dessein[1]. » Mais est-ce bien là réellement le vrai motif pour lequel on ne voulut pas les asservir ? Ici Du Tertre lui-même nous fournit des raisons d'un ordre moins élevé et plus pratique. Il nous apprend, en effet, que c'est par suite de leur résistance indomptable que les Français n'ont jamais pu réduire les Caraïbes en esclavage. Ils avaient sous les yeux l'exemple du gouverneur anglais de Montserrat, qui avait eu vain recouru aux plus terribles moyens; en effet, non content de les enchaîner, il avait fait crever les yeux aux plus rebelles ; pourtant rien n'y fit, car les indigènes préféraient se laisser mourir de faim plutôt que de travailler. « Ce qui, ayant été reconnu par nos Français, ajoute Du Tertre, ils ont mieux aimé les tuer, après les avoir pris pour en faire des échanges avec ceux qu'ils nous avaient enlevés, que de tenter inutilement de les réduire à l'esclavage[2]. »

Le P. Labat parle également de cette indocilité des Caraïbes : « Ils ne font, dit-il, que ce qu'ils veulent, quand ils veulent et comme ils veulent[3]. » Il cite cependant des indigènes qui sont esclaves ; mais ils viennent de la terre ferme. « Il arrive quelquefois que nos barques, qui vont traiter à l'île de la Marguerite et aux bouches de la rivière d'Orénoque, prennent en troc de leurs marchandises des Indiens esclaves qu'ils nous apportent[4]. » A ce sujet, Du Tertre nous donne quelques détails sur deux catégories d'esclaves, qu'il met à part dans le VIII° Traité de son ouvrage, consacré spécialement à l'esclavage[5] : ce sont les Aroüagues, indigènes du continent

[1] Du Tertre, I, 83.
[2] Id., II, 485.
[3] *Nouveau voyage aux isles de l'Amérique*, II, 138.
[4] Id., ib., 139.
[5] Du Tertre, II, 483, sqq.

capturés par les Caraïbes, et les Brasiliens, que les Hollandais, en guerre avec les Portugais, leur enlevaient.

Pas plus que les Caraïbes eux-mêmes, les Aroüagues ne se laissaient imposer de rudes travaux. On n'obtenait d'eux quelques services qu'en les traitant par la douceur. Ils étaient presque uniquement employés pour la chasse ou pour la pêche, exercices auxquels ils se montraient d'une habileté extraordinaire ; c'est ce que le P. Bouton exprime en disant qu'ils étaient « merveilleusement *manigats* », suivant un mot du pays ; « au reste, ajoute-t-il, fort libertins, stupides et gens à qui il ne faut rien dire et qu'il faut laisser faire tout à leur volonté[1] ». Ils étaient très recherchés, mais il n'y avait guère que les gouverneurs, les officiers et les principaux habitants qui pussent en avoir.

Les Brasiliens étaient dégrossis par leur contact avec les Portugais, « au point de n'avoir rien de sauvage que le nom et l'extérieur ». Avec eux aussi il fallait recourir aux bons traitements, moyennant quoi ils étaient « prêts à tout faire, excepté à travailler la terre ». Du Tertre cite les femmes brasiliennes comme des « trésors dans les familles », en tant que domestiques et nourrices, car elles étaient très laborieuses et très adroites. Il rapporte également un curieux proverbe qui marque bien la différence entre les sauvages et les nègres : « Regarder un sauvage de travers, c'est le battre ; le battre, c'est le tuer ; battre un nègre, c'est le nourrir. » Aroüagues et Brasiliens se faisaient une idée particulière de leur condition, car ils ne voulaient avoir aucun commerce avec les nègres, « s'imaginant qu'on les regarderait comme des esclaves, si on les voyait converser avec eux ».

Dans un *Recensement, du 20 janvier 1716[2], concernant les quatre quartiers de la Martinique où sont établis des régiments*, nous avons trouvé, sur un cadre imprimé, un en-tête

---

[1] *Relation de l'établissement des Français depuis l'an 1635 en l'Isle de la Martinique*, p. 52.
[2] Arch. Col., C⁸, 21.

de colonne comprenant les « mulâtres, nègres et *sauvages-esclaves* », et un autre où figurent également les *sauvagesses-esclaves*. Il faut croire que ces dénominations s'appliquaient exclusivement aux Indiens que nous venons de citer. Ils étaient assimilés légalement aux nègres d'Afrique [1].

Quant à ceux qui vivaient sur des territoires dépendant des colonies françaises et aux Caraïbes proprement dits, il est curieux de constater que, non seulement on finit par leur laisser leur entière liberté [2], mais, bien plus, qu'on n'hésita pas à assimiler aux colons français, au point de vue du droit, ceux qui devenaient catholiques. L'article XI du contrat de rétablissement de la Compagnie des Îles d'Amérique, que nous avons cité plus haut, dit textuellement : « Les descendants des Français habitués esdites îles et les sauvages qui seront convertis à la foi et en feront profession seront censés et réputés naturels français, capables de toutes charges, honneurs, successions, donations, ainsi que les originaires et regnicoles, sans être tenus de prendre lettres de déclaration ou naturalité [3]. » C'était là, en vérité, une disposition d'une

---

[1] Cf. Arch. Col., B, 129, Guyane, p. 50. Lettre ministérielle du 21 août 1768 à MM. de Fiedmont et Maillard. Il s'agit de la réclamation par la dame Segrestan d'un Indien Portugais, son esclave, nommé Pachicour, affranchi en vertu des instructions du chevalier de Turgot, art. 41. Cet article « ne peut s'entendre des Indiens qui, étant nés esclaves dans un pays étranger, ont été amenés et vendus par leurs maîtres à Cayenne, les Indiens de cette espèce ne pouvant avoir plus de privilèges que les nègres amenés d'Afrique. En conséquence, Pachicour sera rendu à la dame Segrestan. Cependant, dans une autre lettre du 26 juillet 1769, B, 132, p. 32, le Ministre demande des renseignements, afin de pouvoir procurer la liberté à Pachicour, et il prescrit de le laisser libre provisoirement (c'est l'analyse, donnée à la table des matières, de la lettre qui est indiquée au folio 32; mais il manque dans le volume les pages 31 à 34).

[2] Cf. Arch. Col., B, 26, p. 21. Lettre du Ministre à M. le marquis de Ferolles, 21 juin 1705 : Au sujet d'Indiens des environs de Cayenne vendus comme esclaves, il ordonne de les renvoyer libres chez eux. — Arrêt du Conseil souverain de la Martinique, du 10 mars 1712, en faveur d'un Indien vendu comme esclave. Arch. Col., F, 251, p. 29. — Une ordonnance royale du 2 mars 1739 interdit la traite des Caraïbes et Indiens de nations contre lesquelles les Français ne sont point en guerre. Arch. Col., B, 68, Îles-du-Vent, p. 15.

[3] Cette disposition fut renouvelée par l'article XIII de l'édit de mars 1642. Cf. Moreau de Saint-Méry, I, 54. Voir encore article 35 de l'édit des 28 mai,

générosité destinée à rester bien platonique, car jamais il n'y eut de rapprochement entre les insulaires et les colons. S'ils ne furent pas réduits en servitude, les Caraïbes furent sans cesse refoulés par les nouveaux occupants, si bien qu'en l'espace d'un siècle ils avaient à peu près totalement disparu [1].

Et pourtant, si on avait su en quelque sorte les apprivoiser, n'y aurait-il pas eu moyen de tirer d'eux un parti utile? En 1781, le P. Padilla était parvenu, à force de patience et d'habile douceur, à former aux environs de Cayenne une mission de plusieurs peuplades d'Indiens. Ils étaient au nombre de 308 fixés au sol, et ils commençaient « à prendre du goût pour l'industrie et pour la culture des terres [2] ». A ce moment, on paraît s'être occupé de les utiliser, si nous en jugeons par un Mémoire des Administrateurs de la Guyane, du 15 janvier 1786 [3]. « Ils ne peuvent que louer, écrivent-ils, les mesures qui sont indiquées dans le Mémoire du Roi qui leur sert d'instruction sur le projet de tirer parti des Indiens, de les civiliser et d'exciter leur industrie. On espère, avec des soins assidus, parvenir à obtenir quelques heureux avantages, avec l'aide de quelques missionnaires. » Ils rappellent ensuite les notes qu'a fournies au Ministre un de leurs prédécesseurs, M. Lescallier : « On a parlé bien diversement des Indiens qui habitent l'intérieur de la Guyane. On a vu des Administrateurs, qui les ont considérés comme des automates, dont on ne pourrait tirer aucun parti. Cette opinion est plus que rigoureuse. On ne peut nier qu'ils n'aient sur nous des avantages bien précieux, l'agilité à la chasse et à la

---

[1] et 31 juillet 1664, relatif à l'établissement de la Compagnie des Indes Occidentales, et qui porte même « défense expresse de vendre aucuns habitants originaires du pays comme esclaves, ni même d'en faire trafic, *sous peine de la vie* ». Moreau de Saint-Méry, I, 100.

[1] Thibaut de Chanvalon, *Voyage à la Martinique*, p. 38. — Voir sur cette extermination générale des indigènes par les Européens une page saisissante de J. Duval, *op. cit.*, préface, XVII.

[2] Arch. Col., F, 21. Mémoire du 31 mai 1787, p. 3.

[3] Ib., ib.

pêche, la connaissance de la navigation des rivières, des routes, de l'intérieur des forêts et de leurs productions ; jaloux de leur liberté, et cependant doux et traitables, ils fuient la gêne et les vexations. — Il est essentiel de recommander qu'ils soient ménagés et traités comme gens libres à l'égal des blancs, ainsi qu'il est établi par la loi. Je croirais utile de ménager quelques mariages de leurs filles avec des Européens reconnus sages et tranquilles, comme soldats congédiés et autres, qui s'établiraient aux sauts des rivières et commenceraient à former une liaison intime avec les peuples de l'intérieur et attirer une confiance d'autant plus intéressante que la haine de ces nations en général contre les nègres marrons nous fournirait un moyen contre leurs incursions, et qu'*ils respectent et secondent naturellement les blancs, pour peu qu'ils soient bien traités*. — On en retirerait aussi l'avantage d'augmenter la culture et la facilité d'extraire pour le commerce bien des productions des forêts et des montagnes. » Ensuite, les administrateurs exposent une politique de modération à l'égard des Indiens, par opposition aux vexations et corvées qu'on leur a trop souvent fait subir. Ils rappellent une lettre qu'ils ont adressée aux commandants des quartiers où il y a des Indiens, et qui contient en particulier ce passage : « Signifiez-leur en toutes les occasions qu'ils sont maîtres chez eux comme les meilleurs des blancs. » Enfin, eux aussi se montrent favorables aux mariages mixtes. Si on eût suivi, dès le début et avec persévérance, une telle manière de procéder, n'y a-t-il pas lieu de croire que quelques bons résultats eussent été atteints? Songeons que l'œuvre serait devenue chaque jour plus facile avec les générations nouvelles. Mais il était plus simple de dire : « Ces gens-là ne sont bons à rien. » A force de le répéter, on finit par y croire, comme à un axiome ; et voilà comment on ne fit jamais aucune tentative sérieuse et continue pour plier leur nature sauvage à un commencement de civilisation. Dans l'article de Lepelletier de Saint-Remy, que nous avons déjà cité, il est constaté que, lors de la tentative de colonisation faite par les Belges à Saint-Thomas de Guatémala, ce furent des Caraïbes qui firent plus spécialement les travaux de défrichement ; ils fournirent 11.375 journées de travail et rendirent 11 hectares propres à la culture[1]. Il est resté quelques débris des indigènes insulaires à Porto-Rico ; ce sont les Ibaros, race un peu mêlée, à vrai dire, résultant d'unions entre les indigènes et les premiers colons ; paisibles, ils se sont montrés propres à tous les travaux de culture ou de défrichement et ont été une garantie de prospérité pour le pays où ils sont restés[2]. « Ils sont demeurés là pour servir à la condamnation de l'esclavage, en montrant qu'il n'était pas nécessaire à l'exploitation du sol, si l'avidité des premiers colons n'avait indignement abusé des forces des naturels[3]. »

En fait, et pour nous résumer, nous dirons que ces deux éléments de population, engagés et indigènes, n'ont eu en aucune façon l'importance qu'il eût été bon de leur attribuer, au lieu de ne viser qu'à les remplacer par les noirs d'Afrique.

VI

Assurément, nous ne saurions hasarder d'hypothèse pour essayer de deviner ce que fût devenue une société qui se serait constituée sur de telles bases. Mais, par contre, nous verrons combien a été profonde et néfaste l'influence de l'esclavage aux Antilles. Elle domine toute leur histoire. Rappelons-en brièvement les phases principales, en ne mentionnant que les traits qui se rapportent particulièrement à notre sujet [4].

[1] *Rev. Col.*, janvier-août 1849, p. 310.
[2] Granier de Cassagnac, *Voyage aux Antilles*, II, 100-101 et 190.
[3] Wallon, *Histoire de l'esclavage dans l'antiquité*, introd., p. LXV.
[4] Pour l'ensemble de l'histoire des Antilles, voir surtout l'ouvrage de Dessalles.

En réalité, cette histoire se confond presque entièrement au début avec celle de la Compagnie de Saint-Christophe ou des Iles d'Amérique, qui jouit d'une autorité souveraine. Une première période va donc de 1626, date de sa création, à 1664, date de sa fin : c'est la période de fondation ou d'établissement, pendant laquelle les îles commencent à se peupler ; et c'est alors que domine encore la population blanche. Richelieu favorise ce mouvement d'expansion, sans pouvoir toutefois empêcher les Hollandais d'exporter une bonne partie des richesses que produisaient déjà les Antilles. — La seconde période, de 1664 à la mort de Colbert, ou plutôt à la promulgation du Code Noir (1685), préparé par lui, est marquée à la fois par le développement méthodique de l'esclavage et par les progrès de notre commerce avec les îles, dus à ceux de notre marine. — Une troisième période, jusqu'à la fin du règne de Louis XIV, atteste un véritable déclin : la marine n'est déjà plus ce que Colbert l'avait faite ; les mers ne sont plus aussi sûres pour nos navires ; nous nous laissons enlever Saint-Christophe, et la première brèche à notre puissance coloniale et maritime est faite par le traité d'Utrecht. A la mort du grand roi, nos colonies se trouvent « fatalement peuplées de 250.000 esclaves. L'esclavage sanctionné, consacré, imposé par le gouvernement, devient un principe... ; et cependant, jugé par l'opinion, l'esclavage doit s'effacer en présence des idées nouvelles [1]. »

Une quatrième période embrasse tout le cours du xviii° siècle, jusqu'à la Révolution. Il est à remarquer que c'est pendant ce siècle, qui allait donner naissance aux premières idées d'émancipation, que l'esclavage a pris la plus grande extension. Le système de Law produisit un revirement favorable aux colonies françaises. Profitant des mesures libérales dont il s'inspire, le commerce extérieur avec nos possessions lointaines prend un accroissement inconnu jusqu'alors. Aussi

---

[1] Dessalles, II, 412.

rion n'égale la prospérité matérielle des Antilles à partir de cette époque jusque vers la fin du siècle[1]; et cela, malgré la politique continentale si étroite de vues et si funeste de Louis XV, malgré les attaques incessantes dont les Anglais nous harcèlent sur mer, malgré tous les désastres de la guerre de Sept Ans. Mais c'est une prospérité toute factice, précisément en ce sens qu'elle dépend du système anormal de l'esclavage et du développement outré des produits d'exportation. Par là elle est exposée aux plus redoutables crises. Nous ne parlons pas pour le moment des conséquences morales de l'esclavage. Il est indispensable de voir d'abord son fonctionnement. C'est au xviiie siècle que nous serons porté à l'étudier plus spécialement ; car on peut en noter alors tous les traits caractéristiques, le saisir en quelque sorte dans son plein épanouissement. C'est alors également qu'il est le plus facile de constater les effets qu'il a produits, avantageux évidemment par quelques côtés, mais détestables par tant d'autres, si bien que le mal l'a de beaucoup emporté, d'après nous, sur le bien, et que nous entendons prononcer, même au point de vue de l'utile, sa condamnation.

[1] Cf. P. Leroy-Beaulieu, *op. cit.*, p. 167.

CHAPITRE II

LA TRAITE : CONCESSIONS ET PRIVILÈGES

> « Les rois de France ne cessèrent de consacrer tous leurs efforts à encourager la traite. »
> (P. Trayer, *op. cit.*, p. 7.)

I. — Diverses inexactitudes au sujet du commencement de la traite française. — Documents. — La traite n'est d'abord astreinte à aucune réglementation. — Elle se régularise et se développe surtout à partir de 1664, date de création de la Compagnie des Indes Occidentales. — Impulsion donnée par Colbert. — Défense de recourir désormais aux étrangers. — Exemption de droits pour les nègres et pour les marchandises servant à la traite. — Premières primes (1672).

II. — Compagnie d'Afrique ou du Sénégal (1674). — Nouvelles mesures en faveur de la traite. — Monopole (1679). — Compagnie de Guinée (1685). — Vaisseaux du roi employés à la traite. — Défense d'exporter les nègres des Antilles. — Compagnie royale du Sénégal, Cap Vert et côtes d'Afrique (1696). — Compagnie de Saint-Domingue (1698).

III. — Compagnie de l'Assiente (1701-1712). — Permissions à des armateurs particuliers. — Refus aux colons. — Liberté complète de la traite pour les négociants du royaume sur la côte de Guinée (1713). — La Compagnie des Indes, succédant à celle de Saint-Domingue, obtient privilège exclusif (1720). — Liberté de 1725 à 1727, sauf pour les colons.

IV. — Défense de faire le trafic des nègres avec les îles étrangères (1739). — Entraves apportées par la guerre à la traite. — Cependant prohibition de plus en plus rigoureuse. — La traite française est presque anéantie par le traité de Paris (1763).

V. — Traite libre (1767). — Permission accordée extraordinairement aux habitants de Cayenne. — Compagnie de la Guyane (1777). — La traite se détourne surtout vers Saint-Domingue. — Recours à la traite étrangère, mais avec droits très élevés. — Compagnie du Sénégal (1786). — Augmentation des primes. — Leur suppression (1792-1793). — Suppression de la traite (1794, 1817, 1831). — Résumé.

I

M. Trayer est d'avis qu'il est assez difficile d'assigner une origine précise à l'introduction de l'esclavage dans les colonies françaises, et il s'abstient d'indiquer une date [1]. M. Cochin écrit que « les premiers esclaves des Antilles y furent amenés en 1650 [2] ». D'après Voltaire, « la première concession pour la traite des nègres est du 11 novembre 1673 [3] ». Or nous avons vu (p. 5) que, dès 1626, il y avait des esclaves à Saint-Christophe et qu'à partir de 1633 des navires français durent commencer à y en apporter (pp. 7 et 8).

En réalité, la traite se fait encore plus ou moins régulièrement; elle n'a que l'approbation tacite du gouvernement, en attendant qu'il la réglemente, la protège et l'encourage ouvertement. Il ne paraît pas avoir jugé à propos de rien prescrire à ce sujet à la Compagnie des Iles d'Amérique. Mais nous constatons par d'assez nombreux documents qu'elle ne néglige pas cette partie de son commerce et qu'elle emploie déjà elle-même des nègres pour son propre compte. Ainsi un *Extrait de l'acte d'assemblée de la Compagnie*, du 2 décembre 1637, porte que le sieur Gentil, son représentant, devra redemander en justice les nègres et les sauvages de la Compagnie, dont le sieur d'Esnambuc s'est servi, et les faire travailler à l'habitation ; il est recommandé en même temps de les traiter avec humanité [4]. Un autre *Extrait*, du 3 mars 1638,

---

[1] *Op. cit.*, p. 1.
[2] *Op. cit.*, II, 430.
[3] *Dict. philos.* Art. *Esprit des lois.*
[4] Arch. Col., F, 52.

nous montre qu'il est statué favorablement sur une demande faite par M. de l'Olive d'aller se pourvoir de nègres et de bestiaux au Cap Vert [1]. Le 1er septembre de la même année, la Compagnie défend de faire sortir des îles des nègres et des sauvages, sans sa permission; en même temps elle interdit aux protestants de s'y établir et d'y acquérir des terres et des esclaves [2]. En décembre 1639, De Poincy, lieutenant général de Sa Majesté aux îles d'Amérique, propose « de vendre aux Anglais tout ce que les Français possédaient d'immeubles dans l'île de Saint-Christophe et de transporter tous les habitants et leurs esclaves dans l'île de la Guadeloupe [3] », à cause de dissentiments survenus entre De l'Olive et le général anglais Waërnard. De plus, il fait poursuivre les esclaves fugitifs qui, dès cette époque, étaient plus de 60 à Saint-Christophe; plusieurs sont brûlés vifs dans leurs cases, et les autres écartelés. Le 19 février 1640, l'Assemblée décide que, s'il se fait quelques prises de nègres et qu'ils soient vendus à Saint-Christophe, il en sera acheté 100 pour son compte [4]. Le 1er mai 1641, le capitaine Monlabeur, de la Martinique, obtient de la Compagnie une exemption de droits pour 30 hommes à titre d'encouragement, pour « aller croiser avec un navire de guerre au passage d'Angola, à la Neuve-Espagne, prendre des navires chargés de nègres et les porter en ladite île de la Martinique [5] ». Il est décidé, le 28 septembre 1642, qu'on pourvoira « au passage des PP. (Jésuites) selon le temps, et de leurs serviteurs jusqu'à ce qu'on leur ait baillé des nègres, qui sera lorsqu'il en viendra en l'île [6] », et, le 3 mars 1645, qu' « il sera fourni aux Jésuites 3 nègres ou esclaves [7] ». Voici, dans l'intervalle,

---

[1] Arch. Col., F, 221, p. 57.
[2] Ib., p. 83-85.
[3] Du Tertre, I, 146.
[4] Arch. Col., F, 52.
[5] Ib., F, 247, p. 175.
[6] Ib., p. 183.
[7] Ib., p. 219.

un acte d'assemblée encore plus net, déclarant que la Compagnie agrée le marché fait pour les nègres avec le capitaine Durant, moyennant 200 livres pièce [1], et un autre qui autorise un emprunt de 8.000 livres, afin de solder le prix de 40 nègres introduits à la Guadeloupe [2].

Mais c'est surtout à partir de l'avènement de Colbert aux affaires que la traite devient vraiment régulière et de beaucoup plus importante. Comme il veut que la marine française et, par suite, le commerce rivalisent avec ceux des Hollandais, que le développement des colonies est un sûr moyen d'atteindre ce but, que les nègres sont à ses yeux d'excellents instruments de travail pour faire fructifier le sol et qu'enfin, par surcroît, le trafic de cette marchandise humaine lui paraît être une source possible d'importants bénéfices, il va s'empresser de le favoriser. Colbert, est-il besoin de le dire, est avant tout un homme d'État, un génie essentiellement pratique ; ce n'est nullement un philosophe, et surtout un philosophe humanitaire. On sait les moyens qu'il emploie pour le recrutement de la chiourme. Il y faut, écrit-il le 19 février 1666 à Arnoult, intendant des galères à Marseille, « l'action des Parlements, les achats d'esclaves *et peut-être la traite des nègres* [3] ; » il n'allait du reste pas tarder à se confirmer dans cette idée. Aussi provoque-t-il les mesures royales qui, dès lors, ne cesseront plus, jusqu'à la fin de l'ancien régime, d'être prises en faveur de la traite. Si Louis XIII semble avoir eu quelques scrupules à autoriser l'esclavage dans les colonies françaises, nous n'en trouvons plus trace chez Louis XIV. En tout cas, ils ont été apaisés chez l'un et chez l'autre par l'idée du bien qu'ils faisaient à la religion et à de malheureux idolâtres auxquels ils voulaient assurer le salut.

[1] Arch. Col. F, 52, 7 janvier 1643.
[2] *Ib.*, F, 221, p. 197 ; 7 octobre 1643.
[3] P. Clément, *Lettres, instructions et mémoires de Colbert.* 1re partie, III, 35.

C'est sous l'empire de ces diverses idées que fut promulgué l'Édit du 28 mai 1664, portant établissement d'une *Compagnie des Indes Occidentales* pour faire tout le commerce dans les îles et terres fermes de l'Amérique, ainsi que l'indique bien son intéressant préambule [1]. Remarquons, toutefois, qu'il n'y est pas question de nègres esclaves. Mais il était évidemment sous-entendu que la Compagnie devait en fournir les îles. En effet, jusqu'alors, c'étaient des bâtiments hollandais plutôt même que des bâtiments français qui s'étaient livrés à cette importation. Mais désormais il va être expressément défendu de recourir aux étrangers pour la traite. En vain, l'intendant de la Martinique, M. de Baas, essaie de s'opposer à cette mesure [2]. La prohibition n'en est pas moins ordonnée, le 25 mars suivant, ainsi qu'il résulte d'une lettre du Ministre aux directeurs de la Compagnie des Indes Occidentales : il leur est prescrit de se procurer eux-mêmes, en Guinée, le nombre de nègres nécessaire [3]. Le même jour, le roi fait écrire à la fois à l'intendant De Baas et au sieur Pélissier, un des directeurs de la Compagnie, pour le même objet [4]. Afin de se conformer à sa volonté, M. de Baas ordonne, le 11 mai 1670, la confiscation d'un navire flamand surpris à faire la traite des nègres à l'île de Grenade [5].

Pour encourager les armateurs particuliers, un arrêt du Conseil d'État, du 26 août 1670 [6], porte suppression d'un droit de 5 0/0 que prélevait à l'origine la Compagnie sur les nègres

---

[1] Moreau de Saint-Méry, 1, 100.
[2] Arch. Col., C⁸, 1. « Je ne puis m'empêcher, Monseigneur, de redire ce que j'ai déjà écrit, que les habitants des îles souffriront beaucoup par la défense du commerce avec les étrangers, qui leur portaient des chevaux et des nègres. C'est un bien si précieux en ce pays que, sans cela, on ne peut ni défricher la terre, ni recueillir ce qu'elle rapporte. »
[3] *Ib.*, F, 247, p. 611 ; et B, 1, p. 22.
[4] *Ib.*, F, 247, pp. 621 et 629. Voir encore deux autres lettres identiques à M. de Baas, pp. 639 et 661.
[5] *Ib.*, p. 649.
[6] Moreau de Saint-Méry, 1, 197.

de Guinée. Il est dit dans le préambule: « Et comme il n'est rien qui contribue davantage à l'augmentation des colonies et à la culture que le laborieux travail des nègres, Sa Majesté désire faciliter autant qu'il se pourra la traite qui s'en fait des côtes de Guinée auxdites îles. » Un autre arrêt, du 18 septembre 1671 [1], exempte de tous droits de sortie toutes les marchandises qui seront chargées dans les ports du royaume pour être portées aux côtes de Guinée en vue de les échanger contre des noirs. La Compagnie des Indes Occidentales jouissait déjà de l'exemption de la moitié des droits d'entrée pour toutes les marchandises qu'elle importait d'Amérique. En même temps, le Ministre écrit aux directeurs de la Compagnie que Sa Majesté ne veut plus qu'ils fassent aucun autre commerce que de nègres et de bestiaux [2]; ce qui prouve bien l'importance qu'on attache dans la métropole au développement de l'esclavage.

Toujours avec la même intention de favoriser le commerce national, le roi, par une ordonnance du 13 janvier 1672 [3], accorda une gratification de 10 livres payable aux armateurs pour chaque nègre débarqué aux îles françaises d'Amérique, et une gratification de 3 livres, payable par la Compagnie, aux capitaines. Ces primes se renouvelleront fréquemment et ne feront qu'augmenter ; c'est que, malgré les avantages de la traite, il ne manquait pas de risques à courir. En réalité, c'était un bon calcul de la part du roi ; car chaque nègre lui rapportait d'abord le droit perçu sur les produits des colonies contre lesquels il était échangé, puis les divers bénéfices résultant du développement général de la prospérité des îles, qui contribuait à celle du royaume.

---

[1] Chambon, *op. cit.*, II, 303.
[2] Arch. Col., B, 1, p. 196.
[3] Arch. Col., F², 18, p. 406, et Moreau de Saint-Méry, I, 259.

II

La Compagnie des Indes Occidentales, mal administrée[1], fut obligée de liquider en 1674. Ce fut la première *Compagnie d'Afrique ou du Sénégal* qui hérita de ses privilèges pour le commerce, tandis que le roi se chargeait de son passif[2] et réunissait les Antilles au domaine. En fait, la nouvelle Compagnie n'acheva d'être constituée et n'eut ses lettres patentes qu'en juin 1679[3]; toutefois, elle n'en était pas moins considérée comme ayant une existence officielle. En effet, le 25 mars 1679, un arrêt du Conseil d'État approuve le commerce de ladite Compagnie à la côte d'Afrique, « tant en marchandises qu'en nègres, à *l'exclusion de tous autres*[4] ». Cet arrêt a une importance particulière, en ce sens qu'il constitue pour la première fois le monopole de la traite. Il rappelle un traité du 16 octobre 1675 (confirmé le 26 par le Conseil d'État), passé entre les directeurs du commerce des Indes Occidentales et maître Jean Oudiette, fermier général du domaine d'Occident, par lequel celui-ci s'engageait à transporter aux îles 800 nègres par an pendant quatre ans. Mais Oudiette n'a pas tenu son engagement. Et pourtant le

---

[1] Il en sera de même de presque toutes les autres. M. P. Leroy-Beaulieu, *op. cit.*, 145, écrit à ce propos : « Morellet, en 1769, comptait 55 Compagnies à monopole, pour le commerce lointain, qui avaient échoué. La plupart étaient des Compagnies françaises. Jamais nation ne s'attacha avec autant d'opiniâtreté à une institution que l'expérience ne cessait de condamner. » Voir l'ouvrage de M. Bonnassieux, *Les grandes Compagnies de Commerce*, qui a essayé de les réhabiliter.

[2] Arch. Col. F², 13. *Cession au roi des dettes et effets de la Compagnie des Indes Occidentales*, du 20 octobre 1674, n° 35, liasse 207, et *Procès-verbal des jurés teneurs de livres*, du 21 octobre. Le roi se substitue à la Compagnie en payant pour elle 3.583.350 l. 16 s. 6 d., dont elle est en déficit.

[3] Arch. Col., F², 18. — Cf. P. Labat, *Nouvelle relation de l'Afrique occidentale*, I, 19.

[4] Moreau de Saint-Méry, I, 314.

roi lui-même avait prescrit à M. de Baas de lui donner toutes les assistances dont il aurait besoin et toutes les permissions nécessaires pour les bâtiments qu'il emploierait à aller chercher des nègres[1]. Quoi qu'il en soit, le Conseil d'État casse et annule le traité fait avec Oudiette et en confirme un nouveau conclu par les sieurs Bellinzany et Menager avec les sieurs François et Bains, directeurs de la Compagnie du Sénégal. Ceux-ci promettaient d'importer pendant huit ans 2.000 nègres par an aux îles de la Martinique, la Guadeloupe, Saint-Christophe, la Grenade, Marie-Galante, Sainte-Croix, Saint-Martin, Cayenne, la Tortue, Saint-Domingue et autres îles et terre ferme de l'Amérique, et, de plus, de « fournir, à Marseille, à Sa Majesté, tel nombre qu'il lui plaira pour le service de ses galères, au prix et âge dont on conviendra avec Sa Majesté[2]... Moyennant quoi, il serait payé comptant à ladite Compagnie du Sénégal par les sieurs Bellinzany et Menager, ès dites qualités de directeurs, la gratification de 13 livres accordée par chacun nègre audit sieur Oudiette par l'arrêt du Conseil dudit jour 26 octobre 1675. » Cette prime se composait de 10 livres payées par le trésor royal et de 3 livres « des deniers laissés en fond dans l'état de la ferme des

---

[1] Arch. Col., B, 7, p. 30. Lettre du 27 mai 1676, datée du camp de Ninove et portant les signatures originales de Louis et de Colbert.

[2] Nous avons trouvé de curieuses indications à ce sujet dans un *Bilan de la Compagnie du Sénégal* de 1680. Arch. Col., C⁶, carton 1. Un article porte : Du 22 septembre, pour le compte de 67 nègres que la Compagnie a fait porter du Cap Vert en Normandie, 20.100 livres. — Remarque : Les nègres avaient été choisis sur plus de 300. Il en mourut 6 sur 73 pendant la traversée. Et de Normandie à Versailles il en mourut ou demeura malades 11, en sorte que l'on n'en présenta à Monseigneur que 56, et il en rebuta 3, qu'il fallut remplacer. A Marseille, le médecin des galères n'en voulut recevoir que 36. « Et il en demeura 20 à la charge de la Compagnie qui non seulement sont péris entièrement, mais qui ont même été d'une grande dépense. » Aussi demande-t-elle qu'ils lui soient payés. — Cette revue de nègres passée par Colbert en personne, ou plutôt ce conseil de revision n'est-il pas original ? Il nous montre à quel point ce ministre, passionné pour le bien public, voulait se rendre compte de tout. On admire profondément le politique qui veut à tout prix assurer la grandeur de son pays ; mais peut-on s'empêcher de plaindre ces malheureux nègres, forçats innocents ?

droits des îles du Canada¹ ». Mais les concessionnaires ne tiennent que d'une manière très imparfaite leurs engagements, si bien qu'au bout de cinq ans, le 12 septembre 1684², un autre arrêt du Conseil d'État révoqua le privilège qui leur avait été accordé, « parce qu'ils transportent si peu de nègres que la plupart des habitants n'ont pas les moyens de faire cultiver leurs terres ³ ».

Cependant le roi faisait tout pour que le monopole qu'il avait accordé fût respecté. C'est ainsi que, les Hollandais s'étant établis à Gorée et à Arguin, d'où ils faisaient une redoutable concurrence à la traite française, Louis XIV donna ordre au vice-amiral comte d'Estrées de prendre le fort de Gorée, ce dont il s'acquitta le 1ᵉʳ novembre 1677 ; « et la Compagnie ayant fait un armement particulier sous la conduite du sieur Du Casse, elle s'empara du fort d'Arguin, le 30 août de l'année suivante ; ces deux places étant demeurées au roi par la paix de Nimègue, Sa Majesté en fit présent à la Compagnie, qui en a toujours joui depuis ce temps-là ou, du moins, a été en droit d'en jouir⁴. » D'un autre côté, comme les indigènes d'Amérique capturaient parfois des nègres marrons des possessions anglaises ou hollandaises et tâchaient de les vendre, il parut, le 23 septembre 1683, une ordonnance

---

¹ Arch. Col., B, 9, p. 1.
² Dans l'intervalle il s'était formé une nouvelle Compagnie du Sénégal, qui acheta le fond de la première 1.010.015 l. 2 s., le 2 juillet 1681. Cf. Labat, Nouv. relat. de l'Afr. occ., 1, 21, 25. Mais Seignelay ne lui accorda ensuite que depuis le cap Blanc jusqu'à la rivière de Gambie inclusivement, puis jusqu'à la rivière de Sierra Leone exclusivement. Ib., 29. Le contrat de vente est aux Arch. Col., C⁶, carton 1. La nouvelle Compagnie s'engage à satisfaire aux clauses de trois traités passés par la précédente pour les vingt-quatre années restantes, le premier pour la fourniture de 2.000 nègres, le second pour celle de 40.000 barres de fer, et le troisième pour 1.600 nègres *pièces d'Inde*.
³ Moreau de Saint-Méry, I, 400.
⁴ P. Labat, op. cit., 1, 19, 72 et sqq. — Cf. Arch. Nat., section administrative, F, 6194. — Il faut dire qu'en 1683 le Grand Électeur s'étant emparé de l'île d'Arguin, laissa les Hollandais y élever un nouveau fort. Ce ne fut qu'en 1721 qu'il fut pris par Périer de Salvert. — Cf. aussi Schirmer, *Le Sahara*, 1893, in-8°, pp. 369 et sqq.

royale « portant défense aux habitants des îles de l'Amérique d'acheter aucuns nègres des Indiens tant de la terre ferme que des îles Caraïbes et de les porter dans les îles françaises de l'Amérique et côte Saint-Domingue [1] ». Il est question de cette ordonnance dans une lettre adressée le lendemain par le roi à MM. le Chevalier de Saint-Laurent et Begon [2]. Sa Majesté a fait « parler fortement » aux directeurs de la Compagnie à cause des fausses mesures qu'ils prennent pour l'envoi de leurs vaisseaux en des saisons peu propres pour le commerce et du nombre insuffisant des nègres qu'ils transportent aux îles. Elle ordonne, en outre, qu'on lui rende chaque année un compte exact des arrivages. Puis, au sujet de la prise par la Compagnie d'un vaisseau nommé *La Constance*, contenant 44 nègres de contrebande et 3 sauvages : « Comme ce commerce a été toléré jusqu'à présent, Elle a bien voulu accorder la main-levée dudit vaisseau et desdits nègres. » Mais il ne faut plus compter pour l'avenir sur pareille tolérance. Le 4 octobre suivant [3], le roi recommande à Begon de tenir la main à ce que la Compagnie soit payée ponctuellement du prix de ses nègres. Cette protection qui lui était accordée excitait des mécontentements. L'expression en est contenue dans un Mémoire de 1684 [4], non signé, écrit « pour faire voir que l'établissement de la Compagnie du Sénégal est entièrement inutile à l'État et qu'au contraire il est très préjudiciable aux intérêts de Sa Majesté et fort à charge aux négociants du royaume et même au public ». Nous y trouvons d'abord l'indication que le monopole n'était pas absolu [5]. L'auteur montre ensuite que, faute de concurrence,

---

[1] Moreau de Saint-Méry, I, 386.
[2] Arch. Col., B, 10, p. 9.
[3] Arch. Col., B, 10, p. 47.
[4] Arch. Col., C⁶, carton 1.
[5] « Non seulement la Compagnie est dispensée par ses privilèges de payer aux îles la somme de 30 livres que tous les négociants sont tenus de payer au roi pour chaque nègre qu'ils y transportent, mais encore Sa Majesté lui accorde la somme de 13 livres par forme de gratification par chaque tête de nègre qu'elle aura porté dans les îles et colonies de l'Amérique, ce qui fait une différence de 43 livres par tête de nègre au préjudice du roi. »

le prix des nègres est élevé à un taux excessif pour les habitants des Antilles et qu'en revanche ceux-ci font hausser le prix des marchandises au détriment de tout le public. Un autre inconvénient est causé par « le désordre plusieurs fois réitéré des diverses Compagnies du Sénégal », ce qui, dans l'intervalle, fait forcément négliger la traite.

Aussi, pour remédier à l'insuffisance du nombre d'esclaves importé par la Compagnie du Sénégal, le roi établit, en 1685, la *Compagnie de Guinée*[1]. Elle devait fournir annuellement 1.000 nègres, et obtenait la gratification de 13 livres, un privilège d'une durée de vingt ans, et le monopole de la traite, « à la réserve toutefois de la Compagnie du Sénégal ». D'autre part, le roi demande aux administrateurs Blenac et Begon si ce n'est pas trop de 2.000 nègres; « un nègre *pièce d'Inde* vaut au moins aux îles 6 milliers de sucre; ce serait sur ce pied, pour 2.000 nègres, 12 millions, et ainsi, quand il s'en ferait aux îles 20 millions, qui est la plus grande quantité qui s'y puisse faire, il n'en resterait plus aux habitants que 8 millions pour leur subsistance et celle de leurs familles[2] ». Mais Blenac et Dumaitz de Goimpy répondent bientôt après que ce n'est pas trop, et qu'il restera aux habitants « bien au-delà de 8 millions de sucre[3] ». Ils semblent parler ainsi pour les besoins de la cause. En tout cas, nous constatons dès à présent que l'achat des esclaves absorbe au moins la moitié du produit de beaucoup le plus important des Antilles. C'est là un fait à retenir en passant, car nous aurons l'occasion de montrer plus en détail, par la suite, la cherté du travail servile. Suivant un autre Mémoire[4], certains nègres valaient même déjà jusqu'à 9.000 livres de sucre, et les moindres 5.000. Aussi les acheteurs avaient-ils besoin de délais pour le

---

[1] Moreau de Saint-Méry, I, 409.
[2] Arch. Col., B, 11, p. 83. Lettre du 1er mai 1685.
[3] *Ib.*, F, 142.
[4] *Ib.*, C8, 4. Mém. de Blenac et Dumaitz de Goimpy, administrateurs de la Martinique, 1er octobre 1685.

paiement, et les noirs étaient toujours affectés à une hypothèque privilégiée jusqu'à ce qu'ils eussent été entièrement payés. Ce n'est qu'au fur et à mesure des règlements de comptes que les Compagnies en apportaient de nouveaux ; si les colons se plaignent sans cesse qu'ils n'en ont pas assez, le motif principal en est, croyons-nous, dans les retards constants qu'ils mettent à acquitter leurs dettes[1].

A ce moment, le roi, pour mettre un terme à la « disette de nègres », se résout à « envoyer un de ses vaisseaux au Cap Vert avec de l'argent pour en acheter et les faire passer de là auxdites îles, où ils seront vendus pour le compte de Sa Majesté, et Elle fera mettre sur ce bâtiment un équipage un peu plus fort que ceux qu'ont accoutumé d'avoir des vaisseaux qui font ce commerce, afin de servir en même temps à chasser les interlopes de cette côte[2]. » Voilà donc Louis XIV lui-même qui se fait traitant ! Mais c'est uniquement dans l'intérêt de ses sujets des colonies. En effet, les administrateurs de la Martinique démontrent que non seulement les 2.000 noirs au sujet desquels on les a consultés ne seraient pas de trop, mais qu'il en faudrait au moins 6.000 tout de suite. C'est à peine si les arrivants remplacent les morts, et les parents n'en peuvent point donner à leurs enfants pour créer de nouveaux établissements. Il n'y aurait qu'à tirer des noirs des colonies étrangères, ce qui serait le

---

[1] Cf. Arch. Col., C⁸, 4. Blenac et de Goimpy constatent, le 8 juillet 1686, que les Compagnies sont très inexactes à remplir leurs engagements. « Cependant il y a des profits pour elles très considérables à faire dans la vente des nègres qu'elles y enverraient ; mais, n'ayant aucune attention et appliquant ailleurs les privilèges que Sa Majesté leur a accordés, elles négligent le transport des noirs dans les îles. » Pourquoi, si ce n'est parce qu'il leur fallait faire un trop long crédit? C'est la raison que donne aussi un mémoire de 1705, à propos de la Compagnie d'Afrique. Arch. Col., C⁶, 3 : « Il y a encore deux choses qui la ruinent : la première est la vente médiocre qu'elle fait de ses nègres aux îles de l'Amérique par le peu de bonne foi de ceux qui s'en mêlent, et l'autre est le crédit qu'elle fait à plusieurs personnes insolvables. » D'après l'auteur, il faudrait ne vendre qu'au comptant, et, de plus, avoir dans chaque île une petite habitation pour y refaire les nègres malades avant de les vendre.

[2] Arch. Col., B, 12, p. 15. Mém. du roi, 30 septembre 1686.

meilleur moyen de les détruire. Ils promettent du moins de seconder de leur mieux « ceux qui seront chargés de la vente des noirs que Sa Majesté doit envoyer pour son compte[1]. » Le roi répond[2] que, si les Compagnies ne peuvent fournir assez de nègres, il enverra quelques *flûtes* en Guinée ; mais il veut être assuré que « ce commerce ne lui sera point à charge et qu'il sera en même temps très avantageux aux îles ». Quant au projet d'en prendre des colonies étrangères, il ne l'approuve que pour Cayenne, afin de ruiner Surinam. Il ajoute : « Ceux qui se sont obligés jusqu'à présent à faire ces fournitures y ayant toujours perdu et les sucres ayant encore diminué de prix, il faut bien prendre garde de ne rien faire qui puisse empêcher qu'on ne maintienne un prix raisonnable à la vente des noirs, parce que ces Compagnies, déjà rebutées par des pertes extraordinaires, ne pourraient soutenir leur commerce si le prix des noirs diminuait. » Nous aurons à revenir sur cette question des chances de gain ou de perte qu'offrait la traite (Voir ch iv). Qu'il nous suffise pour l'instant de constater qu'en tout cas les Hollandais y trouvaient un sérieux bénéfice en vendant les nègres sensiblement moins cher; il en était de même, d'ailleurs, pour toutes les autres marchandises, avant que la France eût établi à l'égard des étrangers une rigoureuse prohibition. Mais nos Compagnies auraient voulu réaliser des gains excessifs, tout en s'administrant à grands frais.

Quoi qu'il en soit, même avec le secours des bâtiments royaux, il y avait toujours insuffisance de nègres aux Antilles. Les habitants de Cayenne, en particulier, n'en avaient pas reçu depuis près de quatre ans. Aussi le sieur de Ferolles a cru pouvoir profiter du passage d'un négrier hollandais pour permettre aux habitants d'en acheter. Ils en ont pris 100, « ce qui ne doit pas faire tort à la Compagnie

---

[1] Arch. Col., C⁸, 4. Mémoire du 6 mars 1687.
[2] Ib., B, 13, p. 51. Lettre du 25 août 1687.

de Guinée, puisque, outre qu'on lui paiera ses droits, si elle en envoyait encore 200, elle n'en trouverait pas moins le débit[1] ». Et de Ferolles n'a pas été blâmé. Il ne faut pas oublier que la guerre rend les arrivages de plus en plus difficiles. On déroge donc aux défenses portées précédemment. Par exemple, le 18 juin 1691, la permission est exceptionnellement accordée aux habitants de la Grenade « d'aller traiter des nègres avec les sauvages de la terre ferme des Espagnols, dans le temps qu'on n'attendra plus aucun vaisseau des Compagnies de Guinée et de Sénégal[2] ». On tâche d'en enlever aux ennemis. Ceux qui proviendront des prises devront être distribués d'abord aux colons de Saint-Christophe, Marie-Galante et la Guadeloupe, « à proportion de leurs familles ou des biens qu'ils avaient lorsqu'ils ont été dégradés, » puis aux petits habitants de la Grenade et de Sainte-Croix, et enfin à ceux de la Martinique[3]. Le roi recommande au comte de Blenac de ruiner les établissements des Anglais ; il distribuera leurs nègres à ses administrés et, si le nombre passait 1.000, le reste serait vendu au profit de Sa Majesté[4]. Enfin, le 27 août 1692, le Ministre écrit à Ducasse, gouverneur de Saint-Domingue : « Comme il ne faut point espérer de pouvoir obliger les compagnies du Sénégal[5] et de Guinée à porter une quantité suffisante de nègres à Saint-Domingue, le roi consent que vous permettiez aux habitants d'en tirer de tous les endroits d'où ils pourront en avoir ; mais vous observerez de vous informer des moyens

---

[1] Arch. Col., F, 22. Lettre au Ministre, 3 août 1687.
[2] Arch. Col., F, 249, p. 489. Extrait d'un Mémoire du roi.
[3] Arch. Col., B, 14, p. 96. Ordonnance du 21 septembre 1691.
[4] Arch. Col., B, 14, p. 112. Lettre du 5 novembre 1691 ; — p. 124, Instructions analogues le 23 novembre; — p. 125, même jour, lettre identique à de Goimpy.
[5] Ses affaires étaient si peu brillantes que, dès le 28 juin 1692, un arrêt du Conseil d'État lui permit « de faire la vente dudit Sénégal, Gorée et lieux en dépendans, justice, seigneurie et privilège du commerce, à ceux qui se présentent pour les acquérir », alors qu'il restait encore dix-neuf ans à courir. Arch. Col., C⁶, carton 2.

dont ils se serviront et vous prendrez garde qu'ils n'en mettent aucun en pratique qui puisse être contraire au service et au bien de la colonie[1]. »

En même temps, le gouvernement tâchait d'empêcher que les nègres introduits aux îles n'en fussent exportés. Suivant une ordonnance du 28 avril 1694, « les capitaines, qui laisseront s'embarquer sur leurs navires des nègres des habitants des îles, devront les payer à raison de 400 livres chacun, de quelque âge et de quelque force qu'ils soient[2] ». La même défense leur est renouvelée, le 28 octobre suivant, sous peine d'interdiction pour six mois et de 500 livres d'amende en plus du paiement des nègres[3].

En mars 1696, est constituée la *Compagnie royale du Sénégal, Cap Vert et côtes d'Afrique*, avec un privilège de trente ans pour la traite[4]. Mais, bientôt après, l'intendant Robert réclame contre ce monopole et demande que la traite soit permise aux particuliers. La rareté des nègres a fait monter leur prix jusqu'à 12 et 15.000 livres de sucre. Ce ne serait pas trop d'en envoyer 2.000 ; les habitants de la Martinique seraient en état de les acheter en huit jours[5]. En conséquence, le roi presse la Compagnie de Guinée de tenir ses engagements, en la prévenant que, si elle ne le fait pas, il sera obligé d'autoriser plusieurs négociants qui ont demandé d'aller négocier sur les côtes d'Afrique[6]. Puis il l'informe, ainsi que celle du Sénégal, d'une offre qui lui a été faite par un particulier « de porter en deux ans aux îles 4.000 noirs qu'il achètera aux Hollandais ou autres[7] » pour les traiter dans les lieux de leur concession. Comme elles

---

[1] Moreau de Saint-Méry, I, 513.
[2] Id., *ib.*, 524.
[3] Id., *ib.*, 525.
[4] Id., *ib.*, 546. Lettres patentes du roi. — Cf. surtout art. 7, 23 et 24.
[5] Arch. Col., C⁸, 9.
[6] Arch. Col., B, 18, p. 28. Aux intéressés en la Compagnie de Guinée. Lettre du 18 juillet 1696.
[7] *Ib.*, p. 288. Aux intéressés en les Compagnies du Sénégal et de la Guinée. Lettre du 27 novembre 1697.

n'ont eu aucun « moyen juste de s'y opposer », un traité a été conclu avec lui; c'est ce que nous indique l'extrait suivant d'un Mémoire adressé aux sieurs marquis d'Amblimont et Robert : « La disette de nègres ne pourra plus servir à l'avenir de prétexte aux habitants pour se dispenser de s'adonner aux différentes cultures dont ils pourraient tirer de l'utilité, puisqu'outre ceux que la Compagnie du Sénégal y porte, elle a permis à plusieurs marchands de passer en Guinée pour en prendre, et, en attendant que la Compagnie établie pour ce pays puisse se rétablir et recommencer son commerce, elle a agréé la proposition qui en a été faite par le sieur Boitard d'en porter 2.000 aux Iles-du-Vent, qu'il traitera avec les Danois ou les interlopes des autres nations, et lui a accordé, pour le mettre en état d'y parvenir plus promptement, les mêmes exemptions qu'aux Compagnies, suivant l'arrêt dont ils trouveront ci-joint copie[1]. » Cet arrêt est du 27 mai 1698[2]; mais il est curieux de constater qu'il fut révoqué par un autre du 10 février 1699[3], parce que le concessionnaire avait traité de cette fourniture avec les Hollandais, alors pourtant que c'était chose entendue.

Les Compagnies du Sénégal et de Guinée avaient tâché elles-mêmes de se procurer des nègres étrangers. Ayant conclu, le 21 janvier 1698, avec les habitants de Saint-Domingue, un traité par lequel elles s'engageaient à leur fournir 1.000 nègres chacune, elles essayèrent de se les procurer à Carthagène, à la suite de la prise et du pillage de cette colonie espagnole par Pointis[4]. Toutefois, elles n'y réussirent pas, car un arrêt du Conseil d'État, du 25 juin 1701, les condamna à rendre 100.000 livres aux habitants de Saint-Domingue « pour la non-exécution du traité fait avec

[1] Arch. Col., B, 21, p. 102. Mémoire du 20 août 1698.
[2] Moreau de Saint-Méry, I, 589.
[3] Id., ib., p. 590.
[4] Cf. *Relation de ce qui s'est fait à la prise de Cartagène scituée aux Indes espagnoles par l'escadre commandée par M. de Pointis*. Bruxelles, 1698, in-12. — Voir aussi d'Archenholtz, op. cit., p. 243 à 291.

eux pour leur fournir 2.000 nègres[1] ». Elles n'en avaient fourni que 438[2]. Quelques jours après, le 6 juillet 1701, le Conseil prend un autre arrêt, leur enjoignant de porter aux îles, dans le délai d'un an, 150 à 200 nègres, « sur lesquels il en sera pris 115 aux choix des intéressés[3] ».

Dans l'intervalle, le roi venait de créer, par lettres patentes de septembre 1698[4], la *Compagnie royale de Saint-Domingue*, dite aussi de la Nouvelle-Bourgogne. L'article XIV est ainsi conçu : « La Compagnie sera obligée de peupler ladite colonie au moins de 1.500 blancs tirés d'Europe et de 2.500 noirs, dans l'espace de cinq ans, et, après l'expiration desdites cinq années, elle sera obligée d'y faire passer 100 blancs d'Europe au moins et 200 noirs par chacun an pour son entretien et augmentation, auquel effet nous avons accordé à ladite Compagnie la permission de faire la levée desdits blancs de gré à gré et de traiter pour les nègres avec les sujets des princes étrangers jusqu'à la concurrence dudit nombre de 2.500. » A ce sujet des nègres étrangers, la politique du gouvernement reste assez variable, suivant les nécessités du moment. Ainsi, le 4 février 1699, le Ministre écrit à M. de Ferolles : « Ce serait un mal considérable pour la colonie de permettre aux habitants de s'accoutumer à traiter des nègres avec ceux de Surinam ; mais, lorsqu'ils n'en ramèneront qu'un petit nombre, qu'on vous dira avoir acheté chez les Indiens, vous pouvez le tolérer, jusqu'à ce que les Compagnies de Guinée et de Sénégal en aient apporté suffisamment pour les besoins de

---

[1] Moreau de Saint-Méry, I, 664.
[2] Cf. Arch. Col., B, 21, p. 65. Lettre à M. de Galliffet, du 10 février 1700. Le sieur Auffray s'était engagé à fournir aux habitants et flibustiers de Saint-Domingue 2.000 nègres provenant du pillage de Carthagène. Des contretemps l'ayant mis hors d'état d'exécuter son engagement, Sa Majesté trouve juste qu'on le délie de ses obligations.
[3] Moreau de Saint-Méry, I, 670.
[4] Id., *ib.*, 610. Il donne septembre 1699, mais c'est une erreur. Nous l'avons vérifié aux Arch. Col., B, 21, 207. Il suffit de se reporter aussi au Code noir ou Recueil des règlements... concernant le gouvernement... et le commerce des nègres dans les colonies françaises, p. 104.

la colonie[1]. » D'autre part, nous venons de voir que l'autorisation accordée au sieur Boitard lui avait été ensuite retirée parce qu'il avait traité avec les Hollandais. Le 8 avril, il est interdit aux habitants de la Grenade de traiter des nègres avec les sauvages de la terre ferme[2] et permis d'aller en chercher aux côtes de la Nouvelle-Espagne[3]. Les Compagnies étaient naturellement opposées à la concurrence des nègres étrangers.

Une lettre du marquis d'Amblimont, du 4 mai 1699, nous révèle certains expédients auxquels elles ne craignaient point de recourir pour faire hausser le prix des leurs : des commis ont demandé jusqu'à 600 francs d'un seul. Ils « avaient écrit, dit-il, à leurs Compagnies de n'en pas tant envoyer, sans cela on n'en aurait pas le débit. Il y a là-dessous quelque chose que je n'ai pu encore pénétrer : quand un nègre beau et bon, sans aucun tar (*sic*), sera vendu 300 livres, et les jeunes et les femelles à proportion, le marchand y gagnera considérablement, et l'habitant pourra plus facilement en acheter, et ce bon marché coupera le col aux plus âpres sur le commerce étranger, que MM. du Bureau n'ont pas tout à fait retranché[4]. » Ce même administrateur nous apprend aussi que les Hollandais ont gagné des sommes immenses à vendre des nègres aux Espagnols.

III

Le commerce français songeait précisément à les imiter. Le Ministre écrit, le 29 juin 1701, à M. de Chamillart, pour prendre son avis sur cette question : « J'ai rendu compte au

[1] Arch. Col., B, 21, p. 15.
[2] Arch. Col., F, 249, p. 1042.
[3] Arch. Col., B, 21, p. 53. Lettre à M. d'Amblimont.
[4] Arch. Col., C⁸, 11.

roi de l'affaire de l'*assiente*[1], des nègres pour les Indes espagnoles... Sa Majesté m'a permis de la suivre et de former une Compagnie capable de la soutenir et d'en tirer pour le royaume tous les avantages qu'on peut espérer. » Et il lui explique qu'elle sera subrogée à la Compagnie de Guinée. Celle-ci jouit de l'exemption de la moitié des droits pour les marchandises qu'elle rapporte des îles et de l'entrepôt pour les marchandises qu'elle est obligée de tirer des pays étrangers. On demande les mêmes privilèges pour les produits des Indes occidentales, à savoir cochenille, indigo, cuirs, cacao, bois de teinture. Ces « grâces » ne lui paraissent pas devoir faire tort aux fermes. Du reste, il a songé à dédommager les fermiers en engageant la Compagnie de l'Assiente à remettre la meilleure partie du commerce des îles aux marchands des principales villes du royaume par des permissions particulières, « et pour lors on la réduira au seul vaisseau qui ira en Guinée, ce qui est une restriction considérable, parce que le chargement d'un vaisseau en nègres produit celui de plus de trois en sucre[2] ». Un traité fut donc conclu entre les rois de France et d'Espagne et le sieur Ducasse pour la fourniture des nègres dans les Indes espagnoles, et la Compagnie de l'Assiente fut constituée le 27 août 1701[3]. En vertu de l'article 1ᵉʳ, elle devra introduire aux Indes en dix ans (du 1ᵉʳ mai 1702 au 1ᵉʳ mai 1712) 48.000 noirs *pièces d'Inde*, « lesquels ne seront point tirés du pays de Guinée qu'on appelle Minas et Cap Vert, attendu que les nègres de ces pays ne sont pas propres pour les Indes occidentales ». On exigeait, sans doute, des nègres d'Angola, considérés comme supérieurs. Ce

---

[1] Assiente, ou plutôt assiento, indique, d'une manière générale, un contrat passé pour fournitures. Puis, historiquement, il a servi à désigner d'une manière spéciale les traités conclus par l'Espagne en vue de permettre le monopole de la traite des nègres dans ses colonies d'Amérique avec la Flandre en 1517, avec Gênes en 1580, avec le Portugal en 1696, avec la Compagnie française de Guinée en 1701, avec l'Angleterre en 1713.
[2] Arch. Col., B, 24, p. 150.
[3] *Ib.*, F, 142. Traduction du traité de l'Assiente de la langue espagnole en langue française, 27 août 1701. Le traité contient 34 articles.

qu'il y a surtout lieu de remarquer dans le contrat, c'est qu'ici la Compagnie ne reçoit plus de prime; au contraire, elle est tenue de payer « pour chaque nègre pièce d'Inde de la mesure ordinaire 33 écus 1/3 (art. 2). » Elle devra donner par avance à Sa Majesté Catholique 600.000 livres (art. 3). Les rois d'Espagne et de France seront intéressés chacun pour un quart dans ses affaires (soit un million de livres tournois, art. 28). Qu'en conclure, sinon que la traite offrait des chances de sérieux bénéfices? Nous le montrerons surtout à propos du prix des nègres. C'est l'idée émise par A. Dessalles, le consciencieux auteur de l'*Histoire générale des Antilles*[1], comme d'ailleurs par la plupart de ceux qui se sont occupés de ce sujet. M. Trayer a prétendu la réfuter, mais nous estimons qu'il se trompe en déclarant que « cette manière de voir est assurément aussi fausse que possible, ainsi que le prouve l'historique du commerce des noirs[2] ».

Ce qui nous confirme encore dans notre appréciation, c'est que les négociants des ports français ne cessent de demander la liberté de la traite en Guinée. Le 12 mars 1702, le gouvernement leur accorde la permission d'aller seulement à Cayenne et aux Iles-du-Vent, où ils pourront débiter des nègres librement et sans payer de droits. « A l'égard de Saint-Domingue, tous les nègres qui y seront destinés devront être remis aux commis de la Compagnie de l'Assiente, qui s'est réservé la fourniture de cette île. Elle paiera les pièces d'Inde sur le pied de 400 livres et les défectueux, qu'on appelle *maquerons*, au prix dont on conviendra[3]. » Un particulier ayant offert des nègres à l'Assiente, le Ministre engage la Compagnie à accepter, à la condition qu'il réduise ses prix à 400 livres[4]. Le 5 décembre 1703, le roi décide qu'elle devra « accorder des permissions gratuites pour que,

---

[1] T. IV, p. 19.
[2] *Op. cit.*, p. 7.
[3] Arch. Col., B, 21, p. 60. Lettre au sieur Massiot.
[4] *Ib.*, 156. Lettre au sieur Deshaguais, 14 octobre 1702.

tous les ans, il parte deux navires des deux principales villes maritimes, chacun pouvant contenir 500 nègres, pour les Iles-du-Vent[1] ». Mais c'est loin d'être suffisant, et il est difficile de comprendre ces restrictions. Pourquoi ne pas se montrer plus large à l'égard des armateurs particuliers, puisque depuis deux ans les Compagnies n'ont pas fourni un seul nègre, au moins à la Martinique, et qu'elles « n'ont d'attention que d'en fournir aux Espagnols[2] » ? Il semble, en vérité, que la métropole, uniquement préoccupée de protéger le monopole de l'Assiente, n'ait qu'un souci médiocre des besoins et des intérêts de ses colonies. M. Deslandes, gouverneur de Saint-Domingue, reçoit un blâme pour avoir permis à un habitant de faire venir 120 nègres de Saint-Thomas. « Vous pouvez bien, lui dit le Ministre, traiter avec Desrideaux pour fournir dans les comptoirs de l'Assiente des nègres,... mais vous ne devez souffrir sous aucun prétexte que les particuliers en tirent des étrangers... Il sera pris des mesures justes pour fournir la colonie de nègres abondamment[3]..... » Belles promesses sans doute, comme on en fait depuis longtemps. Mais comment sont-elles tenues? Aux armateurs disposés à faire la traite on impose d'abord l'obligation de fournir Cayenne ; mais ils refusent[4], parce que ce trafic est trop peu important et trop peu rémunérateur, vu les maigres ressources de la colonie. Et, comme les colons offrent d'aller chercher eux-mêmes des nègres, on le leur interdit absolument « sous quelque prétexte que ce soit, n'étant pas possible que ce commerce, qui n'a point d'objet, ne les détourne de la culture de leurs terres et ne soit une occasion de désordre[5] ». Si on se décide, enfin, à autoriser les négociants

[1] Arch. Col., F, 250, p. 199.
[2] Ib., C⁸, 15. Lettre du sieur Mithon, 23 juin 1705.
[3] Ib., B, 26, p. 139. Lettre du 5 août 1705.
[4] Ib., B, 28, p. 160 et 187. Lettres à M. de Lusançay, 5 et 26 mai 1706. — A la Martinique et à Saint-Domingue, les prix sont de 7 à 900 livres, et à Cayenne de 4 à 500 seulement, d'après une lettre du 25 juillet 1708 à M. d'Orvilliers. B, 31, p. 191.
[5] Ib., B, 31, p. 451. Lettre au sieur d'Albon, 1ᵉʳ juin 1707.

de Nantes à aller en Guinée, c'est à la condition qu'ils paieront à la Compagnie 20 livres par tête de nègre devant être transporté à Saint-Domingue et 10 livres pour ceux qui sont destinés aux autres îles[1]. Exception est faite en faveur de quelques marchands de la Martinique, qui pourront envoyer, chaque année, en Guinée, « tant que la guerre durera », un bâtiment contenant de 4 à 500 nègres, mais seront tenus de payer 13 livres par tête au commis de la Compagnie de l'Assiente pour les frais de comptoir de Juda, et de destiner 100 nègres pour la Guadeloupe[2]. »

Tandis que le gouvernement français se montrait si sévère à l'égard de ses propres nationaux, la contrebande était exercée presque ouvertement par les Espagnols, avec l'appui secret du marquis de la Villaroche, gouverneur de Portobello. Le Ministre prévient le sieur Hubreck, son correspondant à Paris, qu'il ait à mettre fin à cette fraude, qui « ruine entièrement » la Compagnie de l'Assiente[3]. Mais nous ne savons pas exactement ce qui advint. A ce moment, la guerre empêchait les vaisseaux des Compagnies d'aller faire régulièrement la traite en Guinée ; il y avait trop de risques à courir. C'est ce qu'explique le Ministre dans une lettre au sieur Mercier : « Sa Majesté veut que vous empêchiez sévèrement l'exécution de tout commerce étranger dans Saint-Domingue, ne laissant qu'aux Compagnies de l'Assiente et de Saint-Domingue... la liberté de tirer des nègres de Corassol et de Saint-Thomas[4]. » La Compagnie de Saint-Domingue ayant passé avec les Hollandais des traités approuvés par le roi, il est entendu qu'elle partagera avec l'autre les nègres qui

---

[1] Arch. Col., B, 31, p. 463. Lettre aux directeurs de l'Assiente, 2 mai 1708.
[2] Ib., F, 250, p. 641, 25 juillet 1708 ; et B, 31, p. 91. Lettre à M. de Vaucresson.
[3] Arch. Col., B, 31, p. 15. Lettre du 8 février 1708, et p. 17, même jour, Lettres au marquis de la Villaroche et à M. Amelot, à Paris, afin de prier celui-ci, s'il le juge à propos, de « faire donner des ordres secrets par le roi d'Espagne pour examiner sa conduite et la vérité des faits ».
[4] Ib., B, 31, p. 157.

lui viendront par cette voie. Précisément, à la faveur des hostilités, les flibustiers de la Martinique sont entrés dans la rivière d'Eskipe, auprès du Paria de la terre ferme, à environ 200 lieues au vent de cette île, pour y détruire une colonie hollandaise. En deux fois ils ont pris 480 esclaves, tant Indiens que nègres, « ce qui a fait beaucoup de bien à la colonie », car « les nègres seraient à un prix excessif sans ces sortes d'aventures[1] ».

En effet, la Compagnie de l'Assiente se voyait de plus en plus dans l'impossibilité de tenir ses engagements. Aussi, à l'expiration de son contrat, renonça-t-elle à son privilège. On sait que ce furent les Anglais qui en héritèrent lors du traité d'Utrecht : il leur fut accordé pour trente ans, à partir du 1ᵉʳ mai 1713. Ils allaient donner un développement extraordinaire à la traite. Le xviiiᵉ siècle marque aussi un redoublement d'activité de la part des Français pour le commerce des esclaves ; il ne fut cependant jamais en proportion des besoins des colons. Dès le 20 septembre 1713, pour remédier aux conséquences de la guerre, dont les colonies n'avaient pas peu souffert et qui fit passer aux Anglais notre île de Saint-Christophe, une ordonnance royale rendit la traite libre pour les négociants du royaume, moyennant un droit de 30 livres par nègre importé à Saint-Domingue, et de 15 livres pour ceux qui seraient portés aux Iles-du-Vent[2]. Mais, les habitants de la Martinique ayant demandé la permission d'envoyer des bâtiments à la côte de Guinée[3], le

---

[1] Arch. Col., C⁸, vol. XVII. Lettre de M. de Vaucresson, 18 avril 1709. Un mémoire de M. de Gabaret, daté de 1710 et contenu dans le même volume, nous apprend qu'il y avait alors à la Martinique 1.000 à 1.200 flibustiers, sur lesquels on pouvait compter à l'occasion.

[2] Moreau de Saint-Méry, II, 404. Ces conditions ne sont pas indiquées dans ladite ordonnance ; mais elles sont spécifiées au début de la déclaration du 11 décembre 1716, comme conséquence de l'ordonnance de novembre 1713. Voir Moreau de Saint-Méry, II, 435.

[3] Cf. Arch. Col., C⁸, vol. IV. Mémoire du 15 mai 1711. Mᵍʳ de Pontchartrain, ayant supprimé la Compagnie de Guinée, n'a accordé que 12 permissions par an pour tout le royaume. C'est insuffisant, car il faudrait au moins 10.000 nègres.

Ministre répond, le 23 août 1714[1], par un refus provisoire. Ainsi les colons continuaient à se voir interdire la traite. Il en fut encore de même par les lettres patentes de janvier 1716[2], qui confirmaient la liberté. Les ports autorisés étaient Rouen, La Rochelle, Bordeaux, Nantes, Saint-Malo. Les armateurs étaient astreints à un droit de 20 livres par tête de nègre. En revanche, ils obtenaient l'exemption de la moitié des droits, tant des fermes que locaux, pour les marchandises de la côte de Guinée, et pour celles des îles françaises de l'Amérique qui proviendraient de la vente et du troc des nègres[3], ainsi que la suppression de tous droits de sortie sur les produits à destination de l'Afrique. En outre, par une déclaration du 4 septembre 1716, le roi assimilait pour les droits 3 négrillons à 2 nègres et 2 négrittes à 1 nègre[4].

Rappelons, en passant, que la *Compagnie des Indes*, fondée en 1717, eut l'idée de recourir à des émigrants libres pour coloniser les bords du Mississipi[5]. L'affaire fut, comme on le sait, très mal conduite. On avait eu recours à une épouvantable contrainte pour embarquer tous les gens sans ressources ; la plupart de ces malheureux périrent. Le plan de

[1] Arch. Col., F, 250, p. 199.
[2] Moreau de Saint-Méry, II, 486. Ces dispositions furent approuvées par un arrêt du Conseil d'Etat du 25 janvier 1716. Arch. Col., B, 38, p. 511. Cf. autre arrêt du 28 (Moreau de Saint-Méry, I, 190), ordonnant que les sommes stipulées seront payées au trésorier général de la Marine, et deux lettres aux administrateurs des îles pour leur recommander d'empêcher l'introduction des nègres étrangers. Arch. Col., B, 38, p. 507, 28 avril, et p. 389, 11 septembre.
[3] Ils devaient se procurer des certificats constatant cette provenance, et on leur délivrait, à l'entrée en France, des acquits spéciaux, qui furent dits, à la fois par extension et par abréviation, *acquits de Guinée*, avec réduction de moitié des droits. Cf. Mémoire, etc., cité par Dessalles, V, 630. Mais il se produisit des abus. De là, de nombreuses mesures pour les empêcher. Voir *Code noir*, éd. de 1745, pp. 188-192 ; Ord. du 6 juillet 1734. Elle contient tout le détail des certificats à joindre aux factures... Ces formalités, ne suffisant pas, sont complétées par une ordonnance du 31 mars 1742. Moreau de Saint-Méry, III, 685. Voir lettres du 21 avril 1751, B, 93, Iles sous-le-Vent, p. 12, et du 30 août 1752, B, 95, Iles-sous-le-Vent, p. 51. Dans cette dernière, il est question d'un seul navire qui, grâce à des certificats de complaisance, a pu faire passer en fraude 150.000 livres de marchandises.
[4] Moreau de Saint-Méry, II, 435.
[5] Cf. Dessalles, *op. cit.*, IV, 57.

colonisation des rives du Mississipi tomba avec le système de Law. Une des conséquences de cet échec, c'est qu'on en revint plus que jamais à la traite.

Cependant le régime de liberté ne paraît pas avoir produit les effets qu'on en attendait, car, à la date du 29 octobre 1719, nous voyons, dans une lettre du Ministre à M. de Ricouart[1], que les habitants de la Martinique se plaignent de n'avoir reçu aucun navire négrier depuis deux ans[2]. Peu après, la Compagnie de Saint-Domingue se voit obligée de liquider ; elle est supprimée en avril 1720[3] et remplacée, le 10 septembre suivant, par la *Compagnie des Indes*[4]. La nouvelle Compagnie devait avoir « le privilège exclusif, pour l'île Saint-Domingue seulement, de tirer de l'étranger, pendant le cours de quinze années, 30.000 nègres pour les vendre dans ladite île, sans être tenue de payer aucun droit ; à condition néanmoins que si, dans moins de quinze années, elle introduit les 30.000 nègres, le privilège cessera ». Le 27 septembre, un arrêt du Conseil d'État[5] « accorde et réunit à perpétuité à la Compagnie des Indes le privilège exclusif pour la côte de Guinée ». D'après l'exposé des motifs, « le concours de différents particuliers qui vont commercer sur cette côte, et leur empressement à accélérer leurs cargaisons pour éviter les frais du séjour étant cause que les naturels du pays font si excessivement baisser le prix des marchandises qu'on leur porte et tellement suracheter les nègres... que le commerce

---

[1] Arch. Col., B, 41, p. 277.
[2] Cf. Arch. Col., C⁸, vol. XXVII. Lettres de MM. Pas de Feuquières et Bénard, 1ᵉʳ janvier 1720. Il n'est venu que 300 nègres au lieu de 3 à 4.000, depuis deux ans. Les derniers arrivés de Guinée ont été vendus de 550 à 650 livres, tandis qu'à la Barbade 600 nègres de Madagascar ont été vendus en moyenne 200 livres. Quelle tentation pour les colons d'aller se pourvoir eux-mêmes à Madagascar ! — Cf. aussi C⁸, vol. XXIX. Lettre de M. Bénard, 25 août 1721. Il parle de 11.639 nègres introduits à la Martinique depuis le 1ᵉʳ janvier 1714, mais il n'en vient plus depuis assez longtemps, les négriers allant de préférence à Saint-Domingue.
[3] Moreau de Saint-Méry, II, 666. Lettres patentes.
[4] Id., *Ibid.*, 692.
[5] Id., *Ibid.*, 698.

y devient ruineux et impraticable, Sa Majesté a résolu d'y pourvoir en acceptant les offres de la Compagnie des Indes. » La Compagnie obtenait donc le monopole, à la charge de faire transporter annuellement au moins 3.000 nègres aux Antilles. Elle était exemptée de la moitié de tous les droits pour tout son trafic, et recevait 13 livres de gratification par tête de nègre. Il n'est peut-être pas inutile de remarquer qu'elle comptait dans ses rangs tout ce que la France avait de noms illustres dans l'armée, la robe et la finance[1]. Ce fait ne sert-il pas à expliquer en partie les avantages considérables qui lui étaient accordés ?

Il est vrai qu'ils allaient se trouver restreints par une nouvelle décision du roi. En effet, le 7 septembre 1723[2], Sa Majesté, sans que nous en voyions les motifs, donne pouvoir au comte d'Esnos Champmeslin, lieutenant général et commandant général en l'Amérique méridionale, « de décider sur les exemptions accordées à la Compagnie des Indes par nos arrêts des 10 et 27 septembre 1720, et sur la faculté attribuée à la Compagnie d'introduire 30 000 nègres étrangers » à Saint-Domingue. Or, en vertu de cette autorisation, le comte de Champmeslin rend, le 24 février 1724, une ordonnance[3] qui assujettit la Compagnie aux mêmes droits que les autres négociants et lui interdit d' « introduire aucuns nègres étrangers dans la colonie, à peine de confiscation ».

Il faut croire que la Compagnie des Indes ne trouvait pas facilement à se procurer le nombre de noirs voulu, car elle projeta un nouvel essai de colonisation libre à la Guyane. Elle s'adressa au Suisse Purry, qui s'offrit à transporter en Amérique 250 familles. Son projet fut présenté au duc de Bourbon, mais il répondit : « Il semble qu'il est plus à propos qu'il y ait aussi un bon nombre d'esclaves. L'expérience a fait voir qu'on apprend aux noirs tout ce qui est néces-

[1] A. Dessalles, IV, 82.
[2] Moreau de Saint-Méry. III, 65. Déclaration du roi.
[3] Id., Ib., 83.

saire pour les plantations, outre que les Européens qui voudraient aller s'établir dans ces pays ne le feraient point dans le dessein d'aller y travailler la terre, mais pour y faire des plantations et leur commerce de la même manière qu'il se pratique dans les îles de Saint-Domingue, la Martinique et les autres colonies[1]. » C'est donc le gouvernement qui repousse le travail libre et veut développer la traite. Mais la Compagnie est loin de satisfaire à ses engagements. Elle n'envoie pas le quart des nègres qu'il faudrait. « A la Martinique, pendant neuf mois, il n'en a pas paru, ni à la Guadeloupe, où on n'en a pas encore vu de son envoi[2]. » Un édit de juin 1725[3] lui confirme le monopole à titre d'encouragement, et le Ministre écrit aux colonies qu'elle a pris ses mesures pour envoyer le nombre de nègres nécessaires[4]. Le 8 août 1725[5], une délibération de l'assemblée générale accorde des permissions spéciales à 8 vaisseaux, moyennant le paiement de 20 livres pour chacun des noirs, même négrillons et négrittes, transportés aux îles[6]. Le 12 octobre suivant[7], la permission est étendue pour deux ans à tous les négociants du royaume. La Compagnie se réservant les 13 livres de gratification, c'est donc 33 livres de bénéfice net qu'elle réalise par tête, sans courir aucun risque ; ce sont

[1] Lettre du 26 mai 1724. Cf. Arch. Nat., F, 6197, et A. Dessalles, IV, 155. Bientôt après, l'Angleterre profita des idées de Purry et lui dut, dans la Caroline, la fondation de la colonie de Purisbourg (1730).
[2] Arch. Col., C⁸, vol. XXXIV. Lettre de l'intendant Blondel au Ministre, 14 janvier 1725.
[3] Moreau de Saint-Méry, III, 142.
[4] « Je ne doute point, dit-il, que les habitants ne connaissent à la fin qu'ils ne tendent qu'à leur ruine lorsqu'ils achètent des nègres venant de l'étranger qu'ils payent bien cher ce (*sic*) qui sont le rebut des colonies étrangères. » Arch. Col., B, 48, p. 542. Lettre à M. de Moyencourt, 17 juin 1725.
[5] Dernis, *Histoire abrégée des Compagnies de commerce qui ont été établies en France depuis l'an 1626*. Arch. Col., série F².
[6] C'est sur la demande du roi. Cf. Lettres du 12 septembre 1725 à MM. de Feuquières et Blondel et de la Roche-Allard et de Montholon. Arch. Col., B, 48, p. 558 et 698. Autre lettre du 1ᵉʳ mai annonçant que les prix des nègres seront diminués « à mesure que les habitants diminueront ceux de leurs denrées ». *Ib.*, p. 683.
[7] Dernis, 399.

33 livres qui grèvent d'autant les prix pour les colons, obligés de payer par surcroît les gains que veulent naturellement faire les armateurs.

A chaque instant, la législation varie. C'est ainsi que, dès le 26 février 1726, le roi rend un arrêt[1] pour défendre aux particuliers d'envoyer leurs vaisseaux dans les pays de concession de la Compagnie ; puis, le 3 juillet, il prescrit à la Compagnie de ne plus exiger que 10 livres par tête. Le surenchérissement constant des nègres faisait que les habitants ne se décidaient pas à les payer. Le Ministre s'en plaint aux administrateurs de la Martinique[2]. Il trouve honteux que les habitants ne payent pas plus exactement leurs dettes à la Compagnie pour les noirs, « dans le temps qu'on sait qu'ils payent exactement et presque toujours comptant celles qu'ils contractent avec l'étranger pour le commerce frauduleux ». Il constate ensuite[3] qu'il est dû à la Compagnie 1.264.700 livres. Ses agents ont beau faire saisir les denrées et les nègres ; les habitants en disposent nonobstant les saisies. C'est un cas pourtant où il y aurait lieu d'autoriser exceptionnellement la saisie des nègres (V., à ce sujet, liv. II, ch. v, § 2).

Devant les prétentions exorbitantes de la Compagnie, les colons essaient de se pourvoir eux-mêmes d'esclaves. Le gouverneur de la Martinique a autorisé deux navires à aller en chercher à la côte d'Afrique[4]. Mais le roi n'approuve pas « cet abus[5] ». De ce fait se trouvent arrêtées plusieurs expéditions projetées alors au Cap pour la côte de Juda. Les

---

[1] Dernis, op. cit., p. 400.
[2] Arch. Col., B, 48, p. 364. Lettre à MM. de Feuquières et Blondel, 6 août 1726.
[3] Ib., Ib., p. 372. Lettre du 3 septembre : « Les Directeurs se plaignent que, depuis plus de deux ans, ils n'en ont pu rien retirer, qu'elle a 4 navires et un bateau depuis 9 mois à la Martinique, sans que dans un aussi long séjour on y eût encore embarqué une barrique de sucre. »
[4] Arch. Col., F, 61. Lettre au Ministre, 13 novembre 1727.
[5] Moreau de Saint-Méry, III, 243. Lettre du 24 février 1728 à MM. de la Roche-Allard et Duclos, gouverneur et intendant des îles. Cf. aussi lettre du 10 juillet 1729 à MM. de Champigny et d'Orgeville. Arch. Col., B, 53, p. 285.

habitants en sont réduits à s'estimer heureux de profiter d'une occasion comme la suivante: un navire, allant du Sénégal au Mississipi, a dû relâcher au fort Saint-Pierre ; on lui a permis de débarquer 92 nègres hors d'état d'achever le voyage, puis de les vendre [1]. Quelque temps après, il arrive à Saint-Domingue que le sieur Cassagne, commandant de la Grande-Anse, facilite la vente de nègres d'un vaisseau anglais échoué sur la côte ; il faut dire qu'il en avait reçu 13 en présent. Dès que le Ministre l'apprend, il ordonne de le « punir à toute rigueur », parce qu'il serait « d'une trop dangereuse conséquence de laisser son *crime* impuni [2] ».

IV

Les choses paraissent rester momentanément en l'état. Mais les habitants ne tardent pas à se plaindre de nouveau de l'insuffisance des envois. Or, écrit le Ministre au marquis de Faguet [3] : « Il faut toujours se tenir en garde sur les plaintes qu'ils font à cet égard, et, instruit comme vous l'êtes de leur goût pour le commerce étranger, vous ne devez pas douter que ce ne soit là le principe le plus commun de ces mêmes plaintes ». En fait, bon nombre de nègres étaient introduits en fraude [4], toujours pour la même raison, parce qu'on en manquait. En 1738, la Compagnie n'a expédié qu'un navire négrier à la Martinique, et il n'en est arrivé que 5 des armateurs de France. Les administrateurs reviennent alors à la charge pour qu'on n'empêche pas le trafic direct entre les Antilles et l'Afrique. Le Ministre demande son avis à la

---

[1] Arch. Col., C⁸, volume XLIV. Lettre à de Champigny et d'Orgeville, 7 décembre 1730.
[2] Arch. Col., B, 61, p. 435. Lettre du 7 juin 1734, à MM. du Fayet et Duclos.
[3] Arch. Col., B, 63, Saint-Domingue, p. 421. Lettre du 9 août 1735.
[4] Arch. Col., B, 66, Iles-sous-le-Vent, p. 2. Lettre du Ministre à MM. de Larnage et de Sartre, 3 février 1738.

Compagnie [1]. Nous n'avons, il est vrai, trouvé ni la réponse, ni aucun renseignement relatif aux mesures prises pour trancher la question. Mais, si nous nous en rapportons aux théories que professait la métropole à l'égard de ses colonies, il est plus que probable que la permission ne fut encore pas accordée.

Or, voici les aveux que fait le Ministre lui-même sur l'insuffisance de la traite française [2]. Dans une lettre à M. de Clieu, du 17 octobre 1742 [3], il parle du « dégoût » des armateurs pour ce genre de commerce ; ils le rejettent, dit-il, sur les difficultés qu'ils prétendent avoir éprouvées à la fois pour leur traite et pour leurs recouvrements. Et, le 6 décembre suivant [4], il écrit encore à MM. de Champigny et de la Croix : « Je sens de plus en plus combien il est nécessaire de chercher des arrangements qui puissent surmonter le dégoût que la Compagnie des Indes et les négociants ont pris pour cette branche du commerce des îles. »

Le manque de nègres donnait parfois lieu à un trafic spécial : certains marchands allaient en acheter dans les îles étrangères pour les revendre dans les îles françaises. Aussi, dès le 12 décembre 1730, une ordonnance royale [5] avait-elle interdit le transport des nègres entre les Îles-du-Vent et Saint-Domingue, sauf pour les navires négriers de France, lesquels auront la liberté, lorsqu'ils ne vendront point leurs nègres aux Îles-du-Vent, de les porter à Saint-Domingue. » Par une

[1] Arch. Col., F, 256, p. 803. Lettre à M. de Folvy, 1er juillet 1739.
[2] Il est impossible de citer tous les documents relatifs à la question; ils se répètent sans cesse sur la nécessité d'empêcher la traite étrangère et de ranimer la traite française. Parmi les lettres les plus caractéristiques, nous indiquerons : Arch. Col., B, 68, Îles-sous-le-Vent, p. 82, celle du 1er novembre 1739, à MM. de Larnage et Maillart, où il est parlé de diverses fraudes ; — B, 71, Îles-du-Vent, p. 11, 25 janvier 1740, à MM. de Champigny et de la Croix; Ib., p. 13, à M. de Clieu, 13 mars 1740 ; — B, 74, p. 18, 8 mars 1742, à Champigny et de la Croix.
[3] Arch. Col., B, 74, Îles-du-Vent, p. 135. — Cependant, en cette même année 1742, 15 négriers apportent 4.223 noirs à la Martinique. F, 134, p. 23.
[4] Arch. Col., B, 74, p. 162.
[5] Moreau de Saint-Méry, III, 581.

lettre du 26 février 1743[1], le Ministre recommande à De Clieu de ne pas admettre de nègres de provenance anglaise. Celui-ci répond, d'ailleurs, le 10 mai : « Il n'est pas entré à la Guadeloupe 30 nègres de l'étranger depuis l'ouragan de 1740, quand nos habitants en demandent de toutes parts. » Mais la guerre empêchait les arrivages. Cependant il y avait des armateurs qui tentaient la chance, en raison des bénéfices plus considérables à réaliser s'ils échappaient aux corsaires[2]. Après la paix, le gouverneur général propose nettement de recourir aux étrangers. Mais le Ministre lui en exprime tout son étonnement, dans une lettre du 28 février 1750, où il lui dit : « Vous êtes le premier qui ayez proposé le commerce étranger pour les nègres[3]. » Et, le même jour, il écrit à MM. de Caylus et Ranché : « La traite des nègres est trop importante pour le commerce du royaume pour que l'on puisse se prêter à une opération qui la ferait tomber peut-être pour toujours[4]. » D'autre part, dans ses Instructions du 30 avril 1750 à l'intendant Hurson[5], le roi écrit : « L'île de la Martinique est non seulement à son point d'établissement, mais elle est encore en état de *déboucher* nombre de ses habitants dans les autres îles pour y former des établissements. » C'est surtout la Guadeloupe, qui a beaucoup souffert des ouragans et de la guerre, ainsi que les petites îles, qui ont besoin d'être peuplées. Vers la fin de cette même année cependant, il se décide à envoyer un de ses propres vaisseaux, la frégate *La Mégère*, à la côte de Guinée. Les nègres seront portés à Saint-Domingue; il est recommandé au sieur Lalanne d'en favoriser la vente, pour que le produit puisse en être

---

[1] Dessalles, IV, 472. Cf. aussi Arch. Col., F, 258, p. 265. Lettre ministérielle aux administrateurs de la Martinique, 1ᵉʳ août 1746, et, le même jour, lettre au marquis de Caylus, B, 82, p. 54.
[2] Cf. Arch. Col., B, 81, p. 24. Lettre ministérielle à M. de Ranché, 3 juin 1745.
[3] Arch. Col., F, 258, p. 265.
[4] Arch. Col., B, 91, p. 5. Dans une autre lettre, encore du même jour, et spéciale à M. de Caylus, il lui marque tout le mécontentement du roi sur sa conduite au sujet de l'introduction des noirs de l'étranger. *Ib.*, p. 7.
[5] Arch. Col., F, 70.

promptement envoyé en France[1]. Une lettre du 23 mai 1753 à MM. de Bompar et Hurson[2] leur explique que, si les nègres ne viennent pas en plus grande abondance, c'est par suite des difficultés qu'on a éprouvées pour la traite aux côtes mêmes d'Afrique, où les troubles de l'intérieur ont rendu les esclaves assez rares. «Mais je suis informé, ajoute le Ministre, que, depuis plusieurs mois, les armements pour la côte de Guinée ont été multipliés dans nos ports. Il ne faut pas douter que, s'ils réussissent, comme il y a lieu de l'espérer, la traite des nègres ne reprenne faveur. Les négociants n'ont pas besoin d'être excités aux opérations qui leur sont lucratives, et il n'en est point dans le commerce qui leur présente plus d'avantages que cette traite, lorsqu'elle pourra se faire avec une certaine facilité. » Il y a deux vaisseaux de guerre sur les côtes d'Afrique pour protéger les négriers français. Malheureusement il s'est produit une « augmentation prodigieuse » dans le prix des nègres depuis la dernière guerre; il est à craindre que la traite ne devienne jamais assez abondante pour faire tomber ces prix. Mais Sa Majesté ne veut « à aucun prix » de nègres de l'étranger. Enfin, le Ministre demande des renseignements précis sur la situation des îles « par rapport aux nègres », qu'il ignore absolument faute de recensements.

Les précautions les plus minutieuses continuent à être prises en faveur de la traite française. Par une ordonnance du 9 mars 1754[3], les administrateurs de la Martinique prescrivent les formalités que les Français établis aux îles *conten-*

---

[1] Arch. Col., B, 91, p. 71. Lettre ministérielle à M. de Lalanne, 7 décembre 1750. — Le roi s'efforce aussi de faire payer les armateurs. Cf. B, 93, pp. 13 et 44. Lettres à MM. de Chastenoix et Samson, pour qu'ils facilitent à des négociants de Nantes le recouvrement de « sommes considérables », qui leur sont dues depuis 1743 et 1744. Or les lettres sont des 11 avril et 26 octobre 1751. Voir encore B, 93, Îles-sous-le-Vent, p. 10. Lettres à MM. Dubois, de la Motte et de Lalanne, 9 février 1752.
[2] Arch. Col., B, 97, Îles-du-Vent, p. 26. — Voir aussi Lettre du 23 décembre 1753. *Ib.*, p. 59.
[3] Arch. Col , F, 238, p. 753.

tieuses devront remplir pour amener des nègres dans les îles *habituées* du Gouvernement ; on ne permet qu'un domestique, qui devra être ramené si le maître quitte l'île. Le 10 mars 1758[1], le Ministre fait savoir au gouverneur de la Martinique qu'il s'occupe d'engager le commerce français à porter des nègres aux îles, « malgré la difficulté des circonstances », que l'on comprend suffisamment d'après la date. Mais il persiste à lui défendre l'introduction des nègres « en commerce étranger[2] ». C'était encore Cayenne qui en manquait le plus. L'ordonnateur Lemoyne, dont la correspondance atteste l'intelligente activité, ne cesse de réclamer des esclaves ; mais il ajoute qu'il faudrait aussi de l'argent. Sans ces deux moyens, impossible de tirer parti des ressources naturelles de la colonie. En ce qui concerne les nègres, il fait une proposition nouvelle : c'est de les tirer de Tripoli de Barbarie[3]. D'après les renseignements qu'il tient d'un capitaine de Marseille, ils ne coûtent là-bas qu'entre 15 et 30 piastres courantes ; or, en un seul jour de marché, on peut compléter une cargaison de quatre à cinq cents noirs et les vivres nécessaires pour la traversée la plus longue, à très peu de frais. Ainsi, un armateur pourrait faire des bénéfices considérables en donnant les nègres de premier choix pour 4 et 500 livres, payables à Marseille. « Il peut y avoir des difficultés par rapport à la Compagnie des Indes, mais la Compagnie, retirant son droit en donnant la permission, se ferait pour ainsi dire un comptoir de plus. Le commerce n'en souffrirait point, puisqu'il n'envoie jamais à la côte pour Cayenne et qu'il ne fait point sa traite en cet endroit. — Les Marseillais font souvent ce commerce pour le Levant. Ils vont à Tripoli prendre des cargaisons pour les porter à Constantinople ou dans les Échelles. Un Turc fait tout pour de l'argent. Il suffit qu'on

---

[1] Arch. Col., F, 259, p. 287.
[2] Arch. Col., B, 107, p. 23. Lettre de M. de Beauharnais, même jour. Il fait observer que la plupart des nègres venant de l'étranger sont mauvais, atteints de maladies incurables ou de caractère difficile.
[3] Arch. Col., F, 22. Lettre du 1er août 1758.

Turc paraisse pour armateur pour avoir les expéditions. Ayant les expéditions, on fait route où l'on veut. Voilà la manœuvre de ce commerce. » Nous ignorons si ce projet ingénieux fut mis à exécution; mais il y a lieu d'en douter, car, dans tous les documents où il est question des nègres des Antilles, on ne parle que d'Africains de la côte occidentale et de quelques-uns importés de la côte de Mozambique ; encore ceux-là furent-ils très rares ; ils servaient surtout à Bourbon et à l'Ile de France.

A l'époque où nous arrivons, nous devons nous rappeler que la Guadeloupe et la Martinique furent prises par les Anglais[1], la première en 1759, la seconde en 1762. Les cultures avaient beaucoup souffert, le commerce avait été anéanti. Il avait fallu armer les nègres pour la défense. Nous trouvons à ce sujet, dans l'acte de capitulation de la Guadeloupe[2], qu'il est permis, par l'article 20, aux habitants de donner la liberté aux esclaves auxquels ils l'ont promise, mais à condition qu'ils sortiront de la Guadeloupe. Dans la capitulation de la Martinique[3], l'article 19 dit seulement que lesdits nègres affranchis « jouiront paisiblement de la liberté ». Par l'article 28, « il sera accordé aux habitants, négociants et autres particuliers... de passer à Saint-Domingue ou à la Louisiane avec leurs nègres et effets. » Ces dispositions nous intéressent en ce sens qu'elles durent évidemment priver les îles d'un certain nombre d'esclaves. Mais, d'autre part, les Anglais, en moins de quatre ans, en introduisirent 35.000 à la Guadeloupe, où la culture était alors beaucoup moins développée qu'à la Martinique, et ce renfort inattendu la porta subitement à un haut degré de prospérité[4], si bien

---

[1] Cf. Arch ,Col., F,19. Ce volume est presque entièrement consacré aux événements de guerre qui se passèrent à la Guadeloupe en 1759. Pour la Martinique, cf. F, 40.
[2] Durand-Molard, *Code de la Martinique*, II, 55 : l'acte est du 1ᵉʳ mai 1759.
[3] Id., *ib.*, 113.
[4] « Les mesures intérieures prises pour la discipline des ateliers, pour la sécurité de l'habitant, en quatre années, avaient fait de la Guadeloupe une colonie d'un quart plus opulente qu'elle ne l'était avant la conquête, et pour-

que l'on jugea à propos de lui donner un gouvernement spécial[1].

Ainsi les Anglais, c'est triste à dire, venaient de nous donner l'exemple de la manière dont nous pouvions tirer parti de nos propres possessions. Mais ils s'attachaient en même temps à nous en ôter les facilités. En effet, s'ils nous rendaient, par le traité de Paris (1763), la Guadeloupe, la Martinique, Marie-Galante, la Désirade, plus une des îles neutres, Sainte-Lucie, ils nous réduisirent, sur les côtes d'Afrique, à nos comptoirs de Gorée et de Juda, en vue de nous empêcher de rivaliser comme autrefois avec eux pour le commerce de la traite. Alors donc qu'il aurait fallu réparer les pertes de la guerre et donner un plus grand développement à l'exploitation du sol, la traite française était presque anéantie et à reconstituer entièrement. Les Compagnies et les particuliers paraissent renoncer à la faire, le gouverneur de la Martinique se hasarde à demander que le roi y emploie ses propres vaisseaux. Mais le Ministre trouve ce projet inacceptable ; il est d'avis que, « si les colons manquent de nègres, c'est que les nègres anciens ne sont pas encore payés[2] ». Voilà bien encore la confirmation de ce que nous avons indiqué plus haut (p. 62). Les deux questions sont connexes. En effet, les habitants

---

tant cette opulence s'était opérée dans un espace de quatre ans et après les désastres qui avaient miné le pays. » Arch. Col. Note des Cartons de la Guadeloupe, 1763. Il n'y a, d'ailleurs, aux Archives Coloniales aucun document sur la domination anglaise. — « En 1758, les Anglais la prirent, et il faut convenir que ce fut eux qui l'arrachèrent au néant, tant par le développement des cultures que par la construction du port de la Pointe-à-Pitre. » Arch. Col. F, 267, mémoire de Parmentier. —Voir encore B, 116, Martinique, p. 1, Lettre ministérielle de MM. de Fénelon et de la Rivière pour qu'ils admettent dans la colonie l'introduction de 250 noirs, que les sieurs de Ponthieu, négociants à Londres, doivent y faire passer.

[1] Arch. Col., F, 71. Instruction du 21 octobre 1771 aux sieurs Darland et de Peynier : « On a reconnu alors les ressources de cette colonie et les vraies causes de son ancienne langueur, et lorsqu'elle a été rendue à la France par le traité de Paris, on l'a soustraite à la dépendance (de la Martinique) en lui donnant des chefs particuliers. »

[2] Cf. Arch. Col., B, 119, Martinique, p. 42. Lettre du 10 juin 1764 au marquis de Fénelon. — B, 121, Saint-Domingue, p. 55. Lettre du 5 mai 1765 au comte d'Estaing pour rejeter sa proposition de tirer des nègres de la Jamaïque.

paient les nègres presque uniquement en denrées coloniales. Or si, par suite du manque de bras, ils ne peuvent pas mettre leurs propriétés en valeur comme il conviendrait, si leurs récoltes ont été compromises par un de ces ouragans ou cyclones si fréquents aux Antilles, ou bien encore par les fourmis, terribles agents destructeurs qu'on cherchait sans cesse et vainement à détruire[1], sans parler des entraves et des désastres de la guerre, il est évident qu'ils sont réduits à faire attendre les marchands négriers.

Sans doute, les Anglais, n'ayant pu vendre, en se retirant, cette quantité de nègres qu'ils avaient introduits à la Guadeloupe, avaient dû en emmener une bonne partie dans leurs autres Iles. En effet, à la date du 25 août 1765[2], nous relevons des « soumissions de plusieurs particuliers pour l'introduction et le *remplacement* des nègres à la Guadeloupe. » Ils exposent que l'île peut occuper plus de 120.000 esclaves, tandis qu'elle n'en a que 40.000. Or, depuis la paix, le commerce de France n'a vendu que 675 nègres, à 15 et 1.600 livres pièce. Les soussignés offrent d'en fournir à 1.400 livres pièce d'Inde, et, en outre, de payer 30 livres par tête au domaine du roi. Mais il n'est plus question ensuite de cette proposition ; on dut leur opposer, en tant que colons, une fin de non-recevoir.

L'année précédente, avait eu lieu la trop fameuse tentative de colonisation par les Européens à Cayenne, connue sous le nom d'expédition du Kourou. Quoiqu'il soit bien démontré que, si elle échoua lamentablement, c'était bien moins à cause du climat que de la déplorable incurie de ses chefs[3], cette expérience désastreuse ne contribua pas peu à renforcer encore les préjugés contre le travail libre.

[1] Arch. Col., B, 156, Martinique, p. 34. Lettre ministérielle du 21 juin 1776 à MM. d'Argout et Tascher : Envoi d'un arrêt du Conseil qui homologue la délibération prise par les habitants de la Martinique pour assurer la récompense d'un million à celui qui indiquera un moyen sûr de détruire les fourmis.
[2] Arch. Col., F, 228, p. 163.
[3] Cf. Arch. Col., F, 22. Lettre de M. de Clermont au chevalier Turgot, 12 juin 1764, — de M. Lair au chevalier Turgot, 17 juillet 1764, — et de M. de Chanvalon au Ministre, même jour.

V

Le 31 juillet 1767, fut rendu un arrêt du Conseil d'État[1], qui permettait à tous les négociants et armateurs du royaume de faire librement à l'avenir le commerce et la traite des noirs sur la côte d'Afrique. Sa Majesté révoquait le privilège exclusif de la Compagnie des Indes, à la charge pour les traitants de « payer au profit du roi les 10 livres par tête de noir qui se payaient à ladite Compagnie, se réservant Sa Majesté d'accorder l'exemption de cette redevance à ceux de ses sujets qu'elle jugera nécessaire d'encourager ». Et, en effet, le 30 septembre suivant, un autre arrêt du Conseil d'État[2] exempta les négociants de Saint-Malo, du Havre et de Honfleur du droit de 10 livres.

En même temps, le roi permettait à Cayenne la liberté du commerce des nègres pour douze ans[3]. A la Guadeloupe, les esclaves continuent à faire défaut. Le 19 juin 1769, le Président De Peinier écrit au Ministre qu'il en faudrait au moins 40.000 de plus. « Le commerce de France n'en fournit point, ou très peu[4]... » En effet, la traite française semble alors presque complètement arrêtée[5]. Nous apprenons par une circulaire du 1er avril 1776[6] que « Sa Majesté, pour déterminer les négociants français à étendre la traite des noirs sur des côtes nouvelles, a bien voulu accorder une prime de 15 livres pour chaque tête de noirs qui, après avoir été

---

[1] Moreau de Saint-Méry, V, 126.
[2] Arch. Col., F, 260, p 859 bis.
[3] Ib., p. 979. Lettre ministérielle aux Administrateurs de la Martinique, 24 août 1768.
[4] Arch. Col., F, 20.
[5] Les armateurs se plaignent qu'on leur vend les nègres trop cher en Afrique. Arch. Col., B, 151, Gorée, p. 9. Lettre à M. Le Brasseur.
[6] Arch. Col., B, 156, p. 46.

traités sur les côtes d'Afrique, soit au delà du cap de Bonne-Espérance, soit en deçà jusqu'au cap Nègre, seront introduits dans les colonies françaises de l'Amérique ». Alors un arrêt du Conseil d'État, du 14 août 1777[1], accorde pour quinze ans à la *Compagnie de la Guyane française*[2] le privilège de la traite dans l'île de Gorée et sur les côtes d'Afrique, depuis le Cap Vert jusqu'à la rivière de Casamance, « d'autant plus que ces régions sont à peu près abandonnées du commerce français ».

Par suite de l'extension de jour en jour plus grande donnée à la culture et du manque d'argent qui fut toujours si préjudiciable pour les transactions aux Antilles, leur situation restait au fond assez précaire, sous de brillantes apparences. Car il fallait sans cesse de nouveaux bras pour ne pas laisser en friche les terres exploitées, et la difficulté de payer comptant faisait que les armateurs n'apportaient pas un nombre suffisant d'esclaves. Les récoltes devaient avoir été à ce moment particulièrement mauvaises, et la négligence des habitants pour les cultures *vivrières* les avait réduits, en l'absence des arrivages de farine de France, à une triste extrémité, si nous en jugeons par une lettre du Ministre qui informe, le 3 octobre 1777, les administrateurs de la Martinique de « la permission à eux accordée par le roi d'Espagne de donner des noirs en échange des vivres et denrées qu'ils tireraient du continent espagnol[3] ».

La traite française qui subsistait encore s'était, depuis 1763, détournée surtout vers Saint-Domingue, qui l'emportait en

---

[1] Arch. Col., F, 262, p. 123. — Voir B, 160, Cayenne, p. 8. Lettre ministérielle, 14 mars 1777, à M. Le Brasseur, pour qu'il détermine les habitants de Gorée à vendre les esclaves qu'ils ont de trop. — *Ib.*, 34. Lettre du 25 juillet à M. Malouet, au sujet de l'engagement pris par les Compagnies de porter à Cayenne tous les nègres qu'elle traitera.

[2] Cf. Arch. Col., F, 134, p. 247 : détails sur cette Compagnie fondée par l'initiative de l'abbé De Manez, qui avait fait un premier appel aux capitalistes de Paris dès 1772. En 1783, elle était en déficit de 2 millions.

[3] Arch. Col., F, 262, p. 149.

richesse sur les autres îles [1]. Aussi, pour essayer de la ramener vers celles-ci, le Conseil d'État, par un arrêt du 3 juin 1783 [2], permit aux bâtiments étrangers, arrivant directement des côtes d'Afrique avec des cargaisons de 180 noirs au moins, d'aborder dans le port principal de chacune des îles Martinique, Guadeloupe, Saint-Christophe, Sainte-Lucie, Tabago, jusqu'au 1ᵉʳ août 1786, et d'y vendre lesdits noirs en payant par chaque tête indistinctement 100 livres argent de France, dont le produit devait être employé en primes de 100 livres également pour les noirs provenant de la traite française [3]. De plus, le 26 octobre 1784 [4], il convertit en gratification de 40 livres par tonneau l'exemption du demi-droit accordée aux denrées coloniales provenant de la traite des noirs.

Toutefois, nous constatons que, même dans les temps les plus difficiles, les colons ne purent obtenir la permission de faire eux-mêmes la traite. C'est ainsi qu'une lettre du Ministre aux administrateurs de la Guadeloupe, du 13 août 1785 [5], porte défense à tout bâtiment des îles françaises de l'Amérique d'aller chercher des nègres sur les côtes d'Afrique [6].

---

[1] Cf. Arch. Col., B, 176, Sénégal, p. 12 bis. Lettres ministérielles du 28 avril 1782 à MM. Dumonté et Clergeau (ib., p. 17, 31 octobre, et p. 20, même jour), pour qu'ils aient à protéger plusieurs navires transportant des nègres à Saint-Domingue.

[2] Arch. Col., F, 262, p. 793.

[3] Cf. Arch. Col., B, 180, Martinique, p. 41, 20 juillet 1783. A MM. le Vicomte Damas et De Peinier et à MM. de la Saulais et Foulquier: « Vous savez, Messieurs, que, dans l'intervalle des deux dernières guerres, le commerce national a porté vers Saint-Domingue tout le produit de la traite des noirs et que les Îles-du-Vent n'ont trouvé à cet égard des ressources que dans la contrebande, dont les effets sont toujours pernicieux, etc. » — B, 186, Saint-Domingue, 204, 3 décembre 1781. A MM. de Bellecombe et Bongars. Au sujet de fraudes commises à Saint-Domingue, le roi dit qu'il est résolu à « punir d'une manière éclatante » les coupables.

[4] Arch. Col., F, 262, p. 987.

[5] Arch. Col., F, 232, p. 833.

[6] Cf. Arch. Col., B, 198, Saint-Domingue, p. 166. A MM. le marquis de Duchilleau et de Marbois : Le navire *La Marie-Victoire*, armé par des négociants de Bordeaux, a été expédié directement du Cap, en octobre 1787, pour la traite d'Afrique. « Cette expédition est contraire aux règles établies pour le com-

En revanche, deux arrêts du Conseil d'État, des 17 juin et 10 septembre 1786 [1], prolongent jusqu'au 1ᵉʳ août 1789 le terme fixé pour l'introduction des noirs étrangers aux Iles-du-Vent. Le droit à payer est réduit de 100 livres par tête à 30 pour la Martinique et la Guadeloupe, et à 6 pour Sainte-Lucie et Tabago. Par contre, pour les armateurs français, la prime était portée à 160 livres [2]. Une dépêche du Ministre, du 21 octobre 1787, prescrit aux administrateurs de la Martinique d'acquitter les primes dans la colonie même [3] Par un troisième arrêt, du 24 juillet 1789 [4], les primes accordées pour l'introduction des noirs de traite française aux Cayes, dans la partie sud de Saint-Domingue, et à Cayenne, furent prorogées jusqu'au 1ᵉʳ août 1790 [5]. Quelque temps auparavant, s'était formée, des débris de la Compagnie de Guyane, une nouvelle *Compagnie du Sénégal*, qui, par arrêté du 10 novembre 1786 [6], avait obtenu le même privilège qu'elle pour le monopole de la traite jusqu'au 1ᵉʳ juillet 1796. Mais elle ne tarda pas, elle aussi, à se ruiner. Les primes avaient atteint à la fin de l'ancien régime jusqu'à 3 millions de livres [7]. Il est vrai qu'il y avait d'abord pour les Compagnies ou les armateurs à faire d'assez grandes avances de fonds ; de plus, avec la navigation à voiles, il fallait tenir

merce de la traite des noirs, d'après lesquelles les bâtiments ne peuvent partir que des ports de France qui en ont 'e privilège. »

[1] Arch. Col., F, 263, et série F⁶, carton intitulé: *Police des nègres, Côtes d'Afrique.*

[2] Cf. Arch. Col., B, 192, Martinique, 76. Circulaire du 4 septembre 1786. Il est constaté que l'arrêt du 28 juin 1783 n'a pas produit l'effet attendu, à cause de « l'excès des droits », etc.

[3] Durand-Molard, *op. cit.*, IV, 452.

[4] Arch. Col., F, 233, p. 869.

[5] Le gouvernement ne voulait pas laisser introduire de noirs étrangers à Saint-Domingue. C'est ce qui résulte d'une lettre ministérielle à M Ruste, commissaire de Marine à la Martinique. Arch. Col., B, 196, p. 66, 14 octobre 1789.

[6] Cf. Walckenaër, *Histoire générale des voyages*, t. V, p. 8, 12.

[7] Cf. Arch. Col., F⁶, *Police des nègres* (Afrique). Le chiffre indiqué pour 1785 est de 1.619.525 livres et, pour les six premiers mois de 1786, 1.533.850 livres. Voir aussi *Lettre de la Société des Amis des Noirs à M. Necker.* A la page 6, il est question de 2.400.000 livres.

compte des sinistres de mer, relativement assez fréquents, sans parler des épidémies et des révoltes. Or, tandis qu'il existait des assurances pour les marchandises ordinaires, rien ne nous indique qu'il en existât pour les cargaisons de noirs ; ce n'est, du reste, pas probable, car elles auraient dû être portées à un chiffre trop élevé. Enfin, tout bâtiment était exposé à être capturé par les corsaires. C'est ce qui explique que le gouvernement ait fait des sacrifices si considérables pour encourager ce commerce. Mais, sous l'influence des idées nouvelles, propagées surtout par la *Société des Amis des noirs* [1], de Paris, toutes primes furent supprimées par deux décrets, des 11 août 1792 et 27 juillet 1793 [2]. Enfin, la traite elle-même le fut par le décret du 16 pluviôse an II (4 février 1794), qui abolissait aussi l'esclavage [3].

Nous avons indiqué que notre intention n'était pas de continuer cette étude au-delà de 1789, car ce serait entreprendre la question de l'abolition de l'esclavage. Aussi bien, en ce qui concerne spécialement la traite, ne trouverions-nous guère de faits bien nouveaux dans la période qui suivit, jusqu'à sa complète suppression. Une fois ce principe admis par les plénipotentiaires des puissances réunis au Congrès de Vienne (8 février 1815), tout l'intérêt du sujet consiste dans les tentatives constantes des armateurs pour échapper aux mesures de répression édictées par le gouvernement. C'est encore là une preuve manifeste que la traite était bien réellement lucrative. Elle fut officiellement supprimée par une ordonnance royale de 1817, que confirmèrent et complétèrent les lois de 1818, 1827, et la dernière du 4 mars 1831 [4].

---

[1] Fondée en 1787 par Brissot, qui revenait de Londres, où il avait été présenté à la Société de l'abolition de la traite des noirs. Elle comprit des hommes tels que Mirabeau, Lafayette, Lavoisier, l'abbé Grégoire, etc. Elle chargea Brissot d'aller en Amérique étudier les moyens d'émanciper les esclaves.

[2] Duvergier, Collection des lois, etc., IV, 350, VI, 71. Ce fut à la demande de Grégoire.

[3] Id., *ib.*, VII, 36.

[4] Id., *ib.*, XXI, 93 et 401 ; — XXVII, pp. 82-85 ; — XXXI, pp. 92-97.

Ainsi, en résumé, dès notre établissement aux Antilles, la traite fut de tout temps favorisée par le pouvoir royal sous l'ancien régime, au profit exclusif des négociants du royaume, car le gouvernement craignait trop que la permission accordée aux colons ne les portât à faire avec l'étranger le commerce de leurs produits des îles pour se soustraire aux conséquences abusives du pacte colonial. Si elle n'arriva presque à aucun moment à fournir la quantité de noirs réclamée par les habitants des Antilles, la cause la plus générale nous a paru en être dans la difficulté que les Compagnies ou les armateurs éprouvaient à se faire payer régulièrement, vu la rareté de l'argent systématiquement établie par la métropole aux îles et la nécessité du troc en denrées coloniales. Il y a lieu de tenir compte aussi des risques divers que présentait ce genre spécial de commerce, malgré les bénéfices importants qu'il pouvait procurer, lorsqu'il y avait moyen de le pratiquer d'une manière tout à fait régulière. Il fut surtout conçu par les métropolitains au point de vue de leur intérêt, et c'est, croyons-nous, une des raisons pour lesquelles ils eurent soin de ne jamais prodiguer la marchandise, afin de ne pas l'avilir et d'en maintenir les prix à leur gré, grâce à l'exclusion de la concurrence étrangère. Toutes ces considérations peuvent servir à expliquer par avance que, malgré l'étonnante fertilité des Antilles, par suite de la cherté de la main-d'œuvre servile et des entraves diverses auxquelles ils furent assujettis, les colons, tout en menant une vie large, se soient trouvés la plupart du temps gênés pour la réalisation de leur fortune. Quant au caractère immoral et inhumain de la traite en elle-même, ni gouvernants, ni gouvernés ne semblent y avoir songé un seul instant. Pour que la question se pose, il faut que les progrès de l'esprit public, éveillé par les philosophes, aient la liberté de se manifester hautement à la faveur de la Révolution.

CHAPITRE III

LE PAYS DE LA TRAITE

> « Ceux dont il s'agit sont noirs depuis les pieds jusqu'à la tête; et ils ont le nez si écrasé qu'il est presque impossible de les plaindre. » (Montesquieu, *Esprit des lois*, XV, v.)

I. — Principaux comptoirs de traite sur les côtes occidentales d'Afrique, en particulier d'après un mémoire du roi de 1785. — Sénégal, côte de Sierra-Leone, côte d'Or, royaume de Juda, côte d'Angola. — Le pays des noirs. — Liste des rois nègres avec lesquels se faisait la traite.

II. — Le type nègre. — Principales variétés exportées aux Antilles et traits qui les caractérisent : Sénégalais, Ouolofs; — Foules, Mandingues; — Bambaras, Quiambas; — nègres de la côte d'Or : Ibos et Mocos; — Congos; — nègres d'Angola; Mondongues, Foin; — Mozambiques.

III. — L'esclavage en Afrique. — Prisonniers de guerre; — condamnés pour meurtre, vol, sorcellerie, adultère; — liberté perdue au jeu. — Esclaves domestiques. — L'arbitraire des roitelets noirs. — Comment l'esclavage a été développé par les Européens.

IV. — Manière dont se faisait la traite. — Les courtiers. — Caravanes d'esclaves. — Les *coutumes*. — Divers intermédiaires. — Le troc. — Comptes de traite. — Objets d'échange. — Prix approximatifs des nègres. — Les nègres *pièces d'Inde*. — Opinions optimistes de négriers.

I

Après avoir exposé la suite d'efforts persévérants faits par le gouvernement royal afin de pourvoir les Antilles de nègres esclaves, il importe d'indiquer les lieux où les négriers se procuraient leur marchandise et de montrer comment s'opérait ce commerce.

Nous ne saurions faire ici l'historique des relations des Français avec les côtes occidentales d'Afrique; nous tâcherons simplement de préciser les principaux points où se pratiqua la traite. Dans un volume manuscrit de la Collection Moreau de Saint-Méry[1], nous avons trouvé une pièce intitulée : *Traite des noirs de 1365 à 1763*. On y lit cette assertion étrange : « En 1305, des négociants de Rouen et de Dieppe imaginèrent de transporter des nègres de la côte d'Afrique à l'Amérique, et les deux villes de Rouen et de Dieppe firent ce commerce en société jusqu'en 1592. » Il va sans dire que nous nous garderons d'emprunter nos renseignements à l'auteur anonyme de cette relation fantastique. Il faut retenir seulement que ce sont bien les Dieppois et les Rouennais qui s'adonnèrent les premiers au commerce des noirs. Un mémoire daté de 1695 [2] rapporte que des marchands de Dieppe n'avaient, aux environs de 1630, « qu'un fort dans une petite île qu'ils appelèrent l'île de Saint-Louis située à *l'embouchure du Niger, nommée en cet endroit la rivière du Sénégal.* Quelques marchands de Rouen acquirent d'eux cette habitation et ses dépendances et y continuèrent le commerce jusqu'en 1664. Au mois de mai 1664, la Compagnie des Indes-Occidentales ayant été établie, elle jugea à propos d'acquérir de ces marchands de Rouen le commerce d'Afrique, parce que les nègres lui étaient nécessaires pour faire valoir le domaine des îles. » Ce passage confirme ce que nous avons avancé au sujet de la traite française (p. 8). C'est au Sénégal qu'elle débuta ; puis, elle s'étendit successivement jusqu'au cap de Bonne-Espérance.

En même temps que les Français, s'étaient établis sur ces côtes les Anglais, les Portugais, les Hollandais et les Danois, dont les premiers surtout ne cessèrent de nous faire la plus redoutable concurrence. Presque constamment, durant la seconde moitié du xvii° siècle et tout le xviii°, nous eûmes des différends avec eux à propos de délimitations de territoires mal déterminées.

[1] Arch. Col., F, 60.
[2] Arch. Col., C⁶, vol. I.

Afin de pouvoir présenter une sorte de tableau d'ensemble de nos possessions et de nos opérations en Afrique, nous nous reporterons à une pièce officielle, qui contient un résumé assez net de la situation vers la fin de l'ancien régime; il s'agit des instructions données par le roi à la date du 18 novembre 1785 au chevalier de Boufflers, qui venait d'être nommé gouverneur du Sénégal[1]. Mais il ne faut pas oublier qu'à ce moment la traite française est en pleine décadence. Aussi compléterons-nous les indications de ce document, en ayant soin d'ajouter les comptoirs que nous avions dû alors délaisser. Le Sénégal, y est-il dit, est « en quelque sorte le chef-lieu de tous les établissements français sur la côte d'Afrique, depuis la Méditerranée jusqu'au cap de Bonne-Espérance ». Cette côte se divise en trois parties:

I. — La première va du cap Blanc au cap Tagrin et comprend :

1° Le Sénégal ;

2° L'île de Gorée[2], avec les comptoirs de Rufisque, Portudal, Joal, Salum et d'Albréda à l'embouchure de la Gambie;

3° La rivière de Casamance, les îles Bissagots[3], les îles des Idoles, ainsi que le continent situé vis-à-vis de la rivière de Sierra-Leone, avec le comptoir de l'île Gambie.

II. — La deuxième partie, entre le cap Tagrin et le cap Lopès-Gonsalvès, se subdivise ainsi:

1° Les côtes, depuis le cap Tagrin jusqu'à celui des Trois-Pointes ;

2° La côte d'Or, depuis le cap des Trois-Pointes jusqu'au

---

[1] Arch. Col., F, 72.

[2] « Elle est nommée Gorée à cause de sa rade, qui est la plus grande et la meilleure de l'Océan, parce que ce mot signifie bonne rade ; elle peut même contenir plus de 500 vaisseaux (?). » Arch. Col., C⁶, vol. III, *Mémoire concernant l'île et fort de Gorée*, 1701.

[3] « Ces îles, au nombre de 30, fort petites, sont très près les unes des autres: la plus grande n'a pas 9 lieues de tour. Chacune a son roi. Elles sont très fertiles et situées à 80 lieues au sud du Cap Vert. » Arch. Col., F, 134, p. 248.

cap Formose, où est situé le comptoir de Juda, au fond du golfe de Benin ;

3° Les côtes depuis le cap Formose jusqu'au cap de Lopès-Gonsalvès.

III. — La troisième subdivision, depuis le cap de Lopès-Gonsalvès jusqu'au cap de Bonne-Espérance, embrasse :

1° La côte d'Engole, jusqu'à Mossula, au nord de Saint-Paul de Loanda ;

2° Les établissements portugais de Saint-Paul de Loanda et de Saint-Philipe de Benguela, jusqu'au cap Nègre ;

3° La côte depuis le cap Nègre jusqu'aux terres hollandaises du cap de Bonne-Espérance.

Telles étaient les divisions adoptées[1]. Après cet exposé sommaire, l'auteur du Mémoire entre dans plus de détails en reprenant chacune des trois parties.

I. — Il omet de mentionner Arguin et Portendic, ce qui s'explique par le fait que ces comptoirs, après avoir été assez importants pour la traite, étaient alors abandonnés. Le Sénégal, ainsi que l'île et le fort de Saint-Louis, Gorée et ses dépendances, venaient d'être rendus à la France par l'article 9 du traité du 3 septembre 1783, qui rétablissait ainsi nos anciens droits sur cette région. Il suffit de rappeler le nom d'André Brue[2], qui, à la fin du XVII° siècle, y avait fait prédominer notre influence. Au siècle dernier, un administrateur général des possessions françaises à la côte occidentale

---

[1] Elles sont reproduites dans les *Harmonies maritimes et coloniales*, etc., de P. Labarthe. L'auteur était sous-chef de bureau au ministère de la Marine et des Colonies et attaché au Dépôt des Archives à Versailles, vers 1780. Il rappelle qu'il y était à l'époque où Moreau de Saint-Méry compulsait les documents pour son grand ouvrage *Loix et constitutions*, etc. Il s'est servi lui-même d'un certain nombre de pièces manuscrites. Voir, du même auteur, *Voyage à la côte de Guinée*. Il a utilisé les *Mémoires* de plusieurs officiers de marine qui, de 1784 à 1790, furent chargés par le gouvernement de parcourir les côtes occidentales d'Afrique ; il les a même accompagnés dans leurs expéditions.

[2] Cf. Berlioux, *André Brue, ou l'origine de la colonie française du Sénégal*. — P. Labat, *Nouvelle relation de l'Afrique occidentale*, composée d'après les *Mémoires de Brue*.

d'Afrique[1] écrivait : « Le défaut d'archives à Gorée nous met dans l'impossibilité de remonter jusqu'à l'origine de l'établissement des Français dans la rivière de Gambie... Mais, d'après la tradition orale, on y a connaissance d'un arrêt du Conseil d'État de 1686, qui déclare de bonne prise une caravelle portugaise saisie par un vaisseau de la Compagnie des Indes, à la sortie de la rivière de Gambie. » Ces prises furent même assez fréquentes vers cette époque[2]. Dans un Mémoire destiné à servir d'instructions au sieur Repentigny, gouverneur du Sénégal[3], il est dit « que l'île de Gorée n'a d'autre destination que de protéger la traite des noirs ». Le comptoir principal pour ce trafic était Albréda.

Les côtes, depuis le cap Sainte-Marie, qui forme la pointe de la rive gauche de la rivière de Gambie, ajoute la relation ministérielle, n'appartiennent exclusivement à aucune nation. Cependant les Français ont seuls le droit d'y faire le commerce et la traite, à l'exception des endroits dans lesquels les Portugais ont formé des établissements. En novembre 1784, le marquis de la Jaille a établi un fort dans l'île de Gambia, en vertu d'un traité qu'il conclut, le 14 janvier 1785, avec le roi Panaboué. Ce fort est destiné à recevoir les bâtiments français qui viennent faire la traite soit dans la rivière de Sierra-Leone, où les Anglais ont, de leur côté, le fort de Bense, soit aux îles des Idoles, où se trouve le roi de Coïposte, qui paraît attaché à la nation française.

II. — Les côtes, depuis le cap Tagrin jusqu'au cap des Trois-Pointes, sont ouvertes à la traite de toutes les nations. On y trouve le Grand-Paris et le Petit-Paris, le Grand-Dieppe et le Petit-Dieppe, « noms qui indiquent évidemment d'anciens établissements français abandonnés ». Les capitaines

---

[1] Arch. Col., F, 61, *Détails historiques et politiques sur la politique, sur la religion, les mœurs et le commerce des peuples qui habitent la côte occidentale d'Afrique*, par M. Le Brasseur, 1779.
[2] Arch. Col., F, 134, p. 248, et C⁶, carton 1.
[3] Arch. Col., F, 72.

ne s'y arrêtent guère que pour essayer de commencer la traite en se rendant à la côte d'Or.

La côte d'Or est surtout occupée par des forts ou comptoirs anglais, hollandais et danois, jusqu'à la rivière de Volta[1]. Il avait été question d'établir un fort à Anamabou[2], mais les Français se sont laissé devancer par les Anglais. Ils conservent cependant leurs droits, et l'intention de Sa Majesté est de faire aussi des établissements pour favoriser la traite. Nous constatons, d'après un *Relevé des chiffres de la traite française*[3], fait en 1782, que les Français avaient une *loge* au Petit-Popo et un fort au Grand-Popo.

Le royaume de Juda est entre les rivières de Volta et de Formose. Les Français y ont leur comptoir, comme les Anglais et les Portugais. C'est un des points les plus importants pour la traite qui s'étend dans tous les lieux circonvoisins. A chaque instant, en effet, il est question de Juda dans la correspondance d'Afrique, et le Ministre écrit fréquemment à l'agent qui dirigeait le comptoir. Mais il aurait fallu, à ce moment, un autre poste à Portenove.

La rivière de Formose, lisons-nous encore dans le Mémoire de 1785, est peu connue jusqu'à présent ; la barre qui est à son embouchure oblige parfois les navires à attendre trois à quatre mois le moment favorable pour la franchir ; « alors l'insalubrité de l'air emporte souvent plus de la moitié des équipages et des cargaisons de noirs ». Le capitaine Landolphe, se trouvant dans cette position, fut secouru à la fin de 1783 par le roi d'Eher. Ayant lié amitié avec lui, celui-ci lui promit toutes facilités pour la traite et envoya même son fils en

---

[1] « La rivière Volta a reçu ce nom des Portugais à cause de son entrée dans la mer qui a l'air d'un saut. » Isert, *Voyage en Guinée*, etc., trad. fr., p. 201. — Cf., pour cette partie des côtes, Walckenaër, *Hist. gén. des voyages*, t. X, liv. XI, intitulé : *Résumé des premiers voyages aux côtes de Guinée entre Rio Volta et le cap Lopez Gonsalvo*.

[2] « En 1749, les Français voulurent s'approprier Anamabou ; ils en furent chassés par les Anglais. » Arch. Col., F6, carton B : *Police des nègres (Afrique)*.

[3] Arch. Col., même carton.

France, où Sa Majesté pourvut à sa dépense. A la suite de ces faits, le roi accorda au sieur Brillantois Marion, de Saint-Malo, le privilège exclusif de la traite de la rivière de Formose pour trois ans. Il devait établir, en dehors de la barre, un comptoir où mouilleraient les navires pour attendre les noirs, qui seraient transportés par des bâtiments légers, puis déposés dans les *captiveries* du comptoir.

« Après le cap Formose, on trouve le Vieux et le Nouveau-Malbao, où il se fait une traite abondante par les Français et les Anglais, sans aucun établissement. Il en est de même du reste des côtes et de la rivière de Gambia jusqu'au cap de Lopès-Gonsalvès, mais un goût particulier porte vers cette partie un nombre considérable de traiteurs anglais. »

III. — Au sud du cap Lopès sont les îles Loango, Congo, Langole, où les Français, les Anglais et les Hollandais ont le droit de faire la traite concurremment avec les Portugais. Les bâtiments s'établissent spécialement à Cabinde, à Malimbe et à Loango, au nord du Zaïre, et ils envoient de légères corvettes dans la rivière d'Ambris et à Mossula, au sud du Zaïre, pour y traiter. Ce sont les Français qui se portent en plus grand nombre dans ces parages.

Après Mossula, jusqu'au cap Nègre, on ne trouve que des établissements portugais, où les Français ne peuvent aborder. Au cap Nègre, les côtes deviennent de nouveau communes aux diverses nations jusqu'au cap de Bonne-Espérance.

Ainsi, on le voit, il y avait grande émulation entre les diverses nations occidentales de l'Europe pour venir chercher des noirs sur les côtes d'Afrique. Mais la traite française se faisait surtout au Sénégal, à Sierra-Leone, à la côte d'Or, dans le royaume de Juda, qui n'est autre que la région désignée sous le nom de côte des Esclaves dans la Guinée septentrionale, et, enfin, sur la côte d'Angola dans la Guinée méridionale.

Le tableau suivant, que nous avons trouvé aussi dans un volume des Archives coloniales[1], sous le titre de *Division*

[1] F, 61.

générale de l'Afrique, nous donne les différents noms des pays connus vers la fin du xviii° siècle comme habités par les noirs.

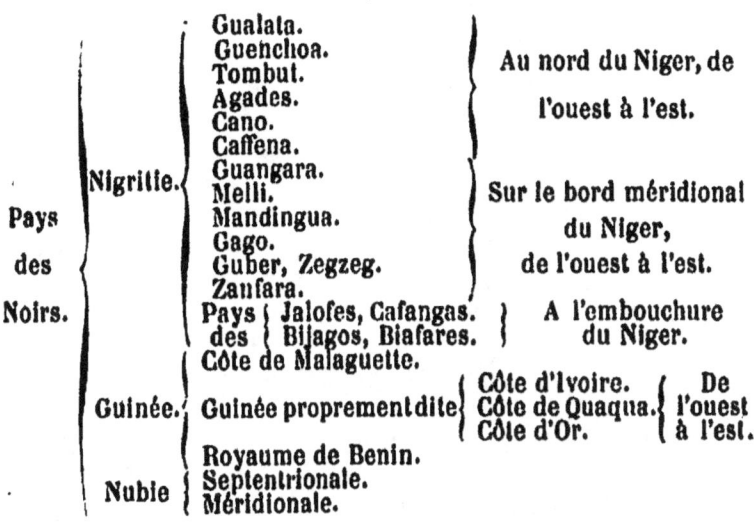

L'énumération est, on le voit, fort incomplète. Il est pourtant singulier de n'y voir figurer ni la côte d'Angola, très fréquentée alors par les Français eux-mêmes, ni celle de Mozambique. Plusieurs des noms indiqués désignent des tribus de l'intérieur, qui ne furent mises à contribution pour le recrutement de la traite qu'au fur et à mesure que la côte elle-même ne fournissait plus un nombre suffisant de sujets. Les dénominations variaient à l'infini, comme il est encore facile de s'en rendre compte par la liste suivante des différentes peuplades et rois nègres avec lesquels nous traitions seulement sur les côtes occidentales d'Afrique. Nous l'avons tirée du même manuscrit des Archives coloniales[1].

1° Le roi d'Hamel. } Roi des Yolofs.   }
— de Wal.   } Rivière
Almamy............ Roi des Poules. } du Sénégal.
Le roi de Bambouc.
— de Saracolès.

[1] F, 61.

2° Le roi de Joal et Portudal.
Barbesin, roi de Sin ou Bursin.
Sanéné, roi de Salum.
Le roi de Barre.
— de Badibou,
— des Pheloupes.

} Côte de Mandingo à rivière de Gambie

3° Le roi de Banan.
— de Chebra.
— de Mitomba.
— de Seherbro.

} Côte de Sierra Leone

4° Le roi de Popo.
— des Dahomet.
— des Mahy.
— des Foyda.
— des Fous.
— des Haoussas.
— d'Épée.
— Déhardra (*sic*).
— des Nagos.
— de Badagry.
— d'Aunis.
— des Guibo.

} Côte d'Or et Royaume d'Arada

5° Le roi d'Ouair, au Benin.
6° Le roi de Bandi, au Kalabar.

} Bas de la côte d'Or.

7° Le roi de Mayombe.
— de Louango.
— de Malimbe.
— de Cabinde.
— d'Ambris.

} Côte d'Engolle ou royaume de Congo et de Cacongo

II

Les noms de tous ces roitelets nous indiquent combien étaient nombreuses les tribus des noirs. Sans vouloir entrer dans des détails ethnographiques qui dépasseraient les limites de notre sujet, il ne nous paraît cependant pas inutile de distinguer les principales variétés qui furent exportées aux Antilles, car elles différaient non seulement par l'aspect physique, mais, ce qui est plus important à savoir pour notre étude, par les traits du caractère.

« Le type nègre par excellence est sans contredit le type

guinéen[1]. » Il est, comme on le sait, représenté par un prognathisme accentué, les yeux à fleur de tête, le nez écrasé, les lèvres épaisses, les dents très blanches, les cheveux courts, laineux et crépus, un système pileux d'ailleurs peu développé, une taille presque toujours au-dessus de la moyenne, la peau huileuse et sentant fort. La force musculaire du nègre et sa résistance à la fatigue sont des plus grandes.

Moralement, c'est « un grand enfant, tout à l'impression du moment et absolument esclave de ses passions. Aussi les contradictions les plus surprenantes se manifestent dans sa conduite. Il est léger, inconsistant, gai, rieur, amoureux du plaisir avec emportement, fou de danse, de tapage, de parure bizarre et éclatante[2]. » Une indolence naturelle sans égale, dont la force et la cruauté ont seules triomphé pour lui faire produire un labeur prodigieux, une sensualité débordante, une tendance invincible au larcin, un manque absolu de prévoyance, une superstition sans bornes, favorisée par une intelligence médiocre, incapable de s'élever à la moindre conception abstraite, une timidité d'esprit facilement en proie à des terreurs imaginaires, malgré le courage incroyable dont ils font preuve en face du danger réel, telles paraissent être les causes du peu de progrès que les nègres ont jamais accomplis et la raison pour laquelle ils se sont si aisément laissé réduire en esclavage. Ils sont très attachés à la terre natale et professent pour l'inconnu la crainte généralement commune aux ignorants ; c'est ce qui explique, sans parler de la brutalité dont ils furent victimes, le désespoir de la plupart d'entre eux, dès qu'ils étaient transportés au loin.

Ces traits généraux, nous les retrouverons plus ou moins persistants, plus ou moins modifiés par l'habitude et une certaine éducation chez les esclaves des Antilles. Ils serviront à nous faire comprendre, sans l'excuser, hâtons-nous de le dire, le régime auquel ils furent soumis.

[1] Girard de Rialle, *Les Peuples de l'Afrique et de l'Amérique*, p. 58.
[2] Id., *ib.*, p. 59.

On peut relever chez eux un certain nombre de traits particuliers, suivant l'origine de chacun. Ils ont été décrits principalement par un observateur qui les a étudiés aux colonies pendant longtemps, Moreau de Saint-Méry. Pour sa description de la partie française de l'île de Saint-Domingue[1], il avait recueilli plusieurs volumes de notes manuscrites conservées encore aux Archives coloniales ; elles attestent qu'indépendamment de ses remarques personnelles il a mis à profit les renseignements épars dans les divers voyageurs et auteurs qui l'ont précédé. Il est facile notamment de se rendre compte qu'il s'est beaucoup servi de la relation, d'ailleurs très exacte, de l'abbé Demanet, aumônier à Gorée, intitulée : *Nouvelle histoire de l'Afrique française*. A notre tour, nous lui ferons plus d'un emprunt, tout en ayant soin de contrôler ses affirmations par d'autres témoignages.

Les Sénégalais et leurs voisins, les Yoloffes, ou plutôt les Ouolofs[2], assez semblables entre eux, sont « grands et bien faits, élancés, d'un noir d'ébène[3] » ; mais ils ont le nez moins épaté et les cheveux moins crépus que la plupart des autres nègres[4]. Ils sont « plus aguerris, plus belliqueux et beaucoup plus difficiles à contenir que tous les autres[5] », excellents, du reste, pour le travail quand on parvient à les discipliner. On sait qu'aujourd'hui encore ils sont renommés pour le courage dont ils font preuve au Sénégal sous la conduite de nos officiers. Aux Antilles, on appelait *Calvaires* les nègres du cap Vert, dont le pays touchait à celui des Yoloffes.

Les Foules[6], que Mungo Park appelle Foulahs, et qui ne sont autres que les Peuls, étaient vulgairement désignés sous

---

[1] Cf. t. I, p. 27 et sqq.
[2] Moreau de Saint-Méry, *Description de Saint-Domingue*, I, 31.
[3] Walckenaër, VI, 87. *Voyages de Geoffroy de Villeneuve dans la Sénégambie en* 1785, 1786, 1787, 1788.
[4] Cf. *Voyage de Golberry*, dans Walckenaër, *op. cit.*, V, 424.
[5] Arch. Col., F, 61, *De l'ordre et des usages qui règnent généralement à bord des navires négriers*.
[6] Cf. D'Avezac, *Esquisse générale de l'Afrique* ; — et Tardieu, *La Sénégambie*, dans *Univ. pittoresque, Afrique*, t. III, p. 3.

le nom de Poules ou Poulards ; ils confinaient aux Sénégalais depuis la rivière du Sénégal jusqu'aux montagnes du Mandharah. Ils étaient de couleur rougeâtre, ce qui leur a valu de la part des voyageurs la dénomination de Peuls rouges. Un administrateur qui les avait vus de près[1] rapporte qu'ils ont les cheveux lisses et les traits européens, et que leurs femmes « sont d'une beauté qu'on ne retrouve nulle part. Les formes et les tailles des plus belles statues grecques sont communes, on pourrait dire générales, chez les femmes Foules[2]. » Il ajoute qu'elles sont « coquettes et galantes », les hommes « guerriers, industrieux, spirituels et fins », et que ni les uns ni les autres « ne se façonnent jamais à l'esclavage comme les autres nègres », auxquels ils sont très supérieurs.

Au sud des Ouolofs étaient les Mandingues, de haute taille, d'un noir brun bien différent du noir d'ébène du Ouolof et du noir bronzé du Toucouleur. Suivant Golberry[3], ils sont « instruits (?), souples et fins, et négociants aussi habiles qu'infatigables. Leur couleur est d'un noir mêlé de jaune ; leurs traits sont réguliers, leur caractère est généreux et franc; ils sont hospitaliers; leurs femmes sont jolies et aimables. Ils professent avec zèle la religion de Mahomet, et cependant ils ont conservé beaucoup de pratiques du fétichisme et beaucoup d'usages superstitieux. Les traits des Foulahs et des Mandingues paraissent avoir plus de rapport avec ceux des noirs de l'Inde qu'avec ceux des nègres de l'Afrique. » Les Mandingues auraient été, d'après Bruce[4], « les meilleurs nègres d'Afrique pour le travail; robustes, dociles, fidèles, ils ne sont pas sujets, comme la plupart des nègres de Guinée, à se désespérer de leur condition jusqu'à vouloir s'en débarrasser par la mort ou

---

[1] Cf. *Mémoire sur la colonie française du Sénégal*, etc , par le citoyen Pelletan, ancien administrateur et directeur général de la colonie du Sénégal, pp. 66-76.
[2] Golberry, *loc. cit.*, p. 417, dit qu'elles sont « spirituelles et belles ».
[3] *Op. cit.*, Walckenaër, V, 415.
[4] *Relation de son sixième voyage*, 1718. Cf. Walckenaër, III, 271.

par la fuite ». Mais ils étaient renommés pour leur penchant au vol[1].

Les Bambaras, à l'est des Foules, dépassaient encore tous les autres par leur taille élevée; ils n'étaient pas d'un beau noir. Golberry les trouve « stupides, superstitieux, robustes, fatalistes au delà de toute idée, paresseux, mais gais et d'un caractère très doux ; leur langage est rude et sauvage[2]. » Ils portaient aux îles le sobriquet de « voleurs de dindes et voleurs de moutons », dont ils étaient très friands[3].

A côté d'eux étaient les Quiambas, non moins grands, mais moins gauches; ils se marquaient de trois longues raies de chaque côté du visage.

Les nègres de la côte d'Or étaient les plus aptes à la culture; mais leur caractère altier et vindicatif les rendait difficiles à manier. Citons, parmi eux, les Ibos[4]; « le chagrin ou le mécontentement le plus léger les porte au suicide[5] ». C'était évidemment une des considérations dont les acheteurs devaient tenir compte, quand ils en avaient fait l'expérience.

A l'intérieur de la côte étaient les Mocos, pauvre espèce, aux yeux bilieux, à la peau devenue jaunâtre, très peu recherchés.

Les Congos ou Francs-Congos, du cap Lopez au cap Nègre, « doux et peu intelligents[6] », étaient les plus communs et les plus estimés à Saint-Domingue. Les traits caractéristiques de la race noire n'étaient pas très marqués chez eux; ils étaient plutôt de visage agréable et de caractère essentiellement gai. On trouvait en eux de bons domestiques, d'habiles ouvriers et des pêcheurs particulièrement adroits.

---

[1] Arch. Col., F, 138, p. 397.
[2] Cf. Walckenaër, loc. cit.
[3] Moreau de Saint-Méry, *Description de Saint-Domingue*, 1, 32.
[4] « A l'ouest de la rivière Lagos commence le royaume de Bénin, formant un golfe qui finit au cap Lopez et où sont Bénin, Bony le Vieux et le Nouveau Callabar, Cameron et Gabon. On appelle les nègres de ce golfe Ibos. » Arch. Col., F, 138, p. 382.
[5] Moreau de Saint-Méry, *op. cit.*, 1, 36.
[6] Arch. Col., F, 61. Mémoire de 1790.

A Saint-Christophe, à la Martinique et à la Guadeloupe, on prisait surtout les noirs d'Angola, robustes et adroits; mais, nous dit Du Tertre, « ils sentent si fort le bouquin que l'air des lieux où ils ont marché en est infecté plus d'un quart d'heure après [1] ».

Les plus mauvais étaient les Mondongues, qui avaient des habitudes de cannibalisme et sciaient leurs dents incisives en canines aiguës.

Il y avait aussi les Foin. D'après ce que rapporte un voyageur [2], ils « sont sujets à s'étouffer, à manger de la terre pour se faire mourir. Ils se chagrinent aisément, ce que les Levantains appellent « prendre fantaisie ». Dès que le chagrin s'empare de l'esprit des nègres, ils s'asseoient par terre, les coudes sur les genoux et la tête entre leurs mains, et en trois ou quatre jours ils meurent, supposé même qu'ils ne prennent pas le parti de se renverser l'extrémité de la langue dans la trachée-artère et de s'étouffer. »

Nous pourrions citer encore les Mayombés, les Mombequi, les Quioanqué [3], etc., ou bien les Quiloi, les Quiriam, les Montflat, originaires de la côte de Mozambique. Ces derniers n'étaient pas très noirs; assez grands, ils se montraient moins résistants que ceux de la côte occidentale, et ils étaient sujets aux affections de poitrine; on appréciait, d'ailleurs, leur douceur et leur intelligence. Mais on ne commença à en importer quelques-uns à Saint-Domingue que vers 1780. Ils ne compteront donc que peu parmi ceux dont nous aurons à nous occuper. Nous croyons en somme avoir relevé toutes les variétés qui présentent des caractères réellement distinctifs.

---

[1] II, 495.
[2] Extrait du *Voyage du Chevalier Des Marchais en Guinée*, t. II, cité par Tardieu, *Univ. pitt.*, *Afrique*, *Guinée*, III, 270.
[3] Arch. Col., F, 138, 16.

III

Tels sont donc ces malheureux que la cupidité des Européens va exploiter comme des bêtes de somme. Un des arguments que l'on a fait valoir souvent pour excuser la traite, c'est que les noirs qu'on exportait d'Afrique avaient déjà été réduits en esclavage dans leur pays et que, dans nos colonies, leur sort était certainement devenu moins misérable qu'il n'aurait continué de l'être chez eux. D'abord cette affirmation resterait à démontrer; et, en la tenant pour vraie, quel singulier motif à invoquer par des civilisés pour légitimer leur crime de lèse-humanité ! Il y a longtemps, du reste, que personne ne discute plus la question de principe. Sans doute, l'esclavage existait en Afrique, et il existe encore. Mais qui ne sait combien les Européens ont contribué à le développer? Et, s'ils ont aujourd'hui réussi à l'extirper de ces côtes occidentales, où ils lui avaient donné une telle extension, leurs efforts restent bien impuissants dans le centre et dans l'est du continent noir.

L'origine de l'esclavage en Afrique paraît être fort ancienne [1]. Il se recrutait comme partout, au début, par des prisonniers de guerre ou des condamnés. L'ennemi qu'on ne tuait pas était gardé comme captif et servait d'ailleurs, à l'occasion, de victime dans les sacrifices, ou même, chez certaines tribus, dans des repas humains. Ceux qui étaient condamnés à l'esclavage pouvaient l'être soit pour meurtre, soit pour vol, soit pour sorcellerie, soit pour adultère, soit pour dettes [2]. La plupart du temps, il n'y avait qu'un sem-

---

[1] Cf. *Encyclopédie méthodique. Économie politique. Diplomatie*, 1786, article *Guinée*. T. LX, p. 626 et sqq. Voir Arch. Col., F, 128, *Enquête faite par le Comité de la Chambre des Communes en 1789*, et aussi F. 61, *passim*.

[2] Cf. Walckenaër, VIII, 457 : *Nouvelle relation de quelques parties de la Guinée par le capitaine William Snelgrave*. Londres, 1734, trad. fr. par Coulonger en 1735, in-12. L'auteur énumère ces différentes causes d'esclavage.

blant de légalité. Ainsi nous lisons cette déclaration dans l'interrogatoire de l'écuyer Jean Fontaine, appelé à déposer devant la Chambre des Communes en Angleterre : « Je sais qu'on a vendu des hommes comme esclaves pour avoir volé un épi de blé [1] ». L'administrateur Le Brasseur écrit [2] : « Un nègre simplement accusé d'être sorcier est sur-le-champ vendu aux Européens, et il n'est pas d'exemple qu'en ce pays, où la polygamie est en usage, l'adultère ait jamais été pardonné. » Ce témoignage est confirmé par Isert [3]. Les nègres condamnés solennellement comme coupables du crime de sorcellerie sont « ordinairement étranglés et ensuite brûlés [4] ». Ce sont leurs complices que l'on vend et souvent aussi leur famille. « J'ai acheté une fois, dépose l'écuyer Bernard Weuves, une famille entière composée de 9 personnes. Un membre de la famille avait été accusé de sorcellerie, et tout le reste me fut vendu [5]. » Les noirs avaient, en effet, une telle frayeur des sorciers qu'il leur fallait absolument s'en débarrasser ; nous constaterons quel rôle jouaient les maléfices parmi les esclaves aux Antilles. Pour cette imputation de sorcellerie, il se pratiquait aussi une sorte d'épreuve ou d'*ordalie*, depuis la rivière de Sierra-Leone jusqu'aux extrémités les plus reculées de la côte d'Or. L'accusé était d'abord astreint à un jeûne de vingt-quatre heures ; puis, on lui faisait avaler *l'eau rouge*. « C'est un breuvage fait avec l'écorce de l'arbre appelé Adoom, infusée dans de l'eau et qui forme une espèce de poison [6]. » S'il se

---

[1] Arch. Col., F, 128.
[2] Mémoire de 1779. Arch. Col., F, 61.
[3] *Op. cit.*, p. 199. « Lorsqu'un nègre ordinaire est attrapé auprès de la femme d'un autre, ce dernier a le droit de le vendre, ou bien il doit se racheter de la valeur de sa personne. Si l'adultère est commis avec la femme d'un grand, il doit payer la valeur de trois esclaves ; et, si c'est une des femmes du roi, on fait mourir le séducteur, et sa famille est vendue. »
[4] Arch. Col., F, 128. *Interrogatoire du capitaine John Knox.*
[5] Ib., *ib.*
[6] Clarkson, *Essai sur les désavantages politiques de la traite des nègres*, etc., p. 45.

manifestait quelques symptômes d'empoisonnement, il était déclaré coupable et vendu, après qu'on lui avait administré de l'huile de palme comme contre-poison. Notons que cette huile prise avant empêchait les effets de l'eau rouge.

Weuves témoigne que les nègres perdent souvent leur liberté en la jouant entre eux, comme faisaient les Germains [1]. Ils jouent ordinairement aux cauris. Un des deux jette en l'air trois de ces coquillages et, s'ils retombent de manière à présenter tous les trois le côté ouvert, celui qui les a lancés a gagné. « Ils ont une telle fureur pour ce jeu qu'il y a des exemples qu'un nègre, après avoir perdu tout ce qu'il possède, a mis en jeu sa propre personne et que le gagnant a vendu incontinent son camarade au marchand d'esclaves [2]. » Mais, dans ce cas, s'il se présente des amis qui avancent le prix de ceux qui ont perdu leur liberté, ils ont généralement la faculté de se racheter. Ceux-là, d'ailleurs, ne sont pas exportés. Il en était de même en principe des domestiques esclaves. Jamais leurs maîtres ne devaient les vendre. « Un esclave étant possédé par droit héréditaire ne peut pas être vendu par son maître sans un jugement formel pour quelque crime [3]. » Les juges qui condamnent à l'esclavage sont les grands du pays, les *Pynimes :* le jugement a lieu dans une maison *palaver* (palabre) ou cour ouverte de justice, ou bien, à défaut, sous un arbre. Mais il n'était pas rare que la nécessité ou l'arbitraire des rois fissent outrepasser ces prétendues lois. Par exemple, on vit la famine réduire des peuplades à vendre leurs esclaves ordinaires et même une partie de leurs membres [4]. Des Marchais [5] rapporte que le roi de Juda vend ses femmes aux

---

[1] Tacite, *Germ.*, 21.
[2] Isert, *op. cit.*, p. 204, 205. — Cf. aussi Clarkson, *op. cit.*, p. 32. — Labat, *Nouveau voyage aux Iles..*, IV, 462.
[3] Arch. Col., F, 128, *Déposition de Weures*, — et F, 134, p. 251. — Cf. aussi Pelletan, *op. cit.*, 98, 99.
[4] Arch. Col., F, 128. *Interrogatoire du capitaine William Littleton.*
[5] *Voyage en Guinée*, II, 101.

Européens sans autre règle que son caprice. Ainsi, en 1693, il en vendit 3 ou 400. Moreau de Saint-Méry cite un cas original pour lequel on vend les femmes comme esclaves au Dahomey : si une femme, se rendant à l'endroit où l'on détient les captifs, chez Dada, roi des Dahomets, est surprise dans le trajet, soit à l'aller, soit au retour, par l'écoulement menstruel, elle doit le déclarer au roi, et alors elle a la tête tranchée, ou bien elle est vendue comme esclave[1].

Clarkson[2] nous montre, d'après des témoignages authentiques, que le roi de Dahomey vend, quand il lui plaît, les habitants d'un de ses villages. Après avoir indiqué les cas ordinaires pour lesquels les nègres peuvent être vendus comme esclaves, il ajoute que, depuis la traite, on a inventé de nouveaux délits. C'est ainsi que certains rois entretiennent un grand nombre de concubines, les contraignent « de sortir et de chercher à séduire les jeunes gens qui, quand ils cèdent, sont dénoncés par la femme elle-même et deviennent alors esclaves du prince qui en fait sa propriété[3] ». Au rapport d'un négrier, qui fit le commerce d'esclaves pendant dix-huit ans[4], « les princes-nés exercent sur tout homme qui n'est pas leur égal le droit arbitraire de se saisir de sa personne et de le conduire en captivité. Ce droit, s'appelle en français de traite, *poigner*, et l'on nomme *poignage* l'action de saisir le nègre que l'on vend. » Barbot raconte[5] que, « sous le plus léger prétexte, sans égard pour le rang ni pour la profession, un roi fait vendre à son gré ses sujets ». Et il cite l'exemple d'un marabout vendu par l'alcade de Rufisque, sur ordre du *damel*, aux Français de Gorée. Les chances de la guerre firent également qu'il y eut aux Antilles des esclaves « qui étaient de grande qualité dans leur pays ».

[1] Arch., Col., F, 134, p. 362.
[2] *Op. cit.*, 28.
[3] *Op. cit.*, p. 30.
[4] Degrandpré, *Voyage à la côte occidentale d'Afrique fait pendant les années 1786 et 1787*, 2 in-8°, Paris, 1801, I, 409. — Cf. Walckenaër, XIV, 432.
[5] Cf. Walckenaër, IV, 121.

Du Tertre nous parle en effet[1] de la première négresse que les Dominicains achetèrent à la Guadeloupe et « qui avait un port de reine; tous ses compagnons d'esclavage lui rendaient hommage ».

Ces chances de la guerre et les caprices des princes étaient, malgré tout, des cas exceptionnels. Pour l'ordinaire, les maîtres n'avaient qu'un moyen légal de disposer d'un homme né dans l'état de servitude : c'était de le donner en paiement d'une amende. C'est pourquoi, dès lors que les Européens furent venus en Afrique pour y acheter des esclaves, il arriva que les propriétaires cherchèrent à éluder la loi ou plutôt la coutume en se faisant des querelles concertées d'avance « pour être condamnés tour à tour l'un envers l'autre à des amendes[2] », ce qui leur donnait la libre disposition de leurs esclaves-nés. De plus, les roitelets noirs multiplièrent les occasions de guerre pour se procurer de ce vivant butin d'exportation. C'est aussi grâce aux Européens que furent organisées ces razzias faites par les chefs sur leur propre territoire. « On jette les enfants dans des sacs; on met un bâillon aux hommes et aux femmes pour étouffer leurs cris. Si les ravisseurs sont arrêtés par une force supérieure, ils sont conduits au souverain qui désavoue toujours la commission qu'il a donnée et qui, sous prétexte de rendre la justice, vend sur-le-champ ses agents aux vaisseaux avec lesquels il a traité[3]. »

IV

Voici comment s'opérait le négoce :

Dans certains cas, « la traite se fait sans descendre à terre, sur les navires, dans les rivières nombreuses qui se jettent

[1] II, 495.
[2] *Encycl. méthod.* Art. cité.
[3] *Ib.*

dans la mer[1] », en particulier au Sénégal. C'est plus sûr, en cas de contestation avec les vendeurs. Mais, la plupart du temps, force est de séjourner à la côte pour attendre les arrivées d'esclaves qui, de courtier en courtier, sont parfois amenés des contrées les plus éloignées de l'intérieur. Ces courtiers étaient, en général, des naturels du pays; il y en avait qui élevaient des esclaves et en tenaient magasin pour les vendre ensuite plus cher ou être toujours approvisionnés[2]. Qui ne voit par l'imagination ces caravanes de noirs si souvent décrites? Hommes ou femmes, chacun porte sa fourche de bois rivée autour du cou; le manche est attaché sur l'épaule de celui qui précède ; le conducteur tient l'extrémité de la fourche du premier. Le fouet ou le bâton stimule de temps en temps les paresseux. Pour la nuit, on attache simplement les bras de chaque esclave sur le manche de la fourche[3]. Les moyens de s'assurer d'eux sont d'ailleurs variés. Par exemple, un employé de la Compagnie des Indes[4] parle d'une caravane de 2 à 300 captifs qui avaient trente jours de marche à faire; on les avait enchaînés par bandes de 4 à 12, et on les contraignait à porter une pierre de 40 à 50 livres pour que la fatigue les empêchât de s'enfuir. Si on amène les esclaves en troupeau, on leur engage ordinairement « un poignet dans une pièce de bois, qu'ils sont obligés de porter ou sur leur tête ou de la manière qui leur est le plus commode[5] ».

Les naturels, lorsqu'ils ont des esclaves à vendre, le signifient en général par des feux. Alors les navires envoient des bateaux sur les points de la côte où ils aperçoivent de la

---

[1] Arch. Col., F, 72. *Instructions à Repentigny, gouverneur du Sénégal*, 18 novembre 1783.
[2] Clarkson, *op. cit.*, p. 31. Cf. p. 13 : il parle d'esclaves venant de 300 et même de 1.200 milles. — Cf. Arch. Col , F, 128. *Interrogatoires de Weuves et de Knox*.
[3] Cf. *Encycl. méthod*, *loc. cit.*
[4] Walckenaër, V, 28, 29. *Voyage de Pruneau de Pommegorge en Nigritie*, de 1743 à 1765. L'auteur publia son ouvrage en 1789 : *Description de la Nigritie*, in-8°. C'est un recueil de fragments sans ordre.
[5] Clarkson, *op. cit.*, p. 17.

fumée. Le capitaine, étant descendu à terre, annonce son intention de faire la traite au son d'une espèce de tambour appelé *gongon*[1]. Mais il ne peut pas commencer avant de payer « les droits du roi [2] ». Ces droits sont les *coutumes* [3], qui parfois sont assez élevées. Ainsi, « à Juda, il faut payer au roi des Dahomets la valeur de 10 captifs pour un navire à trois mâts et de 14 pour ceux à deux mâts ». C'est de 4 à 5 0/0. En retour, le roi offre 3 petites négrittes pour un navire à trois mâts et 2 pour un navire à deux mâts, ce qui est une médiocre compensation. Dans les instructions ministérielles, il est fréquemment question de ces coutumes, et il est recommandé surtout de ne pas céder aux exigences des rois nègres qui tendent sans cesse à les faire augmenter. De plus, on spécifie qu'il faut éviter de laisser s'établir une confusion dans leur esprit entre les présents que leur envoie Sa Majesté à titre gracieux et les coutumes qui sont considérées comme un droit. Le roi de France se réserve de n'accorder de faveurs qu'à ceux qui traitent bien les Français[4].

On est bien obligé de compter aussi avec les intermédiaires. A Juda, c'est le *yavogand*. L'usage est de lui donner une pièce de soierie, un chapeau brodé d'or fin et à plumet, un quart de bœuf salé et un quart de farine. De plus, on lui paye une *ancre* (ou 20 pintes) d'eau-de-vie et une once de *bouges* ou *cauris*[5], équivalant à 16 écus, pour la location d'une baraque au bord de la mer. Naturellement, on ne peut manquer de faire quelques présents au résident ou gouverneur, et même on lui rembourse « les frais de réception ».

[1] Arch. Col., F, 61. *De l'ordre et des usages*, etc
[2] Ib., F, 128. Weures.
[3] Ib., F, 61. *Instructions pour le commerce de la côte d'Or d'après un voyage fait en 1783.*
[4] Cf. Arch. Col., B 38, p. 57. *Lettre de M. de Lusançay, accompagnant un présent pour le roi de Juda*, 7 novembre 1716. — Ib., 519. *Instructions du Conseil de Marine au sieur Bouchel, directeur du fort et comptoir de Juda*, 10 octobre 1716. — B, 198, *Juda*, p. 3. *Lettre à M. Gourg*, 14 février 1788. — Ib., 27. *Lettre au même*.
[5] Ce sont de petites coquilles venant des Maldives; c'est le *cyprea moneta* des naturalistes. On enfilait ces coquillages par *toques*. Voir p. 99.

Enfin, nous avons compté qu'il n'y a pas moins de 17 gens de service auxquels on est forcé de recourir et qui doivent être plus ou moins rémunérés, et cela durant trois semaines environ que dure d'habitude le séjour à la côte. Les usages sont partout à peu près identiques. Sur un autre point de la côte d'Or, on traite avec le *mafouque* pour les coutumes, et il est nécessaire de payer la bienvenue au *manbouque*, au *manibelle* et au *magnimbe*[1]. Mais l'auteur de la relation d'où nous tirons ces détails a soin d'indiquer à ceux qui ont dessein de faire la traite une manière, peu scrupuleuse peut-être, mais habile, de se tirer d'affaire, tout en ayant l'air de faire les générosités indispensables. Le passage est assez piquant :
« Vos livres de traite sont, comme d'usage, Journal et Grand Livre, où tous les courtiers ont leur compte ouvert, ainsi que compte de frais de coutumes, bienvenue et dépenses réelles; mais les présents que vous donnez dans le cours de la traite et que vous voulez passer en courtage, vous en tenez un petit livre particulier, et vous ne le portez à leur compte au Grand Livre que pour régler avec eux, ayant attention de ne pas lire les articles qui leur ont été donnés pour présent, car ils font souvent lire leur compte; mais, comme ils ne savent pas parfaitement compter, on les embrouille à l'addition sur le nombre de pièces, et il faut toujours se réserver de quoi leur faire un présent après qu'ils sont satisfaits de leur payement, et ça au préalable des captifs qu'ils ont fait faire, ce qui est le vrai présent, moyennant quoi leur compte sur le Grand Livre ne sera débité que des premières avances, et ce que vous aurez donné en courtage dans le cours de la traite, tous les présents qu'ils exigeront seront portés sur un livre particulier; par le moyen d'un tableau de récapitulation, vous pouvez tous les jours savoir votre position, ce qui est bien essentiel pour se tenir bien assorti et se défaire des marchandises les moins courantes et engager

---

[1] Arch. Col., F, 61. *Voyage de* 1784.

les courtiers à les faire passer en traite ; vous les menacez de les garder pour payer leur courtage, cela les engage à leur donner cours. »

Celui qui donne ces conseils essentiellement pratiques se plaint de la rapacité des courtiers. C'est, dit-il, une « troupe de mendiants, et vous en avez plus de cent pour faire votre traite ». On donne 5 à 6 *pièces* à ceux qui ne font faire qu'au-dessous de 10 captifs et 8 à 10 à ceux qui en font faire plus.

Quand on lit un compte de traite, il est très difficile, au premier abord, d'apprécier le prix que sont payés les captifs. Il ne s'agit, en effet, que d'un commerce de troc, comme d'ailleurs aux Antilles pour la revente des nègres. Aussi, croyons-nous intéressant de faire connaître les principaux termes qui étaient les plus usités et les objets d'échange les plus ordinaires [1].

La *pièce*, ou *cabèche*, ou *barre* [2], vaut 20 *bouges* ou *cauris*, ou encore 4 écus [3] ;

La *tocque* vaut 40 bouges ;

L'*once*, 4 pièces ;

La *galinne*, 200 bouges ;

On se servait de bouges plus spécialement au nord de la ligne ; au sud, on employait aussi de petites pièces d'étoffe de paille de 18 pouces de long sur 12 de large et représentant 5 sols français.

Puis, venaient les marchandises en nature, telles que : eau-de-vie, tabac, poudre, fusils, sabres, pipes, quincaillerie, verroterie, émaux, étoffes de laine, de soie, mouchoirs de Cholet, toiles, coutils, indiennes, etc. Naturellement, ce

---

[1] Cf. Arch. Col., F, 61. *Voyage de* 1783.

[2] La barre de fer pèse de 40 à 50 livres. Elle a 13 pieds de long sur 2 pouces et demi de large et 4 à 5 lignes d'épaisseur. Elle se divise sur 12 longueurs appelés *pates*, et les pates en 3 *dialots* ; un dialot suffit pour faire l'épée, le poignard ou la bêche d'un nègre (Cf. Walckenaër, III, 162: *Quatrième voyage de Bruce*, 1714). — Le nom de barre a servi aussi à désigner simplement une certaine quantité d'autres marchandises représentant une valeur équivalente.

[3] L'écu est représenté par le signe W.

n'étaient pas toujours des articles de première qualité. Par exemple, « on baptise plus ou moins l'eau-de-vie, nous apprend un capitaine, selon les lieux et la facilité de duper des gens toujours défiants sur cet article ; mais surtout prenez garde qu'aucun nègre ne s'en aperçoive ni même le soupçonne. Cette opération se fait ordinairement à bord avec de bonne eau claire de France[1]. » Dans le journal d'un capitaine, daté du 22 janvier 1789[2], il est rapporté qu'un roi se plaint de mauvaises marchandises reçues par lui en paiement : il fait apporter pour preuve une pièce d'indienne toute déchirée ; il ajoute que les pièces de soie sont trop petites, et il trouve que c'est une supercherie que d'y mettre du bois et du papier pour qu'elles paraissent plus grosses; il fait allusion à la planchette sur laquelle on les enroule et au papier dans lequel on les enveloppe pour ne pas risquer de les détériorer. Voici un autre passage qui confirme ces témoignages sur la nature soupçonneuse des nègres ; c'est à propos de Barbesin, qui amène des captifs au comptoir de Joal : « Barbesin, toujours parfaitement au courant sur le prix des marchandises d'Europe et sur le prix des esclaves dans les colonies, ne considère jamais un capitaine négrier que comme un homme qui veut le tromper, et, sur le simple soupçon qu'il a de l'avoir été, prend d'autorité les marchandises qu'on refuse de lui donner et en fixe lui-même le prix; et le capitaine, pour éviter de plus grandes pertes par un séjour inutile, est forcé de mettre à la voile et de venir se plaindre au gouverneur de Gorée, qui lui fait rendre justice quand les circonstances le permettent[3]. »

Il y avait des tarifs établis, mais il arrivait assez souvent que les vendeurs ne voulussent pas les accepter. De là, parfois, de grandes variations dans le nombre et la valeur des objets

---

[1] Arch. Col., F, 61.
[2] Ib., Ib.
[3] Arch. Col., *Mémoire de Le Brasseur*, déjà cité.

nécessaires pour acheter un nègre [1]. Citons d'abord par exemple le tarif adopté avec le roi Damel ; pour un esclave, il fallait donner:

Un grand *macaton* [2] avec chaîne.	
Ambre jaune..................................	3 livres
Balles de mousquet.........................	100
Corail rouge..................................	9 onces
Couteaux de Hollande......................	240
Tambours.....................................	2
Echarpes de taffetas à franges.............	4
Drap écarlate................................	4 aunes
Eau-de-vie....................................	100 pintes
Barres de fer.................................	30
Fusils communs.............................	2
Fusil garni de cuivre jaune.................	1
Epices...	4 livres
Iris de Florence.............................	4 —
Laine écarlate................................	30 —
Pistolets.......................................	3 paires
Papier [3].....................................	12 rames
Etoffes rouges et jaunes....................	30 aunes
Petits bassins de cuivre.....................	30
Quintin (toile très fine)....................	6 pièces
Calicot de 5 aunes et demie................	5 —
Grains de verre, petits et gros, de 1.000 au rang.....................................	5 rangs [4]

Voici, d'après Des Marchais [5], le tableau de la cargaison d'un navire devant acheter 500 esclaves en Guinée :

Cauris ou bouges...........................	20.000 livres
Platilles (sorte de toile) de Hambourg...	1.500 pièces
Guinées blanches de 30 aunes............	100 —

[1] Cf. Labat, *Nouvelle relation de l'Afrique occidentale*, II, 354 et sqq., IV, 233 et sqq. — Walckenaër, III, 162 et sqq. *Quatrième voyage de Bruce*, 1714.
[2] Petite boîte d'argent carrée, pour parfums.
[3] Le papier servait surtout pour y tracer des prières et passages de l'Alcoran; on en faisait ainsi des *gris-gris* ou amulettes. Cf. Walckenaër, V, 180 et suiv. Voyage de l'abbé Demanet, 1767.
[4] Comparez Walckenaër, *loc. cit.*, p. 171 : *Tarif des échanges pour les cuirs et les esclaves, à Rufisque, Portudale et Joale, avec le Damel, le bourasin et leurs sujets.*
[5] Cf. Walckenaër, VIII, 296: *Voyage du chevalier Des Marchais en Guinée.*

Taffetas bleus...........................	50 pièces
Salamporis blancs de 14 ou 15 aunes....	250 —
Calicots à grandes fleurs...............	150 —
Douettes................................	50 —
Garas...................................	40 —
Tapsas..................................	40 —
Poudre à tirer..........................	2.000 livres
Chaudrons de cuivre.....................	600
Fer en barre............................	1.000 barres
Corail..................................	50 livres
Caisses de pipes de Hollande............	50

Assortiment de colliers et de bijoux de verre de différentes couleurs.

Nous emprunterons encore au *Mémoire* de Le Brasseur la note suivante acquittée par un capitaine, en 1783, pour 18 captifs :

2 fusils................................	Pour 1 captif
10 boîtes de poudre de 30 livres (pour 400)....	— 2 —
20 onces de cauris......................	— 4 —
5 onces de Siamoises communes et gros rouge	— 1 —
5 pièces de toile à robes	} Ensemble
5 — guinée bleu	} 10 onces
3 — méganepaux (sorte d'étoffe) ...	} pour 2 captifs
80 — platilles (ou 10 onces)..........	Pour 2 captifs
30 ancres d'eau-de-vie pleines..............	— 5 —

Des différents documents que nous avons consultés et des calculs que nous avons faits il résulterait que le prix des nègres achetés à la côte a pu varier, suivant les lieux et les époques, et la différence souvent considérable d'individu à individu, entre 30 livres et 4 à 500. Un mémoire du sieur de la Courbe[1] sur le commerce de Guinée, du 26 mars 1693, parle de 800 captifs qui coûteront 29.200 livres (soit 36 livres et demie chacun) et seront revendus aux Îles 240.000 (près de 10 fois plus). Il ajoute, en effet, qu'« au Sénégal on traite communément 200 captifs qui ne coûtent pas plus de 30 livres

---

[1] Commandant Directeur et Inspecteur général de ladite côte d'Afrique. Arch. Col., C⁴, carton 2.

la pièce et sont vendus aux Iles 300 livres au moins ». A Gorée, on peut traiter aussi par an 200 captifs revenant à 36 livres en moyenne. Il estime qu'il y a au minimum 200.000 livres de bénéfice annuel pour la Compagnie. D'autre part, en 1784, le prix d'un nègre fut porté jusqu'à 130 barres[1]. L'auteur qui nous fournit ces renseignements évalue alors la barre à 5 livres. Mais un autre [2] ne lui donne comme valeur que 3 livres argent de France. En prenant la moyenne, on arrive au prix de 520 livres [3].

Généralement on faisait des lots d'hommes, de femmes, d'enfants, de jeunes et de vieux, de robustes et de malingres, pour faire passer les médiocres ou les mauvais, et c'est ainsi qu'on établissait une sorte de prix moyen.

Les meilleurs nègres sont qualifiés de *pièces d'Inde*. Cette expression, que l'on retrouve fréquemment, désigne à l'origine des nègres tels que les Portugais avaient l'habitude d'en acheter pour leurs colonies des Indes. Ainsi, dans un traité passé entre les Compagnies du Sénégal et de Guinée et les habitants de Saint-Domingue, le 21 janvier 1698, il est question de la fourniture de 1.000 nègres, dont « deux tiers de mâles et un tiers de femelles, réduits en pièces d'Inde, suivant l'usage des Iles d'Amérique[4] ». Voici la définition que donne à ce sujet l'*Encyclopédie méthodique* [5] : « On appelle ... nègre pièce d'Inde un homme ou une femme depuis quinze ans jusqu'à vingt-cinq ou trente ans au plus, qui est sain, bien fait, point boiteux et avec toutes ses dents. — Il faut trois enfants au-dessus de dix ans jusqu'à quinze pour faire deux pièces et deux au-dessus de cinq ans jusqu'à dix pour faire une pièce. Les vieillards et les malades se réduisent

---

[1] Labarthe, *Voyage au Sénégal*, p. 48.
[2] Lamiral, *L'Affrique et le peuple Affriquain*, etc., p. 365.
[3] Cf. Arch. Col., F, 61. En 1789, le capitaine Macintosh déclare qu'il a payé 16 ou 18 livres sterling les hommes d'élite, et 12 les femmes; ce sont, dit-il, des prix extraordinairement bas. Il les revendait de 28 à 40 livres sterling.
[4] Moreau de Saint-Méry, *Loix et constitutions*, etc , I, 577.
[5] *Commerce*, III, 1783, Art. *Nègres*, p. 321 et sqq.

aux trois quarts. » On appelait *négrillon* et *négrillonne*, ou *négrille*, les petits nègres de l'un ou l'autre sexe n'ayant pas encore dix ans. Dans les actes diplomatiques, on emploie souvent l'expression une « tonne de nègres[1] », ce qui représente trois nègres[2].

Le manque d'une seule dent rend un esclave défectueux comme esclave de première qualité ; de même une simple tache dans l'œil, ou la perte d'un doigt[3]. De là nécessité d'un examen des plus minutieux. « On les fait courir, sauter, parler ; on leur fait mouvoir toutes les articulations ; rien n'échappe à la vigilance du marchand ; quoique la pudeur ne soit pas d'un grand mérite auprès des femmes de ce pays, elles sont étonnées, honteuses même des perquisitions et des regards indiscrets du chirurgien visiteur[4]. » Malgré tout, on est encore plus d'une fois trompé ; car les nègres sont assez souvent atteints de hernies, ou sont sujets à des attaques d'épilepsie et de folie ; et nous verrons que c'est une perte nette pour le négrier (Cf. liv. I, ch. iv). Épuisés souvent par la marche, ils arrivent en piteux état à la côte, et il faut les remettre en état avant de les vendre. Un courtier anglais déclare ceci : « Ils sont, en général, très chétifs, avec de grandes éruptions sur toute la peau, très scrofuleux, et ils ont souvent, lorsqu'on les vend, des ulcères très malins. Nous les achetons en cet état. Lorsque nous les revendons aux capitaines, ils ont souvent de la fraîcheur et de l'embonpoint. » Il dit encore : « Je suis certain, autant d'après mes propres observations que par leur extérieur en général, qu'ils sont contents et ne se lamentent point du changement de maîtres. » Il est vrai que ces malheureux étaient absolument à la discrétion de leurs maîtres d'Afrique et que souvent ils évitaient ainsi, en étant vendus à des Européens, de servir de victimes

---

[1] Block, *Dictionnaire politique*, p.882.
[2] Tourmagne, *Histoire de l'esclavage*, p. 322.
[3] Arch. Col., F, 61, Déposition de Jean Fontaine.
[4] Walckenaër, V, 216 : *Voyage de Lamiral*, etc.

humaines pour les sacrifices qui, à cette époque, étaient pratiqués à peu près couramment sur tous les points de la côte. « L'état d'esclave en Afrique, lisons-nous dans un autre document [1], est beaucoup plus cruel que chez nous, à ce que nous disent les captifs eux-mêmes. D'ailleurs, il suffit de dire que, par toute l'Afrique, les maîtres ont droit de vie et de mort sur leurs captifs; et souvent, s'il ne se trouvait pas des navires en traite sur la côte, la majeure partie de ces malheureux seraient sacrifiés par leurs maîtres, soit à leur culte ou à des fêtes qu'ils célèbrent dans différents temps de l'année en mémoire de leurs ancêtres; d'après les rapports des nègres, ces usages ont existé dans tous les temps parmi eux. » En somme, n'oublions pas que ce sont là des vues optimistes de négrier. Et, à constater d'ailleurs, par les récits de témoins oculaires [2], la résignation insouciante avec laquelle ils se laissent immoler, on est en droit de croire qu'ils auraient encore mieux aimé subir ce sort que d'être condamnés à un travail forcé. Si ceux qui ont fait le trafic des nègres avaient eu des intentions si philanthropiques, ils auraient dû s'attacher à ne faire d'eux que des serviteurs libres et à les améliorer par l'éducation. Mais cette conception ne leur eût assurément paru digne que de rêveurs naïfs. Peu leur importe, d'ailleurs, ce que peuvent ressentir ces *androïdes*. Qu'ils vivent, c'est assez, pour qu'on puisse tirer d'eux bon parti et beaux bénéfices. Le traitant n'a pas d'autre idée. Nous allons bien le voir encore par la manière dont il installe à bord ses colis humains.

[1] Arch. Col., F, 61. Copie du *Journal tenu par M. Gourg*, directeur, pendant son voyage aux Coutumes chez le roi Dahomet. Daté de Beaumé, 26 février 1788.
[2] Ib., *ib.*, — et *Réponse à Messieurs les philanthropes anglais*.

CHAPITRE IV

EXPORTATION ET VENTE DES NÈGRES

> « ... Ils n'occupent que le même espace qu'ils auraient dans leur tombeau. » (J.-J. Virey, *Dict. de la conversation*, art. *Traite des nègres*.)

I. — Les nègres achetés sont réunis au *tronc* avant l'embarquement. — Les préparatifs du départ. — Règlement destiné aux bâtiments négriers. — Soins et discipline. — Propreté. — Divers témoignages à ce sujet. — Révoltes à bord. — Perte moyenne de 7 à 8 0/0 pendant la traversée.
II. — Arrivée aux Iles. — Visite sanitaire. — Cas rédhibitoires. — Vente à bord ou à terre. — Le commerce du *regretage*. — Prix de revente des nègres. — Bénéfices de la traite.
III. — Les nègres de choix des gouverneurs. — Abus. — Le droit de 2 0/0. — Divers essais de réglementation. — Suppression du droit en 1760.
IV. — La traite n'a été qu'un commerce d'échange. — Inconvénients de ce système. — Causes qui empêchaient souvent les colons de payer les nègres. — Manque d'argent aux Iles. — Exemption de moitié des droits pour les marchandises provenant de la traite.
V. — Du nombre des noirs importés aux Antilles. — Défectuosité des recensements. — Recherches d'après divers documents officiels. — La reproduction n'a jamais été suffisante pour qu'on pût se passer de la traite. — Décroissance annuelle de 2 1/2 0/0. — C'est là encore une des raisons qui font condamner la traite et l'esclavage.

I

Une fois la marchandise achetée, il s'agit de la transporter à destination. Nous extrairons la plupart de nos renseignements d'un Mémoire intitulé : « *De l'ordre et des usages qui règnent généralement à bord des navires négriers tant pendant leur séjour sur les rades des côtes d'Afrique que pen-*

dant le cours de la traversée jusqu'à l'Amérique[1] ». A vrai dire, l'auteur, qui ne se nomme pas, nous a paru suspect d'une certaine partialité ; aussi lui opposerons-nous d'autres témoignages.

Les nègres, rapporte-t-il, ont été d'abord, au fur et à mesure des achats, réunis au *tronc*, qui est une espèce d'abri ou de prison, où le *tronquier* les surveille et les soigne[2]. Pour les conduire au navire, on ne leur met que des poucettes. On fait passer les femmes en arrière de la *rambarde*, qui est une sorte de cloison de 10 pieds de haut, élevée sur le milieu du pont dans toute sa longueur et munie de pointes ou de clous. Quant aux hommes, ils restent sur le pont ; et aux plus forts on met des fers aux pieds et des menottes.

Les navires qui partent de la côte d'Or relâchent aux îles portugaises du Prince ou de Saint-Thomas. On y fait descendre toute la cargaison qui, dès ce moment, est nourrie avec des vivres frais. Le séjour est ordinairement de trois semaines et quelquefois même de six. On décharge le navire, on le nettoie et on le dispose pour la traversée. Pendant ce temps, on ôte les fers aux nègres, on les mène régulièrement se promener et se baigner. La nuit, on sépare les hommes d'avec les femmes et on les entoure de la plus étroite surveillance pour qu'ils ne puissent pas combiner de complot à exécuter durant la traversée. Bien plus, on a soin de ne pas placer à côté les uns des autres ceux qui sont de même origine. Du moment qu'ils ne se comprennent pas, c'est une sécurité de plus ; que ce soit aussi pour eux une torture de plus, c'est ce dont s'inquiète peu le négrier. Les malades sont soignés à part ; mais c'est moins encore par humanité que pour éviter la contagion.

---

[1] Arch. Col., F, 61, 1790.
[2] On rassemble les noirs de traite dans des *truncks*, « qui sont des salles de putréfaction ». *Le More-Lack*, etc., p. 34. L'auteur dit qu'il tient ses renseignements d'un nègre affranchi. More-Lack désigne ledit nègre.

Pour repartir, on remet les fers aux hommes, tandis que les femmes sont toujours laissées libres. On place d'abord les hommes dans l'entrepont, jusqu'à ce qu'on ait perdu la terre de vue; puis, on les fait monter peu à peu sur le pont, en redoublant d'attention, « pour tâcher de s'apercevoir de la sensation que leur fait le départ de la terre. S'ils paraissent tranquilles et contents, on leur ôte les menottes et quelquefois les fers. » Le jour, les femmes sont souvent parmi les officiers.

Le capitaine Guillaume Littleton nous apprend[1] que quelques nègres seulement sont sujets au mal de mer, au début de la traversée, pendant deux ou trois jours.

Du Congo ou de la côte d'Angola on part directement pour l'Amérique. On est dans l'usage, en attendant le départ, de faire venir à bord deux « fils de terre ou *bombes* », qui apprennent aux captifs à danser. Il faut avoir soin de proportionner le nombre de nègres à la quantité de vivres, d'eau et de bois que peut contenir la cale du navire, pour assurer leur nourriture. On calcule une barrique d'eau par individu, et 10 tonneaux de vivres pour 100 têtes de captifs. Il est bon de les nourrir, autant qu'on le peut, avec de la nourriture de leur pays, soit du petit mil ou du riz. Dès le matin, on leur donne un peu de biscuit, puis on leur sert deux repas par jour, de neuf heures et demie à dix, et de trois heures et demie à quatre. Ils ont une gamelle d'une pinte pour 10. En dehors des repas, on leur donne à boire entre midi et une heure. Une fois ou deux par semaine, on les ranime par « un petit coup d'eau-de-vie ». Certaines traversées durent jusqu'à soixante-quinze et quatre-vingts jours, si l'on a beaucoup de calmes; mais généralement on ne met guère que la moitié de ce temps.

Voici une analyse du *Règlement* destiné aux navires négriers. Mais il resterait à savoir comment il était appliqué

---

[1] Arch. Col., F, 61. *Enquête de 1789*.

dans la pratique. La première partie traite *des soins et de la discipline.*

Article premier. — Défense aux matelots de frapper les nègres; s'ils ont à se plaindre d'eux, ils doivent faire leur rapport à l'officier de service. — Ajoutons que, d'habitude, le capitaine choisissait un nègre intelligent et affidé pour mieux surveiller la cargaison; ce privilégié portait une culotte et un gilet, et était nourri comme un matelot.

Art. 2. — Les matelots ne doivent avoir aucune communication avec les femmes.

Art. 3. — Si les femmes se querellent, on avertit l'officier de service, qui leur fait donner un ou deux coups de martinet par une « quartière-maîtresse », femme raisonnable choisie pour surveiller les autres.

Art. 4. — S'il se produit des disputes pendant la nuit, soit dans le compartiment des hommes, soit dans celui des femmes, on se borne à leur faire imposer silence par les quartiers-maîtres ou les quartières-maîtresses. Les blancs doivent bien se garder alors de pénétrer parmi les nègres qui pourraient les étouffer et profiter de l'occasion pour se révolter.

Art. 5. — Quand les nègres sont sur le pont, il doit toujours y avoir des blancs pour les surveiller.

Art. 6. — Pendant les repas, tout l'équipage est sur le pont.

Art. 7. — On ne doit y laisser traîner aucun outil avant de faire monter les captifs.

Art. 8. — Quand ils montent, un charpentier et un officier-major se tiennent aux guichets pour visiter les fers. Pendant ce temps, on établit les manches à vent pour augmenter l'air dans les compartiments (des claires-voies sont ménagées au-dessus de l'entrepont pour faire circuler l'air).

Art. 9. — Avant qu'ils redescendent, tous les soirs, un charpentier et un officier visitent les compartiments pour voir s'ils n'auraient rien caché.

Art. 10. — On ne fait monter les nègres que quand le pont est bien sec.

Art. 11. — « Soir et matin, ou avant et après le dîner, on fait danser et chanter la cargaison, afin d'éviter qu'elle ne prenne de mélancolie [1]. »

La deuxième partie du Règlement est relative à la *propreté* [2].

Article premier. — Tous les soirs, le pont est lavé, gratté et frotté à blanc.

Art. 2. — Tous les jours, on gratte à blanc, on parfume les com-

[1] Voir la collection d'instruments accompagnant les danses et les chants des nègres donnée au Conservatoire de Paris par M. Schœlcher.
[2] Voir aussi Chambon, *op. cit.*, II, 420 et suiv.

partiments où couchent les captifs, et on passe partout une éponge mouillée de vinaigre. — Les bailles de commodité sont jetées toutes les deux heures et lavées chaque fois, même la nuit.

Art. 3. — Tous les matins, sur le pont, on fait laver la bouche aux noirs avec de l'eau et du vinaigre, du jus de citron ou quelque autre antiscorbutique. Ils se lavent aussi le visage, les mains, les pieds, etc.

Art. 4. — Deux ou trois fois par semaine, on les fait baigner, si le temps le permet.

Art. 5. — « Tous les quinze jours ou trois semaines, on fait raser la tête à la cargaison, ainsi que toutes les parties du corps qui en sont susceptibles. Ce soin leur fait beaucoup de plaisir, en ce qu'ils sont dans cet usage dans leur pays. On leur fait également couper les ongles aux mains et aux pieds. »

Art. 6. — Il est d'usage de tenir les captifs nus pour éviter la vermine. Aux femmes seulement on donne un quart d'aune pour couvrir leur nudité, et un peu de linge pour les soins du corps.

Art. 7. — Après les repas, on leur fait laver la bouche, et on leur demande s'ils ont été contents de leur manger ; quand il arrive à l'un d'eux d'en être mécontent, il n'hésite pas à se plaindre. — Tous les matins, les chirurgiens visitent la bouche des captifs et leur demandent s'ils souffrent de quelque chose. Dans ce cas, ils sont immédiatement soignés. — On donne des soins particuliers aux femmes qui accouchent à bord.

On le voit, tout ce dernier article est presque attendrissant. Pauvres nègres, s'ils allaient tomber malades et succomber ! Un corps de plus à la mer, et au minimum 500 livres de moins dans la bourse du négrier.

Faut-il, en regard de ce tableau que nous offre ledit règlement, en montrer un autre ? Qu'on lise ce court passage extrait du *Compte rendu de la séance de la Chambre des communes d'Angleterre*, du 9 mai 1788 [1]. Nous l'avons choisi entre bien d'autres, parce qu'il nous a paru caractéristique. Il est vrai que c'est un document anglais, et que les Français passaient généralement pour mieux traiter leurs esclaves. Mais nous sommes bien obligés de reconnaître qu'à peu de chose près tous les négriers devaient se ressembler. William Dolben s'adresse donc à ses collègues en faveur des esclaves : « Il ne parle ni de leurs souffrances dans leur

[1] Extrait des *Parlementary Register*, t. XXIII, p. 595. Cité dans un volume manuscrit des Arch. Col., intitulé : *Traite des nègres*, F, 128.

patrie entre les mains de leurs cruels concitoyens, ni de leurs peines avec leurs insensibles maîtres des colonies, mais de cet état intermédiaire dix fois pire où ils se trouvent pendant leur transfert d'Afrique aux îles. A bord, ces malheureux sont enchaînés de l'un à l'autre par les mains et les pieds et tenus si pressés qu'ils n'ont pas plus d'un pied et demi pour chaque individu. Ainsi serrés comme des harengs dans des barils, ils engendrent des maladies putrides et toutes sortes d'affections dangereuses, de manière que, quand leurs gardiens viennent les visiter le matin, ils ont chaque jour à ôter plusieurs nègres morts des rangs et à séparer leurs carcasses du corps de leurs malheureux compagnons auxquels ils étaient unis par les fers. » Le volume auquel nous avons emprunté cette citation contient la gravure et la description d'un de ces bagnes flottants, de ces « bières mouvantes », suivant l'expression de Mirabeau, qu'on appelait bâtiments négriers [1].

Nous ajouterons une sorte de témoignage mixte, tiré de la déposition d'un capitaine nommé Jean Knox devant le Comité d'enquête de la Chambre des Communes en 1789 [2]. « Les esclaves embarqués sont, déclare-t-il, traités avec humanité et attention. » Et, répondant à une question : « Je n'ai jamais présumé qu'aucun soit mort pour avoir été trop foulé. » On voit qu'il n'en est pas très sûr. Comme on lui demande quelles précautions sont prises pour conserver la santé des nègres : « La plus grande propreté, dit-il, les fumigations, les aspersions de vinaigre et surtout le renouvellement de l'air. » Mais voici qui va nous édifier sur le degré de bien-être dont ils peuvent jouir à bord. Les nègres sont enchaînés jambe droite avec main droite, et jambe gauche avec main gauche. Le fer qui embrasse la jambe a à peu près la forme d'un demi-

[1] Cf. Arch. Col., F, 133, p. 107 : « C'est une véritable prison mobile qu'un vaisseau négrier, etc. » Suit la description : partout des cloisons, des grilles, des serrures, des cadenas. Cf. aussi : *Description d'un navire négrier*, brochure de 15 pages, s. l. n. d., paraissant être de 1789.
[2] Arch. Col, F, 61.

cercle : chaque bout est percé d'un trou à travers lequel passe une barre, qui relie les différents anneaux servant à enserrer les jambes d'une rangée de nègres. Dans le compartiment où ils sont enfermés la nuit, il serait impossible qu'ils pussent se mettre debout. Ce n'est que dans les grands vaisseaux qu'il y a place, et encore pas toujours, pour se tenir droit immédiatement sous le caillebotis; mais, dans les petits, il est rare que la hauteur dépasse 4 pieds. Le capitaine cite encore plusieurs voyages qu'il a faits et où les nègres embarqués en trop grand nombre n'avaient même pas assez de place pour se coucher sur le dos. Il ajoute qu'il n'a jamais vu qu'il fût nécessaire d'user de violence pour les faire danser. Sans doute à la torture de l'immobilité forcée dans un espace restreint ils devaient encore préférer cette manière de délasser leurs membres ankylosés. Mais, s'ils les avaient trop raidis pour se livrer à cet hygiénique exercice, on avait vite fait de les stimuler à l'aide de quelques coups de fouet. Aussi quelle rancune dans le cœur de ces misérables pour qui un de leurs amusements favoris devenait ainsi un supplice nouveau !

Naturellement les bourreaux ne prennent pas le soin de raconter leurs exploits. Aussi les documents sont-ils rares qui nous font connaître exactement ce qui se passait à bord des bâtiments négriers. Cependant nous savons que, malgré toutes les précautions prises, il fallait encore compter de temps en temps avec les révoltes. Mais alors la répression était impitoyable. En 1724 [1], par exemple, un capitaine, sur le simple soupçon que ses nègres voulaient se révolter, en condamne deux à mort. Le premier est égorgé devant les autres ; il lui fait arracher le cœur, le foie et les entrailles, ordonne de les partager en 300 morceaux et contraint chacun de ses esclaves à en manger un, menaçant du même supplice ceux qui refuseraient. Le second était une femme : suspendue à un mât, elle fut d'abord fouettée jusqu'au sang ;

---

[1] *Le More-Lack*, p. 47 et sqq.

puis, on lui enleva plus de cent morceaux de chair avec des couteaux, jusqu'à ce que les os fussent à nu et qu'elle expirât. — Un jour, le 19 juillet 1768, sur *le Saint-Nicolas*, comme le capitaine plaisantait au milieu de sa cargaison, à un signal donné, les nègres se précipitent sur lui et sur son entourage. Vingt d'entre eux, laissés libres, avaient détaché les fers des autres. Une lutte terrible s'engage ; mais les nègres, manquant d'armes, étaient bien forcés de succomber. Ils parviennent pourtant à blesser un certain nombre de blancs, tandis que 32 d'entre eux, dont 15 femmes, étaient tués, et 27 blessés grièvement. — Isert raconte, dans sa lettre du 12 mars 1787 [1], une révolte dont il faillit être victime. Le lendemain du départ, les nègres étaient sur le pont, assis, observant un profond silence ; tout à coup, ils se lèvent tous en poussant des cris épouvantables. Pendant plus de deux heures il fallut lutter contre eux ; mais ils n'avaient réussi à blesser que 2 Européens, tandis que 34 des leurs étaient restés sur le carreau. Moreau de Saint-Méry, dans ses notes manuscrites [2], écrit d'une manière générale : « Il y a des bâtiments où les nègres se mutinent ; alors c'est un affreux carnage. Il est des nègres qui, quoique avec des fers qui leur ont fait enfler les jambes, et avec des menottes, se révoltent et enchaînent les blancs avec leurs menottes mêmes. On en a vu qui, après avoir tenté une révolte dans laquelle ils étaient battus, se laissaient mourir de faim et de soif. »

A part des *accidents* de cette nature ou des épidémies, le déchet ordinaire pendant les traversées paraît avoir été de 7 à 8 0/0 en moyenne. Le capitaine Jean Knox [3] déclare que, lors de son premier voyage à la côte d'Angola en 1782, sur 450 nègres, il lui en est mort 17 ou 18 ; dans le deuxième, sur 320, 40 ; cette mortalité plus considérable s'explique par la lenteur de l'achat et parce

[1] Cf. p. 281 et sqq.
[2] Arch. Col., F, 133, p. 467.
[3] Arch. Col., F, 61. Enquête de la Chambre des Communes en 1789.

qu'il n'avait pas pu se procurer des aliments du pays pour nourrir sa cargaison; dans le troisième, sur 290, 1 seul; enfin, dans un de ses derniers, sur 600, 9. D'après ces chiffres, la moyenne n'est que de 4 0/0. Le capitaine Macintosh n'avoue qu'une perte de 7 au plus sur 400 et parle de plusieurs voyages qu'il a faits sans en perdre un seul. Jean Fontaine dit 1 sur 300. Mais nous sommes loin de compte d'après d'autres documents également dignes de foi. Ainsi, dans un Mémoire du 15 mai 1714[1], adressé au Ministre pour lui faire connaître la nécessité d'accorder aux négociants autant de permissions qu'ils en demanderont pour le commerce de Guinée, nous lisons : « Un navire qui en charge 300 en perd au moins 1/6 dans la traversée. » Consultons, d'autre part, la *Réponse faite à Messieurs les philanthropes anglais*[2]; elle est d'un anonyme, qu'on ne saurait accuser d'exagérer la vérité, puisque, au contraire, il s'efforce de réfuter les accusations portées contre ceux qui font la traite avec cruauté. Il revient à plusieurs reprises sur cette question de la mortalité. Il est vrai, dit-il d'abord au § 4, que la mortalité des captifs va quelquefois à 20 0/0; mais ce n'est que dans des temps de maladies épidémiques en Afrique, et alors ils meurent chez eux comme à bord des navires. On peut seulement se demander dans ce cas pourquoi les traitants avaient l'imprudence de les embarquer. Rapportons textuellement une partie du § 11 : « L'auteur anglais (également anonyme) cite des exemples de 50 et 60 0/0 de perte. Cela est possible et arrive souvent dans les cargaisons de Benin et de Kalbarre. Les peuples de ces parties sont plus mélancoliques que ceux des autres parties de l'Afrique. Quand ils sont à bord de nos navires, ils cherchent à se détruire, imaginant qu'après leur mort ils se retrouveront dans leur pays. » Il n'y avait pas moyen de les égayer. Il arrivait

---

[1] Arch. Col., C⁴, 4.
[2] Arch. Col., F, 61. La pièce est sans date, mais elle doit être placée entre 1780 et 1790.

d'ailleurs qu'ils s'empoisonnaient eux-mêmes avant de partir et mouraient ainsi d'une sorte de consomption lente. Aussi les Français ne faisaient-ils guère la traite de ces côtés, quoique le prix des nègres y fût souvent de moitié moins cher. Voici la partie de ce témoignage la plus caractéristique et que nous croyons pouvoir être adoptée comme l'expression de la vérité générale : « J'ai vu, dans tous les voyages de la côte d'Angolle, la perte ne pas excéder 4 et 6 0/0 et, dans ceux de la côte d'Or, de 8 à 10 0/0. J'ai même connu plusieurs voyages d'Angolle où la perte ne dépassait pas 2 et 3 0/0. » Et notre auteur conclut : « J'ose affirmer que pas une nation ne traite les captifs avec plus de soins, d'égards, de considération et d'humanité que les Français. Aussi en perdons-nous beaucoup moins. » D'après lui, nous en revenons donc à peu près à la moyenne de 7 à 8 0/0 de perte indiquée tout d'abord. Nous voyons ce chiffre ramené pour les besoins de la cause à 5 0/0 dans le *Règlement d'une association de commerce maritime pour la traite des nègres*[1]; en effet, il est question de six cargaisons à faire dans les ports de Bordeaux, Nantes et Le Havre; les navires doivent pouvoir contenir à l'aise de 460 à 500 nègres. Seulement on a soin de calculer que chaque cargaison de 500 sera réduite à 475 à l'arrivée. Mais il paraît évident qu'on ne fait entrer en ligne de compte que le minimum de déchet, pour ne pas décourager les actionnaires. En effet, écrit encore officiellement un administrateur : « On évalue communément la perte des noirs depuis le départ de la côte d'Afrique jusqu'à l'introduction dans nos colonies à sucre sur le pied de 7 à 8 0/0. Il peut cependant se faire que, dans certaines circonstances, soit faute de bons vivres, ou par des embarquements trop nombreux sur les navires, la mortalité surpasse cette évaluation[2]. »

[1] Arch. nat., Z¹ᴰ, 139. Fascicule imprimé, sans date. — Cf. Arch. Col., F, 138, p. 403 : La perte *depuis la traite* jusqu'à l'arrivée = 7 %.
[2] Arch. Col., carton *Police des nègres*, *Afrique*. Lettre de M. Delessart à M. le marquis de Castries, ministre de la Marine, 7 juin 1782.

II

Lorsque les navires arrivaient aux îles, les capitaines devaient prévenir immédiatement le gouverneur général ou son représentant[1]. Ils étaient aussitôt soumis à la visite d'un médecin, qui ne les autorisait à débarquer que si les nègres étaient exempts de toute maladie contagieuse. Cette précaution, à laquelle on ne paraît pas avoir songé tout d'abord, ou plutôt devant laquelle on reculait de peur de décourager le commerce, fut prise lorsque l'expérience eut montré combien elle était nécessaire. Une Ordonnance des administrateurs généraux des îles, du 18 janvier 1685[2], parle des maladies contagieuses produites « par l'infection que le nombre des noirs embarqués cause »; elle rappelle une épidémie déterminée en 1669 par le débarquement de noirs malades et prescrit, en conséquence, une visite sanitaire avant que la cargaison ne soit mise à terre. Nous avons trouvé aux Archives coloniales[3] un certificat manuscrit de visite d'un négrier par François Allard, docteur en médecine, et Alexandre Duga, chirurgien, daté du 15 janvier 1686. Il s'agit du navire *la Renommée*, appartenant à la Compagnie d'Afrique. Il est constaté que 20 nègres sont atteints de la petite vérole, et Duga les fait amener sur son habitation pour les soigner. Dans un Mémoire du roi en date du 3 septembre 1690, adressé à M. Dumaitz[4], Sa Majesté approuve qu'il oblige les nègres attaqués de la petite vérole, venant de

---

[1] Cf. Durand-Molard, *Code Martinique*, I, 144, Ord. royale du 3 avril 1718; p. 229, Ord. roy. du 25 juillet 1724; p. 289, Lettres pat. d'oct. 1727; p. 360, Déclar. royale du 3 octobre 1730; p. 602, Règlement du 9 mars 1754. — Voir aussi un Règlement des administrateurs du Cap sur la police du port, 1ᵉʳ août 1776.
[2] Moreau de Saint-Méry, I, 406.
[3] F, 141 *bis*.
[4] Arch Col., F, 249, p. 431. Voir aussi, p. 1032, Lettre du Ministre au marquis d'Amblimont, 8 avril 1698. — Mêmes recommandations aux administrateurs de Saint-Domingue, le 15 août 1721. Arch. Col., B, 44, p. 452.

Guinée, à faire une espèce de quarantaine; cependant Elle lui recommande la plus grande circonspection pour ne pas empêcher les Compagnies de faire leurs affaires. Un Règlement du 25 juillet 1708[1] prescrit aux navires de faire ladite quarantaine en observant de mettre tous leurs passagers dans un bâtiment particulier, « où ils seront parfumés pendant vingt-quatre heures ». Nous voyons par un rapport de médecin, du 12 juillet 1715[2], que les nègres atteints de la petite vérole ou de l'*escorbut* devront être débarqués hors du bourg Saint-Pierre. La cargaison se décomposait ainsi : 227 nègres mâles, 117 négresses, 30 négrillons, 20 négrittes, 3 négrillons et 2 négrittes à la mamelle. Une Ordonnance du roi, du 25 juillet 1724[3], en interprétation d'une précédente, du 3 avril 1718[4], confirme la défense de vendre les nègres avant la visite de santé. C'est pour cette raison d'hygiène qu'en 1764 un certain nombre de colons protestent dans un Mémoire[5] contre la vente à terre des cargaisons de nègres. « Assez ordinairement, disent-ils, les cargaisons de Guinée sont-elles plus ou moins affectées de scorbut... Les premières approches de la terre le font se manifester. » Un Règlement des administrateurs de la Guadeloupe[6], du 10 novembre 1779, fixe à 150 livres les honoraires du médecin pour chaque visite qu'il fera des navires portant jusqu'à 100 nègres ; au delà, il recevra en plus 20 sols par tête, ce qui pouvait monter assez ordinairement jusqu'à 4 à 500 livres.

Cette visite sanitaire constituait une garantie pour les acheteurs. Cependant il est des maladies que le médecin était dans l'impossibilité de constater. Aussi voyons-nous que la juris-

---

[1] Arch. Col., B, 31.
[2] Arch. Col., F, 251, p. 466.
[3] Arch. Col., F, 69. Cf. aussi *Ibid.*, *Mémoire du Roi à l'Intendant Blondel de Jouvancourt*, 4 janvier 1723.
[4] Durand-Molard, *Code Martinique*, I, 229. Cf. Lettre ministérielle du 24 octobre 1721, à de Feuquières et Blondel à propos de ladite ordonnance. B, 47, p. 836.
[5] Arch. Col., Colonies en général, XIII, F, 90.
[6] Arch. Col., F, 231, p. 685.

prudence admet un certain nombre de cas rédhibitoires. Telle est l'épilepsie, d'après une sentence du juge du Cap du 21 février 1699[1]. Un arrêt du Conseil de Léogane, du 15 juillet 1721[2], ordonne que les vendeurs de nègres atteints de folie ou de mal caduc seront, pendant le cours de six mois, tenus de les reprendre. Quelque temps après, il n'est plus question que de trois mois, d'après une lettre adressée, le 22 avril 1727, par le Ministre à l'administrateur de Cayenne[3] : il approuve, en effet, une ordonnance locale fixant ce laps de temps, et il dit que c'est la règle suivie dans les autres îles. Mais on paraît en être revenu définitivement au délai de six mois. C'est ainsi qu'en juge l'intendant de la Martinique, le 28 décembre 1740[4] : un marchand ayant vendu 100 nègres pour la somme de 100.856 livres est tenu de rembourser 500 livres pour prix d'un des nègres devenu fou. Le 19 février 1779, un arrêt du Conseil du Cap[5] accueille l'action rédhibitoire pour un nègre mort des suites d'une attaque de folie dans les six mois de la vente. L'imbécillité est indiquée aussi comme un cas rédhibitoire, suivant le Code de Saint-Domingue[6]. Quant aux hernies, dont les nègres étaient assez fréquemment atteints[7], elles n'étaient pas considérées comme cas rédhibitoires ; c'était au médecin qu'il appartenait de les constater. Ainsi on achetait un esclave à peu près comme on achète un cheval ou un bœuf. Si les esclaves ainsi vendus étaient de nouveau mis en vente, le vendeur était tenu d'indiquer leur maladie. Aussi personne n'en voulait-il. On en vit acheter pour 20 sols. Lorsqu'on ne pouvait s'en débarrasser, on les donnait aux religieux de la Providence ou on les employait d'une manière quelconque[8].

[1] Moreau de Saint-Méry, *Loix et Constitutions*, etc., I, 624.
[2] Id., *Ib.*, II, 763.
[3] Arch. Col., B, 50, p. 361. Il y est question d'une maladie appelée *loppe* (?).
[4] Arch. Col., F, 246, p. 1015.
[5] Moreau de Saint-Méry. *Loix et Constitutions*, etc., V, 858.
[6] Arch. Col., F, 138, p. 394. Arrêt du 10 octobre 1787.
[7] Arch. Col., F, 61. *Déposition du capitaine Littleton et de Jean Fontaine*.
[8] Arch. Col., F, 133, p. 231.

Une question en apparence insignifiante, à savoir si la vente des nègres devait avoir lieu à bord ou à terre, provoqua souvent des difficultés et fut l'objet de mesures diverses. D'une part, sur le navire, il est difficile de bien examiner la marchandise. De l'autre, il est nécessaire d'abriter les esclaves, une fois qu'ils sont mis à terre. Il faut pour cela « des magasins en planches bien clos, afin de les tenir moins exposés au chique, insecte particulier du pays, qui leur perce les pieds [1] ». On n'y pourvoit officiellement qu'assez tard. C'est ainsi qu'en 1764 les deux Conseils supérieurs de Saint-Domingue défendent de vendre les nègres à bord. Il est dit à ce propos : « Cette sage précaution, qui réunit d'ailleurs plusieurs avantages, est établie dans d'autres colonies et a été anciennement pratiquée dans celle-ci [2]. » Et l'on décide de construire aux extrémités des villes du Cap, de Port-au-Prince, des Cayes, des halles closes où capitaines et négociants pourront « déposer » sans rétribution pendant un mois leurs nègres à vendre. Mais il y a lieu de croire qu'on s'en tint au projet. En effet, au commencement de 1778, le vaisseau négrier *le David*, de La Rochelle, allant à Saint-Domingue, la nouvelle de la guerre le contraignit de rester à la Martinique. Il voulut essayer d'y introduire l'usage de Saint-Domingue de vendre les nègres à bord ; « mais, huit jours s'étant écoulés sans qu'un seul acheteur vînt à bord, il fallut se soumettre et faire débarquer les nègres [3] ». De plus, voici les renseignements que nous trouvons encore à la date du 27 février 1784 pour Saint-Domingue [4]. Le Ministre répond aux administrateurs qui ont proposé de transformer un hôpital en lazaret, où les noirs seraient vendus, à la charge

---

[1] Arch. Col., Colonies en général, XIII. Mémoire de 1764.
[2] Moreau de Saint-Méry, *Loix et Constitutions*, etc., IV, 681 et sqq. Procès-verbal de l'imposition de 4 millions faite par l'assemblée des deux Conseils supérieurs de la colonie tenue au Cap du 30 janvier au 12 mars 1864, art. X.
[3] Arch. Col., F, 133, p. 568.
[4] Arch. Col., B, 186, p. 35. Lettre ministérielle à MM. de Bellecombe et de Bongars.

d'un droit de 24 livres par tête au profit du roi : ce serait sans doute un moyen de « remédier aux inconvénients que la vente des cargaisons de noirs qui se fait à bord des vaisseaux occasionne par la communication des maladies pestilentielles que l'intérêt des capitaines leur fait cacher malgré les précautions des officiers de santé ». Mais, en revanche, les négociants des ports protestent « pour conserver la liberté dont les capitaines des bâtiments négriers ont toujours joui dans la vente de leurs cargaisons en rade ». Il est difficile de contenir les noirs rassemblés à terre en grand nombre ; puis, la réunion de plusieurs cargaisons cause de la confusion. Aussi paraît-il bon d'établir simplement le dépôt volontaire. — En fait, on n'avait le plus souvent pour la vente à terre que des abris insuffisants, mal clos, et trop étroits, où les malheureux étaient entassés. Les autorités avaient vainement à plusieurs reprises formulé des prescriptions à ce sujet [1]. Les administrateurs font, le 24 mai 1724, la description suivante de ce qu'ils ont vu : « La visite que le ministère public a fait faire de sept de ces magasins actuellement remplis nous a présenté le tableau révoltant de morts et de mourants jetés pêle-mêle dans la fange. » En somme, il n'y eut jamais de règle fixe ; seulement il semble, malgré tout, que c'est la vente à terre qui a prévalu.

De bonne heure, il s'était constitué des intermédiaires achetant en gros pour revendre en détail. Les habitants de la Martinique ayant adressé une pétition à M. de Tracy, gouverneur général des îles, celui-ci promulgue, le 17 mars 1665, un règlement [2] dans lequel il est dit à l'article 21 : « Il n'est permis à aucuns habitants ni autres d'acheter des nègres des maîtres des navires, d'en faire *regretage* (c'est le commerce des revendeurs) et les survendre. » Un arrêt du Conseil

---

[1] Cf. Ord. royales, 25 juillet 1708, 3 avril 1718, 25 juillet 1723 ; — Ord. des Adm., des 24 avril 1721, 22 septembre 1733 ; — Arr. du Cons. sup. du Port-au-Prince, du 22 janvier 1766 ; — Lettre de l'intendant, du 10 juin 1773. Ces documents sont cités par Trayer, *op. cit.*, p. 17.

[2] Moreau de Saint-Méry, *Loix et Constitutions*, etc., 1, 138.

d'État, du 25 mars 1679 [1], autorise cependant la Compagnie du Sénégal à vendre ses nègres de gré à gré. Mais il se produisait fatalement des abus. Par exemple, nous lisons, dans une lettre du Ministre à un gouverneur, M. Dumaitz [2], qu'il est obligé de le menacer de la révocation, « parce qu'il a fait arrêter des navires allant à Saint-Domingue et à la Guadeloupe et s'est fait donner aux prix qu'il voulait des nègres choisis pour les revendre ensuite ». Dans une lettre au Ministre, du 20 juin 1698 [3], M. d'Amblimont se plaint que la Compagnie vende des nègres à des gens qui les revendent ensuite plus cher. Par une ordonnance du 28 mai 1717 [4], les administrateurs de Saint-Domingue annulent une vente ainsi faite et « défendent aux capitaines négriers de vendre en gros leurs cargaisons et à toutes personnes de les acheter qu'après quinze jours de vente au détail ». Le roi approuve ensuite, en 1721 [5], une autre ordonnance des administrateurs de Saint-Domingue, « qui enjoint aux capitaines négriers de tenir leurs ventes ouvertes pendant quinze jours, sans pouvoir pendant ce temps disposer de leurs cargaisons entières ». C'est « absolument nécessaire pour que les petits habitants puissent avoir des nègres sans passer par les mains des regratiers qui les survendent ». Un arrêt du Conseil de Léogane, du 1ᵉʳ mars 1723 [6], « défend à toutes personnes, de quelque qualité et condition qu'elles soient, d'acheter en gros les cargaisons des nègres pour les revendre, à peine de confiscation des nègres, ou du prix de la vente, et de 20.000 livres d'amende pour la seconde fois; il permet néanmoins aux capitaines, après avoir détaillé la

[1] Arch. Col., F, 247, p. 431.
[2] Arch. Col., F, 246, p. 44.
[3] Ib., p 986.
[4] Moreau de Saint-Méry, Loix et Constitutions, etc., II, 567.
[5] Arch. Col., B, 44, p. 470. Mémoire du roi pour servir d'instruction à M. de Monthodon, intendant à Saint-Domingue, 19 octobre 1721. — Mêmes prescriptions dans une Lettre ministérielle du 3 septembre 1726 à de Feuquières et Blondel. Arch. Col., B, 48, p. 372.
[6] Moreau de Saint-Méry, III, 40.

majeure partie de leurs nègres, de vendre en gros ceux de rebut ».

Il se produisait encore cette autre difficulté : c'est que les habitants qui se trouvaient éloignés des ports où arrivaient les navires n'avaient pas toujours la ressource d'acheter des nègres à temps. Aussi, dans une pétition qu'ils adressent aux administrateurs, le 19 août 1670[1], ceux de la Martinique demandent, à l'article 24 : « Que de tous les nègres qui viendront pour le compte de nos seigneurs de la Compagnie il soit fait un lot pour chaque quartier ; pour les nègres qui viendront par les navires particuliers, nosdits seigneurs sont priés de nous procurer la même chose, vu que c'est l'intérêt général que les quartiers éloignés soient peuplés. » Qu'advint-il de cette demande ? Nous n'en savons rien. Ce n'est que près d'un siècle après que nous trouvons une ordonnance du général et intendant de la Martinique prescrivant cette vente des nègres de traite dans les diverses parties de l'île [2].

Aussitôt après la vente, le propriétaire faisait *étamper* les nègres qu'il venait d'acheter ; on leur imprimait au fer chaud ses initiales ou une marque particulière sur les deux côtés de la poitrine, car les négriers les avaient déjà fait marquer sur les épaules.

Il est assez difficile de donner des indications absolument précises sur le prix de revente des nègres. Nous avons vu (page 102) que les écarts extrêmes pour l'achat aux côtes d'Afrique avaient varié de 30 à 500 livres. De même, il y eut de très grandes différences pour la vente aux Antilles, suivant les époques et les individus. Les prix, relativement peu élevés tout à fait au début, parce qu'on trouvait des noirs en abondance dans leur pays d'origine et qu'ils n'étaient pas encore très demandés aux îles, montèrent considérablement à mesure que la marchandise devenait plus rare et était plus recherchée. Il faut tenir compte aussi des temps de

[1] Moreau de Saint-Méry, I, 671.
[2] Arch. Col., F, 248, p. 773.

guerre, pendant lesquels les transports étaient beaucoup plus difficiles à cause des risques à courir.

Dès 1643 (V. ci-dessus, p. 38), on achète les esclaves 200 livres la pièce. La raison en est sans doute qu'on n'en apportait encore que fort peu ; car, quelque temps après, le prix a diminué et n'est plus guère que de moitié. Notre affirmation s'appuie sur un document officiel du 24 septembre 1670[1]. C'est un état des nègres vérifié dans un des magasins de la Compagnie par le juge de la Guadeloupe. Il contient même quelques détails curieux sur la manière dont se faisaient les ventes primitivement. Il s'agit d'un lot de 268 têtes, « desquelles, est-il dit, avons procédé à la distribution et vente par le sort ». Il en a été délivré 48 « par choix et préférence ». Pour chacun de ceux qui restaient, « nous avons fait un billet conforme aux étiquettes qui étaient aux bras des nègres, marquant le numéro de chacun d'eux, et lesdits billets de nous paraphés ont été mis en quatre différents chapeaux, les premiers contenant les grands mâles tant pièces d'Inde que vieux, lesdits vieux contremarqués, dans le deuxième les billets contenant les grandes femelles tant pièces d'Inde que vieilles aussi contremarquées, dans le troisième les jeunes nègres et négresses de 3 pour 2 ou 2/3, dans le quatrième les négrillons mâles et femelles de 2 pour 1. Après quoi, il a été procédé à la distribution par le sort ainsi qu'il suit, ayant préalablement crié et fait dire à haute voix le prix de chaque pièce de nègre dans sa qualité et estimation attaché à chaque billet. » Les 268 ont été vendus 718.750 livres de sucre ; comme les 100 livres de sucre valaient alors environ 4 livres d'argent, nous obtenons le prix moyen de 107 livres.

Le 29 mars 1671[2], M. de Baas se plaint au Ministre de ce que M. Pelissier a donné ordre de vendre les nègres 4.000 livres de sucre — soit 160 livres, — car les Hollandais ne

[1] Arch. Col., G1, 168.
[2] Arch. Col., C8, 1.

les vendent que 2,000. Il ajoute qu'à la vérité il est beaucoup dû à la Compagnie, mais ce n'est pourtant pas une raison pour rebuter les habitants. Or le roi lui répond, le 4 novembre suivant[1], qu'il n'y a pas moyen de les donner à moins. Cependant, dès 1682, les prix remontent à 200 livres. L'intendant Patoulet[2] estime du moins que la Compagnie d'Afrique, qui doit porter tous les ans 2.000 nègres aux îles, « ne saurait les donner avec profit pour elle à moins de 200 francs la pièce ». A Cayenne, où ils coûtaient plus cher parce qu'on y en transportait moins, ils étaient en cette même année « à 300 livres la pièce d'Inde, et ce fut longtemps leur prix[3] ». En 1689, 102 nègres sont vendus à la Martinique 631.800 livres de sucre, soit 6.194 par tête et environ 280 à 300 livres en argent[4].

En 1700, on vend en deux jours, également à la Martinique, de 1.000 à 1.200 nègres à raison de 450 livres pour les pièces d'Inde et 400 pour les négresses[5]. L'année suivante, il faut payer jusqu'à 580 livres par pièce d'Inde et 500 pour un médiocre[6]. Aussi se plaint-on, de tous côtés, qu'ils sont trop chers. Et, le 26 août 1705, le roi écrit aux Directeurs de la Compagnie de l'Assiente[7] qu'un sieur de Crozat lui a fait la proposition avantageuse d'en fournir sur le pied de 400 livres pièce d'Inde. « Je l'ai approuvé, ajoute-t-il, et vous devrez incessamment conclure le marché avec lui. »

En 1714[8], un sieur Montaudouin, de Nantes, proposa de fournir aux habitants de Cayenne, pendant cinq ans, 4 à 500 noirs par an, ou même davantage, au prix de 550 livres

---

[1] Arch. Col., F, 247, p. 885.
[2] Arch. Col., C⁸, III. Mémoire de Patoulet pour Begon, 20 décembre 1682.
[3] Arch. Col., F, 22, p. 214. Mémoire du gouverneur, daté de 1687.
[4] Arch. Col., C⁸, V. *Compte rendu par M. Dumaitz de Goimpy de la recette et dépense qui a été faite à l'occasion de la prise de Saint-Eustache*, 6 décembre 1689.
[5] Arch. Col., C⁸, XII. Mémoire des Administrateurs, 25 juin 1700.
[6] *Ib.*, XIII. Lettre de l'intendant Robert, 5 novembre 1701.
[7] *Ib.*, B, 26, p. 145.
[8] *Ib.*, B, 36, p. 566.

les pièces d'Inde et les autres à proportion. Nous lisons, à la date du 18 août 1716, dans un *Mémoire adressé au duc d'Orléans, régent du royaume, et à nos seigneurs de son conseil de la marine :* « Les nègres s'achetaient autrefois, à leur arrivée de Guinée, 100 écus au plus. Nous les payons à présent jusqu'à 600, 650, 700 livres. » Les auteurs du Mémoire s'étonnent que les négociants se plaignent de perdre ; en réalité, c'est qu'ils mènent trop grand train, voulant « en tout se mouler sur les officiers de Sa Majesté » ; voilà pourquoi leurs bénéfices ne leur suffisent pas. Et ils concluent : « Nous prenons la liberté de faire remarquer à nos seigneurs du conseil de la marine combien nous serait avantageux le commerce libre ici des Hollandais. » Il est de fait que les Hollandais s'arrangeaient pour fournir la marchandise à des prix moitié moindres. Mais nous savons combien on était toujours préoccupé en France d'empêcher le commerce fait par les étrangers avec les îles. Les commerçants métropolitains y gagnaient ; mais c'étaient les colons qui en supportaient les conséquences.

En 1728, il est constaté dans une lettre du Ministre [1] que le prix des nègres aux îles a « plus que doublé depuis 1694 », époque à laquelle une ordonnance les évaluait à 400 livres. Leur valeur aurait donc dépassé alors 800 livres. L'augmentation des prix est, en réalité, constante d'année en année. Mais des documents se rapportant à peu près à la même date nous donnent des renseignements assez différents. Par exemple, il ressort d'un jugement rendu par l'intendant de la Martinique en 1740 [2], que 200 nègres ont été vendus 100.856 livres, ce qui les met à 600 livres pièce en moyenne. D'autre part, en 1743, à la Guadeloupe, on paie 1.100 livres ceux qui ne sont « ni les plus jeunes, ni les plus beaux [3]. »

---

[1] A M. d'Orgeville. Arch. Col., B, 51, p. 298, 19 octobre 1728.
[2] Arch. Col., F, 253, p. 1015, 23 octobre 1740.
[3] Cf. A. Dessalles, IV, 172, qui cite une lettre de De Clieu au Ministre, du 10 mai 1743.

Il faut dire que les habitants de la Guadeloupe étaient obligés de les acheter à la Martinique, où on les leur revendait le plus cher possible, d'autant plus qu'on n'en avait jamais assez.

Il serait fastidieux d'accumuler les documents très nombreux que nous avons recueillis aux Archives Coloniales. Aussi bien avons-nous trouvé pour la seconde moitié du xviii° siècle deux états qu'il nous suffira de citer pour donner une idée d'ensemble assez nette des variations que subit encore le commerce des noirs. Le premier [1] indique le prix moyen pour les années ci-après :

1740 —	950 livres	1769 —	1.405 livres
1749 —	1.400 —	1772 —	1.680 —
1753 —	1.300 —	1775 —	1.600 —
1764 —	1.500 —	1776 —	1.560 —
1767 —	1.242 —	1784 —	1.795 —

Le second est un tableau du prix des pièces d'Inde à Saint-Domingue.

1750 —	1.160 livres	1770 —	1.560 livres
1751 —	1.205 —	1771 —	1.820 —
1752 —	1.250 —	1772 —	1.860 —
1753 —	1.365 —	1773 —	1.740 —
1754 —	1.300 —	1774 —	1.760 —
1755 —	1.400 —	1775 —	1.720 —
1764 —	1.180 —	1776 —	1.825 —
1765 —	1.240 —	1777 —	1.740 —
1766 —	1.385 —	1778 —	1.900 —
1767 —	1.440 —	1783 —	2.000 —
1768 —	1.480 —	1784 —	1.900 —
1769 —	1.600 —	1785 —	2.200 —

L'évaluation moyenne serait donc de 1.443 pour les ordinaires et de 1.630 pour les pièces d'Inde, ce qui nous per-

---

[1] Arch. Col., carton F⁶, *Police des nègres, côtes d'Afrique*. Le même carton contient un autre mémoire intitulé : *Colonies*, où les mêmes chiffres sont rapportés et où il est dit : « C'est de M. Moreau de Saint-Méry qu'on a tiré des éclaircissements lorsque les états de la colonie ont manqué, et M. Moreau de Saint-Méry les a pris dans les prix courants des gazettes dont il a une collection. »

met de fixer à environ 1.500 livres la valeur qu'avaient atteinte communément les esclaves vers la fin de l'ancien régime. En un siècle et demi, les prix étaient donc devenus 7 à 8 fois plus considérables [1]. En 1848, les esclaves furent estimés officiellement à 1.200 francs pièce.

En tenant compte de tous les frais et droits supportés, en même temps que des risques courus par les négriers, on peut encore évaluer, croyons-nous, à 50 0/0 le montant de leurs bénéfices. Dans un mémoire concernant le commerce de la Compagnie d'Afrique, en 1703 [2], on compte 1.000 nègres qui, tous frais déduits, produiront chacun au moins 200 livres de bénéfice net. Or, le prix moyen était alors d'environ 400 livres aux Iles, ce qui donnerait 100 0/0 de bénéfice. Il est vrai qu'il s'agit ici d'une sorte de prospectus et qu'il est bon de tenir compte de l'exagération des évaluations. Dans le règlement d'une association pour la traite des nègres, fondée en 1767 [3], il est dit que « la traite des nègres a été dans tous les temps reconnue comme un des commerces les plus fructueux ». Dans celui que nous avons cité à la page 115, le profit est évalué à 90.394 livres par cargaison, soit environ 180 livres par tête. Comme on le sait, bien des grosses fortunes des habitants de nos ports, en particulier de Nantes et de Bordeaux, n'ont d'autre origine que la traite, soit au temps où elle était à la fois autorisée et encouragée, soit quand elle fut prohibée.

---

[1] Il ne s'agit ici que des nègres employés aux travaux qui n'exigeaient d'eux aucun apprentissage. Pour ceux qui avaient quelque talent particulier, on vit parfois les prix décupler. Ainsi Moreau de Saint-Méry nous apprend dans ses notes manuscrites — Arch. Col., F, 133, p. 289 — qu'en février 1788 M. Boury Joly refusa de M. le Chevalier du Fretty, 15.000 francs d'un mulâtre potier qui avait appris son métier en France.
[2] Arch. Col., C⁶, III.
[3] Arch. Nat., Z¹ᴰ, 102, A.

III

Il est naturel que, se trouvant soumis au contrôle des administrateurs, les négriers aient cherché à se concilier leur bienveillance. Le 26 février 1683, la Compagnie royale d'Afrique, écrivant à son agent général, M. Ducasse[1], lui dit de céder aux Gouverneur et Intendant les nègres à raison de 220 livres en argent ou 4.400 livres de sucre, pour s'attirer leurs bonnes grâces, à condition qu'ils n'en prennent pas plus de 15 à 20 chacun par an. Mais il dut se produire immédiatement des abus. En effet, dès le 29 août 1686, le Ministre écrit au sieur Dumaitz[2] : « J'ai été surpris au dernier point que vous ayez pris par autorité 3 nègres du navire *la Prudence*, qui allait à Saint-Domingue, et 12 de *la Renommée*, destinée pour la Guadeloupe, sous un prétexte mandié (*sic*), pour revendre ensuite ces nègres de choix. Si vous recommencez, il ne pourra vous arriver rien de moins que de vous voir révoquer de votre emploi. » Cependant, l'avertissement du Ministre ne paraît pas avoir été suivi d'effet. Dans une lettre de Phelypeaux, gouverneur et lieutenant général des îles, du 27 avril 1711[3], il est question de 12 nègres qui, par l'usage, appartiennent de droit au gouverneur sur chaque bâtiment négrier qui en amène à la Martinique. En deux ans, ce droit lui a rapporté 28.800 livres. Un mémoire de la même année, de M. de Gabaret[4], nous apprend aussi que, « suivant un usage ancien, le général peut choisir 12 nègres à l'arrivée d'un négrier, en les payant chacun 300 livres, quoique communément ils vaillent davantage ». Le lieutenant pour le roi au gouverneur général en prend 8 ; l'intendant, 8 ; le gouver-

[1] Arch. Col., F, 248, p. 773.
[2] Arch. Col., B, 12, p. 11.
[3] Arch. Col., F, 250, p. 931.
[4] Arch. Col., C⁸, 18.

neur particulier de l'île, 6. Sans doute, la Compagnie dut élever des réclamations, car le Ministre écrit à Phélypeaux, le 4 avril 1712[1], pour blâmer sa prétention sur le prix des nègres de choix. Il lui déclare que ces nègres ne sont dus ni à lui, ni à M. Gabaret, qui avait gouverné en son absence, et il lui défend d'en acheter par privilège au prix de 300 livres. De plus, le 28 mars 1714, il fait savoir au comte de Blenac[2] que les directeurs de la Compagnie du Sénégal se sont plaints qu'il ait exigé 10 nègres de choix ou 1.000 écus pour le bénéfice qu'il aurait pu faire sur ces nègres. Dans les premiers temps, dit-il, les négociants « faisaient un bénéfice si considérable » qu'ils offraient de leur propre mouvement quelques noirs aux gouverneurs ; puis, pour ne pas blesser leur délicatesse, ils leur cédèrent des nègres de choix à 300 livres ; mais, dans la suite, la plupart, ayant fait des pertes considérables, voulurent se soustraire à cet usage. Il n'est pas admissible que les agents royaux les exploitent. « Sa Majesté est seulement disposée à tolérer que les gouverneurs acceptent des pièces d'Inde à 300 livres, si le voyage a été bon et que le négociant les offre. »

D'après une lettre du 27 janvier 1715 aux administrateurs[3], le roi abolit entièrement l'usage des nègres de choix. Mais, en revanche, il permet de prélever un tant pour cent sur les nègres vendus[4] ; seulement, sous aucun prétexte, ce droit ne devra excéder 2 0/0 ; il le fixe alors à 1 0/0 pour M. Duquesne, 1/2 0/0 pour M. de la Malmaison et M. de Vaucresson. C'est à ce sujet que Duquesne écrit au Ministre la curieuse lettre suivante[5] : « Je me conformerai, Monseigneur, à vos derniers ordres ; mais permettez-moi de vous représenter que le seul secours pour vivre était ce qui pouvait me revenir de ces

---

[1] Arch. Col., F, 251, p. 29.
[2] Ib., B, 36, Saint-Domingue, p. 599.
[3] Ib., F, 251, p. 409.
[4] Ib., ib., 433. Lettre du roi.
[5] Ib., C³, 20, 17 mai 1715.

nègres; vous avez ôté 9.000 francs des appointements, dont le reste n'est pas payé ; vous me réduisez à un nègre par chaque cent de ceux que les négriers apportent, dont il arrive fort peu; c'est tout au plus 500 francs. De quoi puis-je vivre, tout étant hors de prix? » Et il demande au moins 3 0/0. Puis, le 5 juillet suivant [1], il réclame encore en écrivant que, si on ne lui accorde pas satisfaction, il sera « réduit à manger seul un morceau de pain ». D'autre part, le sieur de Montaudouin, négrier de Nantes [2], informe M. de Vaucresson qu'il s'est plaint au Ministre de la rapacité des officiers du roi. Il lui reproche d'avoir obligé les commandants de deux de ses vaisseaux à lui payer 5.800 et 5.700 livres et, de plus, à céder aux autres officiers à 300 livres des nègres qu'on pouvait vendre 600. « Vous vous jetez, ajoute-t-il, sur les pauvres vaisseaux négriers comme des vautours ravissants... A la fin, vous auriez peine à vous contenter de la moitié de la cargaison. » Sur ce, M. de Vaucresson informe le Ministre [3] qu' « un nommé Montaudouin lui a écrit une lettre insolente ». Et il donne les explications suivantes au sujet des nègres de choix: « Depuis qu'on introduit des nègres ici, c'est-à-dire depuis cinquante à soixante ans, les capitaines en ont cédé les plus beaux aux personnes en place à 100 écus pièce. Le général en avait 12 à ce prix-là; l'intendant, 8 à 10; et le gouverneur, 10. Ces mêmes capitaines faisaient aussi une gratification au capitaine des gardes, aux secrétaires, et cela allait souvent jusqu'aux domestiques. Enfin, ils s'attiraient tant qu'ils pouvaient de l'accès et de la protection par ce moyen pour recouvrer plus facilement leurs dettes et faire leurs voyages plus courts, et ils s'en trouvaient fort bien. Du depuis les capitaines ayant trouvé plus convenable pour eux de garder leurs plus beaux nègres pour assortir les ventes et de donner 300 livres au général et à

[1] Col. Arch., C8, 20.
[2] Ib., ib. Lettre du 12 mars 1715.
[3] Ib., ib. C8, 21. Lettre du 3 janvier 1716.

l'intendant et au gouverneur pour chacun des nègres qu'ils ne prendraient pas, cela s'est fait ainsi sans la moindre contrainte et comme la suite d'un usage ancien... Il faut convenir qu'il y a des généraux qui ont poussé les choses jusqu'à prendre 20 nègres sur une cargaison... En tout cas, les nègres sont payés 300 livres, alors qu'ils ne reviennent pas au marchand à 120... C'est la seule ressource qui m'aide à vivre. Mes appointements me sont dus depuis six années. »

A chaque instant, cette question suscite des difficultés et des interprétations particulières. Ainsi le roi, dès 1721, abolit pour la deuxième fois « le prétendu droit[1] ». Mais, en revanche, il autorise De Pas de Feuquières et Blondel à accepter du Conseil des Indes une somme annuelle de 10.000 francs « par rapport au commerce exclusif des nègres dont jouit la Compagnie[2] ». Le droit de 2 0/0 ne tarda pas à être rétabli. En effet, une ordonnance royale du 28 décembre 1723[3] décide que les intéressés n'en jouiront pas pendant leur absence des îles; suivant une dépêche du 17 juillet 1732[4], il est prescrit de le percevoir d'après l'évaluation des cargaisons en pièces d'Inde; il n'est dû que sur les nègres traités[5]. Une lettre ministérielle du 3 août 1747[6] rappelle encore que ce n'est qu'une tolérance de la part du roi et que, s'il a été fixé, c'est pour qu'il ne soit dépassé en aucun cas. Enfin, le roi écrit, le 28 juillet 1759, à MM. Bart et Élias[7] : « Cette perception a d'ailleurs donné lieu à tant d'abus et de représentations qu'indépendamment de la charge qu'elle fait suppor-

---

[1] Arch. Col., B, 44, p. 317. Lettre ministérielle au comte de Moyencourt, 3 octobre 1721, et F, 69 : Mémoire du Roi, du 4 janvier 1723, à l'Intendant Blondel de Jouvancourt.
[2] Arch. Col., C⁸, 32. Lettre du 23 septembre 1723.
[3] Moreau de Saint-Méry, *Loix et Constitutions*, etc., III, 79.
[4] Arch. Col., B, 56, *Iles-du-Vent*, p. 370. A MM. de Champagny et d'Orgeville.
[5] Arch. Col., B, 59, *Iles-du-Vent*, p. 258. Aux mêmes, du 18 juillet 1733. — Cf. aussi B, 68, *Iles-sous-le-Vent*, p. 100. Lettre ministérielle à M. de Larnage, 12 décembre 1739, sur les plaintes réitérées des négriers.
[6] Arch. Col., F, 258, p. 305.
[7] Arch. Col., B, 109, p. 45.

ter au commerce et qui retombe ensuite en entier sur les habitants, il a paru à Sa Majesté qu'il ne convenait point que des officiers généraux ni aucune personne employée à son service reçussent quelque rétribution que ce pût être d'autres mains que celles de Sa Majesté. » En conséquence, le 1ᵉʳ décembre suivant, fut promulguée une ordonnance[1] défendant purement et simplement aux gouverneur, intendant, lieutenant général, lieutenants et gouverneurs particuliers des îles, de percevoir le droit de 2 0/0 sur les nègres importés, à partir du 1ᵉʳ janvier 1700.

IV

Nous avons vu que, la plupart du temps, la traite française avait été insuffisante pour fournir aux îles le nombre de nègres nécessaire. On a fait valoir cet argument pour soutenir que les bénéfices qu'elle procurait ne rémunéraient pas assez les armateurs. Nous croyons que c'est là une erreur. On peut poser à peu près comme règle générale que les arrivages de nègres ont toujours été ralentis par d'autres motifs. Sans parler des risques de la guerre, le principal a été, en temps de paix, la difficulté pour les colons d'en acquitter le prix.

En effet, la traite des nègres, comme celle de toutes les marchandises manufacturées que la métropole importait aux îles, a été soumise aux nécessités de l'échange. Comme on le sait, d'après le principe fondamental du pacte colonial, les colonies n'avaient d'autre but que de servir de débouché aux produits de la métropole et de lui fournir des denrées de luxe. L'essentiel pour la France était de vendre le plus cher possible ses produits d'exportation et d'obtenir, en revanche,

---

[1] *Code Martinique*, Ed. Durand-Molard, II, 83.

au meilleur marché possible, ceux qu'elle importait. Le *troc* fut un des moyens qui favorisèrent le plus ce système abusif ; car, dans le troc, il est très difficile d'établir une commune mesure. 1° Les colons ne pouvaient se munir des objets manufacturés qui leur étaient indispensables, — vu le manque d'industrie aux îles, — qu'auprès des marchands français, en raison de la prohibition rigoureusement observée à l'égard de l'étranger ; — 2° ils ne connaissaient pour ainsi dire pas les conditions du marché français. Aussi étaient-ils forcés d'accepter les marchandises qu'on leur apportait et de les acheter au prix que leur imposaient les vendeurs. Pour les nègres, en particulier, plus ils étaient rares et, naturellement, plus ils se vendaient cher. Ne jamais en laisser manquer les îles, n'était-ce pas s'exposer à voir tarir cette source de revenus, si la reproduction arrivait à assurer le renouvellement régulier de la marchandise ? Faire des envois absolument réguliers, n'était-ce pas courir le risque d'abaisser le taux de leur valeur ? En revanche, encombrer le marché de la métropole de denrées coloniales, c'était en réduire aussi le prix. Ces considérations durent sûrement se présenter à l'esprit des vendeurs.

Il faut dire encore qu'ils n'étaient pas toujours assurés d'un paiement exact. A diverses reprises, il fut répondu aux réclamations des habitants que, s'il ne leur arrivait pas d'autres cargaisons de nègres, c'est que le montant des précédentes n'avait pas été acquitté. Ainsi, nous trouvons à ce sujet deux pièces significatives. C'est d'abord une lettre du roi, du 4 décembre 1672, à M. de Baas, portant que, dans le courant de l'année 1673, le recouvrement de 3 millions de sucre sera fait sur les débiteurs de la Compagnie. Cette lettre accompagne un arrêt du Conseil d'État ordonnant ledit recouvrement. Sa Majesté s'est fait représenter les comptes de ce qui est dû à la Compagnie jusqu'en décembre 1671, soit 20.030.000 livres de sucre, devant se réduire à 13.740.000. Elle accorde cinq ans pour le paiement des 10.740.000 livres restant. Aussi le roi propose-t-il, quelque temps après[1], comme une sorte de garantie mutuelle des colons. Il engagera la Compagnie du Sénégal à faire passer des nègres à Saint-Christophe, et il ajoute : « Le meilleur moyen de les y attirer serait qu'on pût en assurer le paiement et que le risque du crédit ne roulât pas entièrement sur ceux qui les porteront. Lesdits sieurs d'Amblimont et Robert examineront si on peut mettre en œuvre quelque expédient pour réussir, tel que celui de former une espèce de communauté des plus accommodés des habitants qui se trouveront dans chaque quartier, qui s'en rendraient solidairement responsables pour le temps dont on conviendrait et prendraient ensuite leur sûreté avec les petits colons. » Pour que beaucoup ne fussent pas en état de payer, il suffisait que la récolte eût manqué une année. Les colons, en effet, vivaient au jour le jour, consommant ou vendant au fur et à mesure qu'ils produisaient[2]. C'est là une des conséquences fatales du système de l'esclavage et de cette culture exclusive et à outrance des denrées d'exportation qu'il amena, non moins que du pacte colonial. Ces questions se lient étroitement entre elles. Elles nous montrent combien fut mauvais le régime économique auquel furent soumises les îles, régime qui, au surplus, produisit lui-même de détestables conséquences morales : amour du luxe et de la jouissance facile, manque absolu de prévoyance. Ce n'est pas sur de telles bases que s'établit solidement une société.

Ce fut le manque d'argent qui empêcha presque toujours la constitution de fortunes mobilières. Il n'y avait au début que celui qu'apportaient avec eux les premiers habitants, et

---

[1] Arch. Col., F, 67, 20 avril 1698. Mémoire du roi à MM. le marquis d'Amblimont et Robert.

[2] Arch. Col., F, 22. Lettres de Lemoyne, ordonnateur de Cayenne, au Ministre, 23 septembre 1755 et 10 octobre 1756. Il montre bien que l'habitant « n'a rien à prévoir qu'à son désavantage ; il saisit l'instant présent, l'avenir ne lui promet rien » ; car, si les denrées sont trop abondantes, elles tombent à vil prix ou se perdent.

on devine qu'il n'était pas en quantité considérable. La première introduction officielle de la monnaie de France eut lieu en 1670[1]. Les pièces de 15 sols furent alors fixées par les Conseils souverains à 18 sols, et celles de 5 sols à 6. Il faut donc toujours avoir soin de distinguer dans les documents s'il s'agit d'argent de France ou d'argent des îles. Par suite de variations successives imposées à la monnaie de France, par suite aussi de la création d'une monnaie spéciale pour les îles, l'argent des îles arriva à ne plus valoir que la moitié de celui de France. Naturellement les vendeurs exigeaient qu'on les payât en « argent de France ». Mais il était très rare que les paiements se fissent en argent. Alors les marchands, qui d'ailleurs avaient besoin de revenir avec leurs navires chargés, bénéficiaient d'une exemption de droits de moitié sur les marchandises provenant du troc des nègres (Voir ci-dessus, p.58). Une ordonnance du roi, du 31 mars 1742[2], enjoint de prendre toutes les précautions nécessaires pour qu'il ne se produise pas d'abus à ce sujet; il fallait que les capitaines ou les agents de la Compagnie présentassent leurs comptes pour justifier exactement de la provenance des marchandises qu'ils embarquaient.

V

Il serait intéressant de savoir quel fut le nombre des noirs importés dans les Antilles françaises. Mais il est impossible d'arriver à un compte rigoureusement exact. Une première difficulté provient de ce que nous n'avons forcément pas de renseignements précis pour les nègres introduits en fraude, ceux que l'on appelait les *noirs de pacotille*, et qui, malgré les précautions prises à leur sujet, furent toujours assez

---

[1] A. Dessalles, *op. cit.*, I, 513.
[2] *Code Martinique*, Ed. Durand-Molard, I, 433.

nombreux. D'après diverses indications, relevées dans des lettres des Ministres ou bien des Administrateurs qui se plaignent de la contrebande [1], nous croyons pouvoir en évaluer en moyenne le nombre au moins à 3.000 par an. En ce qui concerne la traite officielle, les documents paraissent au premier abord très abondants. Mais il n'y a de relevés complets que pour certaines années et pour certains ports. Si nous nous reportons aux recensements de la population des Antilles [2], qui remontent à 1664, il y a lieu de noter aussi que les chiffres n'en sauraient être qu'approximatifs ; ceux qui étaient chargés de les établir le reconnaissent ; la cause en est que presque tous les habitants cherchent à dissimuler une partie de leurs nègres pour éviter le droit de capitation.

Moreau de Jonnès, dans ses *Recherches statistiques sur l'esclavage colonial* [3], donne des tableaux dressés, dit-il, d'après les sources officielles. Seulement il néglige d'indiquer quelles sont ces sources et, par exemple, s'il a puisé aux Archives Coloniales. Il n'y a aucun moyen de se rendre compte de la manière dont il est arrivé aux nombres qu'il cite comme résultats de ses recherches. Aussi avons-nous préféré recourir nous-même directement aux Archives Coloniales. Nous avons relevé les chiffres les plus importants ; pour certains, nous ne les avons obtenus qu'en totalisant des listes de noms.

Nous constatons, par exemple, qu'en 1664, à la Martinique, le nombre des nègres dépasse à peine celui des blancs, puisqu'on en compte 2.704 contre 2.681 blancs [4] ; les mulâtres, au nombre de 16 seulement, sont portés à part. Mais, dès 1678, il y a 5.085 nègres, tandis qu'il n'y a plus que 2.450 blancs. — A Saint-Christophe [5], en 1671, il y a 4.468 noirs, 2.810 blancs et 93 mulâtres ; en 1686, 4.316 noirs

---

[1] Arch. Col., séries B et C⁶.
[2] Arch. Col., G¹, cartons 468 à 472.
[3] P. 17 à 20.
[4] Arch. Col., G¹, carton 470, *Recensements Martinique*.
[5] Arch. Col., G¹, 471 et 472.

seulement, 2.297 blancs et 230 mulâtres. Pour la Guadeloupe, dans le recensement de 1664[1], les nègres et les blancs sont confondus. En 1671, on compte 4.267 noirs, 3.083 blancs et 47 mulâtres; en 1686, 5.737 noirs, 3.209 blancs et 240 mulâtres.

Le premier recensement général pour les îles françaises de l'Amérique est du commencement de 1687[2]. On trouve 47.321 habitants qui se décomposent ainsi :

17.888 Blancs libres	7.086 Négrillons et Négrittes
999 Engagés	538 Mulâtres
10.975 Nègres	339 Mulâtresses
9.197 Négresses	299 Caraïbes

Voici le détail pour chaque île :

	Nègres	Négresses	Négrillons et Négrittes	Mulâtres	Mulâtresses	Caraïbes libres
La Martinique	4.461	3.109	3.231	157	157	119
La Grenade	133	76	88	16	15	»
La Guadeloupe	1.555	1.809	1.618	146	24	43
Marie-Galante	261	208	186	6	7	14
Saint-Christophe	1.694	1.665	1.111	68	52	3
Saint-Martin	93	116	69	»	»	1
Saint-Barthélemy	32	25	24	3	2	»
Sainte-Croix	546	»	»	»	»	»
Saint-Domingue	1.400	1.499	450	142	82	»
Cayenne	800	000	300	»	»	100

Il faut ajouter 9 Caraïbes esclaves. D'après un autre recensement, pris à la même source et relatif à 1688, il n'y a, pour ainsi dire, pas de changement. Nous arrivons alors à un total d'environ 27.000 esclaves.

Un mémoire[3], composé pour le duc de Choiseul, établit les chiffres suivants pour 1701 : 16.000 nègres pour la

---

[1] Arch. Col., G¹, 469.
[2] Il a été reproduit par A. Dessalles, *op. cit.*, II, 453.
[3] Du 14 septembre 1765. L'auteur est De Beaumont, intendant des finances. Arch. Col., *Mém. gén.*, t. XXI, n° 9.

Martinique; 8.000 pour la Guadeloupe; 20.000 pour Saint-Domingue, soit déjà 44.000 rien que pour les trois îles principales.

Nous trouvons dans Dernis[1] un « État de la quantité de noirs introduits aux îles françaises de l'Amérique par les armateurs des villes ci-après, depuis l'année 1725 jusqu'à l'année 1741 ».

Années	Nantes	La Rochelle	Bordeaux	St-Malo	Le Havre	Marseille	Vannes	Dunkerque	Bayonne	Portugal	Total
1725 à 1726	1.390	»	»	»	»	»	»	»	»	»	1.390
1726 à 1727	3.672	508	»	1.851	420	»	»	»	»	»	6.451
1727 à 1728	2.043	269	»	563	»	642	»	»	»	»	3.517
1728 à 1729	3.741	504	»	922	516	»	»	»	»	»	5.683
1729 à 1730	4.110	1.633	125	795	»	383	»	»	»	»	7.046
1730 à 1731	3.033	430	396	211	»	»	»	»	»	»	4.270
1731 à 1732	4.030	306	122	»	532	»	510	120	284	»	5.904
1732 à 1733	1.468	1.458	»	»	»	»	»	»	»	»	2.926
1733 à 1734	2.550	687	»	»	»	»	»	77	»	»	3.314
1734 à 1735	1.196	178	123	»	77	382	»	»	»	110	2.066
1735 à 1736	2.573	1.214	212	»	»	437	»	»	»	»	4.436
1736 à 1737	5.363	2.397	315	»	»	»	»	»	»	»	8.075
1737 à 1738	4.237	1.431	634	410	232	»	»	»	»	»	6.954
1738 à 1739	4.559	3.142	756	»	»	»	»	238	»	»	8.685
1739 à 1740	7.146	4.202	493	»	345	»	»	»	»	»	12.186
1740 à 1741	4.818	3.274	»	402	»	»	»	»	»	»	8.494
Total	55.929	21.633	3.376	5.154	2.122	1.844	510	435	284	110	91.397

[1] *Op. cit.*, p. 403.

De plus, suivant un État de la page 410 du même auteur, la Compagnie en a importé 43.661, ce qui fait en tout 135.058, soit une moyenne annuelle de 8.441.

En 1754, d'après le mémoire de Beaumont cité plus haut, les chiffres sont de 60.000 à la Martinique, 50.000 à la Guadeloupe, 230.000 à Saint-Domingue, soit au total 340.000 nègres esclaves. Un recensement officiel[1] ordonné à la Martinique par M. Dufane, gouverneur, donne pour cette île 65.939 esclaves en 1763, 69.164 en 1764, 70.110 en 1766, 71.473 en 1767, plus environ 2.000 gens de couleur libres et de 4 à 500 noirs marrons.

Voici un relevé établi par une note manuscrite de Moreau de Saint-Méry vers 1780[2] :

	Esclaves	Affranchis
Saint-Domingue	452.000	25.000
Martinique	76.000	5.000
Guadeloupe	90.000	3.500
Sainte-Lucie	20.000	1.800
Marie-Galante	10.000	100
Tabago	15.000	300
Cayenne	10.000	500
Les Saintes, Sainte-Marie et la Désirade	500	200
	673.500	36.400

Un tableau de la traite française en 1785[3] indique une importation de 34.045 noirs des côtes occidentales d'Afrique uniquement pour Saint-Domingue, sans en compter au moins[4] 3 ou 4.000 expédiés des côtes de Mozambique. Nous savons que, pour 1787, l'introduction réelle a été de 31.171, et pour 1788, de 30.097. En 1789, écrit un auteur, « nos colonies exportent chaque année de la Guinée 36.500 nègres[5] ». En

---

[1] Arch. Col., F, 42, p. 237.
[2] Arch. Col., F, 131, p. 354. Les chiffres sont tirés des journaux et des documents officiels.
[3] Arch. Col., *Police des nègres. Côtes d'Afrique.*
[4] *Ib.*, F, 158. Mémoire de M. de la Luzerne, gouverneur général des îles.
[5] Frossard, *La cause des esclaves nègres*, etc., 1, 25.

somme, la moyenne annuelle pour les Antilles françaises, de 1780 à 1789, paraît avoir varié de 30 à 35.000.

Le dernier recensement des esclaves fait avant la Révolution nous est fourni par l'auteur anonyme d'un volume manuscrit des Archives Coloniales[1]. Il arrive à un total de 683.121 ; c'étaient les neuf dixièmes de l'ensemble de la population. Combien avait-il fallu arracher de noirs à l'Afrique pour atteindre à ce résultat? Nous croyons ne pas exagérer en en fixant le nombre à 3 millions. Et notons que la traite ne finit véritablement pour les îles françaises d'Amérique qu'après 1830. Quelle effroyable quantité d'existences humaines sacrifiées!

Une question se pose : comment les nègres introduits aux Antilles en aussi grand nombre ne sont-ils jamais arrivés à se reproduire suffisamment pour qu'on n'eût plus besoin de recourir à la traite? Cette idée se trouve indiquée dans une lettre de Fénelon, gouverneur de la Martinique, au Ministre, en date du 11 avril 1764[2]. « Un de mes étonnements a toujours été, dit-il, que la population de cette espèce n'ait pas produit, depuis que les colonies sont fondées, non pas de quoi se passer absolument des envois de la côte d'Afrique, mais au moins de quoi former un fond, dont la reproduction continuelle n'exposerait pas à être toujours à la merci de ces envois. » L'auteur de cette lettre expose ensuite quelles sont, d'après lui, les causes du peu de développement de la population noire : mauvaise nourriture, excès de travail imposé même aux négresses enceintes, maladies très fréquentes des négrillons et des négrittes. On ne fait aucune attention même à leur « éducation animale » ; on les voit en particulier exposés tout le jour dans les champs au soleil brûlant. Aussi Fénelon propose-t-il de faire dans chaque quartier un établissement où l'on enverrait les enfants des nègres et où ils seraient soi-

---

[1] *Essai sur l'esclavage*, F, 129, p. 124.
[2] Arch. Col., Col. en général, XIII, F, 90, et B, 119, Îles-sous-le-Vent, f° 1er. Instructions au comte d'Estaing, 1er janvier 1764. Le roi le charge d'étudier les causes de la dépopulation.

gnés par un bon chirurgien. Il constate qu'en général les religieux traitent assez bien leurs nègres pour n'avoir presque pas besoin d'en acheter ; « ils sont même en état d'en vendre de leur production ». Mais c'était là une exception des plus rares.

« Un observateur plein d'autorité, Bryan Edwards, calculait la décroissance de la population noire à 2 1/2 0/0 par an[1]. » Moreau de Saint-Méry[2] évalue la perte naturelle à 5 0/0 ; mais il faut tenir compte des naissances qui compensent pour moitié cette perte. Voici, à ce propos, l'indication que nous trouvons dans des instructions adressées au Comte d'Estaing, lieutenant général du roi à Saint-Domingue, le 1ᵉʳ janvier 1764[3]. Les colons, observe le roi, se plaignent de manquer de nègres ; ils disent qu'à supposer qu'ils en eussent le nombre nécessaire, il leur faudrait tous les ans un *remplacement* de 15.000 noirs. Or, à cette date, ils n'en avaient que 230.000, et ils estimaient qu'il leur en aurait fallu encore une quantité double de ce nombre. Si nous comptons 600.000, nous arriverions à la concordance avec le chiffre de Bryan Edwards, qui paraît exact.

Or, comme le remarque M. Leroy-Beaulieu à propos des Antilles anglaises, les affranchissements ne donnent pas la raison de cette constante diminution. D'autre part, il y avait un nombre presque égal de nègres et de négresses. Ce ne sont donc que les conditions anormales dans lesquelles vivaient ces malheureux qui puissent expliquer leur disparition progressive. « Le climat, le traitement, l'absence de la famille et peut-être aussi une loi naturelle, d'après laquelle l'esclavage serait à l'homme ce qu'est la domesticité aux animaux faits pour vivre en liberté, le rendaient moins apte à se reproduire : telles sont les causes vraisemblables de ce fait incontestable. Une population esclave doit se recruter au dehors et ne peut se maintenir, en général, par elle-même[4]. »

[1] Leroy-Beaulieu, *op. cit.*, p. 104.
[2] Arch. Col., F, 134, p. 191.
[3] Arch. Col., F, 71.
[4] Leroy-Beaulieu, *op. cit.*, p. 105. Cf. aussi : Moreau de Jonnès, *Recherches*

C'est donc là aussi une des raisons capitales qui ont contribué au développement de la traite jusqu'au moment où elle allait être sapée par la base, grâce aux philosophes et aux philanthropes. Sans la traite, la population esclave des Antilles aurait fini par disparaître entièrement dans l'espace d'une quarantaine d'années.

statistiques sur l'esclavage colonial, pp. 74-75; — et Wallon au sujet de l'esclavage antique : « Il faut que les marchés ravivent perpétuellement cette population placée hors des voies de la nature...; l'esclavage, semblable à Saturne, dévore ses enfants. » Introd., p. XXVII.

LIVRE II

LE RÉGIME DE L'ESCLAVAGE

CHAPITRE I

LA LÉGISLATION AUX ANTILLES. — LE CODE NOIR

« Tout était à peu près à la discrétion du maître. » (Malouet, 1788.)

I. — Vu l'influence de l'esclavage sur la destinée des Antilles, il importe d'étudier les rapports des maîtres et des esclaves. — Au début, l'esclave n'a aucune garantie. — Il est en dehors de la législation, imitée de la métropole.
II. — Juridiction établie d'abord par la Compagnie des Iles. — Juridiction des particuliers. — Le roi se réserve la justice souveraine. — Conseils souverains créés à la Martinique (1664), à la Guadeloupe et à Saint-Domingue (1685). — Gouverneur et Intendant. — Lois du royaume suivies aux colonies. — Nécessité d'en promulguer de nouvelles, surtout pour les esclaves.
III. — Le Code Noir, œuvre de Colbert. — Comment il a été préparé. — Mémoires de Patoulet, Blenac et Begon.
IV. — Au sujet de la rédaction du Code Noir. — Influence de la Bible, du droit romain, du droit canonique; applications parfois erronées. — La fusion des races au point de vue légal et au point de vue pratique. — Le Code Noir est une œuvre humaine pour l'époque.
V. — Le Code Noir d'après un texte manuscrit des Archives coloniales.

I

La destinée des Antilles françaises fut fixée à partir du moment où la traite des noirs fut adoptée comme un moyen régulier de les peupler, c'est-à-dire vers le milieu du xviie siècle. Dès lors, elles furent condamnées à vivre d'une vie anormale, soit au point de vue économique, soit au point de vue social. D'un côté, en effet, l'unique préoccupation des colons, en assujettissant les nègres à travailler la terre sans relâche, fut d'en obtenir le plus de produits possible pour l'exportation ; de l'autre, il fallut s'attacher à contenir les esclaves par la force et à établir une ligne profonde de démarcation entre la race blanche dominatrice et la race noire opprimée. Si on sait déjà quel fut le régime économique des îles, il nous a paru qu'on savait moins dans quelles conditions exactes avaient vécu en présence les uns des autres maîtres et esclaves. C'est ce que notre intention est de faire voir.

Au début, entre les mains de l'acheteur, le noir est entièrement sa *chose*, dont il a le droit de faire ce qu'il veut ; c'est un *instrumentum vocale*[1], suivant l'expression romaine. Prenons-le au moment où il est devenu la propriété de l'Européen. Qu'il soit outragé, maltraité, mis à mort ; quelle justice lui offre une garantie quelconque? Aucune. Sa vie est uniquement protégée par l'intérêt qu'a son propriétaire à ne pas le perdre, parce qu'il représente un capital. Mais jamais il ne fut pris aucune mesure pour limiter l'arbitraire des négriers ; jamais ils n'eurent à rendre compte à personne de ce qui se passait à bord de leurs navires, ou du moins la surveillance qui leur fut imposée fut absolument illusoire. En effet, la seule indication que nous ayons trouvée à ce sujet est dans une note manuscrite de Moreau de Saint-Méry[2]. Parlant de la traversée des nègres, il s'écrie : « Le législateur a cependant prévu les maux qui pouvaient résulter du défaut de vivres ou de leur mauvais choix, et il a voulu que les officiers des amirautés surveillassent cet objet ; mais ces officiers signent une visite qu'ils n'ont pas faite, et leur paresseuse complaisance les rend complices de tous les

[1] *Tria sunt instrumenti villatici genera: vocale, in quo sunt servi; semivocale, in quo sunt boves; mutum, in quo sunt plaustra.* Varron, R. R., I, 17.
[2] Arch. Col., F, 131, p. 279.

crimes que les armateurs vont faire commettre en Afrique. »
Il cite un autre abus non moins révoltant, relatif au mauvais choix ou à l'insuffisance des remèdes que l'on embarque : le négrier conclut un forfait avec un apothicaire, à tant par tête. On considère même comme inutile de soigner les nègres qui sont trop sérieusement atteints. Il est plus simple de compter sur le sacrifice calculé d'avance d'un certain nombre des individus embarqués.

Aux îles, tout à fait à l'origine, aucune réglementation ne paraît non plus avoir existé relativement aux esclaves ; ils sont assimilés aux bestiaux. Dès qu'une société nouvelle se fonde, en même temps qu'elle pourvoit à ses premiers besoins matériels, il est indispensable qu'elle établisse tout d'abord un système de justice destiné à régler les rapports de ses membres entre eux. C'est ce qui eut lieu aux Antilles et, pour cela, on imita ce qui existait dans la métropole, d'où venaient, d'ailleurs, tous les ordres ; mais, comme naturellement il n'y avait pas de juridiction concernant les esclaves, ils furent laissés en dehors de la législation importée aux îles.

II

La propriété des Antilles fut, en premier lieu, concédée à la Compagnie des Iles d'Amérique, créée dès 1626, qui forma des tribunaux et établit comme juges ses propres agents. Mais, le 4 septembre 1649[1], la Compagnie vend au sieur de Boisseret, « le fond et propriété » de la Guadeloupe, de la Désirade, Marie-Galante et les Saintes pour 60.000 livres. Le 27 septembre 1650[2], c'est la Martinique, Sainte-Lucie, la Grenade et les Grenadines, qu'elle cède moyennant la même somme à

[1] Arch. Col., F, 18. Mémoire touchant la propriété incommutable des terres et droits du sieur Houel dans les îles de la Guardeloupe.
[2] Arch. Col., F, 247, p. 247.

Jacques d'Yel, seigneur Duparquet. En 1664 [1], la Compagnie d'Occident racheta la Martinique, de M. Duparquet, 120.000 livres ; la Guadeloupe, Marie-Galante et les Saintes, de M⁣ᵐᵉ V⁣ᵛᵉ de Boisseret et de M. Houel, 400.000 livres ; Saint-Christophe, Saint-Martin, Saint-Barthélemy et Sainte-Croix, de l'ordre de Malte, 500.000 livres ; la Grenade, du comte de Cerillac, 100.000. Cayenne appartenait à une Compagnie qui s'associa à celle d'Occident. Les diverses Antilles ayant été ainsi achetées ou vendues à plusieurs reprises soit par les Compagnies, soit par des particuliers, jusqu'à ce qu'elles fussent définitivement acquises au domaine du roi, en 1674, nous constatons pour toute cette période une complication extrême de droits et de juridictions.

Le roi avait d'abord renoncé à exercer par lui-même la juridiction [2]. D'après l'arrêt du Conseil d'État du 8 mars 1635, qui confirme un nouveau traité de la Compagnie, Sa Majesté se réserve la nomination des officiers de la justice souveraine, « lorsqu'il sera besoin d'en établir ». Par les lettres patentes de 1642, Elle se réserve la nomination du gouverneur général. Une commission d'intendant, accordée le 1ᵉʳ octobre de la même année à M. Clerselier de Laumont, lui donne rang et séance avant les juges ordinaires. Patrocle de Thoisy étant nommé par la Compagnie Sénéchal à Saint-Christophe, le 25 février 1645, doit y présider la justice. Le 1ᵉʳ août 1645, une Déclaration du roi établit une justice souveraine dans les îles : les appels des jugements rendus par les juges ordinaires seront jugés dans chaque île par celui qui y commandera, assisté du nombre de gradués prescrit par les ordonnances ou, à leur défaut, de 8 des principaux officiers ou habitants ; notons qu'on eut presque toujours uniquement recours aux officiers des milices. Une autre Déclaration royale, du 11 octobre 1664, créa le Conseil

[1] Arch. Col., F, 132, p. 149.
[2] Arch. Col., F, 156. Pièce 7, intitulée : *Conseil*. Nous en avons tiré les détails qui suivent.

souverain de la Martinique, qui devenait le chef-lieu de toutes les îles : ce Conseil comprenait le gouverneur, les officiers que les directeurs de la Compagnie des Indes voudraient y faire entrer, et 6 gradués ou, à défaut, des principaux habitants. Il était analogue à celui qui avait été établi en Alsace et dans les autres provinces nouvelles de la France, à l'imitation des Parlements. Sa composition fut modifiée dans la suite à plusieurs reprises, mais ce qui nous importe surtout, ce sont ses attributions. Il avait pour mission de rendre la haute justice et de faire les règlements y relatifs. De même pour ceux qui furent établis, en même temps, à la Guadeloupe et à Saint-Domingue au mois d'août 1685 [1]. « Investis d'abord de pleins pouvoirs en matière de police et de commerce, ils les perdirent plus tard et ne connurent plus des matières d'administration qu'à l'occasion des actes rendus sur ces objets et par voie de remontrances, selon le droit qui, à cet égard, était, d'après les lois du royaume, commun à toutes les cours supérieures [2]. »

Quand un édit du roi de décembre 1674 eut réuni définitivement au domaine les pays concédés antérieurement, le gouvernement devint purement royal et fut exercé par le gouverneur commis par le souverain. Au-dessous de lui était le lieutenant général. Mais, par lettres patentes du 1er avril 1679, fut placé à côté du gouverneur un intendant de justice, police et finances, qui avait surtout la charge des affaires civiles [3]. Ces deux hauts fonctionnaires, qualifiés souvent simplement du nom d'administrateurs, rendirent des

---

[1] Celui-ci siégea d'abord au Petit-Goave, ensuite à Léogane et, enfin, au Port-au-Prince. Une seconde Cour souveraine fut créée au Cap en 1701. Cf. Moreau de Saint-Méry, I, 428. *L'Encyclopédie méthodique, Jurisprudence*, t. II, p. 743, art. *Colonies*, indique un édit du 8 juin 1702 pour le Conseil du Cap.

[2] Commission coloniale, 1849-1851. Rapport sur un projet de loi organique de gouvernement et de l'administration dans les colonies. Titre II (non signé).

[3] Cf. *Code Martinique*, de Durand-Molard, II, 130. Règlement du Roi du 24 mars 1763 au sujet des attributions respectives du Gouverneur et de l'Intendant.

ordonnances en commun. Il y avait encore dans chacune des îles un gouverneur particulier et un lieutenant du roi. Tous eurent entrée au Conseil en vertu des mêmes lettres patentes.

Tels sont donc les principaux éléments de la juridiction des Antilles. Nous avons cru devoir les indiquer, parce que nous aurons constamment à citer, outre les actes royaux, les arrêts des Conseils souverains et les ordonnances ou règlements des administrateurs. Les règlements locaux ne s'appliquent, la plupart du temps, qu'à une île et à ses dépendances. Mais souvent ils sont adoptés ensuite par les autres, car la situation et les besoins étaient à peu près partout identiques. Aussi peut-on dire qu'ils ont un certain caractère de généralité. Nous verrons aussi qu'il y en eut fatalement de contradictoires et d'inconciliables.

Un ordre du roi, du 3 mars 1645[1], puis l'article 34 de l'édit du 28 mai 1664, qui créait la Compagnie des Indes-Occidentales, spécifient nettement que « les juges se conformeront aux lois et ordonnances du royaume et à la coutume de Paris ». Le roi voulait, en effet, soustraire ses sujets des îles à « toutes sortes de vexations que le nombre différent de seigneurs et propriétaires rendait fort communes et ordinaires[2] ». Mais l'assimilation ne pouvait forcément pas être complète; on s'en aperçut bientôt. C'est ce qui est bien exposé dans le discours préliminaire mis en tête d'un *Recueil des lois particulières à la Guadeloupe et à ses dépendances*[3]. « L'expérience a fait voir que ces lois étaient insuffisantes pour les îles. Les mœurs, le génie, surtout le climat, les besoins et le commerce des colonies, différents de ceux de l'Europe, ont provoqué de nouveaux règlements, de nouveaux intérêts ; des circonstances différentes ont donné naissance à de nouvelles lois. » Et plus loin: « Aus-

---

[1] Arch. Col., F, 247, p. 217.
[2] Arch. Col., F, 67. Instructions au sieur de Baas, 16 septembre 1668.
[3] Arch. Col., F, 236.

sitôt que les îles furent délivrées des gênes et des entraves décourageantes des Compagnies propriétaires exclusives, l'agriculture, le commerce et la population firent des progrès étonnants ; le nombre des propriétaires s'accrut et nécessairement les discussions, les procès se multiplièrent. Alors on sentit la nécessité des lois locales, on fut forcé de déroger à plusieurs de celles de la métropole, d'ajouter à beaucoup des dispositions particulières, et surtout d'en promulguer de nouvelles pour fixer l'état et régler la discipline des esclaves, sur lesquels le royaume de France n'avait encore rien statué. »

Les principales lois qui ne furent pas suivies dans les colonies furent les ordonnances postérieures à celle de Blois sur la légitimité des mariages, l'ordonnance sur les saisies réelles, et celle de 1735 sur les testaments, ce qui s'explique par le caractère spécial de la population des îles et la nature particulière des propriétés [1].

III

Les lois nouvelles se rapportent à peu près toutes aux esclaves. Le texte de beaucoup le plus important est l'Édit du roi connu sous le nom de Code Noir. Aussi avons-nous jugé à propos de lui consacrer une étude spéciale, puisque nous aurons à l'invoquer sans cesse ; nous montrerons dans la suite de notre travail les modifications qu'on a dû lui faire subir. Les dispositions relatives aux esclaves sont innombrables. Beaucoup, il faut le dire, sont fréquemment renouvelées, soit qu'il fût difficile de les faire observer, soit qu'elles fussent tombées en désuétude. C'est pourquoi nous estimons que, pour tracer un tableau fidèle de la situation

---

[1] Dalloz, *Répertoire méthodique et alphabétique de législation*, V, 34, art. *Organisation des Colonies*.

des nègres aux colonies, il est bon de ne pas s'en rapporter uniquement à une série de textes législatifs. La réalité est loin de correspondre parfois aux prescriptions légales. Nous nous efforcerons de la démêler dans la mesure du possible à travers tous les autres documents que nous avons consultés.

Le Code Noir, quoiqu'il porte la date de mars 1685, est l'œuvre de Colbert. Il lui a été surtout inspiré par ses préoccupations commerciales. Son idée est toujours de lutter à ce point de vue contre les Hollandais, d'affranchir les Français de leur dépendance en ce qui concerne les productions coloniales et de rivaliser avec leur marine. Ainsi, nous voyons dans des Instructions données le 16 septembre 1668 [1] au sieur de Baas, qui partait comme gouverneur pour les îles, que le roi se propose « d'établir un grand et considérable commerce à l'avantage de ses sujets en donnant l'exclusion aux étrangers, qui jusqu'alors en avaient tiré tout le profit ». Dans une lettre, datée également de septembre de la même année, il est dit que, sur 150 vaisseaux qui faisaient annuellement le commerce avec les îles, en 1662, il n'y en avait au plus que 3 ou 4 qui partissent des ports de France. C'est pour cela que le roi a jugé à propos de donner le privilège exclusif du commerce à la Compagnie des Indes-Occidentales, en 1664. En effet, cette Compagnie envoie, dès 1668, plus de 50 vaisseaux aux Antilles. La traite, l'impulsion donnée à la culture par l'importation des nègres n'ont pas peu contribué à ce rapide progrès. Il s'agit donc de développer la prospérité des Antilles. Comme elle dépend surtout du travail des noirs esclaves, Colbert encourage la traite. Il se fait, d'ailleurs, tenir très exactement et d'une manière très détaillée au courant de tout ce qui se passe dans les colonies. Son immense correspondance nous montre qu'il ne néglige aucun menu fait. Il accumule ainsi

---

[1] Arch. Col., F, 67.

les documents pour être bien éclairé sur les questions et, le moment venu, s'aidant encore de la compétence d'hommes spéciaux, il publie ces admirables ordonnances, si complètes sur chaque matière, et qui constituent un de ses principaux titres de gloire.

Pour nous rendre bien compte, en particulier, de la manière dont a été préparé le Code Noir, il nous reste un certain nombre de pièces intéressantes.

La première en date, où nous constatons directement l'élaboration du projet définitif, consiste en une série de questions posées par le roi aux administrateurs dans une lettre du 30 avril 1681 et auxquelles sont joints leurs avis différents datés du mois de décembre suivant [1].

Il leur est demandé, par exemple (3ᵉ article), si la population s'accroît ou diminue et quelles en sont les causes. De Blenac répond que, par suite de leur fainéantise, un certain nombre d'habitants quittent les Iles-du-Vent pour aller à Saint-Domingue, « où l'on vit de larcin, de chasse, et où le libertinage est entier ». Patoulet, au contraire, ne pense pas que la population ait diminué depuis deux ans et demi qu'il est aux îles, mais bien plutôt qu'elle a augmenté considérablement à la Martinique, de quelques-uns à Marie-Galante, à la Guadeloupe et à la Grenade, tandis qu'à Saint-Christophe seulement il est parti une vingtaine de petits habitants. L'un et l'autre sont d'avis qu'il faut « abondance de nègres ». Mais il y a lieu d'exiger aussi que les grands propriétaires les nourrissent; sans cela, ils volent les petits propriétaires et deviennent *marrons*.

Il est nécessaire, pour la discipline et la sécurité des colons, de punir de mort les nègres qui frappent les blancs. — Il

---

[1] Arch. Col., F, 248, p. 681. Extrait des avis de MM. de Blenac et Patoulet sur divers objets d'administration que le roi avait soumis à leur discussion. *Ib.*, Cᵉ, 3. Minute de ce projet. D'un côté des feuilles est l'avis de Blenac, de l'autre la réponse de Patoulet. Une note du 13 décembre 1681 indique, à la fin, que Blenac se rendra chez Patoulet pour écrire avec lui de concert.

devra être défendu aux maîtres de mutiler leurs esclaves, de leur faire subir le *hamac*, c'est-à-dire de les suspendre par les quatre membres et de les fouetter, et la *brimballe*, qui consiste à les suspendre par les mains et à les fouetter. Il arrive qu'alors les nègres « se plient la langue et se bouchent la respiration » pour mourir; mais on leur applique le feu au bas du dos, — probablement parce que la douleur les fait crier. Patoulet trouve cependant que la brimballe n'est pas un châtiment excessif, parce que « la malice des nègres est plus grande qu'on ne saurait s'imaginer ».

Le cinquième article traite des enfants que les négresses peuvent avoir des blancs et des Indiens. Le roi consulte Blenac et Patoulet, parce qu'à la Guadeloupe ils sont esclaves, pour que leur maître n'y perde pas. A la Martinique, l'usage est que les mulâtres deviennent libres à vingt ans, les mulâtresses à quinze. Le père paie 1.000 livres d'amende à l'église; il peut garder l'enfant en payant 1.000 livres au maître. — Il est curieux de constater que, plus d'une fois, les réponses de Blenac et Patoulet sont en désaccord absolu. En effet Blenac répond : « Il me revient de Saint-Christophe que la plupart des officiers ont épousé des mulâtresses, ce qui fait juger qu'elles n'y ont pas toujours été esclaves. » Il est d'avis que tous les mulâtres soient libres; le père serait contraint de dédommager le maître, de nourrir l'enfant, et le produit de l'amende servirait à empêcher le commerce des blancs avec les esclaves. Mais Patoulet objecte qu'il n'est pas exact qu'à Saint-Christophe des officiers aient épousé des mulâtresses; les mulâtres sont esclaves dans cette île. A la Guadeloupe, on les a maintenus aussi dans l'esclavage pour empêcher le libertinage. Il pense qu'on doit les laisser esclaves et il est absolument opposé aux mariages entre blancs et gens de couleur.

Blenac continue à se montrer plus humain que Patoulet, et il demande que le Conseil établisse en chaque île des commissaires pour examiner les bons ou les mauvais traitements des maîtres à l'égard des esclaves. Il voudrait qu'on défendît aux nègres de circuler sans billets de leurs maîtres, pour empêcher leurs révoltes. Or Patoulet dit qu'un arrêt a déjà été pris en ce sens, de même qu'au sujet des nègres marrons. Il faut croire qu'il n'était pas régulièrement observé.

Enfin, Blenac et Patoulet ont porté au Conseil l'arrêt du Conseil d'État qui prohibe la saisie des nègres. Il a été enregistré et le Conseil a ordonné, en outre, que les nègres seraient à l'avenir réputés immeubles et, par conséquent, ne pourraient être vendus qu'avec la terre.

Nous avons extrait de ce document tout ce qui est relatif aux nègres pour bien montrer que les questions sont traitées au fur et à mesure qu'elles se présentent, sans qu'il y ait encore un plan très net ; c'est la pratique de chaque jour qui révèle constamment les sujets nouveaux sur lesquels il est nécessaire de légiférer. Mais Colbert a fait demander par le roi à Patoulet et à Blenac de rédiger un Mémoire d'ensemble sur tout ce qui concerne les esclaves, comme il en exige, du reste, sur la religion, la justice, les finances des îles [1]. Il veut qu'ils s'inspirent des arrêts et règlements déjà rendus par les Conseils souverains et, en outre, qu'ils prennent sur chaque point l'avis desdits Conseils. Ces prescriptions ont donné lieu à deux mémoires remarquables. Le premier [2], daté du 20 mai 1682, est de Patoulet seul et a été approuvé par Blenac, qui n'y a rien trouvé à réformer. Le second [3], en date du 13 février 1683, est de Begon, successeur de Patoulet comme gouverneur, qui l'a rédigé de concert avec Blenac. Ils ont servi de base pour la rédaction définitive du Code Noir.

---

[1] Arch. Col., F, 67. Instructions à Begon, intendant, mai 1682.
[2] Cf. Arch. Col., F, 248, p. 555, et F, 90. Ce dernier volume contient une copie signée et annotée de Patoulet lui-même ; c'est le texte le plus complet.
[3] Arch. Col., F, 90. La copie porte la signature originale de Begon.

IV

Pour le texte du Code Noir lui-même, nous jugeons utile de le reproduire à la fin du présent chapitre, parce que nous aurons souvent à y renvoyer par la suite. Nous donnerons la copie même du manuscrit des Archives Coloniales, qui est dans le volume des Ordres du roi de 1685, et qui doit être la reproduction de l'original; car il existe des différences parfois assez importantes dans les textes de cet édit qui ont été publiés jusqu'à ce jour dans des ouvrages considérés pourtant comme des plus estimables [1]. Nous devons dire qu'à notre connaissance il a déjà été inséré intégralement par Chambon dans le *Commerce de l'Amérique par Marseille*, et par A. Dessalles dans son *Histoire des Antilles*.

Nous l'avons trouvé en manuscrit aussi, mais non sans inexactitudes, dans un volume de la Bibliothèque nationale intitulé : *Ordonnances du présidial de Nymes*, qui est un recueil de pièces diverses et où ces ordonnances sont en tête [2]. Les articles sont reproduits avec un commentaire à la suite, dû à Antoine Loisel fils [3]. Ce jurisconsulte, descendant du célèbre Loisel, ami de Cujas, a surtout rapproché le Code Noir des textes romains auxquels il se rapporte et du droit canonique. Il est certain, en effet, que cette double influence est frappante. Les magistrats et hommes de lois du XVIIe siècle puisaient constamment à ces sources ; il n'est donc pas étonnant que la trace s'en retrouve dans ce document législatif. L'influence romaine, de même que celle de la Bible,

---

[1] Le Code Noir se trouve dans : P. Néron et Girard, *Recueil d'édits et d'ordonnances royaux sur le fait de la justice et autres matières importantes*, 1713 ; — Moreau de Saint-Méry, *Loix et Constitutions*, etc.; — *Code Noir ou Recueil des règlements concernant les colonies et le commerce des nègres;* — Durand-Molard, *Code de la Martinique*, I, 40 ; — Isambert, *Anciennes lois françaises*, XIX, 494.

[2] F. Fr., 5969.

[3] Cette indication se trouve à la page 235.

avait été remarquée à la fin du siècle dernier par l'auteur anonyme de l'*Essai sur l'esclavage des nègres*[1]. Faisant l'histoire de l'esclavage dans l'antiquité, il est d'abord amené à citer la Bible, et il écrit (p. 13) : « Quelques-unes de ces lois sont atroces et surtout en ce qui regarde les nations étrangères. D'autres ont pour objet d'adoucir les horreurs de l'esclavage, et c'est en particulier les esclaves hébreux qu'elles cherchent à protéger et favoriser. Elles ont eu plus d'influence qu'on ne croit sur l'état des esclaves, lorsque les chrétiens se sont avisés d'importer des nègres d'Afrique en Amérique. » Puis il parle de Justinien et des adoucissements qu'il apporta à la législation concernant les esclaves. Empruntons-lui encore cette citation intéressante (p. 90) : « Lorsque les esclaves africains furent importés dans nos colonies au XVIe siècle (*sic*), la puissance publique ne songea point d'abord que ces créatures humaines avaient droit à sa protection. Des notions générales sur le droit que les maîtres avaient de les faire travailler et de les faire mourir sans jugement formèrent le Code et négligèrent le sort de ces infortunés ; à mesure que leur nombre s'accrut, le prince ou ses représentants interposèrent leur autorité pour contenir les maîtres qui portaient à l'excès l'abus de la leur. L'édit de 1684 (*sic*), appelé Code Noir, est la première loi complète par laquelle le souverain vint à leur secours ; elle se ressent encore de la rudesse des temps, et cependant elle procura des soulagements efficaces aux esclaves et détermina enfin les premiers rapports entre eux et leurs maîtres. »

A notre tour, nous ferons remarquer que l'application de certains principes de droit romain et de droit canonique fut parfois tout à fait erronée au XVIIe siècle. Les juristes, imbus d'idées trop générales et abstraites, ne tinrent pas assez de compte des différences capitales qui caractérisent l'esclavage moderne par opposition à l'esclavage ancien. A Rome, en

---

[1] Arch. Col., F, 120.

effet, et, après la chute de l'Empire romain, dans les premiers siècles de l'Église, les esclaves ne constituaient pas une race spéciale. Ils n'eurent pas, en particulier, à subir l'influence du préjugé de couleur ; on ne les maintint pas systématiquement dans un état d'infériorité intellectuelle aussi absolue. Sous l'influence du changement des mœurs, des progrès de la philosophie, du christianisme, qui correspondent à l'amélioration de la législation les concernant, il n'était pas rare de voir certains d'entre eux s'élever dans la société. Rien de pareil aux colonies pour les nègres esclaves. Aussi les assimilations tentées entre l'esclavage antique et l'esclavage moderne sont-elles restées sans effet.

M. Gaffarel [1] fait erreur lorsqu'il écrit à propos du Code Noir : « On y constate une singulière préoccupation d'empêcher la fusion des deux races. Ne pouvant empêcher les rapprochements charnels, il interdit tout rapprochement légal. » Nous n'avons, pour le réfuter, qu'à le renvoyer à l'article 9, où il est question de mariages réguliers possibles entre hommes libres et femmes esclaves. Ce qui est vrai, c'est que le préjugé social empêcha presque toujours dans la pratique ces unions légitimes. La contradiction est presque constante entre les dispositions légales et les faits. Si les juristes de la métropole admirent sans hésitation le principe des mariages entre les deux races, les mœurs des colons y répugnèrent sans cesse. Passe encore d'avoir une esclave pour concubine ; pour femme, non. Mais c'est la question des enfants qui devint capitale. Les pères ne voulaient pas qu'ils restassent esclaves. La mère continuerait-elle donc à l'être ? De là des affranchissements très nombreux, auxquels on se verra forcé, à diverses reprises, de mettre des restrictions, à la fois pour réprimer le libertinage et pour empêcher la trop grande diminution du nombre des esclaves qui, par suite de ces faits, ne se renouvelaient pas au moyen de la reproduction.

[1] *Colonies françaises*, p. 207.

Ainsi la fusion des races s'opéra de fait, mais non en droit. La conséquence devait être la prédominance du nombre des mulâtres devenus libres, mais avec lesquels les blancs ne s'unirent guère non plus légitimement. On sait avec quelle ténacité s'est conservé aux colonies le préjugé contre les sang-mêlé. S'il n'avait pas existé primitivement à ce degré, qui sait s'il ne se serait pas produit une assimilation progressive qui insensiblement aurait, par la force des choses, amené la disparition de l'esclavage ?

Quoi qu'il en soit, la promulgation du Code Noir fut assurément un bienfait pour les esclaves. C'est une œuvre humaine pour l'époque, surtout si on la compare à la législation qui existait sur ce point chez les autres nations. Quelque intérêt que dût offrir cette comparaison faite en détail, nous avons dû pourtant nous en abstenir, car cette étude nous eût entraîné trop loin[1]. Mais l'idée générale de la douceur relative avec laquelle les Français traitaient leurs esclaves est admise par tous ceux qui se sont occupés de ces questions[2]. Et pourtant nous verrons quelle était leur situation. Ce n'est que vers la fin du xviii° siècle qu'on songera vraiment qu'ils sont hommes comme nous. Mais, comme on l'a dit : « Il ne faudrait pas chercher dans la pensée de Colbert la moindre trace d'humanité ou ce philosophisme qui va se saisir de la question après lui ; il en est à cent lieues. Pour lui, il n'y a en tout cela qu'un intérêt commercial. Comme jadis le vieux Caton, il est doux et humain envers les esclaves, par spéculation[3]. »

---

[1] On peut consulter, à ce sujet, Petit, *Dissertation sur le droit public des colonies françaises, espagnoles et anglaises d'après les lois des trois nations comparées entre elles.*
[2] Cf., en particulier, Schœlcher, *Colonies françaises et Colonies étrangères.*
[3] Deschamps, *Histoire de la question coloniale en France*, p. 154.

V

Voici donc le texte du Code Noir:

ÉDIT DU ROI, OU CODE NOIR[1], SUR LES ESCLAVES DES ILES DE L'AMÉRIQUE

Mars 1685. A Versailles.

Louis, par la grâce de Dieu, etc.. Comme nous devons également nos soins à tous les peuples que la divine Providence a mis sous notre obéissance, Nous avons bien voulu faire examiner en notre présence les mémoires qui nous ont été envoyés par nos officiers de nos îles de l'Amérique, par lesquels ayant été informé du besoin qu'ils ont de notre autorité et de notre justice pour y maintenir la discipline de l'Église catholique, apostolique et romaine, et pour y régler ce qui concerne l'état et la qualité des esclaves dans lesdites îles ; et désirant y pourvoir et leur faire connaître qu'encore qu'ils habitent des climats infiniment éloignés de notre séjour ordinaire, nous leur sommes toujours présent non seulement par l'étendue de notre puissance, mais encore par la promptitude de notre application à les soutenir dans leurs nécessités. A ces causes, etc.

ARTICLE PREMIER. — Voulons que l'Edit du feu roi de glorieuse mémoire, notre très honoré seigneur et père, du 23 avril 1615, soit exécuté dans nos îles ; ce faisant, enjoignons à tous nos officiers de chasser de nosdites îles tous les juifs qui y ont établi leur résidence, auxquels, comme aux ennemis déclarés du nom chrétien, nous commandons d'en sortir dans trois mois à compter du jour de la publication des présentes, à peine de confiscation de corps et de biens.

ART. 2. — Tous les esclaves qui seront dans nos îles seront baptisés et instruits dans la religion catholique, apostolique et romaine. Enjoignons aux habitants qui achètent des nègres nouvellement arrivés d'en avertir dans huitaine au plus tard les gouverneur et

---

[1] Le Code Noir fut alors promulgué pour les Antilles qui ressortissaient encore à la Martinique. Il ne fut enregistré à Cayenne que le 5 mai 1704, puis rendu applicable à Bourbon par lettres patentes de décembre 1723 et à la Louisiane par édit royal de mars 1724. — Un arrêt du Petit-Goave du 29 septembre 1688 (Moreau de Saint-Méry, I, 476) ordonne sa publication dans toutes les paroisses de la colonie, pour que personne ne puisse le violer « par malice ou ignorance ».

intendant desdites îles, à peine d'amende arbitraire, lesquels donneront les ordres nécessaires pour les faire instruire et baptiser dans le temps convenable.

Art. 3. — Interdisons tout exercice public d'autre religion que la C., A. et R. Voulons que les contrevenants soient punis comme rebelles et désobéissants à nos commandements. Défendons toutes assemblées pour cet effet, lesquelles nous déclarons conventicules, illicites et séditieuses, sujettes à la même peine qui aura lieu même contre les maîtres qui les permettront et souffriront à l'égard de leurs esclaves.

Art. 4. — Ne seront préposés aucuns commandeurs à la direction des nègres, qui ne fassent profession de la religion C., A. et R., à peine de confiscation desdits nègres contre les maîtres qui les auront préposés et de punition arbitraire contre les commandeurs qui auront accepté ladite direction.

Art. 5. — Défendons à nos sujets de la religion P. R. d'apporter aucun trouble ni empêchement à nos autres sujets, même à leurs esclaves, dans le libre exercice de la religion C., A. et R., à peine de punition exemplaire.

Art. 6. — Enjoignons à tous nos sujets, de quelque qualité et condition qu'ils soient, d'observer les jours de dimanches et de fêtes, qui sont gardés par nos sujets de la religion C., A. et R. Leur défendons de travailler ni de faire travailler leurs esclaves auxdits jours depuis l'heure de minuit jusqu'à l'autre minuit à la culture de la terre, à la manufacture des sucres et à tous autres ouvrages, à peine d'amende et de punition arbitraire contre les maîtres et de confiscation tant des sucres que des esclaves qui seront surpris par nos officiers dans le travail.

Art. 7. — Leur défendons pareillement de tenir le marché des nègres et de toute autre marchandise auxdits jours, sur pareille peine de confiscation des marchandises qui se trouveront alors au marché et d'amende arbitraire contre les marchands.

Art. 8. — Déclarons nos sujets qui ne sont pas de la religion C., A. et R. incapables de contracter à l'avenir aucuns mariages valables, déclarons bâtards les enfants qui naîtront de telles conjonctions, que nous voulons être tenues et réputées, tenons et réputons pour vrais concubinages.

Art. 9. — Les hommes libres qui auront eu un ou plusieurs enfants de leur concubinage avec des esclaves, ensemble les maîtres qui les auront soufferts, seront chacun condamnés en une amende de 2.000 livres de sucre, et, s'ils sont les maîtres de l'esclave de laquelle ils auront eu lesdits enfants, voulons, outre l'amende, qu'ils soient privés de l'esclave et des enfants et qu'elle et eux soient adjugés à l'hôpital, sans jamais pouvoir être affranchis. N'entendons toutefois le présent article avoir lieu lorsque l'homme libre qui n'était point marié à autre personne durant son concubinage avec son esclave, épousera dans les formes observées par l'Église ladite esclave, qui sera affranchie par ce moyen et les enfants rendus libres et légitimes.

Art. 10. — Les solennités prescrites par l'Ordonnance de Blois et par la Déclaration de 1639 pour les mariages seront observées tant à l'égard des personnes libres que des esclaves, sans néanmoins que le consentement du père et de la mère de l'esclave y soit nécessaire, mais celui du maître seulement.

Art. 11. — Défendons très expressément aux curés de procéder aux mariages des esclaves, s'ils ne font apparoir du consentement de leurs maîtres. Défendons aussi aux maîtres d'user d'aucunes contraintes sur leurs esclaves pour les marier contre leur gré.

Art. 12. — Les enfants qui naîtront des mariages entre esclaves seront esclaves et appartiendront aux maîtres des femmes esclaves et non à ceux de leurs maris, si le mari et la femme ont des maîtres différents.

Art. 13. — Voulons que, si le mari esclave a épousé une femme libre, les enfants, tant mâles que filles, suivent la condition de leur mère et soient libres comme elle, nonobstant la servitude de leur père, et que, si le père est libre et la mère esclave, les enfants soient esclaves pareillement.

Art. 14. — Les maîtres seront tenus de faire enterrer en terre sainte, dans les cimetières destinés à cet effet, leurs esclaves baptisés. Et, à l'égard de ceux qui mourront sans avoir reçu le baptême, ils seront enterrés la nuit dans quelque champ voisin du lieu où ils seront décédés.

Art. 15. — Défendons aux esclaves de porter aucunes armes offensives ni de gros bâtons, à peine de fouet et de confiscation des armes au profit de celui qui les en trouvera saisis, à l'exception seulement de ceux qui sont envoyés à la chasse par leurs maîtres et qui seront porteurs de leurs billets ou marques connus.

Art. 16. — Défendons pareillement aux esclaves appartenant à différents maîtres de s'attrouper le jour ou la nuit sous prétexte de noces ou autrement, soit chez l'un de leurs maîtres ou ailleurs, et encore moins dans les grands chemins ou lieux écartés, à peine de punition corporelle qui ne pourra être moindre que du fouet et de la fleur de lys; et, en cas de fréquentes récidives et autres circonstances aggravantes, pourront être punis de mort, ce que nous laissons à l'arbitrage des juges. Enjoignons à tous nos sujets de courir sus aux contrevenants, et de les arrêter et de les conduire en prison, bien qu'ils ne soient officiers et qu'il n'y ait contre eux encore aucun décret.

Art. 17. — Les maîtres qui seront convaincus d'avoir permis ou toléré telles assemblées composées d'autres esclaves que de ceux qui leur appartiennent seront condamnés en leurs propres et privés noms de réparer tout le dommage qui aura été fait à leurs voisins à l'occasion desdites assemblées et en 10 écus d'amende pour la première fois et au double en cas de récidive.

Art. 18. — Défendons aux esclaves de vendre des cannes de sucre pour quelque cause et occasion que ce soit, même avec la permission de leurs maîtres, à peine du fouet contre les esclaves, de 10 livres tournois contre le maître qui l'aura permis et de pareille amende contre l'acheteur.

Art. 19. — Leur défendons aussi d'exposer en vente au marché ni de porter dans des maisons particulières pour vendre aucune sorte de denrées, même des fruits, légumes, bois à brûler, herbes pour la nourriture des bestiaux et leurs manufactures, sans permission expresse de leurs maîtres par un billet ou par des marques connues; à peine de revendication des choses ainsi vendues, sans restitution de prix, pour les maîtres et de 6 livres tournois d'amende à leur profit contre les acheteurs.

Art. 20. — Voulons à cet effet que deux personnes soient préposées par nos officiers dans chaque marché pour examiner les denrées et marchandises qui y seront apportées par les esclaves, ensemble les billets et marques de leurs maîtres dont ils seront porteurs.

Art. 21. — Permettons à tous nos sujets habitants des îles de se saisir de toutes les choses dont ils trouveront les esclaves chargés, lorsqu'ils n'auront point de billets de leurs maîtres ni de marques connues, pour être rendues incessamment à leurs maîtres, si leur habitation est voisine du lieu où leurs esclaves auront été surpris en délit; sinon elles seront incessamment envoyées à l'hôpital pour y être en dépôt jusqu'à ce que les maîtres en aient été avertis.

Art. 22. — Seront tenus les maîtres de faire fournir, par chacune semaine, à leurs esclaves âgés de dix ans et au-dessus, pour leur nourriture, deux pots et demi, mesure de Paris, de farine de manioc, ou trois cassaves pesant chacune 2 livres et demie au moins, ou choses équivalentes, avec 2 livres de bœuf salé, ou 3 livres de poisson, ou autres choses à proportion; et aux enfants, depuis qu'ils sont sevrés jusqu'à l'âge de dix ans, la moitié des vivres ci-dessus.

Art. 23. — Leur défendons de donner aux esclaves de l'eau-de-vie de canne ou guildive, pour tenir lieu de la substance mentionnée en l'article précédent.

Art. 24. — Leur défendons pareillement de se décharger de la nourriture et subsistance de leurs esclaves en leur permettant de travailler certain jour de la semaine pour leur compte particulier.

Art. 25. — Seront tenus les maîtres de fournir à chaque esclave, par chacun an, deux habits de toile ou quatre aunes de toile, au gré des maîtres.

Art. 26. — Les esclaves qui ne seront point nourris, vêtus et entretenus par leurs maîtres, selon que nous l'avons ordonné par ces présentes, pourront en donner avis à notre procureur général et mettre leurs mémoires entre ses mains, sur lesquels et même d'office, si les avis viennent d'ailleurs, les maîtres seront poursuivis à sa requête et sans frais; ce que nous voulons être observé pour les crimes et traitements barbares et inhumains des maîtres envers leurs esclaves.

Art. 26. — Les esclaves infirmes par vieillesse, maladie ou autrement, soit que la maladie soit incurable ou non, seront nourris et entretenus par leurs maîtres, et, en cas qu'ils les eussent abandonnés, lesdits esclaves seront adjugés à l'hôpital, auquel les maîtres seront condamnés de payer 6 sols par chacun jour, pour la nourriture et l'entretien de chacun esclave.

Art. 28. — Déclarons les esclaves ne pouvoir rien avoir qui ne soit à leurs maîtres; et tout ce qui leur vient par industrie, ou par la libéralité d'autres personnes, ou autrement, à quelque titre que ce soit, être acquis en pleine propriété à leurs maîtres, sans que les enfants des esclaves, leurs pères et mères, leurs parents et tous autres y puissent rien prétendre par successions, dispositions entre vifs ou à cause de mort ; lesquelles dispositions nous déclarons nulles, ensemble toutes les promesses et obligations qu'ils auraient faites, comme étant faites par gens incapables de disposer et contracter de leur chef.

Art. 29. — Voulons néanmoins que les maîtres soient tenus de ce que leurs esclaves auront fait par leur commandement, ensemble de ce qu'ils auront géré et négocié dans les boutiques, et pour l'espèce particulière de commerce à laquelle leurs maîtres les auront préposés, et au cas que leurs maîtres ne leur aient donné aucun ordre et ne les ait point préposés, ils seront tenus seulement jusqu'à concurrence de ce qui aura tourné à leur profit, et, si rien n'a tourné au profit des maîtres, le pécule desdits esclaves que les maîtres leur auront permis d'avoir en sera tenu, après que les maîtres en auront déduit par préférence ce qui pourra leur être dû; sinon que le pécule consistât en tout ou partie en marchandises, dont les esclaves auraient permission de faire trafic à part, sur lesquelles leurs maîtres viendront seulement par contribution au sol la livre avec les autres créanciers.

Art. 30. — Ne pourront les esclaves être pourvus d'office ni de commission ayant quelque fonction publique, ni être constitués agents par autres que leurs maîtres pour gérer et administrer aucun négoce, ni être arbitres, experts ou témoins, tant en matière civile que criminelle : et en cas qu'ils soient ouïs en témoignage, leur déposition ne servira que de mémoire pour aider les juges à s'éclairer d'ailleurs, sans qu'on en puisse tirer aucune présomption, ni conjecture, ni adminicule de preuve.

Art. 31. — Ne pourront aussi les esclaves être parties ni *être* (sic) en jugement en matière civile, tant en demandant qu'en défendant, ni être parties civiles en matière criminelle, sauf à leurs maîtres d'agir et défendre en matière civile et de poursuivre en matière criminelle la réparation des outrages et excès qui auront été commis contre leurs esclaves.

Art. 32. — Pourront les esclaves être poursuivis criminellement, sans qu'il soit besoin de rendre leurs maîtres partie, [sinon] en cas de complicité : et seront, les esclaves accusés, jugés en première instance par les juges ordinaires et par appel au Conseil souverain, sur la même instruction et avec les mêmes formalités que les personnes libres.

Art. 33. — L'esclave qui aura frappé son maître, sa maîtresse ou le mari de sa maîtresse, ou leurs enfants avec contusion ou effusion de sang, ou au visage, sera puni de mort.

Art. 34. — Et quant aux excès et voies de fait qui seront commis par les esclaves contre les personnes libres, voulons qu'ils soient sévèrement punis, même de mort, s'il y échet.

Art. 35. — Les vols qualifiés, même ceux de chevaux, cavales, mulets, bœufs ou vaches, qui auront été faits par les esclaves ou par les affranchis, seront punis de peines afflictives, même de mort, si le cas le requiert.

Art. 36. — Les vols de moutons, chèvres, cochons, volailles, cannes à sucre, pois, mil, manioc, ou autres légumes, faits par les esclaves, seront punis selon la qualité du vol, par les juges qui pourront, s'il y échet, les condamner d'être battus de verges par l'exécuteur de la haute justice et marqués d'une fleur de lys.

Art. 37. — Seront tenus les maîtres, en cas de vol ou d'autre dommage causé par leurs esclaves, outre la peine corporelle des esclaves, de réparer le tort en leur nom, s'ils n'aiment mieux abandonner l'esclave à celui auquel le tort a été fait; ce qu'ils seront tenus d'opter dans trois jours, à compter de celui de la condamnation, autrement ils en seront déchus.

Art. 38 — L'esclave fugitif qui aura été en fuite pendant un mois à compter du jour que son maître l'aura dénoncé en justice, aura les oreilles coupées et sera marqué d'une fleur de lys sur une épaule ; s'il récidive un autre mois à compter pareillement du jour de la dénonciation, il aura le jarret coupé, et il sera marqué d'une fleur de lys sur l'autre épaule ; et, la troisième fois, il sera puni de mort.

Art. 39. — Les affranchis qui auront donné retraite dans leurs maisons aux esclaves fugitifs, seront condamnés par corps envers le maître en l'amende de 300 livres de sucre par chacun jour de rétention, et les autres personnes libres qui leur auront donné pareille retraite, en 10 livres tournois d'amende par chacun jour de rétention.

Art. 40. — L'esclave puni de mort sur la dénonciation de son maître non complice du crime dont il aura été condamné sera estimé avant l'exécution par deux des principaux habitants de l'île, qui seront nommés d'office par le juge, et le prix de l'estimation en sera payé au maître ; et, pour à quoi satisfaire, il sera imposé par l'intendant sur chacune tête des nègres payant droits la somme portée par l'estimation, laquelle sera régalée sur chacun desdits nègres et levée par le fermier du domaine royal pour éviter à frais.

Art. 41. — Défendons aux juges, à nos procureurs et aux greffiers de prendre aucune taxe dans les procès criminels contre les esclaves, à peine de concussion.

Art. 42. — Pourront seulement les maîtres, lorsqu'ils croiront que leurs esclaves l'auront mérité, les faire enchaîner et les faire battre de verges ou cordes. Leur défendons de leur donner la torture, ni de leur faire aucune mutilation de membres, à peine de confiscation des esclaves et d'être procédé contre les maîtres extraordinairement.

Art. 43. — Enjoignons à nos officiers de poursuivre criminellement les maîtres ou les commandeurs qui auront tué un esclave étant sous leur puissance ou sous leur direction et de punir le meurtre selon l'atrocité des circonstances ; et, en cas qu'il y ait lieu à l'absolution, permettons à nos officiers de renvoyer tant les maîtres que les commandeurs absous, sans qu'ils aient besoin d'obtenir de nous des lettres de grâce.

Art. 44. — Déclarons les esclaves être meubles et comme tels entrer dans la communauté, n'avoir point de suite par hypothèque, se partager également entre les cohéritiers, sans préciput et droit d'aînesse, n'être sujets au douaire coutumier, au retrait féodal et lignager, aux droits féodaux et seigneuriaux, aux formalités des décrets, ni au retranchement des quatre quints, en cas de disposition à cause de mort et testamentaire.

Art. 45. — N'entendons toutefois priver nos sujets de la faculté de les stipuler propres à leurs personnes et aux leurs de leur côté et ligne, ainsi qu'il se pratique pour les sommes de deniers et autres choses mobiliaires.

Art. 46. — Seront dans les saisies des esclaves observées les formes prescrites par nos ordonnances et les coutumes pour les saisies des choses mobiliaires. Voulons que les deniers en provenant soient distribués par ordre de saisies ; ou, en cas de déconfiture, au sol la livre, après que les dettes privilégiées auront été payées, et généralement que la condition des esclaves soit réglée en toutes affaires comme celle des autres choses mobiliaires, aux exceptions suivantes.

Art. 47. — Ne pourront être saisis et vendus séparément le mari, la femme et leurs enfants impubères, s'ils sont tous sous la puissance d'un même maître ; déclarons nulles les saisies et ventes séparées qui en seront faites ; ce que nous voulons avoir lieu dans les aliénations volontaires, sur peine, contre ceux qui feront les aliénations, d'être privés de celui ou de ceux qu'ils auront gardés, qui seront adjugés aux acquéreurs, sans qu'ils soient tenus de faire aucun supplément de prix.

Art. 48. — Ne pourront aussi les esclaves travaillant actuellement dans les sucreries, indigoteries et habitations, âgés de quatorze ans et au-dessus jusqu'à soixante ans, être saisis pour dettes, sinon pour ce qui sera dû du prix de leur achat, ou que la sucrerie, indigoterie, habitation, dans laquelle ils travaillent soit saisie réellement ; défendons, à peine de nullité, de procéder par saisie réelle et adjudication par décret sur les sucreries, indigoteries et habitations, sans y comprendre les nègres de l'âge susdit y travaillant actuellement.

Art. 49. — Le fermier judiciaire des sucreries, indigoteries, ou habitations saisies réellement conjointement avec les esclaves, sera tenu de payer le prix entier de son bail, sans qu'il puisse compter parmi les fruits qu'il perçoit les enfants qui seront nés des esclaves pendant son bail.

Art. 50. — Voulons, nonobstant toutes conventions contraires, que nous déclarons nulles, que lesdits enfants appartiennent à la partie saisie, si les créanciers sont satisfaits d'ailleurs, ou à l'adjudicataire, s'il intervient un décret ; et, à cet effet, il sera fait mention dans la dernière affiche, avant l'interposition du décret, desdits enfants nés des esclaves depuis la saisie réelle. Il sera fait mention, dans la même affiche, des esclaves décédés depuis la saisie réelle dans laquelle ils étaient compris.

Art. 51. — Voulons, pour éviter aux frais et aux longueurs des procédures, que la distribution du prix entier de l'adjudication conjointe des fonds et des esclaves, et de ce qui proviendra du prix des baux judiciaires, soit faite entre les créanciers selon l'ordre de leurs privilèges et hypothèques, sans distinguer ce qui est pour le prix des fonds d'avec ce qui est pour le prix des esclaves.

Art. 52. — Et néanmoins les droits féodaux et seigneuriaux ne seront payés qu'à proportion du prix des fonds.

Art. 53. — Ne seront reçus les lignagers et seigneurs féodaux à retirer les fonds décrétés, s'ils ne retirent les esclaves vendus conjointement avec les fonds ni l'adjudicataire à retenir les esclaves sans les fonds.

Art. 54. — Enjoignons aux gardiens nobles et bourgeois usufruitiers, amodiateurs et autres jouissants des fonds auxquels sont attachés des esclaves qui y travaillent, de gouverner lesdits esclaves comme bons pères de famille, sans qu'ils soient tenus, après leur administration finie, de rendre le prix de ceux qui seront décédés ou diminués par maladie, vieillesse ou autrement, sans leur faute, et sans qu'ils puissent aussi retenir comme fruits à leur profit les enfants nés desdits esclaves durant leur administration, lesquels nous voulons être conservés et rendus à ceux qui en sont les maîtres et les propriétaires.

Art. 55. — Les maîtres âgés de vingt ans pourront affranchir leurs esclaves par tous actes entre vifs ou à cause de mort, sans qu'ils soient tenus de rendre raison de l'affranchissement, ni qu'ils aient besoin d'avis de parents, encore qu'ils soient mineurs de vingt-cinq ans.

Art. 56. — Les esclaves qui auront été faits légataires universels par leurs maîtres ou nommés exécuteurs de leurs testaments ou tuteurs de leurs enfants, seront tenus et réputés, les tenons et réputons pour affranchis.

Art. 57. — Déclarons leurs affranchissements faits dans nos îles, leur tenir lieu de naissance dans nosdites îles et les esclaves affranchis n'avoir besoin de nos lettres de naturalité pour jouir des avantages de nos sujets naturels de notre royaume, terres et pays de notre obéissance, encore qu'ils soient nés dans les pays étrangers.

Art. 58. — Commandons aux affranchis de porter un respect singulier à leurs anciens maîtres, à leurs veuves et à leurs enfants, en sorte que l'injure qu'ils leur auront faite soit punie plus grièvement que si elle était faite à une autre personne: les déclarons toutefois francs et quittes envers eux de toutes autres charges, services et droits utiles que leurs anciens maîtres voudraient prétendre tant sur leurs personnes que sur leurs biens et successions en qualité de patrons.

Art. 59. — Octroyons aux affranchis les mêmes droits, privilèges et immunités dont jouissent les personnes nées libres; voulons que le mérite d'une liberté acquise [1] produise en eux, tant pour leurs personnes que pour leurs biens, les mêmes effets que le bonheur de la liberté naturelle cause à nos autres sujets.

Art. 60. — Déclarons les confiscations et les amendes qui n'ont point de destination particulière, par ces présentes nous appartenir, pour être payées à ceux qui sont proposés à la recette de nos droits et de nos revenus; voulons néanmoins que distraction soit faite du tiers desdites confiscations et amendes au profit de l'hôpital établi dans l'île où elles auront été adjugées.

Il y a lieu d'être surpris que ces soixante articles n'aient pas été rangés sous des titres différents [2]; car ils ne se suivent pas dans un ordre rigoureusement logique. Nous nous efforcerons cependant de nous conformer le plus possible pour notre étude à l'ordre adopté par le législateur, quoique notre groupement doive être un peu différent pour présenter un ensemble peut-être plus net de la situation.

[1] La plupart des textes portent à tort : « Voulons qu'ils méritent une liberté acquise. »
[2] L'Encyclopédie méthodique, *Commerce*, 1, 533, établit une division en 7 titres, et même 8, avec le dernier article, soit articles 1 à 14, — 15 à 22, — 23 à 28, — 29 à 32, — 33 à 44, — 45 à 55, — 56 à 59, — et 60.

CHAPITRE II

RELIGION DES ESCLAVES

> « Il ne suffit pas de baptiser un peuple, pour le faire chrétien. » (Wallon, *Hist. de l'esclavage dans l'antiquité*, I, Introd., p. LXVIII.)

I. — Le prosélytisme religieux invoqué pour justifier l'esclavage. — De l'influence que pouvait exercer la religion chrétienne sur les esclaves. — Fétichisme des nègres. — Quelques-uns ont une vague connaissance de l'Islamisme.

II. — Les religieux entreprennent dès le début leur conversion. — Ils sollicitent l'intervention des pouvoirs locaux. — Diverses mesures prises avant le Code Noir. — Les maîtres juifs et protestants.

III. — Prescriptions relatives au baptême et à l'instruction religieuse. — Repos des jours fériés. — Libre exercice du culte. — Règlement adressé aux curés des îles. — Préoccupations officielles qu'inspire constamment le salut des noirs.

IV. — Qu'arrive-t-il dans la pratique ? — Offices troublés par les nègres. — Processions. — Fêtes. — Difficultés de l'enseignement évangélique. — Superstitions des nègres. — Leurs réunions illicites dans les églises. Les Jésuites accusés de les corrompre. Les magistrats ne veulent pas laisser les religieux empiéter sur la justice séculière à propos des pénitences publiques.

V. — Inconvénients que voit le pouvoir civil dans l'enseignement donné aux nègres. — La sûreté des blancs dépend de leur ignorance. — La religion n'a pas favorisé l'émancipation des esclaves.

I

Il n'est pas surprenant de voir le Code Noir débuter par des prescriptions relatives à la religion. Le préambule de l'Edit de mars 1685 porte, en effet, qu'il est rendu d'abord pour régler la discipline de l'Église catholique, puis la situation des esclaves aux îles. Ceci s'explique naturellement par l'influence prédominante du catholicisme au xvii⁰ siècle, et, en particulier, à ce moment où allait être promulguée la Révocation de l'Édit de Nantes. Les intérêts religieux sont plus que jamais au premier rang parmi les préoccupations de Sa Majesté très chrétienne.

Il importe, d'ailleurs, de signaler, dès le début de la renaissance de l'esclavage dans les temps modernes, l'idée de prosélytisme religieux dont s'inspirèrent les divers souverains. Montesquieu a remarqué combien elle encouragea les conquérants de l'Amérique dans leurs crimes : « C'est sur cette idée qu'ils fondèrent le droit de rendre tant de peuples esclaves ; car ces brigands, qui voulaient absolument être brigands et chrétiens, étaient très dévots [1]. » Par exemple, l'infant don Henri de Portugal, lorsqu'il envoie ses premières expéditions sur les côtes occidentales d'Afrique, recommande aux navigateurs de prendre des sauvages pour les amener à la connaissance du Christ [2]. Puis, lorsque les premiers sont exposés sur le marché de Lagos, « il considère avec un indicible plaisir, nous rapporte le chroniqueur Azurara [3], le salut de ces âmes qui, sans lui, eussent été à jamais perdues ». C'est ce même plaisir que devait éprouver Torquemada en condamnant ses victimes au salut éternel.

Les Espagnols eurent d'abord pour principe de n'introduire aux colonies que des noirs esclaves, chrétiens depuis leur naissance même. Dès 1506, il est ordonné aux maîtres de veiller à ce qu'ils assistent à la messe les dimanches et jours de fêtes [4].

Enfin, comme le dit encore Montesquieu [5] : « Louis XIII se fit une peine extrême de la loi qui rendait esclaves les nègres de nos colonies; mais, quand on lui eut bien mis dans l'esprit

---

[1] *Esprit des Lois*, liv. XV, ch. IV.
[2] Cf. *Journal des Savants*, 1841. Article de Magnin, p. 706.
[3] *Op. cit.*, ch. XXXVI, p. 182. — F. Denis, *Chroniques chevaleresques de l'Espagne et du Portugal*, II, 49.
[4] Herrera, *Histoire générale des Indes*, déc. I, liv. VI, ch. XX.
[5] *Loc. cit.*

que c'était le moyen le plus sûr de les convertir, il y consentit. » Il est inutile d'insister sur cette conception de la fraternité chrétienne. Ce fut « après une décision formelle demandée à la Sorbonne par Richelieu » qu'il permit, comme on l'a dit, « le déplacement du théâtre de la servitude africaine, déplacement que ses croyances, sa politique et les intérêts de la France exigeaient alors également[1] ».

Nous reconnaîtrons volontiers que la religion chrétienne, prêchée dans d'autres conditions aux noirs africains, eût été le meilleur moyen de les gagner à une civilisation supérieure. Même dans leur misérable situation, et avec les réserves qu'on était bien forcé de faire dans l'explication qu'on leur donnait du dogme et de l'esprit évangélique, elle leur apportait quelques éléments de moralité, et, pour ceux dans le cœur desquels put pénétrer la foi, du moins à l'état rudimentaire, elle dut constituer la plus efficace des consolations. Malheureusement, nous sommes bien forcés de le constater, si les religieux, tout en possédant eux-mêmes des nègres, firent preuve, pour ceux-là en particulier et pour tous en général, de douceur et de bonté[2], la plupart des maîtres catholiques ne s'abstinrent pas de cruautés, qu'ils commettaient eux-mêmes ou laissaient commettre à leur égard ; et, quant aux notions morales qui leur étaient inculquées avec peine, les maîtres furent, dans la plupart des cas, les premiers à les détruire en eux. Sûrement, avec une population libre, le libertinage n'eût jamais atteint le degré où il fut poussé. Mais la famille chrétienne pouvait-elle réellement exister pour le nègre ? Fût-il autorisé à se marier, quel moyen avait-il de protéger sa femme et ses enfants ? Nous savons assurément qu'attribuer aux noirs esclaves nos idées sur la chasteté et sur l'honneur serait une grande erreur. Gar-

---

[1] Avis des Conseils coloniaux. Conseil de la Martinique, p. 30.
[2] Arch. Col., *Colonies en général*, XIII. Martinique, 11 avril 1764. Lettre de Fénelon au Ministre : « En général, les religieux traitent assez bien les nègres pour n'avoir presque pas besoin d'en acheter... »

dons-nous pourtant de les considérer comme incapables de ce sentiment de jalousie qu'on a remarqué jusque chez certains animaux. C'est le cas de leur appliquer le mot de Sénèque [1] : *Servi sunt? Imo homines* [1].

La plupart des esclaves importés aux Antilles étaient exclusivement fétichistes. C'est le caractère dominant chez la race nègre. « Les noirs sont fétichistes, c'est-à-dire qu'à leurs yeux tout est dieu, tout est animé d'une vie et d'une volonté, tout peut exercer une action sur l'univers. Chaque nation a cependant des êtres qui sont plus spécialement l'objet de son adoration ; là, c'est un animal, un léopard, un crocodile, un serpent ; ici, c'est un arbre, une pierre, un rocher ; ailleurs, c'est un lac, une rivière, la mer, la lune, la voûte céleste. La nature déjà si vivante de l'Afrique est, dans la croyance des nègres, douée d'une vitalité encore plus puissante ; et au monde des esprits des choses vient encore s'ajouter la foule innombrable des esprits des morts. — Le culte et la terreur des mânes règnent en maîtres sur les noirs africains. Mais ces mânes, redoutables aux vivants, peuvent et doivent être apaisées et gagnées par des sacrifices. Elles ont, d'ailleurs, conservé les goûts et les besoins de ce monde, et la vie future semble calquée pour les nègres sur la vie terrestre. Les morts boivent, mangent, jouissent comme les vivants ; aussi leur offre-t-on de la nourriture, des liqueurs, des armes et des meubles, et, comme il leur faut des serviteurs et des femmes dans l'autre monde, s'ils ont été chefs et rois dans celui-ci, on égorge une foule de malheureux, dont les mânes sont chargées d'accompagner l'âme du défunt. Telle est l'origine de ces massacres effroyables qui ont lieu en Guinée, au Dahomey ou chez les Achantis, et qui sont connus sous le nom de « Grandes Coutumes [2] ». Toutes ces superstitions, les nègres les conservèrent aux Antilles, et elles ne furent pas

---

[1] Sén., *Ep.* XLVII, I.
[2] Girard de Rialle, *op. cit.*, p. 60-61.

sans influer sur leur conduite, comme nous le verrons par la suite.

Quelques-uns seulement avaient reçu comme une teinte légère d'Islamisme. Les Foules avaient subi les premiers, dès le moyen âge, l'influence des Arabes ; puis, s'étant croisés avec les Yolofs, ils avaient donné naissance aux Tekrouri ou convertis, mot que les noirs prononcent Tokolor, et dont nous avons fait Toucouleur[1]. Mais, comme on peut le penser, ils n'avaient pas tardé à altérer les dogmes qui leur étaient transmis. Au XVIIIe siècle, un de nos administrateurs[2] constate que leurs croyances musulmanes sont mêlées des plus étranges superstitions. Les Yolofs, en particulier, croyaient qu'une sorte de personnage mythologique, « Abouderdail, a donné naissance à leurs premiers chefs... Il vient de l'Orient comme un envoyé de Mahomet pour leur faire connaître le dogme et la sublimité de l'Alcoran ». Dans cette légende, nous retrouvons seulement la trace de la marche de l'Islamisme venu de l'Est. Du reste, si ces noirs avaient été réellement musulmans, on sait que leur religion aurait défendu à leurs coreligionnaires de les vendre comme esclaves.

Ils étaient donc restés, en somme, de véritables païens, et par là ils étaient plus faciles à convertir. Nous avons noté déjà le rôle important joué par les religieux des différents ordres dans les premiers temps de la colonisation. C'est ainsi qu'ils ne manquèrent pas de s'attacher immédiatement à leur œuvre spirituelle. Leurs efforts furent plus heureux auprès des nègres qu'auprès des sauvages. Du Tertre[3] rapporte, en effet, que tous les missionnaires n'ont peut-être pas gagné à Dieu 20 sauvages depuis trente-cinq ans, tandis qu'ils ont converti plus de 15.000 esclaves. La constatation qu'il a faite du manque absolu de toute religion chez certains d'entre eux lui inspire cette réflexion: « En quoi nous pou-

[1] Girard de Rialle, *op. cit.*, p. 84.
[2] Le Brasseur, *op. cit.*, 1779.
[3] II, 501. Cf. aussi Labat, *Nouveau voyage aux isles*, etc. II, 88-89.

vons dire que leur servitude est le principe de leur bonheur et que leur disgrâce est cause de leur salut. » Il affirme, en même temps, qu'ils « vivent plus chrétiennement dans leur condition que beaucoup de Français [1] ». Il écrit qu'à Saint-Eustache et à Antigoa, d'après ce qu'on lui a dit, « les Hollandais et les Anglais tenaient pour maxime, dans leur réformation prétendue, de n'avoir point d'esclaves chrétiens; croyant faire injure au sang et à la loi de Jésus-Christ de tenir en servitude ceux que sa grâce affranchit de la captivité ». En conséquence, ils ne baptisaient les nègres qu'à l'article de la mort, parce que, s'ils réchappaient de leurs maladies, une fois baptisés, ils étaient libres [2]. Soit dit en passant, pour être plus conséquents avec ces bons principes, il est évident que les Hollandais et les Anglais auraient dû commencer par ne pas maintenir les nègres en esclavage.

II

Il paraît certain que les religieux durent agir auprès des pouvoirs locaux pour solliciter leur intervention, car eux-mêmes risquaient de n'être pas suffisamment écoutés de cette population de maîtres, dont beaucoup assurément ne se distinguaient pas par leurs sentiments de piété. Aussi voyons-nous que certaines mesures furent prises même avant le Code Noir à ce sujet. Nous relevons la première dans un Acte d'assemblée de la Compagnie des Iles, du 1ᵉʳ septembre 1638 [3]. Il y est prescrit « qu'il ne soit souffert que ceux de la R. P. R., qui peuvent être dans les Iles, aient à leur service aucuns nègres ou sauvages, et, s'ils en ont acheté quelques-uns, les

---

[1] Cf. Rochefort, *op. cit.*, p. 341 : « Il y a de ces nègres qui jeûnent exactement le carême et tous les autres jours de jeûne qui leur sont ordonnés, nonobstant leurs travaux ordinaires et continuels. »
[2] Du Tertre, II, 503.
[3] Arch. Col., F, 52.

catholiques qui les voudront avoir les pourront retirer d'avec eux en leur rendant ce qu'ils auront donné pour avoir lesdits nègres ou sauvages, à la charge que les catholiques qui les retireront les feront instruire soigneusement en la religion catholique, l'intention principale de Sa Majesté en l'établissement de cette colonie ayant été pour l'instruction des sauvages. » Puis, un arrêt du Conseil de la Martinique, du 7 octobre 1652[1], défend absolument d'exiger aucun travail des esclaves les jours de dimanches et de fêtes. Un règlement de M. de Tracy, du 19 juin 1664[2], touchant les blasphémateurs et la police des îles, contient diverses prescriptions relatives à la religion. L'article 3 défend à tous les maîtres des cases, quelque religion qu'ils professent, d'empêcher les engagés et les nègres d'aller à la messe les dimanches et fêtes ; il leur ordonne, au contraire, de les envoyer au service divin et au catéchisme, sous peine d'une amende de 120 livres de petun. Par l'article 6, il leur est enjoint de pourvoir au baptême des nègres qui descendront des vaisseaux, à leurs mariages ensuite et au baptême des enfants qui en proviendront, sous peine d'une amende de 150 livres de petun, qui est doublée en cas de récidive ; s'ils persistent à ne pas observer ces prescriptions, leurs esclaves seront vendus, — à leur profit, il est vrai, — pour être mis en des mains plus chrétiennes. Une ordonnance de M. de Baas, du 1ᵉʳ août 1669[3], nous montre que, lorsqu'il n'y a pas de commandeurs catholiques sur une habitation, on ne s'occupe nullement des esclaves au point de vue de la religion, que les maîtres juifs leur font observer le samedi et que, le dimanche, ils leur font tenir le marché, ce qui, dorénavant, leur est interdit. Un officier ayant donné un juif pour commandeur à ses nègres, et l'ayant gardé nonobstant les ordres de la justice et les remontrances des religieux, est

[1] Moreau de Saint-Méry, I, 73.
[2] Id., *ib.*, 117.
[3] Id., *ib.*, 180.

cassé de ses fonctions, le 20 octobre 1670[1] ; il faut dire que ce n'est pas pour ce seul motif et que même on lui reprochait surtout ses mauvais traitements à l'égard de sa femme, sa belle-fille et ses esclaves.

Au sujet des juifs, on paraît avoir été assez embarrassé. Ainsi, le 4 février 1658, un arrêt en règlement du Conseil de la Martinique leur interdit tout commerce dans l'île ; mais, dès le 2 septembre suivant, il est rapporté[2]. Le roi écrit, le 23 mai 1671, à M. de Baas[3], pour lui prescrire de leur laisser une entière liberté et de les faire jouir des mêmes privilèges que les autres habitants, parce qu'ils ont fait « des dépenses assez considérables pour la culture des terres ». Aussi font-ils promptement des progrès. Le comte de Blenac s'en inquiète[4], et les Jésuites fournissent un Mémoire, où ils condensent tous leurs griefs contre eux et contre les huguenots[5] : « Ils ont dans leurs maisons un grand nombre d'esclaves qu'ils instruisent dans le judaïsme, ou du moins qu'ils divertissent du christianisme, les empêchent de se trouver aux instructions et détruisent par un rit (sic) de religion contraire à la nôtre et par les discours qu'ils leur font en particulier tous les sentiments que les missionnaires leur peuvent inspirer de la foi ; bien plus, du nombre des esclaves, il y en a plusieurs qui viennent de certaines contrées, qui, à cause du voisinage des mahométans, ont tous reçu la circoncision *qui, étant la porte du judaïsme, il est très aisé* (sic) aux juifs de persuader à leurs esclaves les autres dogmes de la loi. » Le roi envoie alors aux administrateurs[6] un ordre pour les chasser des îles. Et il leur écrit

---

[1] A. Dessalles, III, 150.
[2] *Id.*, II, 279.
[3] Moreau de Saint-Méry, I, 225.
[4] Arch. Col., C⁸, 3. Lettre au Ministre, 19 novembre 1681.
[5] Arch. Col., F, 142, volume non paginé. Le mémoire doit être de 1682. Cf. aussi B, 10, p. 9. Lettre du roi à MM. le chevalier de Saint-Laurent et Begon.
[6] Arch. Col., B, 10, p. 23, 24 septembre 1683. Moreau de Saint-Méry, I, 388, indique la date du 30.

en même temps : « A l'égard des prétendus réformés, ils ne doivent pas souffrir qu'ils fassent aucun exercice de leur religion. » Un arrêt du Conseil de la Martinique, du 4 septembre 1684, condamne « la demoiselle L'Hermite à avoir un commandeur catholique, à peine de 3.000 livres de sucre d'amende pour chacun mois qu'elle y manquera et même de plus grande peine en cas d'une opiniâtre désobéissance [1] ».

Après la tolérance du début, inspirée probablement par Colbert, ce sont les idées d'exclusion qui prévalent. C'est ce qui explique que le Code Noir débute par l'expulsion des juifs des Antilles ; c'est une confirmation solennelle de l'ordre de 1683, qui n'avait sans doute pas été régulièrement exécuté. L'édit du 23 avril 1615, qui est rappelé par l'article 1, porte que les Juifs sont expulsés du royaume dans le délai d'un mois « sur peine de la vie et de confiscation de tous leurs biens [2] ». Le Code Noir marque donc, malgré tout, une atténuation. Il y a lieu de croire, d'ailleurs, que la prescription de l'article 1ᵉʳ ne fut pas suivie à la lettre, car, dans la suite, nous retrouverons des juifs aux Iles. Il est certain qu'ils avaient rendu de grands services. Ainsi c'est un juif du Brésil, Benjamin Dacosta, qui, vers 1644, aurait introduit [3] la canne de Batavia aux Antilles et qui fit connaître à la Martinique les premiers engins de distillation. En réalité, l'intérêt commercial rendit les religieux eux-mêmes plus accommodants dans la pratique. Voici, par exemple, un passage caractéristique du P. Labat à ce propos : « J'avais arrêté un raffineur, en 1704, nommé Corneille de Jérusalem, d'Hambourg et luthérien, pour l'amener à la Guadeloupe. Alors le religieux nommé supérieur à la Guadeloupe m'écrivit qu'il aurait de la peine à se servir de cet hérétique. Je répondis aussitôt qu'il n'avait qu'à me l'envoyer, parce qu'il m'était indifférent que le sucre qu'il ferait fût luthérien ou catholique, pourvu

---

[1] Dessalles, *op. cit.*, III, 213.
[2] Moreau de Saint-Méry, I, 13.
[3] Cf., plus loin, p. 448, note 4.

qu'il fût bien blanc[1]. » Il n'est pas question, dans l'article 1ᵉʳ du Code Noir, des esclaves convertis au judaïsme ; mais il est probable que les maîtres expulsés furent contraints de les vendre, ce qui était une excellente occasion de les ramener à la foi chrétienne et de maintenir le développement des colonies.

Les protestants sont officiellement tolérés, conformément aux instructions du roi citées plus haut. Nombre de calvinistes furent même admis aux Antilles, principalement à Saint-Christophe, après la Révocation de l'Édit de Nantes. Mais l'article 3 du Code Noir les atteignait en interdisant tout exercice public d'autre religion que la C., A. et R., et il considérait comme rebelles les maîtres qui permettaient « à l'égard de leurs esclaves » des assemblées ayant pour but de pratiquer un culte illicite. Une lettre du Ministre à de Blénac, du 14 septembre 1686[2], recommande d'essayer de les convertir par la douceur ; si le moyen ne réussit pas, il y a lieu de « se servir de soldats pour mettre garnison chez eux ou les faire mettre en prison, en joignant à cette rigueur le soin nécessaire pour leur instruction ». Mais, bien loin de les expulser, il faut empêcher par tous les moyens qu'ils n'émigrent dans les îles étrangères. Cependant on voit par une lettre du Ministre, de 1687[3], que beaucoup s'en vont. Rien n'indique ce qu'ils font de leurs esclaves. Malgré tout, les lois ne furent jamais suivies d'effet complet. Ainsi, à la date du 7 mars 1777, nous lisons encore dans un Mémoire du roi aux sieurs Bouillé et De Tascher, administrateurs de la Martinique : « Les lois du Royaume à l'égard des juifs et des protestants ne sont pas rigoureusement observées dans les colonies. Sa Majesté veut bien permettre que ceux qui sont établis à la Martinique et à Sainte-Lucie ne soient point inquiétés pour leur croyance, pourvu toutefois qu'ils s'abs-

---

[1] *Nouveau voyage aux isles*, etc., IV, 138.
[2] A. Dessalles, II, 61.
[3] Arch. Col., B, 1, p. 1.

tiennent de tout exercice public de la religion qu'ils professent[1]. »

III

Le baptême est déclaré obligatoire par l'article 2 du Code Noir pour tous les esclaves. Mais il faut que les nègres soient d'abord instruits des principes fondamentaux de la religion. Or, dans la pratique, c'est presque impossible. Nous avons vu que déjà MM. de Tracy et de Baas avaient pris des mesures en ce sens ; mais elles avaient été inefficaces. Les maîtres se souciaient peu de les faire instruire, d'abord parce qu'ils estimaient que cela leur faisait perdre du temps; ils s'opposaient aussi à ce que les religieux eussent libre accès sur leurs habitations, parce qu'ils étaient ainsi trop à même de constater les mauvaises mœurs ou les excès commis à l'égard des nègres. Une ordonnance du gouverneur de la Guadeloupe, du 14 septembre 1672[2], leur enjoint, en conséquence, de laisser les Jésuites et autres religieux instruire les nègres aux champs les jours de semaine. Tous les nègres nouveaux désiraient en général avec ardeur le baptême, parce que, tant qu'ils ne l'avaient pas reçu, ils étaient un objet de mépris dans les ateliers de la part des autres devenus déjà catholiques[3]. Les Capucins étaient très accommodants pour le leur conférer; les Jésuites également; mais les Jacobins, par exemple, tenaient à s'assurer qu'ils n'étaient pas entièrement ignorants[4]. Il arrivait souvent quand même que le baptême était une cérémonie purement illusoire. Certains esclaves ne se faisaient pas faute d'en obtenir le renouvellement

---

[1] Durand-Molard, *op. cit.*, III, 281.
[2] Arch. Col., F, 221, p. 477.
[3] A. Dessalles, III, 290.
[4] Cf. Arch. Col., C⁸, 19, 10 janvier 1773, une longue et curieuse lettre de Phelypeaux sur les divers Ordres; on y voit qu'un assez grand nombre de religieux étaient eux-mêmes loin de donner le bon exemple et se souciaient fort peu de s'acquitter de leur ministère.

quand ils pouvaient, car ils en faisaient uniquement « des occasions de festins et de présents, parce qu'on n'en exige pas les billets des maîtres, qui devraient exiger de leurs esclaves le rapport des billets endossés du certificat des desservants[1]. »

La garantie stipulée par l'article 4 au sujet des commandeurs, qui ne pouvaient être que catholiques, devait être forcément d'influence nulle sur la conversion des esclaves. Le commandeur, en effet, qu'il fût blanc ou noir, n'avait qu'une mission : assurer la discipline ; terrible garde-chiourme, il ne se servait guère que d'un moyen, le fouet. Il fallait songer seulement à l'empêcher d'abuser des négresses. Mais, quant à s'occuper de la moralité de son troupeau, il était lui-même trop peu au-dessus de lui pour qu'on eût rien à en espérer.

Le moyen le plus efficace pour arriver à instruire les nègres dans la mesure du possible semblait devoir être dans l'observation du repos ordonnée même pour les esclaves[2] pendant les dimanches et jours de fêtes (art. 6 du Code Noir), avec l'obligation de ne pas les troubler dans le libre exercice de la religion catholique (art. 5) et la défense de tenir le marché aux jours fériés (art. 7). Cette dernière prescription ne tarda pas, du reste, à être rapportée par un arrêt du Conseil d'État du 13 octobre 1686[3], à la suite des très humbles remontrances adressées à Sa Majesté à ce propos (ainsi que sur l'article 30), le 1ᵉʳ octobre 1685, par le Conseil souverain de la Martinique[4]. Le Conseil fit, en effet, remarquer que, si les esclaves ne venaient pas au marché, ils manqueraient pour la plupart d'entendre la messe et le catéchisme, et deviendraient libertins, tandis que, les marchés ne durant que trois heures, ils avaient tout le temps de remplir leurs devoirs

---

[1] Petit, *Traité sur le gouvernement des esclaves*, II, 116.
[2] Il est dit dans le *Deutéronome*, V, 14 : « Le septième jour est le sabbat. Tu t'abstiendras, en ce jour, de tout travail, et comme toi, ton fils, ta fille, ton esclave. » De même pour les jours de fêtes. *Ib.*, XVI, 1, 14.
[3] Moreau de Saint-Méry, I, 447.
[4] Arch. Col., F, 248, p. 1087.

spirituels ; au surplus, les maîtres ne pouvaient guère les y envoyer les jours ouvriers. Mais il était plus facile d'édicter que les esclaves assisteraient aux offices et aux instructions religieuses que de l'assurer dans la pratique. Dans les paroisses assez considérables, il y avait un curé des nègres [1] ; mais il ne pouvait guère catéchiser que les esclaves des villes. Il n'y en avait que très peu parmi ceux des habitations qui eussent les moyens de venir régulièrement à l'église [2]. Qu'on songe, en effet, à la difficulté de conduire et de réunir dans un même endroit des centaines d'esclaves, fussent-ils même sous la surveillance des commandeurs. C'eût été s'exposer à des révoltes. Frappés de ces inconvénients, quelques maîtres eurent l'idée d'établir, en 1715, des chapelles spéciales sur leurs habitations. Mais les prêtres ordinaires trouvèrent qu'il y avait abus, leurs paroisses n'étant plus fréquentées. Aussi un ordre du roi, du 25 août 1716 [3], les supprima, et, dans la suite, on ne songea nullement à y suppléer pour les esclaves.

Si l'on s'en rapportait uniquement aux prescriptions qu'on lit dans les documents, on risquerait fort de se tromper en croyant que les nègres devenaient pour la plupart bons chrétiens. Voici, par exemple, un Règlement [4], très bien conçu assurément, et qui fut adressé aux curés des îles. Le préambule a soin de rappeler que le seul avantage que les esclaves puissent retirer de leur état est le salut de leur âme ; aussi est-ce pour cette raison que nos rois en ont autorisé la traite. Jésus-Christ n'est pas moins le sauveur de l'esclave que

---

[1] Petit, op. cit., II, 114.
[2] « Les esclaves travaillent les jours de commandement, ne sont pas instruits et meurent sans baptême. » Arch. Col., F, 21, *Mémoire du frère Saint-Gilles touchant la religion et les mœurs de la colonie de Cayenne.* — Cf. aussi une lettre du Ministre au Comte de Choiseul, 25 juillet 1708. Arch. Col., B, 31, p. 169. Il constate que les esclaves ne sont pas instruits, et il ajoute : « Vous ferez connaître aux maîtres leur véritable intérêt ; mieux les nègres sont instruits, plus ils leur seront fidèles. »
[3] Durand-Molard, op. cit., I, 113.
[4] Arch. Col., Colonies en général, XIII, F, 90.

du libre. Le premier titre traite ensuite de l'instruction : Il faut enseigner le catéchisme aux nègres par des procédés en rapport avec l'état de leur esprit, d'une manière concrète, en usant de comparaisons, d'images, etc. Il est bon de s'intéresser à eux, pour leur enseigner à obéir et à bien vivre. « Chacun ne peut se sanctifier qu'en remplissant les devoirs de son état dans la condition et la situation où la Providence l'a placé. » Il est question, en second lieu, des moyens d'instruction. On divisera les nègres en trois classes, comprenant ceux qui sont : 1° baptisés, instruits et mariés ; — 2° baptisés et célibataires ; — 3° les catéchumènes. Les meilleurs de la première classe seront choisis pour surveiller les autres à l'église ; ils seront habillés d'une soutane et d'un surplis, car il s'agit d'exciter leur émulation, de frapper et flatter leur imagination. Enfin vient la discipline : La religion sera le meilleur moyen d'empêcher tout marronage, empoisonnement, avortement. Les coupables qui seront dénoncés par leurs maîtres seront placés sur le seuil du portail de l'église, à genoux, et astreints à une pénitence publique ; ils recevront l'absolution le jour de Pâques, s'ils en ont été jugés dignes.

On trouve, d'ailleurs, à peu près constamment la trace des préoccupations officielles qu'inspirait le salut des noirs. Par exemple, un arrêt du Conseil de la Martinique[1], du 12 mars 1718, ajourne l'exécution d'un nègre condamné à mort, à cause de l'ivresse du patient, « pour empêcher la perte du salut de l'âme dudit ». Dans un arrêt en règlement du Conseil du Cap, des 12 septembre 1740 et 6 mai 1741[2], nous relevons les prescriptions suivantes : ARTICLE PREMIER : Les esclaves prisonniers seront tenus d'assister tous les jours à la prière du matin et du soir, à peine de trois jours de cachot. — ART. 8. Il est enjoint aux anciens prisonniers et autres de dénoncer ceux de la chambre ou cachot qui auraient juré le S. nom de Dieu. — Dans le Mémoire du 7 mars 1777, que nous avons cité plus

---

[1] Arch. Col., F, 231, p. 783.
[2] Moreau de Saint-Méry, III, 625.

haut [1], il est dit : « La Religion, par la sainteté de son principe, comme par l'excellence de sa fin, doit fixer les premiers regards de l'Administration... C'est surtout par le frein qu'elle impose que peuvent être maintenus des esclaves, trop malheureux par l'esclavage même, et également insensibles à l'honneur, à la honte et aux châtiments. » Ici, on le voit, l'utilité pratique de la religion est nettement indiquée. En général, cette idée est plutôt sous-entendue. Mais, jusqu'aux dernières années de l'ancien régime, le gouvernement donne des ordres en ce sens. Une ordonnance du roi sur les missions ecclésiastiques, du 24 novembre 1781 [2], contient l'article suivant : (X) « Le préfet apostolique veillera particulièrement à ce que les esclaves dans chaque paroisse reçoivent de leurs curés les instructions nécessaires et les sacrements de l'Église, et, dans le cas où il aurait connaissance de négligence ou empêchement de la part des maîtres, il en donnera avis aux gouverneur, lieutenant général et intendant, afin qu'il y soit par eux pourvu. »

IV

Telle est la théorie ; mettons en regard ce qui se passait dans la pratique.

Naturellement l'instinct l'emportait le plus souvent chez les esclaves et, dès qu'on leur laissait un peu de liberté, ils essayaient d'en profiter pour se procurer quelques jouissances matérielles à leur portée. Ils buvaient surtout, aussitôt qu'ils en avaient les moyens, et éprouvaient le besoin de se livrer à leur nature exubérante, si durement contenue d'ordinaire, de danser, de crier et de faire du tapage. C'est ainsi qu'ils préféraient les cabarets à l'église ; aussi dut-on les

[1] Page 176.
[2] Durand-Molard, *op. cit.*, III, 451.

faire fermer pendant les offices. Un arrêt du Conseil de la Martinique, du 5 septembre 1689[1], condamne un cabaretier à 300 livres de sucre d'amende pour avoir vendu de l'eau-de-vie à des nègres et négresses un dimanche, pendant le service divin. Un règlement du gouverneur de la Guyane, du 1ᵉʳ janvier 1696[2], qui ordonne de faire baptiser les esclaves et de leur administrer les sacrements, défend, en outre, aux cabaretiers de leur vendre ni vin ni eau-de-vie les jours de fêtes et de leur donner à manger de la viande les jours maigres. Par parenthèse, cette dernière précaution paraît à peu près superflue, vu qu'ils n'étaient pour ainsi dire jamais libres ces jours-là. Une ordonnance d'un gouverneur, du 1ᵉʳ août 1704[3], défend les assemblées et danses des nègres esclaves les dimanches et fêtes, pendant le service divin ; elle interdit aussi qu'ils battent du tambour pendant les offices religieux ou après le coucher du soleil et pendant la nuit; c'était une de leurs distractions favorites.

Les processions, auxquelles on avait voulu les associer, n'étaient guère pour eux qu'une occasion de parade, de divertissement et de désordre. Une lettre de De Bompard, gouverneur de la Martinique, du 20 juillet 1753[4], nous fournit de curieux détails à ce sujet. S'étant rendu à Saint-Pierre pour voir une procession des nègres à l'occasion de la Fête-Dieu, il a trouvé que rien n'était plus indécent. Il y avait deux curés des nègres, un jacobin et un jésuite. Comme la procession avait lieu après celle des blancs, ils avaient voulu rivaliser avec eux d'apparat. Un grand nombre de nègres y figuraient avec des armes (il est vrai qu'elles étaient de bois), et leur discipline lui a paru remarquable. « Plusieurs autres vêtus d'habits très riches représentaient le roi, la reine, toute la famille royale, jusqu'aux grands officiers de la couronne.

---

[1] Arch. Col., F, 246, p. 333.
[2] Trayer, *op. cit.*, p. 24.
[3] Moreau de Saint-Méry, II, 12.
[4] Arch. Col., F, 111.

On m'a même assuré que, dans une des paroisses de l'île, le curé introduisit l'année dernière dans le sanctuaire le singe et la guenon qui contrefaisaient le roi et la reine ; ils furent placés l'un et l'autre dans des fauteuils... » Le gouverneur a frémi en pensant qu'il y avait en ce moment dans l'île « 15 ou 18.000 nègres tous choisis, ameutés et exercés, et auxquels il ne manquait qu'un chef ». Mais il saisit l'occasion d'une dispute pour défendre à l'avenir les processions. Aussi le Ministre écrit, le 27 novembre suivant, au P. de Sacy[1] : Le roi approuve la défense faite par le gouverneur ; les processions des nègres lui ont semblé, en effet, indécentes pour la religion et mauvaises pour la discipline. — Toutefois, sur les réclamations des religieux, on se décida à les autoriser de nouveau, mais on interdit aux esclaves de se parer pour l'occasion. Une ordonnance des administrateurs de la Martinique, du 30 mai 1770[2], porte en effet que « les esclaves de l'un et de l'autre sexe ne pourront assister aux processions qu'avec leurs habits ordinaires et conformes à leur état, à peine du fouet et du carcan, et, contre les maîtres qui les autoriseront, de 50 livres d'amende ».

Les maîtres craignaient toujours, naturellement, les révoltes. De plus, ils voyaient les fêtes de mauvais œil, parce qu'elles les privaient du travail de leurs esclaves. A plusieurs reprises, il fut question de les diminuer. Ainsi l'intendant Blondel de Jouvancourt nous fait connaître[3] que le Conseil de la Martinique a proposé de retrancher les fêtes pour les esclaves seulement, « en obligeant les habitants de payer à la fabrique de leur paroisse pour chaque fête retranchée 5 sols par tête de nègre et 2 sols à chaque nègre pour le dédommager de son travail. » Cette proposition, dit-il, ne peut qu'être approuvée des habitants, « puisqu'ils profiteraient par là de quarante jours de travail pendant l'année ». Quelque

[1] Arch. Col., F, 258, p. 743.
[2] Durand-Molard, *op. cit.*, III, 263.
[3] Arch. Col., C⁸, 32. Lettre du 28 juin 1723.

temps après, MM. de Champigny et d'Orgeville écrivent au Ministre[1] que les préfets apostoliques leur ont communiqué un rescrit de Rome relatif à la suppression de quelques fêtes. Tout le monde convient, d'après eux, que « les fêtes, bien loin d'exciter la piété des nègres, les entretiennent dans le libertinage ». Mais les maîtres se plaignant de ne pas pouvoir nourrir leurs nègres, dont ils ont un moins grand besoin alors par suite de la ruine des cacaos, aiment mieux provisoirement leur laisser la liberté des jours de fêtes, qui leur permet de pourvoir à leur subsistance en se livrant à des travaux de jardinage. Il ne paraît pas, en effet, qu'on ait rien fait en ce sens, car nous voyons les plaintes se reproduire. Le 15 mars 1780, le Ministre écrit à MM. Le Vassor et La Rivière[2] à propos de cette multiplicité des fêtes qui produit trop de dissipation parmi les esclaves, car ils profitent de ces moments pour tramer leurs complots. Il rappelle les dangers que courut la Martinique, en 1748, « quand les esclaves, la plupart marrons, ayant formé le projet de se rendre, pendant la messe de la nuit de Noël, maîtres des différents bourgs de la Martinique, s'emparer des armes des habitants et faire main basse sur tous ceux qui seraient dans les églises, on n'évita la ruine totale de cette île que parce qu'un habitant entendit par hasard des nègres qui s'entretenaient de ce projet ». Sa Majesté a écrit « à M. l'Évêque, duc de Laon », son ambassadeur à Rome, pour savoir s'il ne serait pas possible d'obtenir la diminution des fêtes. Mais il n'est plus question, les années suivantes, de la solution donnée à ce projet. Ce n'est que le 16 février 1787 que nous trouvons une circulaire aux administrateurs de Saint-Domingue, la Martinique, la Guadeloupe, Sainte-Lucie, Tabago, Cayenne et le Sénégal, indiquant que le roi a obtenu divers décrets de la Cour de Rome pour réduire à 10 le nombre des fêtes[3].

[1] Arch. Col., C⁸, 40. Lettre du 2 janvier 1729.
[2] Arch. Col., B, 111, Iles-du-Vent, p. 10.
[3] Arch. Col., B, 196, Saint-Domingue, p. 49.

Nous venons de voir qu'il était difficile de contenir les esclaves, dès qu'ils étaient réunis à ces occasions. Parfois même ils étaient excités par les blancs, ainsi qu'il résulte d'une ordonnance des administrateurs de la Guadeloupe, du 9 septembre 1772[1]. Article premier : « Les tumultes et les huées indécentes des blancs et surtout des nègres, lors de la célébration des mariages, forcent les curés à ne plus administrer ce sacrement que pendant la nuit, à des heures indues, contre les règles de l'Église et les ordonnances de nos rois, notamment celle de 1650. » Les nègres qui feront du bruit à l'église seront condamnés à trois heures de carcan. — Art. 2 : « Défendons pareillement pour les mêmes raisons les attroupements de nègres autour des églises, dans les jours de grande solennité et particulièrement pendant celles de la semaine sainte, et ce à cause des bruits indécents qui en résultent autour et souvent dans l'intérieur de l'église, à peine d'être punis suivant l'exigence des cas, ce que nous confions à la prudence des juges respectifs. »

On comprend qu'il était assez difficile de faire pénétrer dans ces esprits grossiers la pure doctrine du christianisme. N'oublions pas d'abord qu'ils n'arrivaient à saisir par l'usage que quelques mots de la langue usuelle, et qu'ils prononçaient encore en les dénaturant de singulière façon. Par conséquent, les religieux étaient obligés de se mettre à leur portée par tous les moyens possibles, et surtout de matérialiser l'expression de leurs idées[2]. Bien entendu, le cercle de leurs développements était très restreint. Les nègres ne manquaient pas non plus de modifier au gré de leur imagination les notions qu'on essayait de leur inculquer. D'après ce que rapporte Moreau de Saint-Méry, « selon eux, Dieu fit l'homme et le fit blanc ; le diable, qui l'épiait, fit un être tout

---

[1] Arch. Col., *Recueil des lois particulières à la Guadeloupe*, F, 236, p. 654.
[2] Cf. P.-A. Chevillard, *Les desseins de S. Ém. de Richelieu pour l'Amérique*, etc. Rennes, s. d., in-4. Il donne, p. 143, un curieux modèle d'instruction religieuse à l'usage des nègres.

pareil ; mais le diable le trouva noir lorsqu'il fut achevé, par un châtiment de Dieu, qui ne voulait pas que son ouvrage fût confondu avec celui de l'esprit malin. Celui-ci fut tellement irrité de cette différence qu'il donna un soufflet à la copie, et la fit tomber sur la face, ce qui lui aplatit le nez et lui fit gonfler les lèvres. D'autres nègres moins modestes disent que le premier homme sortit noir des mains du Créateur et que le blanc n'est qu'un nègre dont la couleur est dégénérée[1]. » G. de Cassagnac cite en effet leur dicton : « Le blanc, c'est l'enfant de Dieu ; le noir, c'est l'enfant du diable, le mulâtre n'a pas de père[2]. »

Ce qu'on tâchait évidemment de leur mettre dans l'esprit, c'est qu'il leur fallait supporter leur condition, que Dieu le voulait ainsi, que c'était pour eux un moyen de gagner le ciel. Certains d'entre eux devaient dans leur for intérieur penser comme l'Indien qui déclarait à un missionnaire que, si les Espagnols devaient y aller eux aussi, il n'en voulait à aucun prix. Il est sûr que l'idée d'une Providence, mère commune des blancs et des noirs, devenus frères en Jésus-Christ, était une de ces vérités difficiles à accepter pour eux. Un jour, à ce que raconte un auteur ayant vécu au milieu d'eux[3], un missionnaire expliquait aux nègres qu'ils tenaient de Dieu les patates qu'ils mangeaient. Mais l'un d'eux lui répondit librement qu'il n'en croyait rien et que, s'ils ne plantaient pas les patates, elles ne pousseraient pas. « Et la pluie, d'où vient-elle ? » lui demanda le missionnaire. Le nègre resta interloqué par cet argument et se contenta de lever les yeux au ciel, en signe qu'il était convaincu de l'existence d'un Dieu créateur. Quelque sentiment vague qu'ils pussent avoir de l'opposition par trop manifeste entre les principes qui leur étaient enseignés et la conduite de leurs maîtres, il leur était forcément impossible de discuter. Donc ils accep-

---

[1] Moreau de Saint-Méry, *Description de Saint-Domingue*, I, 74
[2] *Voyage aux Antilles françaises*, etc., I, 101.
[3] Petit, *op. cit.*, II, 113.

taient tout ce qu'on leur disait, tout en faisant subir le plus souvent aux idées les plus étranges déformations. C'étaient surtout les hommes qui perdaient le plus facilement les croyances mal comprises dont ils ne s'étaient qu'imparfaitement pénétrés. Au témoignage de l'auteur de l'*Essai sur l'esclavage*, ils finissaient par revenir la plupart du temps à leurs superstitions. « Ils adorent des dieux différents, sous la figure de quelque animal. Si c'est un bœuf, un mouton ou quelque bête bonne à manger, ils ne se déterminent qu'avec répugnance à lui donner la mort, et ceux qui se piquent d'être scrupuleux n'en mangent pas la viande ; mais ce rigorisme est rare, et on a si bien travaillé que les nègres n'ont plus d'autre frein que la terreur des châtiments, auxquels l'autorité a été obligée de recourir pour prévenir les plus grands désordres[1]. »

Quoi qu'on fît, ils conservèrent principalement leur croyance à la sorcellerie. Nous trouvons, à la date du 23 novembre 1686[2], un curieux arrêt du Conseil supérieur de Saint-Christophe contre les nègres sorciers et soi-disant médecins. Le procureur général a présenté une remontrance faite par le R. P. Moreau, jésuite, ayant la direction spirituelle des esclaves. Ils se mêlent, dit-il, de guérir plusieurs maladies « par sortilèges, paroles ou autrement, et même aussi de deviner les choses qu'on leur demande. » On distingue : 1° les sorciers, qui ont communication avec le démon ; ils arrivent, par exemple, à « représenter dans un bassin plein d'eau telle ou telle personne » ; — 2° ceux qui usent de sortilèges ; ils se servent de certaines drogues « par la coopération du démon, qui agit secrètement en conséquence d'un pacte qu'il a fait de produire certains effets aussitôt que quelqu'un l'invoquerait en faisant telles choses extérieures, telle que serait de manger le foie d'une poule blanche ou de porter pendu au col un billet marqué de certains caractères, tout cela au reste n'ayant aucune vertu ni force,

[1] P. 228 du manuscrit des Arch. Col., F, 129.
[2] Arch. Col., F, 53.

mais étant simplement des signes par lesquels ceux qui les emploient le prient de faire une certaine chose qu'ils souhaitent »; — 3° les jongleurs, qui font des singeries, des attouchements, et « font croire aux plus simples qu'ils les ont désensorcelés en leur tirant du corps certains morceaux de bois ou terre, etc., qu'ils appellent *ouanga* ou *burgos*[1], qu'ils prétendent être cause des maladies »; — 4° enfin, ceux qui usent de remèdes naturels, c'est-à-dire qui ont la connaissance de quelques simples. — L'arrêt défend de recourir à eux sous peine de 50 livres d'amende, monnaie des îles, de peine afflictive et punition corporelle en cas de récidive ; les esclaves seront punis de 20 coups de fouet et de la fleur de lys sur une joue; pour la deuxième fois, ils auront le nez et les oreilles coupés, et subiront une « plus grande peine en cas de récidive ».

Les maîtres ne se faisaient pas faute d'user même de châtiments plus terribles. Le ministre écrit, le 3 septembre 1727[2], à MM. De la Rochalar et Du Clos : « Il m'a été adressé un Mémoire de Saint-Domingue contenant qu'il y a des habitants qui, sur des soupçons qui leur viennent qu'il est des nègres sorciers, se donnent la licence de les faire mourir de leur propre autorité, les uns par le feu et les autres en leur brisant les os à coups de bâton ou de marteau, sans leur procurer le baptême ni autre sacrement. » La lettre, après avoir traité des autres abus concernant la religion, se termine ainsi : « Il ne convient en aucune façon que les maîtres se fassent une justice aussi sévère, quand même le crime de sortilège serait aussi réel qu'il paraît imaginaire; cela est contre les lois, la religion, le bon ordre et l'humanité ; vous devez réprimer ces excès avec toute la sévérité que demande la justice. »

Le P. Labat[3] est d'avis « qu'il y a véritablement des

---

[1] Cf. Arch. Col. *Code Guadeloupe*, F, 221, p. 519, arrêt du Conseil du 18 avril 1674, dans lequel il est dit qu'ils tirent « des boutons, des pieds de crabes et autres choses semblables du ventre d'un prétendu infirme ».

[2] Arch. Col., F, 50, p. 430.

[3] *Nouveau voyage aux isles*, etc., II, pp. 53 à 65.

gens « qui ont commerce avec le diable », et il raconte l'histoire de plusieurs nègres sorciers. A l'un d'eux entre autres il a « fait distribuer environ 300 coups de fouet, qui l'écorchèrent depuis les épaules jusqu'aux genoux » ; puis, il l'a fait mettre aux fers, après l'avoir fait laver avec une pimentade, c'est-à-dire avec de la saumure dans laquelle on a écrasé du piment et de petits citrons.

Cette croyance à la sorcellerie, les nègres l'avaient apportée de leur pays. Dès leur enfance ils avaient appris à croire aux *ombies* ou revenants[1], et ils portaient, pour s'en garantir, des *grigris*, ou amulettes, composés par des sorciers et enchanteurs. Ils croyaient aussi à la transmigration des âmes. C'est pour cela que certains se suicidaient, persuadés qu'après leur mort ils retourneraient dans leur pays. « On n'a vu que trop souvent les Ibos d'une habitation former le projet de se pendre tous pour retourner dans leur pays. Il y a longtemps qu'on oppose à leur erreur une de leurs propres opinions ; lorsqu'on n'a pu prévenir absolument ce voyage Pythagoricien, on fait couper la tête du premier qui se tue, ou seulement son nez et ses oreilles, que l'on conserve au haut d'une perche ; alors les autres, convaincus que celui-là n'osera jamais reparaître dans sa terre natale ainsi déshonoré dans l'opinion de ses compatriotes, et redoutant le même traitement, renoncent à cet affreux plan d'émigration[2]. »

On peut penser jusqu'où allait ainsi l'imagination de ces malheureux, surexcitée encore dans bien des cas par la souffrance et la terreur. Se figurant qu'on pouvait leur jeter des sorts, ils tâchaient de se protéger au moyen de petits sachets ou paquets ficelés appelés *garde-corps* et *macandals*[3]. Dans

---

[1] Schœlcher, *Col. françaises*, 323.
[2] Moreau de Saint-Méry, *Description de Saint-Domingue*, I, 36. Même idée dans la *Réponse à MM. les philanthropes anglais*. Arch. Col., F, 61.
[3] Macandal est le nom d'un célèbre empoisonneur, que nous retrouverons plus loin.

la composition de ces amulettes, il entrait de l'encens, de l'eau bénite, de petits crucifix et « presque toujours du pain bénit de Noël et d'une autre fête solennelle et de la cire du cierge pascal [1] »; fréquemment il y avait aussi du poison. Les nègres se croyaient en sûreté lorsqu'ils prenaient la fuite portant un macandal; quoique journellement il leur arrivât d'être pris, ils n'attribuaient leur malheur qu'au défaut d'observation de ce que le distributeur leur avait prescrit. Un arrêt de règlement du Conseil de la Martinique [2], du 7 avril 1758, défendit par l'article 2 à tous affranchis et esclaves de composer, vendre, distribuer ou acheter des macandals, « à peine d'être poursuivis extraordinairement comme profanateurs et séducteurs et punis suivant la rigueur de l'édit de 1682 ». L'article 1ᵉʳ interdit les cérémonies superstitieuses « qu'improprement ils nomment prières à l'occasion de la mort de l'un d'eux ». Ils poussaient en effet des hurlements, ce qui ne les empêchait pas de faire une sorte de festin, quand ils en avaient les moyens. Leur deuil consistait à se vêtir de blanc durant plusieurs jours et à porter le mouchoir de tête plié en demi-mouchoir, mis sans aucun soin et avec les deux bouts pendants par derrière.

Voici un exemple intéressant des abus auxquels ils en étaient arrivés peu à peu en ce qui concerne la religion. Il est tiré d'un arrêt de règlement du Conseil du Cap, du 18 février 1761 [3]. Le préambule, très long, reproduit les remontrances qu'a faites à ce sujet le procureur général. Malgré les défenses précédemment enjointes, les esclaves couvrent leurs assemblées « du voile de l'obscurité et de celui de la religion », en se réunissant la nuit dans les églises, qui deviennent ainsi le refuge des fugitifs et même un lieu de prostitution. Comme on a essayé de mettre fin à ces réunions

[1] Arch. Col., F, 245, p. 293. Procès d'un nègre accusé de maléfices, janvier 1755.
[2] Moreau de Saint-Méry, IV, 225.
[3] Moreau de Saint-Méry, IV, 352.

du soir, les domestiques et ouvriers du Cap, très nombreux, se donnent rendez-vous de midi à deux heures, et il est très difficile de les en empêcher. En outre, le jésuite chargé de l'instruction religieuse des nègres remplit seul à l'égard desdits nègres libres et esclaves « toutes les fonctions curiales ». Aussi en sont-ils arrivés à se figurer qu'ils formaient « un corps de fidèles distinct » : ils ont érigé quelques-uns d'entre eux en chantres, en bedeaux, en espèces de marguilliers, et affectent de copier l'usage des fabriques ; quand ils sont réunis, il y en a qui ont accoutumé de catéchiser ou de prêcher les autres ; dans leur zèle, ils vont aussi catéchiser dans les maisons et dans les habitations. Le procureur se plaint encore de ce que « le religieux, chargé de l'instruction des nègres et leur administrant seul tous les sacrements sous ce titre, différait souvent de baptiser les enfants noirs ou mulâtres, par le refus qu'il faisait des parrains et marraines de cette classe, sous prétexte qu'ils n'étaient point assez exacts aux devoirs de la religion ou assez assidus aux exercices spirituels ». Il célébrait aussi des mariages, sans avoir soin de s'assurer auparavant du consentement du curé de la paroisse. — C'est pourquoi l'arrêt du Cap ordonne : ARTICLE PREMIER : Les mariages des nègres ne pourront avoir lieu sans le consentement des curés. — ART. 2 : Défense aux prêtres de différer le baptême et de refuser pour parrain et marraine toutes personnes blanches ou noires faisant profession de la religion C., A. et R. — ART. 3 : Défense aux esclaves de s'assembler dans les églises de midi à deux heures et après le soleil couché. — ART. 4 : Défense à tous les esclaves de faire les fonctions de suisse ou de bedeau sous peine du fouet. — ART. 5 : Défense de catéchiser.

Il n'est pas moins curieux de voir attribuer aux Jésuites la cause de tous les méfaits commis par les nègres. Les Jésuites avaient cherché sans doute à les dominer, ce qui leur donnait naturellement un puissant moyen d'influence, si bien que le gouvernement en avait même pris ombrage. En effet, une lettre du Ministre aux administrateurs de la Martinique, du 29 décembre 1752 [1], désapprouve un projet qu'ils avaient présenté pour l'établissement d'une confrérie intitulée : « L'Esclavage de la Sainte-Vierge. » Il y est dit que « le roi sera toujours favorablement disposé à favoriser tous les arrangements qui pourront contribuer à l'instruction des nègres », mais qu'il ne faut pas oublier la nécessité de les contenir. Le 24 novembre 1763, le Conseil supérieur du Cap rend un arrêt définitif qui prononce l'extinction des Jésuites et leur expulsion hors de la colonie [2]. Il rappelle l'arrêt précédent de la Cour, du 18 février 1761, « qui proscrit l'établissement fait en cette ville par les soi-disant Jésuites d'un prétendu curé des nègres », ainsi que les abus qu'ils e. autorisés. Il cite « un billet écrit en latin par le Frère Langlois à un desservant de l'église du Port Margot, qui constate que les soi-disant Jésuites favorisaient la désertion des esclaves ». Selon le procureur général, c'est à la doctrine et à la morale pratique des Jésuites envers les esclaves qu'on doit principalement imputer « les crimes énormes, notamment les profanations et empoisonnements commis par lesdits esclaves ».

Mais on se demande quel intérêt auraient eu les Jésuites à pousser les esclaves au crime. Ne risquaient-ils pas, au contraire, d'en être les premières victimes? A juger les choses impartialement, il paraît probable que le procureur a grossi les faits pour obtenir la condamnation d'un ordre qui inquiétait le pouvoir laïque [3]. Les magistrats se montrent, en effet, sans cesse préoccupés d'empêcher les empiétements

[1] Arch. Col., F, 258, p. 691, et B, 95, Iles-du-Vent, p. 56.
[2] Moreau de Saint-Méry, IV, 626. — Ce n'était qu'à la suite de lettres patentes du 3 juin précédent (*Id.*, IV, 586), concernant la poursuite des biens de la Compagnie; les lettres patentes, communes à toutes les colonies, n'eurent à Saint-Domingue aucune exécution, l'établissement d'un séquestre ayant même eu lieu précédemment par arrêt du Conseil du Cap, du 9 décembre 1762; aussi leurs dispositions furent-elles changées par d'autres lettres patentes du 27 octobre 1764 et, enfin, rendues sans effet par celles du 14 février 1768.
[3] N'oublions pas non plus que le P. La Valette, qui venait de faire une faillite de 3 millions, était supérieur des missions de la Martinique.

des ecclésiastiques, quels qu'ils soient, sur leurs prérogatives. Nous n'en donnerons qu'un exemple : Les religieux avaient imaginé de recourir à la pénitence publique, qui impressionnait vivement les esclaves, pour réprimer leur libertinage, et ils l'imposaient aux négresses qui avaient donné le jour à des bâtards. La femme était contrainte de venir, au commencement de la messe paroissiale, à l'église, son enfant entre les bras, une corde au cou, un cierge allumé à la main ; elle restait ainsi à genoux durant toute la messe, au milieu de l'église, après quoi le curé baptisait l'enfant et faisait à la mère « une petite instruction et correction ». Mais le procureur général avait réclamé à ce sujet, voyant dans cette punition « une usurpation de la justice séculière », si bien que la pénitence publique avait été supprimée, le 12 septembre 1724 [1].

V

Pour nous résumer, nous dirons que l'impression qui paraît avoir dominé chez les administrateurs, c'est plutôt celle des inconvénients que des avantages moraux de l'instruction religieuse donnée aux nègres. C'était le seul moyen d'éveiller leur esprit ; or il importait de supprimer en eux autant que possible toute pensée. Cette théorie de l'intérêt bien entendu est exposée tout au long dans une lettre confidentielle adressée, le 11 avril 1764, au Ministre par le gouverneur de la Martinique, Fénelon [2] : « Je suis arrivé à la Martinique, écrit-il, avec tous les préjugés d'Europe contre la rigueur avec laquelle on traite les nègres et en faveur de l'instruction

---

[1] Cf. Arch. Col., F, 252, pp. 527, 531, 567, 575, diverses pièces à ce sujet, année 1722. F, 69, Instructions à l'intendant Blondel de Jouvancourt, 4 janvier 1763 ; F 253, p. 477, au même, pour lui enjoindre l'interdiction, 12 septembre 1724.

[2] Arch. Col., Col. en général, XIII, F, 90.

qu'on leur doit par les principes de notre religion. » Puis, il s'est vite convaincu qu' « une discipline sévère et très sévère est un mal indispensable et nécessaire... L'instruction, j'effraterais tous les saints du clergé de France si mon opinion sortait du sanctuaire de votre cabinet, est un devoir dans les principes de la sainte religion, mais la saine politique et les considérations humaines les plus fortes s'y opposent... La sûreté des blancs exige qu'on tienne les nègres dans la plus profonde ignorance... Je suis parvenu à croire fermement qu'il faut mener les nègres comme des bêtes... J'hésite à faire instruire les miens; je le ferai cependant pour l'exemple et pour que les moines ne mandent point en France que je ne crois point à ma religion et que je n'en ai pas. » Cet aveu n'est-il pas significatif ? Voilà donc à quoi se réduisent ces projets en apparence généreux de conversion des nègres, destinés à calmer les consciences qui auraient pu s'indigner des horreurs de l'esclavage. Ce sont les considérations purement humaines qui l'emportent, le droit du plus fort qui finit par s'exercer cyniquement. Et cela en plein xviii° siècle ! Combien Voltaire avait raison d'écrire [1] : « Nous leur disons qu'ils sont hommes comme nous, qu'ils sont rachetés du sang d'un Dieu mort pour eux, et ensuite on les fait travailler comme des bêtes de somme : on les nourrit plus mal ; s'ils veulent s'enfuir, on leur coupe une jambe, et on leur fait tourner à bras l'arbre des moulins à sucre, lorsqu'on leur a donné une jambe de bois. Après cela nous osons parler du droit des gens ! » Non, la loi du Christ ne fut pas pour eux une loi d'amour et de fraternité ; ce n'est pas elle qui devait faire triompher les idées d'émancipation.

[1] *Essai sur les mœurs.* Edit. Garnier, XII, 417.

CHAPITRE III

MŒURS DES ESCLAVES

> « ... Si la servitude ôte à l'homme la moitié de sa vertu, elle l'enlève tout entière aux femmes. » (Arch. Col., F, 156. Disc. de Moreau de Saint-Méry, sur les affranchissements, prononcé dans l'assemblée publique du Musée de Paris, 7 avril 1785.)

I. — Degré de moralité originaire du nègre. — Si les Européens l'ont amélioré ou perverti. — Mélange fatal des deux races. — Premier règlement de M. de Tracy (1664). — Mesures subséquentes. — Peines infligées aux commandeurs et aux maîtres.
II. — L'article 9 du Code Noir. — Rapprochement avec les textes concernant l'esclavage dans l'antiquité. — Exemples de l'application dudit article. — Insuffisance des prescriptions légales pour empêcher la corruption. — Rôle du clergé; des magistrats. — La question du mélange des sangs.
III. — Du mariage des esclaves au point de vue moral. — Rareté des unions légitimes. — Ses causes. — Pas de famille véritable. — Le triomphe de la bête humaine.

I

Si la religion ne parvint à exercer sur l'âme des nègres qu'une influence peu profonde, en ce sens qu'ils conservaient, malgré tout, la plupart du temps, leurs superstitions, auxquelles ils mêlaient simplement certaines pratiques extérieures du catholicisme, on peut bien penser *a priori* qu'elle ne modifia que très superficiellement leur moralité. Il faut dire que, dans leur pays d'origine, elle était assez faible, pour ne pas dire nulle. Tout entiers à leur instinct, les nègres ignoraient ce qu'est la chasteté. Qu'ils eussent une ou plusieurs femmes, suivant leurs ressources, ils n'éprouvaient à leur sujet qu'une « jalousie purement charnelle [1] », et il leur arrivait souvent de les prostituer, « soit par hospitalité, soit par amour du lucre ». Un fait invoqué comme preuve du peu de chasteté des négresses, c'est que chez les nègres les générations se suivent par la ligne féminine : les héritiers d'un homme sont les enfants de sa sœur. « Le noir semble plus sûr de retrouver son sang dans ses neveux du côté de sa sœur que dans les enfants de ses femmes. » Seuls les rois et les chefs s'appliquaient à tenir sévèrement leurs concubines, « par orgueil et par amour de la domination ». Les malheureux réduits en esclavage, que l'on exportait, n'étaient généralement pas polygames. S'ils avaient au moins une femme à eux, d'abord il n'était pas toujours sûr qu'ils fussent vendus en même temps qu'elle, au même marchand. En admettant même qu'il en fût ainsi, ils se trouvaient tout de suite séparés dès l'embarquement. Rien ne nous indique qu'on prît soin de les réunir à l'arrivée et surtout que les maîtres fussent obligés de les acheter ensemble. On ne fait guère de différence entre les nègres et les bêtes d'un troupeau. Au début, nous l'avons vu, rien ne protège en eux l'humanité. On juge, par conséquent, des abus qui durent se produire.

Quand les premiers colons vinrent s'établir aux îles, c'est à peine s'il y avait quelques femmes parmi eux. Pendant longtemps les administrateurs réclameront auprès du gouvernement de la métropole, afin qu'on envoie d'office un certain nombre de filles d'hôpital, orphelines ou enfants trouvées, pour les marier avec les Européens. Mais, en attendant, le mélange des races avait trop d'occasions fatales de se produire pour qu'il n'en fût pas ainsi. Il suffit de rappeler que, sous un climat chaud, les négresses étaient à peine vêtues, qu'elles étaient de mœurs naturellement faciles et qu'elles ne

---

[1] Girard de Rialle, *op. cit.*, p. 60 et sqq.

s'appartenaient pas. Aucune mesure législative ne paraît avoir été prise tout d'abord pour les défendre. On a visé simplement à les garantir contre les commandeurs, auxquels il était trop facile d'abuser d'elles. En effet, un règlement de M. de Tracy, lieutenant général de l'Amérique, du 16 juin 1664[1], défend à ceux-ci de les débaucher sous peine de 20 coups de liane pour la première fois, 40 pour la deuxième, 50 et la fleur de lys à la joue pour la troisième (article 8). Du Tertre fait allusion à une ordonnance que nous n'avons pu retrouver : « Quand quelque commandeur abuse d'une nègre (sic), l'enfant mulâtre qui en vient est libre, et le père est obligé de le nourrir et de l'entretenir jusqu'à l'âge de douze ans, sans l'amende à laquelle il est encore condamné. Les gouverneurs et les juges tiennent la main à la garde de cette ordonnance, qui passe présentement pour loi dans les îles, afin d'empêcher ce détestable abus, qui n'est pas à présent si commun qu'il a été [2]. » Il est singulier qu'on ne nous dise pas si le commandeur, dans ce cas, conservait encore la surveillance des nègres ; car la femme restait exposée à son ressentiment. L'enfant est-il laissé à sa mère? Que devient-il, arrivé à douze ans? Autant de questions sur lesquelles nous n'avons aucun renseignement positif. L'amende devait servir à indemniser le maître qui perdait ainsi le nouveau-né. Comment aussi s'assurait-on de la paternité? Le même auteur constate que les blancs qui ont commerce avec des négresses sont passibles de la même peine, sauf le châtiment corporel. « Il y a, ajoute-t-il, quantité de ces mulâtres dans les îles, qui sont libres et qui travaillent pour eux ; j'en ai vu quelques-uns assez bien faits qui avaient épousé des Français. Ce désordre pourtant a été autrefois plus commun qu'il n'est pas (sic) aujourd'hui, car la quantité de femmes et de filles dont les Antilles sont fournies l'em-

---

[1] Moreau de Saint-Méry, I, 117.
[2] II, 460.

pêche ; mais, au commencement de l'établissement des colonies, il a été épouvantable et presque sans remède[1]. »

D'après une ordonnance de M. de Baas, du 1er août 1669[2], il est constaté seulement que les commandeurs abusent des négresses, mais il n'est pas question de punition prescrite contre eux à ce sujet ; si ce sont les maîtres des cases, les négresses sont confisquées au profit des pauvres, et les enfants deviennent libres.

Mais il faut croire que ces moyens restaient souvent sans effet, si nous en jugeons par ce passage des instructions adressées, le 22 avril 1684, par M. Begon au Conseil souverain sur différents sujets d'administration : « Sa Majesté a été informée de l'extraordinaire prostitution qui règne parmi les négresses et du peu de soin qu'on a eu jusqu'à présent de l'empêcher, et, comme elle veut que ce désordre soit réprimé, non seulement pour l'intérêt des bonnes mœurs et de la religion, mais aussi pour celui de la colonie, parce que cette prostitution empêche les femmes de devenir grosses, et Elle se trouve privée du secours des nègres qui naîtraient dans le pays, Sa Majesté veut que nous nous appliquions à faire les règlements nécessaires et que nous portions autant que faire se pourra les nègres et les négresses à se marier entre eux[3]. » Ces instructions ne sont que la répétition à peu près textuelle d'une lettre du roi à MM. le Chevalier de Saint-Laurent et Begon, en date du 24 septembre 1683[4]. Et voici une des mesures qu'ils prirent à ce sujet, d'après une lettre qu'ils adressent, le 22 novembre 1684, au Père supérieur général des missionnaires capucins : « Nous avons ordonné que les maîtres qui auront fait des enfants à leurs négresses en seront privés et qu'elles seront vendues sans que les maîtres s'en puissent rendre adjudicataires, qu'ils seront privés, au

[1] Du Tertre, II, 512.
[2] Moreau de Saint-Méry, I, 180.
[3] Arch. Col., F, 221, p. 607.
[4] Arch. Col., B, 10.

profit des pauvres, du tiers du prix qui en proviendra, et seront, en outre, chargés des enfants qu'ils seront obligés de faire nourrir et élever suivant leurs facultés. — Les commandeurs qui feront des enfants aux négresses de leurs maîtres seront privés du tiers de leurs gages au profit des pauvres [1]. »

II

Le Code Noir ne parle pas des commandeurs à ce sujet. Pourquoi? Peut-être a-t-on estimé que la jurisprudence locale suffisait. Mais pourtant l'Édit de mars 1685 abroge évidemment les ordonnances que nous avons citées, en les modifiant complètement. En effet, l'article 9 condamne d'abord les hommes libres qui auront eu un ou plusieurs enfants avec des esclaves à une amende de 2,000 livres de sucre; de même pour les maîtres qui auraient souffert ce commerce. Mais, dans ce premier cas, il semble que l'enfant reste esclave et appartienne au maître, puisque, dans la suite, il est stipulé que, si c'est le maître de l'esclave qui est le père, il est, en outre, privé de la mère et des enfants, qui sont « adjugés à l'hôpital, *sans jamais pouvoir être affranchis* ». Ce dernier point est capital, mais la défense fut-elle jamais vraiment observée? Cela ne paraît guère probable, car nous verrons, à propos des affranchissements, qu'une des principales causes en est précisément ce fait que les affranchis sont enfants d'hommes libres. Il est vrai que rien n'empêchait l'affranchissement, si le père n'était pas le maître. Mais la loi resta certainement impuissante à l'égard des maîtres ; nous en trouverons la preuve dans des textes très nombreux. La législation ne fait une exception que pour le cas où l'homme libre, qui n'était pas marié, « épousera dans les formes pres-

[1] Arch. Col., F, 269, I, 73.

crites par l'Église ladite esclave, qui sera affranchie par ce moyen, et les enfants rendus libres et légitimes. » Or il est très rare que le père se soit décidé à recourir à ce moyen, quoique nous en ayons trouvé des exemples [1]. Ainsi un arrêt du Conseil supérieur de la Guadeloupe, du 6 mars 1727 [2], déclare le mariage contracté depuis dix-huit ans par le sieur Petit (il s'agit de sa succession) avec Madelon, négresse à lui appartenant, bon et valable, y joint les conclusions contraires du procureur général — qui expose 11 cas de nullité d'après les ordonnances — et le vote explicite de chaque conseiller. Dans une lettre que le procureur général adresse à l'intendant sur le même sujet, quelques jours après, le 12 mars [3], il déclare que c'est indignement violer les ordonnances.

Nous remarquerons que les mémoires de Patoulet et de Blenac ne traitent pas du tout cette question. Étant à même de savoir ce qui se passait, ils avaient peut-être jugé qu'il n'était pas possible d'arriver à un règlement général satisfaisant. Les légistes qui ont rédigé le Code Noir, tout en tenant un large compte de leurs indications, ont dû évidemment se guider sur ce point comme sur plusieurs autres, d'après les textes de l'antiquité relatifs à l'esclavage qu'ils connaissaient, en essayant de les adapter dans une certaine mesure aux idées de leur époque. Chez les Hébreux, le maître qui abusait d'une de ses esclaves devait être fouetté et condamné à une pénitence publique [4]. Si la captive a eu de son plein gré des relations avec son maître, il est forcé de l'épouser, et, dans le cas où il la renvoie, il faut qu'il l'affranchisse [5]. On sait qu'en Grèce les femmes esclaves étaient tenues de partager la couche de leur maître. Les enfants qui naissaient de

[1] Cf. Labat, *Nouveau voyage aux isles...*, II, 190 : « Je n'ai connu dans nos Iles-du-Vent, que deux blancs qui eussent épousé des négresses... »
[2] Arch. Col., F, 224, p. 213.
[3] Ib., ib., 241.
[4] *Lévit.*, XXV, 45. — *Exode*, XXI, 4.
[5] *Deutér.*, XXI, 10, 15.

ces unions étaient généralement traités comme libres par leur père; cependant la mort du maître peut faire retomber la femme et les enfants en esclavage[1]. A Rome, il n'existe pas tout d'abord de punition pour le maître qui a des relations de concubinage avec son esclave. Ce n'est qu'à partir de Constantin que la législation s'occupe de cette question. Mais nous devons la renvoyer au chapitre qui traite de la condition civile des esclaves, nous contentant d'indiquer ici le peu d'influence qu'ont eu sur les mœurs les mesures coercitives édictées contre les relations des blancs avec les négresses esclaves.

Nous avons dit plus haut que le Code Noir ne fut enregistré à Cayenne qu'en 1704. En 1687, le Frère Saint-Gilles, dans son *Mémoire* déjà cité, se plaint que « la licence et le désordre pour les mœurs y règnent beaucoup, et la débauche y est grande, principalement des esclaves négresses et indiennes [2] ». Il estime qu'une des causes qui font que « les négresses s'abandonnent », c'est « l'avarice des maîtres qui va jusques à refuser aux esclaves la subsistance et l'habillement ». Il n'était, d'ailleurs, guère nécessaire qu'elles fussent poussées par la nécessité. Pourquoi la législation du Code Noir ne fut-elle pas immédiatement appliquée à la Guyane, où elle aurait été si nécessaire ? Il est difficile de l'expliquer.

Nous trouvons dans un Extrait des registres du greffe de la Martinique, en date du 14 septembre 1697 [3], un commentaire assez intéressant de l'article 9 du Code Noir, à propos d'un procès. A la demande des religieux de l'hôpital, un mulâtre libre, Jean Boury, avait été condamné par le juge royal à l'amende de 2.000 livres de sucre pour avoir eu un enfant d'une mulâtresse esclave. Son défenseur s'était efforcé

---

[1] Cf. Sophocle, *Ajax*, 496 à 500.
[2] On n'observait donc pas dans cette colonie les prescriptions royales défendant de réduire les Indiens en esclavage.
[3] Arch. Col., F, 219, p. 898.

de soutenir cette thèse que l'article 9 visait l'interdiction du mélange des sangs et que ce n'était pas le cas ; de plus, il se fondait sur l'incertitude de la paternité. Boury ayant fait appel, la sentence du juge fut cassée par arrêt du Conseil souverain du 2 janvier 1698. Les religieux adressèrent alors une requête au Conseil pour obtenir confirmation du premier jugement. Ils firent observer que l'ordonnance de mars 1685 visait uniquement « le vice du concubinage », scandale d'autant plus grand que Boury était marié. Ils ajoutaient que l'ordonnance, loin d'empêcher le mélange des sangs, ne se préoccupait que d'augmenter la colonie, puisqu'elle déchargeait de l'amende ceux qui épousaient la femme esclave. Le 1ᵉʳ avril 1699, le Conseil rejeta ladite requête d'après les motifs suivants : Il y a impossibilité de prouver la paternité ; de plus, Boury n'est libre que depuis un certain temps, et il a été regardé comme menant encore la vie d'esclave ; enfin, il a un chancre à la gorge, ce qui le réduit presque à l'aumône et le mettrait dans l'impossibilité de payer l'amende. Il se pourrait donc qu'une condamnation le poussât à s'enfuir chez les Caraïbes ; or il n'y a guère que les mulâtres sur lesquels la colonie puisse compter comme artisans, et il importe de ne pas l'en priver. On voit par là que les juges font passer les intérêts de la colonie avant même ceux de la religion et de la morale.

Dans une autre affaire, les religieux de la Charité poursuivirent un nommé Toussaint Labbé, qu'ils accusèrent d'avoir eu un enfant de sa négresse Catherine Rose. Mais le Conseil supérieur de la Martinique, par arrêt du 7 septembre 1706, le renvoya des fins de la plainte, estimant que les preuves n'étaient pas suffisantes, et il se contenta de condamner la négresse à trente coups de fouet. Un arrêt du même Conseil, du 3 mai 1707, confisqua au profit de l'hôpital l'esclave Marie et sa fille appartenant au sieur Noyret ; celui-ci, étant marié, avait pendu sa femme, et c'est au cours de l'instruction du procès criminel qu'on avait découvert ses relations avec sa négresse. — Un habitant de la Guadeloupe, Le Maire, marié, ayant eu un enfant d'une mulâtresse, les Pères de la Charité obtinrent la confiscation de la femme et de l'enfant. Mais le père enleva la mulâtresse et passa avec vingt nègres chez les Anglais[1].

Les deux premiers exemples que nous venons de citer sont rapportés par Dessalles[2], qui a soin d'ajouter que l'article n'est plus suivi depuis longtemps (il écrivait en 1786). Une des principales raisons, dit-il, c'est que les esclaves sont « pétris de mensonge » et qu'il pourrait fort bien arriver qu'une négresse accusât son maître d'une fausse paternité[3]. L'auteur, qui vivait à la Martinique, ne craint pas d'ajouter : « La plupart des maîtres non mariés vivent concubinairement avec leurs esclaves ; il est des besoins physiques qui se font sentir dans les climats chauds plus que partout ailleurs ; il faut les satisfaire. » Mais il est d'avis qu'on devrait défendre aux blancs sous les peines les plus sévères d'épouser des gens de couleur.

Le concubinage ne put, en réalité, jamais être empêché. Il était rare que l'article 9 du Code Noir fût appliqué. De temps en temps seulement on tâchait d'arrêter un débordement par trop considérable. Ainsi, le 18 décembre 1713[4], les administrateurs de Saint-Domingue font paraître une ordonnance y relative : « La tolérance de nos prédécesseurs et des Conseils supérieurs, y est-il dit, a causé une infâme prostitution. » Nombre de maîtres, « au lieu de cacher leur turpitude, s'en glorifient... tenant dans leurs maisons leurs concubines et les enfants qu'ils en ont eus et les exposant aux yeux d'un chacun avec autant d'assurance que s'ils étaient procréés d'un légitime mariage ». De là une corruption géné-

---

[1] Arch. Col., F, 131, p. 10, 13 juillet 1708.
[2] III, 290.
[3] Cf. Labat, *Nouveau voyage aux isles...*, II, 185-186 : Plaisante histoire du Frère X..., réclamant la confiscation d'une négresse, qui se défend en soutenant qu'il est lui-même le père de son enfant : « *Toi papa li* ».
[4] Moreau de Saint-Méry, II, 406.

rale dans l'île. Il est ordonné, en conséquence, que l'article 9 du Code Noir sera exécuté en sa forme et teneur; et, vu les variations que subit constamment le prix du sucre, l'amende est fixée à 250 livres de monnaie au lieu de 2.000 livres de sucre. Un arrêt du Conseil supérieur de la Martinique, du 8 novembre 1718[1], appliquant ladite ordonnance, condamne en effet un habitant à 250 livres d'amende pour commerce illicite avec une négresse, et celle-ci au fouet. A propos des pénitences publiques, auxquelles avaient eu recours les religieux et que nous avons vu interdire, le Ministre rappelle, le 4 janvier 1723[2], à l'intendant Blondel de Jouvancourt que les prescriptions du Code Noir doivent suffire, et il ajoute : « L'intention de Sa Majesté est que ledit sieur Blondel les fasse ponctuellement exécuter. » Nous pourrions citer encore de nombreux documents sur ce même sujet; les instructions aux administrateurs sont, en effet, constamment renouvelées dans les mêmes termes, ce qui est une nouvelle preuve de leur peu d'efficacité; mais nous n'avons relaté que les plus importantes.

Les religieux, s'ils ne laissaient guère passer les occasions de revendiquer les négresses ayant eu des enfants avec les blancs, tâchaient avant tout de mettre un frein à leur corruption. Nous lisons à ce propos de curieux détails dans une pièce du 25 septembre 1722, intitulée : *Justification des curés de Sainte-Marie de la Trinité sur l'amende honorable imposée par eux aux femmes de couleur ayant donné le jour à des bâtards*[3]. L'un d'eux expose que, les hommes ayant trop de facilité de vivre dans le libertinage avec les esclaves, il n'y en a pour ainsi dire aucun qui fasse ses Pâques et s'acquitte de ses devoirs religieux. « Il est certain que, si on faisait observer l'ordonnance du roi qui veut que les négresses dont les maîtres abusent soient confisquées avec les enfants

---

[1] Arch. Col., F, 251, p. 883.
[2] Arch. Col., F, 69.
[3] Arch. Col., F, 252, pp. 527-531.

qu'ils en ont eus, et ceux à qui les négresses n'appartiennent pas condamnés à 2.000 livres de sucre brut, il est certain, dis-je, que la crainte qu'ils auraient de perdre leurs négresses ou de payer cette amende ferait plus d'impression sur eux que la crainte de Dieu, dont ils font trophée de violer impunément les commandements. »

Dans un exposé que fait le supérieur des Missions sur ce sujet au gouverneur et à l'intendant[1], il dit que les colonies sont exposées à subir « la terrible punition des villes fameuses par leur abomination, qui furent consumées par le feu du ciel ». A propos de l'augmentation considérable du nombre des mulâtres, il cite, parmi les causes des relations fréquentes des blancs avec les négresses, « le lait et l'éducation qu'ils ont et qu'ils reçoivent avec les colons ». Pour lui, c'est une « conjonction criminelle d'hommes et de femmes d'une différente espèce, si on peut ainsi parler », donnant naissance à « un fruit qui est un monstre de la nature ». Il faudrait imiter les Anglais qui punissent sévèrement les coupables. Aussi n'y a-t-il chez eux que très peu de mulâtres. « La police des colonies anglaises là-dessus fait honte, si je l'ose dire, à la police des colonies françaises. » L'auteur fait allusion à une ordonnance de Henri II, renouvelée et modifiée par Louis XV, « en faveur de ces colonies », enjoignant sous peine de la vie à toutes les filles et femmes enceintes d'un commerce criminel, sans distinction de libres et d'esclaves, d'aller déclarer leur grossesse au juge du lieu. Les négresses sont fières d'avoir des enfants des blancs, et elles espèrent que le père leur donnera ou leur procurera la liberté. Mais on ne devrait pas l'accorder, quand les motifs ne sont que « le concubinage et l'impudicité ». Il résulte de ce dévergondage un autre inconvénient grave : c'est que les facilités de débauche empêchent les jeunes gens de se marier, et « un nombre considérable d'honnêtes et vertueuses filles

---

[1] Arch. Col., F, 252, p. 535, 30 septembre 1722.

restent sans établissement. » Enfin, les mulâtres, cette « troisième espèce d'hommes », lui apparaissent comme dangereux pour l'avenir des colonies.

Assurément la vertueuse indignation du supérieur des missions lui inspire des réflexions et des vues très sages. Mais nous en sommes réduits à constater que, dans la pratique, malgré toutes les ordonnances et règlements, les abus subsistèrent le plus souvent, soit que ceux-là mêmes qui étaient chargés de les réprimer se trouvassent précisément dans des cas analogues, soit que les personnes à condamner fussent trop puissantes. La plupart des arrêts rendus le sont en effet lorsqu'il n'y a pas moyen de faire autrement, parce que le scandale a été trop grand, ou qu'un acte public force la justice à se prononcer. Par exemple, un arrêt du Conseil supérieur de la Martinique, de novembre 1730[1], annule la vente de quatre mulâtres faite à un nommé Le Merle, attendu qu'il en était le père naturel, et le condamne à 2.000 livres de sucre d'amende. Voici un autre cas, où la jurisprudence locale, quoique paraissant conforme aux intentions du législateur de la métropole, finit cependant par être infirmée par le Conseil du roi. Il s'agit d'un arrêt du Conseil du Cap[2], du 21 décembre 1769, qui juge qu'un grevé de substitution, qui affranchit et épouse sa concubine (négresse faisant partie des objets substitués) et qui légitime les bâtards qu'il a eus d'elle n'a pas dans ces derniers la postérité légitime qui doit faire cesser la substitution. « Le sieur Lafargue, riche habitant de Saint-Domingue, appela auprès de lui le sieur Guerre, un de ses petits-neveux. Celui-ci vécut en concubinage avec la négresse Petite-Manon et en eut deux enfants. Lafargue, par son testament notarié du 5 janvier 1744, légua son habitation et dépendances à Guerre, voulant qu'en cas que ce dernier meure sans enfants nés en légitime mariage, l'habitation retourne au profit de la

[1] Arch. Col., F, 255, p. 1277.
[2] Moreau de Saint-Méry, V, 283.

dame Avril et du sieur Jamet, la leur substituant audit cas de l'un à l'autre. Le 10 avril 1744, Guerre fit procéder à l'inventaire des biens de son oncle décédé, où l'on comprit Petite-Manon et ses deux enfants. En 1749, Guerre affranchit cette esclave et ses enfants et fit ratifier cet acte dans les formes. Le 29 décembre 1755, il épousa Petite-Manon et légitima cinq enfants qu'elle avait alors. A la mort de Guerre, arrivée en 1764, le sieur Jamet, resté seul des appelés à la substitution, en demanda l'ouverture à son profit. Sentence du siège du Port-de-Paix rejeta sa réclamation, qui fut accueillie sur l'appel par l'arrêt que nous rapportons. Le tuteur des mulâtres Guerre se pourvut en cassation, en s'appuyant sur l'article 10 de l'Édit de mars 1685 et sur l'article 23 de l'Ordonnance de 1747 touchant les substitutions ; et par arrêt du mois de juillet 1772, celui du Cap a été cassé. »

Le gouvernement, tout en sanctionnant les mariages qui étaient destinés à réparer les fautes contre les mœurs, fut cependant préoccupé d'empêcher le mélange des sangs. Ainsi, à Saint-Domingue, les mœurs plus relâchées que dans les autres îles avaient amené une fusion partielle entre les diverses classes de la population, tandis qu'à la Martinique les mésalliances avaient été beaucoup moins nombreuses. Le 18 octobre 1731, le Ministre écrit aux administrateurs De Vienne et Duclos : « Dans la revue que M. de la Roche-Allard a faite aux Cayes, dans le quartier de Jacmel, il m'observa qu'il y a peu de blancs de sang pur..., que les blancs s'allient volontiers par des mariages avec les noirs, parce que ceux-ci, par leur économie, acquièrent des biens plus aisément que les blancs. » L'aristocratie de la peau ne craignait pas de se teinter, la dot faisant passer sur la couleur, et, grâce à la vanité des nègres et des mulâtres, les blancs qui avaient fait de mauvaises affaires trouvaient ainsi le moyen de les restaurer. Il est bon de noter qu'il ne s'agit plus ici d'esclaves, mais de gens de couleur devenus libres. Le Ministre est d'avis que, pour empêcher ces unions, on doit s'attacher à exclure de tous emplois les blancs ainsi mariés.

Ce qui paraît singulier, c'est qu'antérieurement l'article 6 de l'Édit de mars 1724, promulgué pour la Louisiane, avait formellement interdit le mariage des blancs avec les noirs[1].

Presque toujours les unions, légitimes ou non, avaient lieu entre hommes blancs et négresses. Il ne paraît y avoir eu que de très rares exemples du contraire. Nous n'avons relevé qu'une affaire de ce genre, rapportée dans les *Annales de la Martinique*[2]. Il s'agit d'un procès criminel concernant une fille blanche, Marie-Claire Boulogne, accusée d'avoir célé sa grossesse et d'avoir mis à mort l'enfant qu'elle avait eu d'un nègre. Il fut, d'ailleurs, prouvé qu'il était mort-né. Mais la femme fut condamnée quand même au bannissement, « plutôt par l'indignité de cette fille de s'être prostituée à un nègre et l'éclat qu'avait fait cette affaire dans le public » que par soupçon du meurtre de l'enfant.

III

Naturellement le remède le plus simple et le meilleur à tous les points de vue eût été de marier entre eux les nègres esclaves, de favoriser en eux l'esprit de famille, de se les attacher par un traitement humain, d'arriver progressivement à les affranchir, c'est-à-dire à changer leur situation d'esclaves en une sorte de servage ou plutôt de domesticité. Cette mesure aurait sans doute prévenu les difficultés si graves que devait présenter le problème de l'abolition de

[1] Moreau de Saint-Méry, II, 88. « Défendons à nos sujets blancs de l'un et l'autre sexe de contracter mariage avec les noirs à peine de punition et d'amende arbitraire ; et à tous curés, prêtres ou missionnaires séculiers ou réguliers et même aux aumôniers des vaisseaux de les marier... »

[2] Arch. Col., *Ann. Mart.*, II, 563. Cf. F, 259, p. 227, lettre du Ministre, du 26 octobre 1757, sur ce sujet. — Labat raconte aussi — 2ᵉ *partie, ch.* VI — l'histoire d'une blanche qui, s'étant amourachée d'un esclave de son père, en eut un enfant.

l'esclavage, lorsque, la cause de l'humanité ayant triomphé dans l'opinion publique de la métropole, la proclamation de la liberté des noirs apparut comme la ruine aux colons des Antilles. Malheureusement, si la législation édicta sur ce point des mesures relativement sages, comme nous le verrons au chapitre traitant de la condition civile des esclaves, ici encore prévalut une détestable pratique.

En effet, dans nos colonies, sauf des cas exceptionnels, les prescriptions légales relatives au mariage des esclaves restèrent la plupart du temps purement théoriques. On ne constata que très peu d'unions régulières entre eux. Au début cependant, c'était pour les maîtres un principe d'intérêt bien entendu que de les encourager. Du Tertre nous apprend[1] qu'ils avaient soin en effet de marier le plus tôt possible leurs esclaves pour qu'ils eussent des enfants. Il rapporte à ce propos une anecdote assez piquante et qui montre que, même dans l'état le plus vil, peuvent éclore parfois les sentiments les plus délicats et les plus élevés. Une jeune négresse, qu'on voulait marier avec un nègre, aurait répondu à un religieux : « Non, mon Père, je ne veux ni de celui-là, ni d'aucun autre ; je me contente d'être misérable en ma personne, sans mettre des enfants au monde, qui seraient peut-être plus malheureux que moi, et dont les peines me seraient beaucoup plus sensibles que les miennes propres. » Aussi, ajoute-t-il, conserva-t-elle toujours son état de fille, et on l'appelait ordinairement « la pucelle des îles ». Suivant le même auteur, les négresses sont très fécondes et d'une continence admirable tant que leurs enfants ne sont pas sevrés. Moreau de Saint-Méry[2] vante leur amour maternel et constate que, malgré les avantages qu'ont pour elles les relations avec les blancs et la vanité qu'elles en tirent, elles ont un invincible penchant pour les nègres.

Les encouragements au mariage ne paraissent pas avoir

[1] II, 501-503.
[2] *Description de Saint-Domingue*, I, 44.

duré. Sans parler de la licence des mœurs, qui fut un obstacle, beaucoup de maîtres y voyaient dans la pratique un sérieux inconvénient, celui de ne pouvoir pas vendre leurs nègres séparément. Le Frère Saint-Gilles rapporte qu'à Cayenne ils essayaient du moins de le tourner, tout en cherchant à favoriser les naissances. Ils se contentaient à cet effet de marier eux-mêmes leurs esclaves, même ceux qui étaient chrétiens, afin de se réserver la facilité d'en disposer toujours à leur gré, en dépit du Code Noir. Cependant, les mœurs n'étant nullement surveillées, le libertinage persistait et les avortements étaient très fréquents. Très souvent les mariages étaient mal faits ou même ils ne pouvaient avoir lieu. Voici à ce sujet un passage très net d'une lettre ministérielle adressée, le 25 juillet 1708, à M. le comte de Choiseul[1] : «... Il n'est pas permis à un nègre d'une habitation d'épouser la négresse d'une autre, quoiqu'ils aient de l'inclination l'un pour l'autre, ce qui est la cause de beaucoup de mauvais mariages que la nécessité a conclus. Il y a, d'ailleurs, des habitations où on ne peut faire aucun mariage, soit parce que les nègres appartiennent à différents maîtres ou qu'ils sont parents au premier degré, soit faute de négresses. Vous examinerez, de concert avec M. Mithon, avec les meilleurs et les plus censés, le moyen de remédier à cet obstacle, qui est même contraire au bien de la colonie, qui la prive d'une augmentation d'esclaves, et vous ferez savoir les tempéraments dont vous serez convenus. »

C'étaient surtout les Jésuites qui s'entendaient à faire sagement et savamment prospérer et multiplier leurs esclaves. « Lorsque cet ordre a cessé à la Martinique, écrit Petit[2], leurs ateliers, depuis bien des années, n'attendaient plus les cargaisons importées de Guinée pour se recruter. » Mais il s'en fallait que tous les habitants suivissent leur sys-

[1] Arch. Col., B, 31, p. 169.
[2] *Op. cit.*, I, 115.

tème. Vers la fin du xviii° siècle, Dessalles constate encore [1] que plusieurs y sont hostiles pour les raisons que nous avons indiquées, et qu'un certain nombre seulement ont, grâce aux mariages, « une pépinière de nègres créoles », qui leur permet de se passer plus facilement de ceux d'Afrique, « dont l'espèce commence à devenir plus rare ». Le marquis de Ségur, lieutenant du roi à la Grande Terre, dans un Mémoire intitulé « *Observations sur l'économie en général pour les colonies d'Amérique* [2] », daté du 5 mars 1777, nous montre que le libertinage est une des causes les plus fréquentes du marronage. Il estime qu'il faut exciter les nègres au mariage. Sans cela, ils font, la nuit, de longues courses pour aller voir leurs maîtresses sur des habitations souvent fort éloignées. Quand ils se sentent trop fatigués au retour et qu'il leur va falloir reprendre le travail, ils aiment souvent mieux rester marrons. C'est ce que constate encore, en 1831, A. de la Charrière, délégué de la Guadeloupe [3] : « Ils aiment à rôder la nuit comme les hyènes de l'Afrique. Ils entretiennent autant de femmes qu'ils le peuvent. Elles demeurent souvent à plus de deux lieues les unes des autres. Figurez-vous un nègre qui, le soir, après avoir fini son travail, au lieu de se coucher de bonne heure, comme nos paysans, part, son bâton ou son coutelas à la main, fait deux ou trois lieues, souvent à travers des précipices ou des chemins affreux, pour aller visiter une de ses maîtresses... »

En somme, les Européens, au lieu de s'appliquer à faire naître chez les nègres esclaves la moralité, qui, dans leur pays, n'existait qu'à l'état rudimentaire, n'ont profité de leur pouvoir à peu près absolu sur eux que pour satisfaire leur instinct brutal; toute femme était avant tout asservie aux passions du maître. Nous avons vu combien la législation et

---

[1] *Op. cit.*, III, 293.
[2] Arch. Col., Colonies en général, XIII, F, 90.
[3] *Observations sur les Antilles françaises*. Paris, 1831, p. 78. — Vers 1810, la proportion des mariages aux unions libres s'est trouvée être de 1 sur 6.887 à la Guadeloupe, et de 1 sur 5.577 à la Martinique. Schœlcher, *Col. françaises*, p. 72.

les efforts des religieux étaient restés impuissants contre le désordre des mœurs. La famille n'a été constituée qu'à l'état d'exception pour les nègres, relativement à leur grand nombre. Les statistiques faites au moment de l'abolition de l'esclavage démontrent surabondamment que l'état des choses ne s'était pas modifié pendant la première moitié du xixe siècle [1]. La loi ne prévoit pas le cas d'adultère pour la négresse mariée. Quel est, d'ailleurs, le nègre qui eût osé porter plainte contre son maître ? *Ita servus homo est*[2] *!* Assurément la plupart des maîtres qui mariaient leurs esclaves durent être de ceux qui se respectaient eux-mêmes le plus. Mais, si les garanties légales sont souvent insuffisantes au point de vue des mœurs dans les sociétés composées uniquement d'hommes libres, que dire de celles où elles n'existaient pas entre maîtres et esclaves ? L'instinct une fois lâché, qu'est-ce qui l'arrêtera ? L'esclavage n'a fait qu'assurer à ce point de vue le lamentable triomphe de la bête humaine.

---

[1] M. de Tocqueville dit à la Chambre des députés, le 30 mars 1845, qu'en 1842 il y avait eu 130 mariages pour toute la masse des esclaves. Tous les auteurs s'accordent à reconnaître que le concubinage est l'état ordinaire des nègres. — Cf. Schœlcher, *Col. françaises*, 22-78 ; — abbé Castelli, *De l'esclavage*, etc., 122 ; — abbé Dugoujon, *Lettres sur l'esclavage*, etc., 28 ; — de Broglie, *Rapport de la Commission*, etc., 134-138. De la Charrière rapporte que les associations des nègres ne durent guère qu'un an. L'abbé Dugoujon cite (p. 91) une habitation modèle où, sur 258 nègres, il n'y avait pas une seule union légitime.

[2] Juvénal, sat. VI, v. 219.

CHAPITRE IV

DE LA CONDITION MATÉRIELLE DES ESCLAVES

> « Il répugne à toute idée supérieure de l'humanité d'envisager la personne tout entière uniquement comme un instrument destiné à servir aux besoins d'autrui. » (G. Roscher, *Principes d'économie politique*, I, 4.)

I. — Les esclaves ne sont guère que des corps, des instruments de travail. — Aucune réglementation de leur travail, sauf pour les dimanches et fêtes. — Nègres employés à la culture, aux sucreries; nègres ouvriers, domestiques.
II. — Pas de prescriptions relatives au logement des esclaves. — Cases des nègres.
III. — Nourriture des esclaves. — Obligations légales des maîtres à ce sujet. — Elles paraissent mal conçues en principe. — Leur insuffisance dans la pratique. — La question du samedi. — Mesures vainement multipliées pour contraindre les maîtres à s'adonner aux cultures vivrières.
IV. — Vêtements. — Esclaves peu ou point habillés par leurs maîtres, sauf les domestiques. — Amour des nègres pour la toilette. — Règlements sur le luxe des esclaves. — Leurs divertissements, en particulier la danse.
V. — Les malades, les infirmes, les vieillards doivent être soignés par les maîtres. — Maladies auxquelles les nègres sont plus spécialement sujets. — Les avortements. — Mortalité considérable.
VI. — Arguments tirés de la condition des nègres pour défendre l'esclavage. — Mémoire de Malouet sur cette question. — Amélioration relative du sort des esclaves vers la fin du xviiie siècle. — Ordonnance de 1786. — En fait, leur situation est toujours restée misérable.

I

Dans l'homme, ce qui importe le plus, c'est la vie intellectuelle et morale : le développement qu'elle atteint chez les individus pris d'abord isolément, puis dans l'ensemble, sert à mesurer le degré de civilisation auquel une société est parvenue. Or, nous venons de le voir, ce côté de l'existence fut à peu près nul pour les esclaves. Il n'y a pour eux que le domaine des sens. Malgré l'hypocrisie officielle des lois et règlements faits pour assurer leur salut, ils furent en somme uniquement ce qu'ils étaient dans l'antiquité, c'est-à-dire des corps (σώματα). Plus d'homme moral, partant plus de personnalité. Il ne reste qu'une machine vivante dont il importe de tirer le plus de rendement possible. Il faut l'entretenir, la régler, empêcher seulement qu'elle ne s'arrête ou qu'elle ne fasse explosion, j'entends par là que la matière animée, surmenée et comme surchauffée, ne tourne ses forces contre son conducteur. Examinons donc comment se fit dans la pratique cette exploitation.

Nous ne suivrons pas ici l'ordre adopté par le Code Noir, parce qu'il nous paraît plus logique de rapprocher les articles 15 à 21, qui traitent de la police des esclaves, des articles 32 à 43, dans lesquels il est question de la manière dont ils sont jugés et châtiés pour les différents délits commis par eux.

L'esclave est surtout un instrument de travail. Sauf la garantie que lui assure l'article 6 du Code Noir, de ne pas travailler les dimanches et jours de fêtes, rien n'est réglementé pour lui à cet égard. Il dépend uniquement de l'arbitraire de son maître, qui a le droit d'user de lui jusqu'à l'extrême limite de ses forces. « Si le travail, dit le P. Du Tertre[1], auquel Dieu engagea le premier homme, est un châtiment de sa rébellion, et si la justice vengeresse y a tellement obligé les malheureux enfants de ce père que Job assure qu'il ne leur est pas moins naturel que le vol à l'oiseau, on peut dire que les nègres souffrent la plus rigoureuse peine de cette révolte. » Or, ne l'oublions pas, c'étaient des êtres habitués la plupart du temps à vivre d'une vie libre et nonchalante, que les Européens contraignirent aux labeurs les plus pénibles exécutés sans relâche. Assurément les plus à plaindre étaient

[1] II, 523.

les nouveaux venus ; car, par la suite, les nègres créoles étaient façonnés de bonne heure à la vie laborieuse. Pour la culture de la canne à sucre ou du tabac, les nègres étaient aux champs depuis le lever du soleil jusqu'à la fin du jour, sans autre répit que le temps nécessaire pour absorber leur nourriture. Leur énergie était sans cesse ranimée par le fouet du commandeur. « On ne leur laisse que trois ou quatre heures pour dormir, surtout au moment de la saison du petun[1]. » Encore ceux-là n'étaient-ils pas les plus malheureux ; ceux qui souffraient le plus étaient sûrement ceux qu'on employait à la fabrication du sucre. C'est le P. Labat qui nous fournit les détails les plus complets sur cette fabrication, ainsi que sur la culture de la canne[2]. Les cannes récoltées sont d'abord broyées par les moulins à sucre. Ce sont des négresses qui sont chargées de les mettre en rouleaux. Or, pour peu qu'elles avancent trop la main à l'endroit où les tambours se touchent, elles sont entraînées et le plus souvent écrasées. Ces accidents se produisent surtout la nuit. Dans certains cas, on a tout au plus le temps de couper la main ou le bras de la victime[3]. On a soin d'obliger les nègres et les négresses à fumer et à chanter pour les empêcher de succomber au sommeil ; sinon, en écumant les chaudières, ils peuvent tomber dedans. Ils peinent, en effet, dix-huit heures sur vingt-quatre. « Sur les six heures qu'ils ont en deux fois pour dormir, il faut qu'ils en ôtent le temps de leur souper et souvent celui d'aller chercher des crabes pour se nourrir. » Le lever a lieu une demi-heure avant le jour. On fait la prière et, dans les maisons bien réglées, il y a même un petit catéchisme. Quelques maîtres donnent alors un peu

---

[1] Du Tertre, II, 524.
[2] Cf. fin du t. III, p. 408 et sqq., et commencement du t. IV. Voir aussi, dans l'*Atlas* joint à la *Description de la partie française de Saint-Domingue*, par Moreau de Saint-Méry, les planches 41 et 42 représentant les plans d'une sucrerie et d'un équipage à sucre (avec renvois explicatifs).
[3] Les Anglais se servaient parfois du moulin à sucre comme instrument de supplice et ils faisaient broyer des nègres qui avaient commis quelque crime considérable.

d'eau-de-vie, mais c'est l'exception. Les nègres qui entrent au service des fourneaux de la sucrerie y restent sans sortir jusqu'à six heures du soir. Ils doivent s'arranger pour manger sans que le travail soit interrompu.

Il est juste de mentionner que les nègres employés comme ouvriers à diverses petites industries et surtout comme domestiques, ainsi que les négresses occupées aux travaux du ménage ou servant de nourrices, avaient une existence infiniment moins dure. Mais ceux-là étaient en petit nombre.

II

En compensation du labeur de forçat imposé à la plupart, que leur est-il dû? Juste l'indispensable pour vivre, et encore, dans bien des cas, ne le leur donne-t-on pas.

Remarquons d'abord qu'il n'est nullement question, ni dans le Code Noir, ni dans aucun autre règlement, de la manière dont les esclaves doivent être logés. C'est pourtant une question assez importante. Comme on l'a dit, « cette obligation ne peut être considérée que comme résultant implicitement de celle de nourrir, vêtir et entretenir les esclaves en santé comme en maladie[1] ». Les renseignements que nous trouvons à cet égard nous sont encore fournis par le P. Du Tertre, par le P. Labat et par Moreau de Saint-Méry, qui tous trois ont vu les choses de près. Nous ne recourrons pas aux témoignages postérieurs, qui dépasseraient l'époque à laquelle nous devons nous arrêter. Contentons-nous simplement d'indiquer qu'à partir de la fin du xviii° siècle ce côté de la condition matérielle des esclaves s'améliora dans une certaine mesure, comme les autres[2], en vertu du progrès des idées d'humanité. Mais voici ce qui en était au début.

---

[1] *Exposé général des résultats du patronage des esclaves*, p. 267.
[2] Cette amélioration fut encore bien relative. Cf. Schœlcher, *Colonies françaises*. Le premier chapitre est consacré à la situation matérielle des esclaves.

Le § vii du tome II du P. Du Tertre (pp. 517 et suiv.) est intitulé : *Des cases des nègres et du petit ménage qu'ils font pour s'entretenir.*

L'auteur nous indique en premier lieu que, « pour éviter la mauvaise odeur qu'exhalent leurs corps, on les place toujours au-dessous du vent du logis de leurs maîtres ». Le P. Labat (IV, 211) nous donne aussi une autre raison de cette précaution : c'est à cause du feu qui se met assez fréquemment dans les cases, et qui ainsi risque moins d'atteindre la maison des maîtres ou les autres bâtiments. En effet, les nègres entretiennent du feu jour et nuit dans leurs cases. Elles ne sont, d'ailleurs, jamais très loin du corps de logis principal, afin qu'on puisse à tout instant les surveiller.

« Chaque nègre qui n'est point marié a sa petite case à part ; l'homme et la femme n'en ont qu'une pour eux deux et pour leurs petits enfants ; mais, dès qu'ils sont grands, le père a soin de leur en bâtir quelqu'une proche de la sienne. » (Du Tertre.) Ces cases « n'ont guère plus de 10 pieds de longueur sur 6 de large et 10 ou 12 de haut ; elles sont composées de quatre fourches qui en font les quatre coins et de deux autres plus élevées, qui appuient la couverture qui n'est que de roseaux, que la plupart font descendre jusques au pied de terre. » Au lieu de roseaux, ils les palissadent souvent avec de gros pieux se touchant les uns les autres, « si bien que leurs cases sont closes comme une boîte ». C'est par crainte du vent, car ils n'y sont que pendant la nuit, et les nuits sont extrêmement froides. Le jour n'entre que par la porte, qui est de 5 pieds de haut.

« Tous les esclaves d'une même famille bâtissent leurs cases en un même lieu, en sorte néanmoins qu'ils laissent 10 ou 12 pas de distance » ; ils les placent en cercle de manière à faire comme une espèce de place au milieu. « M. le général de

---

L'auteur rapporte ce qu'il a vu, en 1840 : cases misérables, à part quelques exceptions ; vêtements insuffisants ; mauvaise nourriture, etc.

Poincy, qui en avait 7 à 800, avait fait entourer leur quartier de murailles et leur avait fait bâtir des cellules de pierre et de brique. Ce quartier s'appelait la ville d'Angole ; mais, une partie ayant été détruite par le feu, depuis ils se sont bâtis comme les autres. »

« Leur lit fait peur à voir, et il n'y a personne qui ne le crût plus propre à faire souffrir un corps qu'à lui procurer le repos nécessaire pour réparer les forces. Ce lit est composé de branches d'arbres entrelacées en forme de claie et élevé de 3 pieds de terre sur quatre gros bâtons ; mais il n'y a ni draps, ni paillasse, ni couverture. Quelques feuilles de baliziers [1], dont ils ôtent la grosse côte, leur servent de paillasse, et ils se couvrent de quelques méchants haillons pour se garantir du froid, qui leur est d'autant plus pénible pendant la nuit qu'ils ont eu pendant tout le jour les pores ouverts par la chaleur extrême où ils sont exposés en travaillant. » Les seuls objets que l'on trouve, d'ailleurs, dans leurs cases, sont quelques calebasses.

Assurément il n'y a pas lieu de s'attendrir outre mesure sur ce manque de confortable ; car, dans leur pays d'origine, les nègres n'étaient guère mieux sous ce rapport, et ils ne s'en trouvaient pas trop mal.

III

Ce qui avait pour eux plus d'importance, c'était la nourriture. A ce point de vue non plus ils n'auraient pas été trop malheureux, si l'on s'en rapportait aux ordonnances. Avant le Code Noir, il ne semble pas que rien ait été déterminé d'une manière précise à ce sujet, car, s'il est ordonné à plusieurs reprises de nourrir les nègres, on ne dit pas comment. Dès le 13 juillet 1648, une ordonnance du gouverneur

---

[1] Le balizier est une sorte de roseau appelé aussi canne d'Inde. Cf. Du Tertre, II, 126.

de la Martinique[1] prescrit aux habitants « de planter et cultiver des vivres » pour assurer la nourriture des esclaves, et aux officiers des milices d'y veiller et d'en rendre compte. Nous lisons dans Du Tertre (II, 515 à 520) que, de bonne heure, certains Français, pour se soustraire à cette obligation, voulurent imiter le système pratiqué par des Hollandais qui, chassés du Récif, étaient venus s'établir à la Martinique et à la Guadeloupe, et gouvernaient leurs esclaves « à la façon du Brésil », c'est-à-dire, au lieu de leur fournir nourriture et habits, leur laissaient le samedi libre et une certaine quantité de terre pour travailler. Les nègres plantaient des pois, des patates, du manioc, et particulièrement des ignames, « qu'ils aiment sur toutes choses ». Les femmes cultivaient des herbes potagères, des concombres, des melons de toute sorte et des giraumons, que les hommes allaient « vendre au marché, les dimanches et les fêtes, entre les deux messes ». Le produit devait leur servir, à l'occasion, à acheter de la viande et du poisson. Cependant, comme ils n'étaient pas aussi bien « stylés à ce petit ménage » que ceux du Brésil, ils étaient contraints de voler. Il paraît n'y avoir eu de suffisamment nourris que les esclaves chargés de faire cuire le sucre. Aussi jugea-t-on utile de réglementer le régime alimentaire par le Code Noir. L'article 22 est ainsi conçu : « Seront tenus les maîtres de faire fournir, par chacune semaine, à leurs esclaves âgés de dix ans et au-dessus, pour leur nourriture, deux pots et demi, mesure de Paris, de farine de manioc, ou trois cassaves pesant chacune 2 livres et demie au moins, ou choses équivalentes, avec 2 livres de bœuf salé, ou 3 livres de poisson, ou autres choses à proportion ; et aux enfants, depuis qu'ils sont sevrés jusqu'à l'âge de dix ans, la moitié des vivres ci-dessus. » L'article 23 interdit de donner à la place de l'eau-de-vie de canne ou guildive, et l'article 24 d'accorder aux esclaves un jour de liberté en remplacement de la nourriture.

[1] Moreau de Saint-Méry, I, 68.

Ces prescriptions sont conformes aux Mémoires qui ont servi à préparer le Code Noir. Des notes mises en marge du mémoire de Patoulet nous indiquent que c'était l'avis des trois Conseils souverains des îles, qui avaient pu constater les abus. Cet intendant écrit, en outre : « De cette ordonnance il en arrivera deux choses, l'une la conservation des esclaves, et l'autre le repos des peuples qui sont fatigués et même la plupart ruinés par le vol et le pillage qu'ils souffrent des esclaves qui, ne recevant pas de nourriture des patrons, en cherchent partout et n'en peuvent trouver. » Il fallait donc que la situation fût déjà bien mauvaise pour que le représentant du roi s'exprimât ainsi. Nous allons voir quelles difficultés on eut à obtenir que les règlements fussent suivis à cet égard.

Mais, auparavant, nous ferons observer qu'il est singulier qu'on ait songé à fournir les esclaves de vivres pour une semaine. N'était-ce pas, en principe, un premier inconvénient, vu l'imprévoyance des nègres, qui étaient la plupart du temps incapables de calculer ce qu'ils pouvaient manger chaque jour pour atteindre la fin de la semaine en gardant encore une partie de leurs provisions? De là sans doute une inégalité de régime, excès un jour, privation le lendemain, très mauvaise au point de vue hygiénique, surtout pour des gens astreints à un travail régulier des plus rudes. Mais leur distribuer leur ration chaque jour avait probablement paru trop compliqué. Il l'eût été encore davantage, ou plutôt les maîtres auraient considéré comme trop onéreux de faire préparer dans chaque habitation la nourriture pour tous. Et pourtant cela n'eût-il pas mieux valu à la fois pour les uns et pour les autres ? Les nègres, occupés tout le temps, étaient à peu près dans l'impossibilité de faire une cuisine quelconque, et ils devaient en être réduits à absorber la plupart de leurs aliments sans préparation Qu'on ne s'étonne pas de nous voir insister sur ce côté de la vie matérielle des esclaves. C'est, en effet, en grande partie parce qu'il ne tint jamais une place suffisante dans les préoccupations des propriétaires que la mortalité devint si grande parmi les nègres. L'insouciante inhumanité des maîtres fut un déplorable calcul. En admettant même que les distributions d'aliments eussent été absolument régulières, qu'on songe aussi à ce régime exclusif de bœuf salé et de poisson, qui était la plupart du temps de la morue de conserve ; de boisson autre que l'eau il n'est évidemment pas question, sauf parfois pour ceux qui sont occupés aux sucreries. Cette nourriture échauffante et peu réparatrice n'était déjà nullement en rapport avec la somme de labeur exigée de ces malheureux. Or nous constatons que, dans la pratique, les maîtres ne leur donnent même pas les rations obligatoires. Ce manque de nourriture fut une des causes les plus fréquentes du marronage des nègres.

Après le Code Noir, les ordonnances, déclarations, édits, règlements, arrêtés promulgués pour assurer la nourriture des nègres sont innombrables. Ces mesures se répètent à chaque instant, ce qui est la meilleure preuve qu'elles n'étaient pas observées. Il serait évidemment sans intérêt de les rappeler toutes. Aussi nous contenterons-nous d'analyser les documents qui nous fournissent quelques indications particulières.

Le 2 janvier 1696, un arrêt du Conseil supérieur de la Guadeloupe[1] réitère la défense d'accorder aux nègres le samedi au lieu de les nourrir et vêtir. Le 3 mai 1706, un règlement du Conseil de Léogane[2] ordonne qu'il sera planté « 150 pieds de manioc par chaque tête de nègres depuis l'âge de dix ans jusqu'à soixante, et 10 pieds de bananiers » ; de plus, « il sera fourni une fois l'an, ou dans deux récoltes, tous les ans, un baril de grains, soit pois, maïs ou mil par tête desdits nègres, sans que cela puisse diminuer les autres vivres qui sont ordinairement en terre, soit patates ou ignames, à peine aux contrevenants de 50 livres par chaque

[1] Arch. Col., F, 221, p. 889.
[2] Moreau de Saint-Méry, II, 70.

tête desdits nègres, qui ne seront pas fournis de la quantité de vivres susdits, et de 100 livres en cas de récidive ». Le 7 juin de la même année, le Conseil du Cap rend un arrêt[1], calqué sur le précédent, et, le 14 mars 1707, il en rend un autre[2] nommant des conseillers pour vérifier, avec des officiers de milice, si la quantité de vivres prescrite se trouve plantée sur les habitations. Le 2 mai 1707[3], le Conseil de Léogane nomme deux conseillers commissaires pour liquider les amendes dues par les contrevenants à l'arrêt qui ordonne de planter des vivres. A la Martinique aussi, une ordonnance des administrateurs, du 1ᵉʳ janvier 1707[4], constate que le Code Noir est mal observé et défend de donner du tafia, des sols marqués, ni aucun jour de la semaine aux esclaves pour leur tenir lieu de subsistance. A la Guyane, les habitants traitent avec une grande dureté leurs esclaves. Ils leur donnent l'après-midi du samedi pour remplacer la nourriture, ce qui les oblige à travailler le dimanche ou à voler. Certains qui, « par les infirmités ou par leur paresse, prennent ces jours pour se reposer, dépérissent insensiblement faute de subsistance[5] ». Sa Majesté veut que le Code Noir soit exécuté.

Une ordonnance du roi, du 6 décembre 1723[6], porte amende contre les capitaines et les habitants, lorsque les dénombrements des vivres auxquels ils auront assisté ne se trouveront pas justes. Il est prescrit d'avoir 500 fosses de manioc par tête de domestique blanc ou noir (art. 1ᵉʳ). La vérification sera faite chaque année en décembre par le capitaine des milices de chaque quartier, accompagné de 4 habitants nommés par les général et intendant (art. 2). Chaque contrevenant sera frappé d'une amende de 500 livres.

[1] Moreau de Saint-Méry, II, 73.
[2] Id., ib., 92.
[3] Id., ib., 96.
[4] Arch. Col., C⁸, 16.
[5] Arch. Col., B, 32, p. 256, 29 décembre 1710. Projet d'ordonnance concernant la nourriture des nègres.
[6] Arch. Col., F, 236, p. 779.

Le 10 juillet 1731, le Ministre écrit à M. de la Chapelle[1] :
« J'ai vu ce que vous me marquez au sujet de l'abus qui s'est glissé dans la colonie de donner le samedi aux esclaves. Il faut distinguer les maîtres qui ne le leur donnent que par gratification et pour leur procurer le moyen de nourrir leurs enfants, comme M. le marquis de Sennectere assure qu'il le fait. A l'égard des premiers, l'intention du roi est qu'on fasse exécuter contre eux les ordonnances, qui leur défendent d'en user ainsi ; mais, à l'égard des autres, ils méritent qu'on les excepte de la règle et qu'on en tempère la rigueur en leur faveur. » Cette lettre nous fait voir qu'à la vérité il y avait des maîtres humains, mais aussi qu'il fallait rappeler le plus grand nombre à l'exécution de leurs devoirs. Les Conseils, chargés d'appliquer les règlements, se composaient de propriétaires qui pouvaient n'être pas eux-mêmes toujours exempts de reproches. En fait, on trouve rarement la trace de condamnations frappant les maîtres pour un pareil délit. Nous en avons noté une à la date du 6 novembre 1736[2], prononcée par le Conseil supérieur de la Guadeloupe contre un habitant qui avait accordé le samedi à ses nègres au lieu de les nourrir; ce fut sur la plainte d'un nègre qui, pris en marronnage, avait donné ce motif de son évasion. Mais il fallait que la vérité de telles plaintes éclatât bien à tous les yeux pour qu'on se décidât à en tenir compte. Nous voyons, en effet, d'autre part, par une lettre du Ministre à l'Intendant de la Martinique[3], du 3 octobre 1738, que, des nègres s'étant plaints de la mauvaise nourriture, leurs plaintes ont été jugées sans fondement. La garantie accordée par l'article 26 du Code Noir, qui permettait aux esclaves de s'adresser au procureur général et « mettre leurs mémoires entre ses mains », était purement illusoire. Quant aux poursuites d'office, elles n'avaient jamais lieu.

[1] Arch. Col., B, 55, Iles-du-Vent, p. 306.
[2] Arch. Col., F, 225, p. 175.
[3] Arch. Col., F, 256, p. 63.

Le 1ᵉʳ décembre 1736, les général et intendant de la Martinique promulguent une ordonnance [1] enjoignant de planter 25 bananiers par tête de nègre et de laisser après la première récolte 50 rejetons par chaque tête (art. 1). Dix sols d'amende par chaque pied qui manquera et, en cas de récidive, deux mois de prison (art. 7). Le mal s'étend partout, car on tâche de prendre des mesures générales. Ainsi, le 10 août 1761, le gouverneur général des îles constate dans une ordonnance [2] que les mesures multipliées à ce sujet n'ont pas eu l'effet qu'elles devaient produire. Or il ne s'agit plus seulement de la subsistance des nègres, mais même de celle des habitants qui, dans le cours de la guerre, ayant manqué des secours du commerce de France, ont dû recourir à l'étranger et tomberaient à l'avenir sous sa dépendance. En conséquence, les habitants devront avoir sur leurs habitations le tiers en sus de la quantité de vivres plantés qui se trouvent par eux déclarés, plus la quantité nécessaire de grains qui sont plus propres à se conserver. Autre ordonnance des administrateurs, du 10 octobre 1762 [3] ; elle en rappelle une du 20 août précédent, qui avait réglé la formation de plusieurs magasins de grains dans les différents quartiers de la colonie ; mais la mesure a été reconnue insuffisante. C'est pourquoi, désormais, chaque habitant sera tenu de planter une quantité de terrain suffisante pour la subsistance de ses nègres pendant six mois, et les vivres devront être emmagasinés chez lui au 1ᵉʳ mai suivant (art. 1). Cette provision sera renouvelée tous les six mois, tant que la guerre durera (art. 2). De plus, chaque habitant ayant plus de 50 nègres aura un carreau de terre planté en manioc ; celui qui aura plus de 100 nègres, 2 carreaux, et ainsi de suite. Pendant la guerre de Sept Ans, le baril de manioc avait atteint le prix de 60 livres à la Martinique.

[1] Arch. Col., F, 236, p. 781.
[2] Moreau de Saint-Méry, IV, 401.
[3] Id., ib., 506.

Aussi reconnaît-on de plus en plus la nécessité de prendre des mesures efficaces. Mais on n'y parvient pas. En effet, le 10 novembre 1763, le Conseil supérieur se voit obligé de prendre un arrêté[1] pour surseoir à l'exécution d'un règlement préparé à cet effet. Il y est dit : « Quoique les inconvénients qui résultent des abus que la Cour se proposait de réformer par le règlement soient très grands et *tels qu'ils tendent à la perte nécessaire de la colonie,* cette réformation ne paraît pas cependant pouvoir convenir ni s'accorder avec les circonstances actuelles. » Ledit règlement est cependant promulgué le 2 juillet 1765 par un autre arrêt du même Conseil[2]. Il enjoint aux propriétaires d'avoir 500 fosses de manioc par tête de nègre payant la capitation; si les terres sont impropres à la culture du manioc, on y suppléera par des plantations de riz, de bananes ou de patates, que le pays produit abondamment.

Malgré ces précautions, les nègres continuèrent sans cesse à être mal nourris. Dès que la guerre survenait et que les arrivages de France étaient suspendus, c'étaient les maîtres eux-mêmes qui risquaient d'être pris par la famine. Un arrêt du Conseil supérieur de la Guadeloupe, du 14 janvier 1784[3], témoigne aux administrateurs le désir de voir s'établir dans la colonie une classe d'habitants *vivriers*, qui auraient pour unique but la culture des vivres et l'entretien des bestiaux, surtout pour parer aux nécessités pouvant résulter de la guerre. Comment se fait-il qu'on n'ait pas songé plus tôt à recourir à ce moyen ? Comment même ne le mit-on pas au moins alors en pratique ? C'est ce qu'il est difficile de s'expliquer, sinon par nous ne savons quelle insouciance des colons habitués à vivre au jour le jour ? L'auteur d'un Mémoire relatif à la Guyane[4], Préville, signale cette impossibilité qu'il

---

[1] Arch. Col., F, 256, p. 965.
[2] Arch. Col., F, 260, p. 397.
[3] Arch. Col., F, 232, p. 121.
[4] Arch. Col., F, 21. Mémoire du 21 octobre 1785, p. 33.

y a de déterminer les habitants à cultiver assez de vivres. Dessalles[1] constate, lui aussi, que presque tous les habitants, surtout les cultivateurs de café, aiment mieux donner le samedi à leurs esclaves que les nourrir. « Les esclaves préfèrent cette méthode, parce qu'alors ils se jettent sur les plantations des nègres attachés aux grandes sucreries, les pillent et les dévastent entièrement. » Or il est d'avis qu'il n'y a guère moyen de remédier à un pareil désordre.

En résumé, par quelle aberration les maîtres en arrivèrent-ils à pratiquer presque constamment ce système de ne pas nourrir leurs esclaves ? A supposer qu'un propriétaire comptât qu'ils vivraient ainsi aux dépens des voisins, ceux-ci faisaient naturellement le même raisonnement; c'était donc l'organisation du pillage réciproque et forcé. Il semble, en vérité, que les colons aient tout fait pour inciter au mal ces natures originairement plus frustes que perverses. Et plus tard certains esclavagistes eurent beau jeu à venir dire : « Que voulez-vous faire de ces bêtes brutes qui à la stupidité de l'animal joignent la méchanceté ? » Nous sommes obligés de reconnaître, hélas! que le régime auquel ils furent soumis ne contribua pas peu à les rendre tels.

IV

La question des vêtements [2] avait moins d'importance, étant donné que le climat des Antilles permet de s'en dispenser ou à peu près. Aussi ceux que les maîtres fournissaient à leurs esclaves étaient-ils des plus sommaires. Du Tertre (II, 520) n'indique pour les hommes qu'un caleçon de grosse toile et un bonnet; pour les femmes, une jupe ou cotte de toile, souvent assez courte, et rien sur la tête; point de

---

[1] III, 289
[2] Voir Moreau de Saint-Méry, *Descr. de Saint-Domingue*, Atlas, pl. 25 et 26 représentant différents costumes de nègres et négresses.

chausses ni de souliers pour les uns ni pour les autres. Les enfants restaient complètement nus jusqu'à quatre ou cinq ans. Le dimanche, les hommes portaient une chemise et un caleçon de couleur, avec un chapeau ; les femmes, une chemise et une jupe de toile blanche ou de serge rouge ou bleue.

Le Code Noir dit simplement (art. 25) : « Seront tenus les maîtres de fournir à chaque esclave, par chacun an, deux habits de toile ou quatre aunes de toile, au gré des maîtres. »

Puis, on ne semble plus s'être occupé de la question. Labat[1] écrit que les hommes portent un caleçon et une casaque, et les femmes, une jupe et une casaque. Les maîtres raisonnables se conforment aux prescriptions du Code Noir et fournissent deux rechanges complets par an. Mais il y en a qui ne donnent qu'un habit pour toute l'année ou ne renouvellent que les caleçons et les jupes ; d'autres profitent de la facilité de ne donner que de la toile et du fil.

Nous voyons dans Dessalles (III, 299) que, de son temps, l'obligation relative aux vêtements n'est presque jamais exécutée, sous prétexte qu'elle serait trop coûteuse. Mais « le nègre industrieux sait bien se procurer, et au delà, les commodités de l'existence. » Comment s'arrangeait-il, puisque, d'après les règlements, l'esclave ne pouvait rien acquérir, rien posséder en propre (Cf. chap. v, au sujet du pécule) ? C'est que, de même que pour les mœurs, les prescriptions légales avaient beau être des plus sévères, presque toujours elles étaient enfreintes ; de même, et par un heureux effet ici, la rigueur de la loi était tempérée dans la pratique par la tolérance et parfois même la générosité des maîtres. Ou bien les esclaves profitaient du peu de temps qui leur était laissé libre pour cultiver des légumes et élever de la volaille, ainsi que nous l'avons indiqué, ou bien ils allaient soit à la chasse, soit à la pêche, et, si c'était pour le compte de leur maître, celui-ci était dans l'usage de leur laisser quelque

---

[1] *Nouveau voyage aux isles...* IV, 202.

chose de leur prise, surtout lorsqu'elle avait été fructueuse ; enfin les plus habiles s'ingéniaient à se faire bienvenir de leurs maîtres par de petits services particuliers, de petites attentions, même intéressées, qui leur étaient payées largement en retour. C'étaient principalement et presque uniquement les domestiques qui étaient ainsi à même de s'insinuer dans les bonnes grâces de leurs maîtres ; les nourrices surtout en profitaient pour elles et pour leurs enfants. Ne parlons pas de certains autres profits que les négresses réalisaient généralement quand elles avaient su plaire. Bref, il y avait pour les esclaves divers moyens de parvenir à avoir quelque chose ; et, l'argent qu'ils se procuraient, c'était particulièrement à leur toilette qu'ils le consacraient. « Leur plus grande ambition, c'est d'avoir de belles chemises et quelques galons à leur chapeau ; les femmes sont curieuses de jupes de belle toile blanche, qu'elles préfèrent à toutes les étoffes, comme plus capables de relever leur noirceur [1]. » Elles portent aussi des colliers et bracelets de rassade [2] blanche à quatre ou cinq rangs, avec rubans de couleur à leurs cheveux, leurs chemises, leurs jupes. « Autrefois il y avait des nègres à la Martinique qui, par un abus intolérable, portaient l'épée [3] ; » mais depuis, on ne leur a plus permis qu'un bâton. On reconnaît bien là l'esprit d'imitation si naturel à l'homme. De même, il y en avait qui attachaient leurs cheveux avec des fils de coton pour les rendre plus longs. Quelques-uns se rasaient la tête à la façon des religieux, ou par bandes ou en étoiles. Ceux d'Angola se tatouaient. Du Tertre appelle cela « une espèce de broderie » qui fait saillie ; car ils ignoraient l'art de marquer le dessin à fleur de peau seulement. Avant de connaître l'usage des chemises, ils s'oignaient le corps d'huile

[1] Du Tertre, II, 520.
[2] « La rassade, dont les Caraïbes, les nègres et même les femmes blanches se servent pour faire des bracelets et autre chose de cette nature est une espèce d'émail qui est teint de différentes couleurs. Il y en a qui sont en cylindre, percées dans leur longueur pour être enfilées. » Labat, II, 126.
[3] Du Tertre, II, 522.

de palmiste, afin de paraître plus noirs; par la suite, ils se bornèrent au visage.

La plupart de ces détails nous sont confirmés par Labat[1], chez qui nous constatons déjà les progrès du luxe des esclaves. Les dimanches et fêtes, « les hommes ont une belle chemise, avec des caleçons étroits de toile blanche, sur lesquels ils portent une candale de quelque toile ou étoffe légère de couleur. Cette candale est une espèce de jupe très large qui ne va que jusqu'aux genoux, et même qui n'y arrive pas tout à fait. Elle est plissée par le haut et a une ceinture comme un caleçon, avec deux fentes ou ouvertures qui se ferment avec des rubans sur les hanches, à peu près comme on voit, en Italie et en France, ces laquais qu'on appelle des coureurs. Ils portent sur la chemise un petit pourpoint sans basques, qui laisse trois doigts de vide entre lui et la candale, afin que la chemise qui bouffe paraisse davantage. Quand ils sont assez riches pour avoir des boutons d'argent, ou garnis de quelque pierre de couleur, ils en mettent aux poignets et au col de leurs chemises. A leur défaut, ils y mettent des rubans. Ils portent rarement des cravates et des justaucorps. Lorsqu'ils ont la tête couverte d'un chapeau, ils ont bonne mine ; ils sont ordinairement bien faits. Je n'ai jamais vu, dans tous les lieux de l'Amérique où j'ai été, aucun nègre qui fût bossu, boiteux, borgne, louche ou estropié de naissance. Lorsqu'ils sont jeunes, ils portent deux pendants d'oreille, comme les femmes; mais, dès qu'ils sont mariés, ils n'en portent plus qu'un seul. — Les habitants qui veulent avoir des laquais en forme leur font faire des candales et des pourpoints de la couleur et avec les galons de leurs livrées, avec un turban au lieu de chapeau, des pendants d'oreille et un carquant d'argent avec leurs armes. — Les négresses portent ordinairement deux jupes, quand elles sont dans leurs habits de cérémonie. Celle de dessous est de couleur et celle de dessus

[1] IV, 185.

est presque toujours de toile de coton blanche, fine, ou de mousseline. Elles ont un corset blanc à petites basques, ou de la couleur de leur jupe de dessous, avec une échelle de rubans. Elles portent des pendants d'oreille d'or ou d'argent, des bagues, des bracelets et des colliers de petite rassade à plusieurs tours, ou de perles fausses, avec une croix d'or ou d'argent. Le col de leur chemise, les manches et les fausses manches sont garnies de dentelles, et leur coiffure est de toile bien blanche, bien fine et à dentelle. Tout ceci doit s'entendre des nègres et négresses qui travaillent assez en leur particulier pour acheter toutes ces choses à leurs dépens. Car, excepté les laquais et les femmes de chambre, il s'en faut bien que les maîtres leur donnent tous ces habits et tous ces ajustements. Comme les négresses sont pour l'ordinaire fort bien faites, pour peu qu'elles soient bien habillées, elles ont fort bon air, surtout quand on est fait à leur couleur. Car pour ceux qui n'y sont pas accoutumés, ils doivent se contenter de les regarder par derrière ; autrement elles leur paraîtront justement comme des mouches dans du lait. »

Moreau de Saint-Méry [1] insiste assez longuement sur le luxe des vêtements de certains nègres esclaves : « ... Tel nègre très petit-maître peut offrir sur lui une dépense qu'on ne payerait pas avec 10 louis de France, et souvent sa garde-robe en vaut 4 ou 5 fois autant. » Telle négresse met sur sa tête jusqu'à 10 à 12 mouchoirs superposés pour former un gros bonnet. « Quel luxe quand le moindre de ces douze mouchoirs coûte un demi-louis de France, et qu'on songe que celui de dessus ne pouvant être mis plus de huit jours, il faut avoir des suppléments !... On a vu des négresses qui avaient jusqu'à cent déshabillés, qu'on ne pouvait évaluer à moins de 2.000 écus de France... Ce n'est pas seulement dans les villes que le luxe des esclaves est très apparent. Dans plusieurs ateliers, celui qui a manié la houe ou les outils pendant toute

---

[1] *Description de la partie française de Saint-Domingue*, I, 69-71.

la semaine fait sa toilette pour aller le dimanche à l'église ou au marché, et l'on aurait de la peine à le reconnaître sous ses vêtements fins. »

Ces citations nous montrent combien les nègres aimaient à se parer. Aussi dut-on faire des règlements sur le luxe des esclaves. En voici un des général et intendant de la Guadeloupe, du 4 juin 1720[1]. L'article 1er déclare que les mulâtres et Indiens, esclaves employés à la culture des terres, ne pourront être habillés que conformément au Code Noir, sous peine de prison et de confiscation. D'après l'article 2, les domestiques seront communément habillés ou de Vitré ou de Morlaix, ou de vieilles hardes équivalentes seulement de leurs maîtres ou maîtresses, avec colliers et pendants d'oreille de rassade ou argent, et pourpoint et candale de livrée, suivant la qualité desdits maîtres et maîtresses, avec chapeaux et bonnets, turbans et brésiliennes simples, sans dorures, ni dentelles, ni bijoux, ni pierreries, ni soie, ni rubans.

Mais il ne dut guère être tenu compte de ces prescriptions ; nous pouvons en juger par les détails rapportés dans un arrêt du Conseil supérieur de la Guadeloupe, du 2 septembre 1740[2], défendant de louer des boutiques ou logement quelconque aux nègres, même avec billet et permission de leurs maîtres. « Leurs habillements bien au-dessus de leur état, leur maintien hardi, insolent, les bijoux dont ils se parent, les festins, les bals qu'ils se donnent, les cabarets qu'ils fréquentent jour et nuit, le gros jeu qu'ils y jouent[3] ne sont que la plus petite partie des plaintes qu'il (le procureur général) est obligé de porter à la Cour. » Naturellement, pour satisfaire aux dépenses de ce luxe immodéré, il leur faut gagner de l'argent, et ils ne le peuvent que par la facilité

---

[1] Durand-Molard, I, 159.
[2] Arch. Col., F, 226, p. 475.
[3] Cf. Durand-Molard, I, 206, ordonnance des administrateurs du 20 septembre 1723, portant que « les esclaves ne peuvent s'immiscer dans les loteries ou jeux ».

que leur accordent les maîtres en les laissant libres de disposer de leur temps, moyennant une redevance ; nous aurons, du reste, à revenir sur cette question particulière (Cf. chap. v).

Bien entendu, ce serait une grave erreur que de généraliser ces faits ; ils restaient, malgré tout, exceptionnels et plutôt localisés dans les villes. Mais, indépendamment de l'assertion de Moreau de Saint-Méry que nous avons relatée, nous avons des documents qui nous prouvent qu'à la campagne aussi certains esclaves trouvaient le moyen de s'élever au-dessus de leur condition. Ainsi, une ordonnance du gouverneur de Saint-Domingue, du 1ᵉʳ août 1704 [1], porte défense aux esclaves d'avoir des chevaux ; or, les chevaux étaient d'un prix assez élevé aux îles. « Quelques défenses, est-il dit, que l'on ait pu faire aux habitants de notre gouvernement de permettre à leurs esclaves d'avoir en propre des chevaux, de s'en servir et en faire commerce, il nous paraît trop visiblement, au préjudice de tout le public, qu'ils n'y font aucune attention, ce qui est cause que les vols de chevaux, les déguisements et les transports d'iceux d'un quartier à l'autre sont si fréquents qu'il nous en vient de toute part des plaintes, même de vols de brides et harnais. » Aussi les maîtres encourront-ils une amende de 300 livres s'ils tolèrent ces abus, et les chevaux et harnais seront confisqués. Il est à penser que, dans la plupart des cas, les maîtres qui accordaient ces autorisations exigeaient une redevance de leurs esclaves ou bien y trouvaient leur commodité. Leur fournir le moins possible, mais en revanche tirer d'eux le maximum, telle était la règle de conduite généralement appliquée.

Pourtant, il est impossible de refréner absolument la nature humaine, et il fallait bien aussi qu'à certains moments l'exu-

---

[1] Moreau de Saint-Méry, II, 11. Même défense par arrêt du Conseil du Petit-Goave, 4 février 1699, *Id.*, I, 622 ; arrêt du Conseil du Cap, 7 avril 1758, art. 12 ; *Id.*, IV, 225 ; Ordonnance des administrateurs de Saint-Domingue, 25 décembre 1783.

bérance naturelle des nègres, contenue d'ordinaire avec tant de rigueur, pût se donner libre carrière. Nous avons vu qu'on avait dû interdire aux cabaretiers de leur donner à boire pendant les offices, parce qu'ils les troublaient souvent de leur tapage. La plupart du temps, ils consacraient l'après-midi du dimanche à des chants et à des danses, se prolongeant parfois jusqu'au lendemain matin, à l'heure du travail. Quand ils ne faisaient pas ces assemblées, ils allaient se rendre visite et se traitaient du mieux qu'ils pouvaient. C'est surtout, dit Du Tertre (II, 526-528) pour les baptêmes qu'ils se donnent de grandes fêtes; « ils vendraient plutôt tout ce qu'ils ont qu'ils n'eussent de l'eau-de-vie pour solenniser leur naissance ». Ils se livrent aux mêmes réjouissances pour le mariage de leurs enfants; seulement c'est alors aux dépens des maîtres qui les traitent. Et nous avons constaté combien les vrais mariages étaient rares.

Mais leur principale passion était la danse[1]. La plus ordinaire s'appelle le *calenda*. Elle est accompagnée de deux tambours, faits de morceaux de bois creux recouverts d'une peau de mouton ou de chèvre. Le plus court porte le nom de *bamboula*. « Sur chaque tambour est un nègre à califourchon, qui le frappe du poignet et des doigts, mais avec lenteur sur l'un et rapidement sur l'autre ». Nombre de nègres secouent en même temps de petites calebasses garnies de cailloux ou de graines de maïs. L'orchestre est parfois complété par le *banza*, « espèce de violon grossier à quatre cordes, que l'on pince. Les négresses, disposées en rond, règlent la mesure avec leurs battements de mains, et elles répondent en chœur à une ou deux chanteuses, dont la voix perçante répète ou improvise des chansons. » Le calenda est une danse vive et animée; il est appelé *chica* à Saint-Domingue, *congo* à Cayenne, *fandango* en Espagne; son caractère devient, suivant les endroits, extrêmement voluptueux et lascif.

[1] Cf. Moreau de Saint-Méry, *Description de Saint-Domingue*, I, 52-60; et *De la danse*.

Le *vaudoux* est une danse religieuse. Ce nom de Vaudoux est appliqué par les nègres à un être surnaturel, qu'ils se représentent sous la forme d'une couleuvre, dont un grand-prêtre ou une grande-prêtresse interprète les volontés. Les esclaves l'invoquent souvent pour lui demander de diriger l'esprit de leurs maîtres. Ils se livrent alors à des sortes de bacchanales, dans lesquelles, surexcités par les spiritueux, ils en arrivent à trembler violemment, à se mordre, et enfin à perdre tout sentiment. C'est dans les assemblées du vaudoux que se tramaient fréquemment les complots; chaque nègre faisait le serment de ne rien révéler, sous les peines les plus terribles.

La danse à don Pèdre, qui ne date que de 1768, était encore plus violente; il n'était pas rare de voir des nègres tomber morts, parce qu'ils avaient bu en grande quantité du tafia mélangé de poudre à canon écrasée.

A côté du tragique, voici le plaisant : « Les nègres domestiques, imitateurs des blancs qu'ils aiment à singer, dansent des menuets, des contredanses, et c'est un spectacle propre à dérider le visage le plus sérieux que celui d'un pareil bal, où la bizarrerie des ajustements européens prend un caractère parfois grotesque[1]. » Naturellement tout cela variait, et d'après l'origine même des esclaves et d'après leur condition. Comme le remarque encore Moreau de Saint-Méry[2], « les nègres de la côte d'Or, belliqueux, sanguinaires, accoutumés aux sacrifices humains, ne connaissent que des danses féroces comme eux; tandis que le Congo, le Sénégalais et d'autres Africains, pâtres ou cultivateurs, aiment la danse comme un délassement, comme une source de voluptés ».

Citons encore la lutte parmi leurs amusements favoris. Ils feignaient des combats et prenaient différentes attitudes de vainqueurs et de vaincus. Ils faisaient en particulier preuve

---

[1] Moreau de Saint-Méry, *Descr. de Saint-Domingue*, 1, 60.
[2] *De la Danse*, p. 43.

d'une adresse remarquable dans les jeux de bâton, et l'on en voyait se porter des coups pendant un quart d'heure sans pouvoir se toucher. Cet exercice était désigné sous le nom de *Jan-coulibé*, à la Martinique[1].

Mais il est certain que les colons tâchaient de restreindre le plus possible ces divertissements, qui avaient pour eux leur danger.

V

Nous en aurons fini avec le chapitre des obligations légales des maîtres à l'égard de leurs esclaves, quand nous aurons mentionné l'article 27 du Code Noir. « Les esclaves infirmes par vieillesse, maladie ou autrement, soit que la maladie soit incurable ou non, seront nourris et entretenus par leurs maîtres, et, en cas qu'ils les eussent abandonnés, lesdits esclaves seront adjugés à l'hôpital, auquel les maîtres seront condamnés de payer 6 sols par chacun jour pour la nourriture de chacun esclave. » Nous ne sommes plus, à vrai dire, au temps où l'austère Caton faisait vendre ses vieux esclaves pour ne pas nourrir de bouches inutiles[2]. Par la suite, le droit romain affranchit l'esclave abandonné de son maître[3]. Mais quel triste privilège que celui de la liberté donnée dans ces conditions, et qui le réduit presque à mourir de faim! Dans le Code Noir, nous constatons évidemment l'influence des progrès de la civilisation, des idées chrétiennes. Mais nous en sommes réduits à nous demander encore ici comment ces prescriptions légales étaient observées dans la réalité. Nous n'avons pu trouver qu'un arrêt du Conseil supérieur du Cap, du 15 juin 1744[4], condamnant un maître, qui

---

[1] Arch. Col., F, 133, p. 188.
[2] Plutarque, *Vie de Caton*, VI.
[3] *Digeste*, XXXX, VIII, 2 (*Corpus*, édit. Mommsen, t. I, 635).
[4] Arch. Col., F, 90.

avait abandonné son esclave infirme, à payer pour lui 15 sols par jour à l'hôpital auquel il avait été adjugé. Mais que de malheureux qui, en fait, devaient mourir faute de soins! De ceux que la vieillesse seule empêchait de travailler, il n'y en avait guère, car la plupart d'entre eux s'usaient vite au régime auquel on les soumettait. Les incurables par suite d'infirmités, délaissés dans leurs cases, ne languissaient généralement pas longtemps. Il n'y avait en fait que les esclaves capables de leur rendre des services en travaillant que les maîtres fussent intéressés à faire soigner, quand ils étaient atteints de quelque maladie.

Or les nègres étaient plus sujets que les blancs à un certain nombre de maladies. Tels étaient les ulcères, causés souvent par un petit insecte particulier aux Antilles, la chique[1], qui les atteignait plus spécialement, parce qu'ils allaient toujours nu-pieds; — l'éléphantiasis; — la ladrerie; — et surtout le pian ou l'épian[2]. Cette dernière maladie a été confondue assez souvent avec la siphylis, mais elle doit en être distinguée; les Européens ne la contractent pas, et il est à remarquer que jamais le même individu n'en est atteint deux fois. Un arrêt du Conseil du Petit-Goave, du 14 novembre 1712[3], « permet au nommé La Croix de traiter des nègres *pianistes* seulement, et lui fait défense au surplus d'exercer l'art de chirurgie, en ayant été trouvé incapable. » Une maladie frappant surtout les petits nègres était le tétanos, vulgairement appelé mal de mâchoire. Longtemps elle avait été réputée incurable, jusqu'en 1788, où nous voyons, dans un *Précis des observations de la Guyane*[4], qu'il a été découvert un remède, non indiqué d'ailleurs, et que l'auteur déclare n'avoir pas

[1] Cf. Labat, *Nouveau voyage aux isles...*, I, 155-157, pour des détails sur la chique.
[2] Cf. A. de la Charrière, *Réflexions sur l'affranchissement des esclaves dans les colonies françaises*.
[3] Moreau de Saint-Méry, II, 332.
[4] Arch. Col., F, 21.

manqué d'efficacité une seule fois depuis plus de dix ans. Or il constate que le tétanos faisait périr annuellement plus de 20.000 négrillons, dans les huit premiers jours après leur naissance. « A Saint-Domingue seul, il en périt tous les ans plusieurs milliers, sans compter que l'ignorance des habitants, qui fait regarder cette maladie comme un maléfice des nègres, les porte à des cruautés révoltantes envers les mères qui ont eu le malheur de perdre leurs enfants. Cette conduite déplorable incite un grand nombre de négresses à outrager la nature pour s'empêcher de devenir mères. Il résulte ainsi de ce mal et du défaut de le connaître une double cause de dépopulation. » En effet, les avortements n'étaient pas rares : en particulier les négresses qui ne voyaient pas la chance de faire affranchir leurs enfants semblent avoir eu assez souvent l'idée de les empêcher ainsi de naître à l'esclavage. De plus, faute de ménagements suffisants, les femmes enceintes étaient exposées à bien des accidents. Ce n'est que vers la fin du xviii° siècle que l'on songea à prendre quelques précautions à ce sujet et à créer des infirmeries pour les nègres malades.

On s'explique donc assez facilement que jamais la population esclave n'ait pu se recruter par elle-même aux Antilles. Causes physiques et causes morales, tout se réunissait pour user rapidement la masse des individus : excès de travail, alimentation insuffisante et mauvaise, peu ou point de soins en cas de maladies, sans parler des châtiments, que nous exposerons plus loin ; joignons-y pour les nouveaux venus la nostalgie, la difficulté de passer presque sans transition d'une vie de nonchalance à un travail continu et forcé, enfin ce refoulement constant de tous leurs instincts, qui était le résultat de la privation de liberté.

Et, cette lamentable existence terminée, voici comment on les traitait : « Quand un nègre est mort, le commandeur en destine quatre autres pour l'apporter à l'église sur deux grandes perches disposées en forme de civière ; et c'est ici où j'ai souvent déploré l'effroyable misère de cette condition ; dans tous les autres états, la misère finit avec la vie du misérable, mais elle persévère encore dans nos esclaves après leur mort, car il ne faut point parler de suaire, et de 50 qui meurent il n'y en a pas deux qu'on ensevelisse dans de la toile ; on les apporte couverts de leurs méchants haillons ou enveloppés de quelques feuilles de baliziers. Ceux qui ont apporté le mort font la fosse où nous les enterrons[1]. »

IV

Cependant, il s'est trouvé de tout temps des défenseurs convaincus de l'esclavage. La question de principe de la soumission d'une race à une autre a soulevé d'interminables discussions, dont nous n'avons pas à parler ici. Mais, dans la pratique, des hommes qui étaient à même de voir les choses de près ont fait valoir surtout les circonstances atténuantes, au moyen de deux arguments : l'un, c'est que la situation des nègres était bien meilleure aux Antilles qu'en Afrique ; l'autre, c'est qu'elle était au moins aussi bonne que celle de la plupart des paysans et des ouvriers d'Europe. Ces raisons sont exposées notamment dans un curieux mémoire de Malouet, *Du Traitement et de l'emploi des nègres aux colonies*, daté de 1776 [2]. L'auteur, qui vécut longtemps à Saint-Domingue et à Cayenne, y avait fait preuve de réels talents d'administrateur. Il est d'avis que « l'abandon général de la traite n'opérerait aucun bien en faveur de l'humanité ; car les noirs, en passant de leur pays dans le nôtre, quittent un despote qui a droit de les égorger, pour passer sous la puissance d'un maître qui n'a que le droit de les faire travailler en pourvoyant à tous leurs besoins ». Il

[1] Du Tertre, II, 538.
[2] Arch. Col., F, 90.

compare ensuite le sort des nègres esclaves avec celui des paysans : « A partir de l'enfance, le nègre est comme ces petits paysans, dans le sein de leur famille, soumis à l'autorité paternelle, mais plus soigné et mieux nourri que les pauvres villageois. Devenu fort et laborieux, il commence, malgré la servitude, à goûter les plaisirs de l'amour; et le maître n'a aucun intérêt à contrarier ses goûts; il a bientôt ceux de la propriété ; on lui donne un jardin, une maison, des poules, un cochon, et il dispose aussi librement de ses récoltes que tout autre propriétaire. Il n'en est pas qui ait l'atrocité de forcer un esclave à lui donner gratuitement ou à lui vendre à bon marché ses œufs, ses poules, ses légumes. Cette tyrannie serait bientôt punie par le découragement de tout l'atelier ; et sur cela l'intérêt personnel se joint à l'humanité. » Suit une sorte de tableau idyllique de la condition du nègre, toujours par comparaison avec celle des paysans. « Son pécule et les produits de son industrie sont à lui et quittes de tout tribut. » Et plus loin : « Ceux mêmes (les blancs) dont la conduite est la plus déréglée ont au moins l'attention de ne pas troubler les ménages des nègres. Leur extrême jalousie, le désespoir, la vengeance dont ils sont alors capables suffisent pour obliger les maîtres à une grande circonspection. »

Évidemment ce Mémoire nous indique qu'il y a eu changement dans les mœurs et que l'influence des idées philosophiques du xviii° siècle s'est fait sentir même dans nos colonies. Mais n'oublions pas que tout cela dépend de la bonne volonté du maître, que la tyrannie légale n'en subsiste pas moins, et qu'il faut compter avec les passions de ceux qu'elle favorise. Il est certain que pour un maître cupide et inhumain, tout ce que possèdent ses esclaves étant en droit sa propriété, rien ne l'empêche d'en disposer à son gré.

Toutefois, même dans la loi, il se produit alors d'importantes modifications. Les progrès les plus caractéristiques à ce point de vue sont marqués par une ordonnance du roi, du

15 octobre 1786 [1], concernant les procureurs et économes gérants des habitations situées aux Iles-du-Vent. Comme on va pouvoir en juger par l'analyse ci-après, elle indique un adoucissement de la condition servile. Mais, malgré tout, une grande partie des rigoureuses prescriptions du Code Noir et de l'Édit de 1724 restent en vigueur.

C'est le titre II de l'ordonnance de 1786 qui traite de la nourriture et de l'habillement des esclaves, en même temps que de leurs châtiments. Bien entendu, le repos des jours fériés est consacré ; mais, de plus, il est interdit de faire travailler les nègres de midi à deux heures, comme avant le lever du soleil et après le jour tombé (art. 1). — « Il sera distribué à chaque nègre ou négresse une petite portion de l'habitation pour être par eux cultivée à leur profit, ainsi que bon leur semblera. » Les produits ne serviront pas à leur nourriture, qui incombe aux maîtres (art. 2). — Sur chaque habitation sera établie une case destinée à servir d'hôpital seulement. « Défend Sa Majesté l'usage pernicieux de laisser coucher les nègres à terre » (art. 4). — Les négresses enceintes, ou nourrices, ne travailleront que modérément, après le lever du soleil jusqu'à onze heures ; elles reprendront à trois heures et cesseront une demi-heure avant le coucher du soleil. Sous aucun prétexte elles ne seront assujetties à des veillées (art. 5). — Toute femme esclave, mère de six enfants, sera exempte, la première année, d'un jour de travail au jardin par semaine, la deuxième, de deux, et ainsi de suite. Elle ne perdra cette exemption que si elle laisse mourir, faute de soins, un de ses enfants avant dix ans (art. 6).

Si nous consultions ensuite les auteurs qui ont décrit de notre temps la situation des esclaves, nous verrions que, malgré les ordonnances postérieures qui visent à augmenter leur bien-être, leur état est resté sensiblement le même. Nous

[1] Durand-Molard, III, 696.

savons parfaitement que, suivant celui qu'on lit, on peut avoir sous les yeux des tableaux tout à fait différents. Ainsi, Granier de Cassagnac trouve que les esclaves sont parfaitement bien traités. Mais consultons Schœlcher, l'abbé Dugoujon, Rouvellat de Cussac, etc. Tous s'accordent malheureusement pour constater que la condition matérielle des nègres n'a pas cessé d'être misérable. Quant à leur condition légale, quant à leur éducation morale, les progrès réalisés sont également bien faibles. Les faits crient hautement la condamnation de l'esclavage, qui a réduit tant d'êtres humains à n'être guère que des bêtes de somme.

CHAPITRE V

DES ESCLAVES CONSIDÉRÉS PAR RAPPORT AU DROIT CIVIL

> « La servitude est l'annihilation de tous droits, comme de toutes facultés, une éternelle mutilation civile et morale. » (Schœlcher, *Col. françaises*, p. 54.)

I. — L'esclave n'est pas une personne. — Des effets du christianisme en ce qui le concerne : baptême, mariage ; articles 10, 11, 12, 13 du Code Noir ; — du sort des enfants ; — sépulture des esclaves.
II. — L'esclave n'est qu'une propriété. — De sa qualité mobilière ou immobilière. — Législation complexe à ce sujet. — Déclaré meuble en principe, il est, en fait, traité dans la plupart des cas comme immeuble. — Articles 44 à 54 du Code Noir. — Il ne peut généralement être saisi qu'avec le fonds. — De la destination des esclaves dans les successions et partages. — Il n'y eut jamais de jurisprudence absolument fixe sur les règles à appliquer aux esclaves considérés comme propriété.
III. — L'esclave n'a le droit de rien posséder en propre : article 28 du Code Noir. — De son pécule : article 29. — Portion de terrain qui lui est concédée. — Il ne peut recevoir ni donation, ni legs ; — ni faire lui-même aucune disposition entre vifs ou testamentaire.
IV. — Cas où l'esclave représente juridiquement la personne de son maître. — Conditions dans lesquelles il pratique un commerce. — Nombreuses précautions accumulées contre lui. — Des métiers qu'il est autorisé à exercer. — Esclaves tenant maisons. — Nègres de journée. — Colportage des esclaves.
V. — Les maîtres sont tenus des actes de négoce de leurs esclaves ; — jusqu'à quel point ? — De leur incapacité légale à divers points de vue. — De leur témoignage en justice.
VI. — De la capitation payée par les maîtres pour leurs esclaves. — Des réquisitions. — Conclusion.

I

Le titre de ce chapitre pourrait surprendre tout d'abord. Quelle peut être, en effet, la condition civile de celui qui ne s'appartient pas ? Elle ne saurait exister. « Les lois disent que l'esclave n'est pas une personne dans l'État », écrit Bossuet [1]. Et, en effet, théoriquement le droit est pour lui à peu près chose nulle. Pourtant, dans la réalité, nous voyons que la logique ne s'appliqua pas avec cette rigueur absolue. Quelque mépris que les hommes libres aient eu de l'esclave, ils ne sont pas parvenus à abolir en lui tous les caractères de l'être humain. D'abord l'intérêt même a conduit, ainsi que nous l'avons vu, le législateur à porter des peines contre les maîtres qui abuseraient de leurs esclaves. Puis le progrès des mœurs a fait adoucir leur sort dans une certaine mesure. Aussi, sans qu'il puisse être vraiment question d'un état civil pour les esclaves avant le XIXe siècle [2] (loi du 24 avril 1833), il y a, malgré tout, un ensemble de mesures prises à leur égard, même sous l'ancien régime, qui nous ont paru ne pouvoir être mieux rangées que sous le titre ci-dessus.

Le Code Noir prescrit par l'article 2 de faire baptiser tous les nègres nouvellement importés d'Afrique. Il ne parle point des nègres créoles, c'est-à-dire naissant dans les colonies ; mais il est évident que cette obligation s'applique, à plus forte raison, à cette catégorie. C'était donc leur reconnaître implicitement une sorte de personnalité. Ils sont inscrits sur les registres des paroisses ; de plus, nous constatons que, sur les recensements les plus anciens que nous ayons conservés des Antilles [3], ils sont mentionnés avec leurs noms et surnoms. Il est vrai que ces états étaient surtout des états fiscaux dressés en vue de la capitation. Ce n'est qu'en 1784 que les procureurs ou économes gérants des habitations furent tenus d'inscrire sur un registre spécial les

---

[1] V. *Avertissement aux protestants*, § 50.
[2] « La loi ne reconnaît pas d'état civil à l'esclave ; une circulaire du 6 nivôse an XVI (27 décembre 1805) renouvela cette déclaration de l'édit de 1685, lors de la promulgation du Code civil aux colonies. L'esclave existe aux yeux de la loi seulement par les recensements du maître. » Schœlcher, *Col. françaises*, p. 53.
[3] Arch. Col., G1, vol. 468 à 472.

naissances et les décès des noirs[1]. Mais de cette inscription des nouveau-nés il ne résultait pour eux aucun droit, du moins du moment que la mère était esclave. Seulement, si la mère était libre, même le père étant esclave, il est spécifié par l'article 13 que l'enfant doit être libre.

A la condition d'être catholiques, les esclaves peuvent, en outre, contracter mariage dans les mêmes formes que les libres. Ce sont les articles 10, 11, 12, 13 du Code Noir qui réglementent cette question du mariage. L'article 10 rend l'ordonnance de Blois[2], de mai 1579, et la Déclaration de 1639 applicables aux esclaves comme aux personnes libres, avec cette seule différence que, pour eux, au lieu du consentement des père et mère, il ne faut que celui du maître. L'ordonnance de Blois avait pour but d'éviter les mariages clandestins. L'article 40 exige qu'il y ait proclamation de bans « par trois divers jours de fête avec intervalle compétent »; qu'il y assiste « quatre personnes dignes de foi, pour le moins, dont sera fait registre »; enfin, qu'il y ait consentement du père et de la mère, ou bien des tuteurs ou curateurs, si les intéressés sont en la puissance d'autrui. La Déclaration du 26 novembre 1639[3] rappelle les cérémonies prescrites par les conciles et n'est guère qu'une confirmation de l'Ordonnance de Blois. Elle ajoute seulement (art. 1ᵉʳ) que la proclamation des bans sera faite par le curé de chacune des parties contractantes. — L'article 11 du Code Noir interdit aux maîtres de marier leurs esclaves par contrainte, contre leur gré. On leur reconnaît donc une certaine volonté, mais

---

[1] Ord. royale pour Saint-Domingue. Trayer, *op. cit.*, 27. — En 1833 et 1835, on imposa le recensement régulier et la constatation des naissances, mariages et décès des esclaves... L'ordonnance qui commandait le recensement des esclaves, considérée par les planteurs comme un moyen d'établir un état civil pour les noirs, rencontra une résistance opiniâtre. A la Martinique, la Cour d'appel refusa, par 38 arrêts successifs, de condamner les délinquants; renvoyés devant la Cour de la Guadeloupe, ils furent également acquittés (Leroy-Beaulieu, *op. cit.*, 223).

[2] Cf. Moreau de Saint-Méry, I, 10-11.

[3] Id., *ib.*, 44.

combien limitée en fait ! Il semble aussi que l'assimilation aux libres pour les formalités affirme leur personnalité ; c'est comme la reconnaissance d'une sorte d'état civil. Mais quels en sont les effets ? Ils n'en retirent qu'un seul bénéfice, ainsi que nous le constatons par l'article 47 du Code Noir, c'est que le mari, la femme et leurs enfants impubères [1] ne peuvent être saisis et vendus séparément ; encore faut-il qu'ils soient tous sous la puissance d'un même maître. Ils ne peuvent pas davantage être séparés en cas d'aliénation volontaire. Sans doute, c'était quelque chose. Mais quelle famille que celle dont les différents membres sont exposés sans cesse à l'arbitraire d'un maître qui n'a d'autre souci que de tirer d'eux tout le profit possible [2] !

Ce qui importait surtout, c'était de déterminer le sort des enfants nés de ces unions. Par l'article 12, les enfants d'esclaves restent esclaves et appartiennent au maître de la femme. On reconnait là le principe du droit romain : *partus sequitur ventrem* [3]. Il est appliqué aussi dans le cas où les conjoints ne sont pas de la même condition ; c'est toujours celle de la mère que suivent les enfants, d'après l'article 13. Il est à remarquer cependant qu'à Rome, lorsqu'on en fut arrivé à reconnaître aux esclaves le droit de contracter mariage, les enfants suivirent la condition du père. Suivant le titre des Décrétales : *De natis ex libero ventre*, les enfants ne sont affranchis que si la mère est libre. Les rédacteurs du Code Noir s'en sont tenus là, évidemment par raison politique, pour ne pas risquer de trop diminuer le nombre des esclaves.

---

[1] On entendait par là les enfants de moins de douze ou quatorze ans. Mais, en fait, il arrivait qu'on vendait des enfants de sept ans. *Rapport de la Commission instituée pour l'examen des questions relatives à l'esclavage*, p. 133.

[2] Le vrai mariage n'exista jamais pour les esclaves. Les auteurs grecs n'emploient pas le mot γάμος pour désigner les unions d'esclaves. Wallon, I, 288. D'après le droit romain, il n'y a pas *connubium*, mais seulement *contubernium* (Paul, *Sentent.*, II, 10, § 6. Col. 12, 1, 2) ; c'est une simple cohabitation, qui resta longtemps sans effet au point de vue civil. Dans le droit canon, le mot *conjugium* n'exprime également que le mariage sous le rapport physique.

[3] Cf. Cod. *De rei vindic.*, 1. — *De liber. causa*, 1, 12. — *Colum.*, I, 8.

Il faut dire qu'à Rome, après avoir autorisé le mariage entre esclaves et libres, on se préoccupa de l'empêcher en raison du nombre trop fréquent de ces mésalliances qui risquait, sous l'Empire, de devenir un péril pour la sûreté de l'État. Le sénatus-consulte Claudien frappe de servitude la femme qui épouse un esclave[1]. Constantin la punit de mort, si c'est son propre serviteur, et l'esclave est condamné au feu[2]. L'homme libre pouvait cependant prendre une femme parmi ses domestiques ; mais il n'avait pas le droit de s'unir à l'esclave d'un autre. Ce dernier empêchement cessa lui-même sous l'influence du christianisme. « Le mariage de l'homme libre avec la femme esclave resta nul de plein droit ; mais l'homme eut toujours la puissance d'en valider toutes les conséquences par un affranchissement suivi d'un acte solennel de mariage[3]. » La Novelle 78 veut que par le mariage l'esclave et les enfants soient affranchis. D'après les *Constitutions ecclésiastiques*, tout esclave marié dans l'Église devient libre. Suivant les *Basiliques*[4], qui datent de la fin du IXe siècle et ne sont, au fond, que l'abrégé des *Institutes* de Justinien, l'homme libre pouvait épouser une esclave en payant le prix de son affranchissement. On voit par là que les juristes du XVIIe siècle, tout en s'inspirant du droit romain et du droit canonique, se sont préoccupés de concilier autant que possible les préceptes divins et les intérêts des possesseurs d'esclaves. Ils ont respecté le principe : *Quod deus conjunxit homo non separet.* Mais ils ont sauvegardé légalement la propriété des maîtres en n'admettant pas que la femme esclave pût donner naissance à des enfants libres, à moins qu'elle ne fût régulièrement épousée par un homme libre. Or c'étaient là, nous le savons, des cas excessivement rares,

---

[1] Cf. Wallon, *op. cit.*, III, 390 et sqq.
[2] L., 1 (326). Code Th., IX, IX.
[3] Wallon, III, 391.
[4] Cf. Fabrot, *Les Basiliques*, 1647. — Voir Biot, *op. cit.*, p. 214 et 270, au sujet des lois des Barbares relatives au mariage des esclaves.

beaucoup plus rares que dans l'antiquité ou dans les premiers temps du christianisme, par suite du préjugé de couleur, qui établissait dans les temps modernes une ligne de démarcation bien plus profonde qu'autrefois entre les libres et les esclaves.

Le dernier privilège qu'assurât aux nègres esclaves le fait d'être chrétien était celui d'être enterrés en terre sainte, tandis que ceux qui n'étaient pas baptisés devaient être enterrés, la nuit, dans quelque champ voisin du lieu où ils seraient décédés.

II

Ces hommes et ces femmes, auxquels l'Église administre les sacrements, ces chrétiens, frères spirituels de leurs maîtres, n'en restent pas moins leur propriété ; par là, de ce rang de personnes auquel ils semblaient un instant s'être élevés, ils redescendent au rang des choses.

Une question capitale qui se pose à leur sujet, qui a nécessité de fréquents règlements avant qu'on pût en arriver à une jurisprudence fixe, c'est celle de savoir si les nègres sont meubles ou immeubles.

Le premier texte auquel il nous ait été permis de remonter à ce propos est un arrêt du tribunal souverain de la Guadeloupe, du 4 septembre 1655[1], annulant la vente de deux négresses d'un habitant décédé, « comme contraire à l'usage ». Il est observé que cette vente serait nuisible aux progrès de l'agriculture et ordonné, en conséquence, qu'elles ne pourront être vendues que conjointement avec l'habitation. Ainsi donc, dès le début, les esclaves devaient être considérés comme immeubles par destination.

Pourtant la règle semble avoir fléchi bien vite. En effet,

[1] Arch. Col., F, 230, p. 435.

le 22 juillet 1658, à la Martinique, un règlement[1] entre Mme Vve Duparquet et les habitants stipule par l'article 10 qu' « il sera permis auxdits habitants, après leurs dettes payées, d'enlever leurs nègres et autres meubles ». Le règlement de M. de Tracy, du 19 juin 1664, les considère aussi comme meubles, et il est confirmé par une ordonnance de M. de Baas, du 6 février 1671[2], qui autorise à les saisir pour dettes ainsi que les bestiaux.

D'autre part, un arrêt du Conseil d'État, du 2 mai 1679[3], les déclare insaisissables pour le paiement du droit de capitation, et, le 30 avril 1681, le roi écrit à M. de Blenac, gouverneur général des îles : « J'ai approuvé la proposition que vous me faites d'empêcher la saisie des nègres[4]. » Suit, en conséquence, un arrêt du Conseil d'État qui interdit la saisie des nègres de culture[5]. Un règlement du Conseil de la Martinique, du 7 septembre 1683[6], est en conformité avec cet arrêt. Un autre du même Conseil, du 5 mai 1684, porte que les nègres et les bestiaux sont réputés meubles, quoique insaisissables[7].

Enfin, le Code Noir, par l'article 44, décide que les esclaves sont meubles et leur applique, par conséquent, la législation en vigueur relative aux biens mobiliers. Nous allons voir, d'ailleurs, à quelles difficultés diverses donnait lieu cette jurisprudence. A chaque instant, la question est diversement jugée à propos de cas spéciaux ; nous nous bornerons à en citer quelques-uns de caractéristiques.

[1] Arch. Col., F, 247, p. 319.
[2] Ib., ib., 211.
[3] Ib., ib., 324.
[4] Ib., ib., 340.
[5] Ib., ib., 353, 5 juin 1681.
[6] Ib., ib., 381. Article XI. — « Lorsqu'une habitation, sucrerie ou indigoterie, sera saisie réellement, les nègres et bestiaux servant actuellement sur lesdites habitations, sucreries ou indigoteries, seront compris dans ladite saisie et désignés, savoir : les nègres par leurs noms et âge, et les bestiaux par leurs poils, et le tout sera vendu et adjugé conjointement. »
[7] Ib., ib., 397.

Ainsi le Conseil supérieur de la Martinique, se fondant sur le Code Noir, réforme en appel, le 5 novembre 1686[1], une sentence du juge ordinaire au sujet de nègres réputés immeubles au moment de la célébration d'un mariage. Mais qu'allait-on faire au sujet des contrats de mariage ayant précédé l'enregistrement du Code Noir? C'est ce que demande au Ministre l'intendant Dumaitz de Goimpy, par lettre du 18 décembre 1686[2]. Il fait observer que, dans ce cas, « il y aurait plusieurs enfants ruinés, le plus beau bien de la famille consistant en des nègres qu'ils seraient obligés de partager avec leurs beaux-pères, qui, la plupart, n'en avaient aucun avant de se marier ». Dans une autre lettre du même jour[3], il cite l'avis de Le Prestre, jurisconsulte fameux, d'après lequel (ch. LV, p. 174) une ordonnance n'a de valeur qu'après qu'elle a été enregistrée, à moins d'une disposition spéciale, qui n'existe pas dans celle de mars 1685. Or, aux Antilles, les seconds mariages sont fréquents. Beaucoup de conjoints n'ont nullement entendu faire entrer les esclaves dans la communauté. Ce serait un avantage indirect qu'une femme ferait à son mari au préjudice des enfants du premier lit, ce qui est défendu positivement par l'édit des secondes noces. Cependant le roi fait répondre en marge qu'il faut remonter avant l'enregistrement, toutefois « à condition que le partage n'ait pas déjà été fait ». Alors, à propos d'un autre cas particulier, les membres du Conseil supérieur écrivent au Ministre, le 16 juillet 1687[4] : « Pour les noirs, il est nécessaire de remonter à l'année 1673, dans laquelle les parties contractèrent mariage, auquel temps ils ont toujours été partagés conjointement avec la terre comme immeubles. »

Le point en litige fut tranché par un arrêt du Conseil d'État, du

[1] Arch. Col., F, 250, p. 87.
[2] Arch. Col., C⁸, 4.
[3] Ib., ib.
[4] Ib., ib.

22 août suivant[1]. Ledit arrêt rappelle les représentations qui ont été faites à Sa Majesté pour observer que les nègres, « ayant été auparavant considérés comme immeubles, les partages ont été faits sur ce pied ». En conséquence Sa Majesté déclare que tous les partages antérieurs à mars 1685 seront ratifiés, mais que l'ordonnance aura son effet à dater de sa promulgation. Cet arrêt est commenté par une lettre du Ministre à De Goimpy[2] de façon à ne laisser aucun doute possible. Ainsi donc, suivant l'article 44 du Code Noir, en tant que meubles, les nègres entrent dans la communauté, n'ont point de suite par hypothèque, se partagent également entre les cohéritiers, sans préciput ni droit d'aînesse. Ils ne sont point sujets au douaire coutumier; en effet, « dans le dernier état de notre ancien droit, la législation du douaire portait sur la moitié des immeubles, et cette règle était très généralement consacrée par la plupart des coutumes[3] ». De même ils ne comportent pas le retrait féodal, qui ne s'applique qu'aux immeubles de l'héritage vendu; ni les droits féodaux et seigneuriaux; ni les formalités des décrets, « car il n'y a que les immeubles ou les biens réputés immeubles qui puissent être vendus par décret[4] »; ni le retranchement des quatre quints en cas de disposition à cause de mort et testamentaire : en effet, pour les immeubles, la coutume ne permettant que de tester du quint des propres, les quatre quints revenaient de droit à l'héritier naturel[5].

A propos de cet article 44, Loysel, le petit-fils, écrit comme

[1] Moreau de Saint-Méry, I, 460.
[2] Arch. Col., B, 13, p. 69, 25 août.
[3] Glasson, article *Douaire*, dans *Grande Encyclopédie*, XIV, 976.
[4] Cf. Guyot, *Répertoire de jurisprudence*, art. *Décret d'immeubles*. Il y avait le décret volontaire et le décret forcé. « Le décret volontaire était celui qu'un acquéreur faisait faire afin de purger les hypothèques, droits réels ou servitudes que l'on pouvait avoir sur les biens par lui acquis. » « Le décret forcé est celui par le moyen duquel les créanciers qui ont fait saisir réellement les biens de leurs débiteurs les font vendre judiciairement au plus offrant et dernier enchérisseur. »
[5] Dessalles, *op. cit.*, III, 49.

commentaire : « Les serfs, à proprement parler, ne sont pas meubles, mais choses mouvantes ; comme les chevaux, les moutons et les autres animaux sont compris sous ce mot de meubles et que, par la coutume de Paris, tout ce qui n'est pas immeuble est meuble, il n'y a que deux sortes de biens, meubles et immeubles. » Cette distinction est empruntée du droit romain. *Ut igitur apparet, [lex] servis nostris exæquat quadrupedes, quæ pecudum numero sunt et gregatim habentur*[1]. Ou encore : *Moventium item mobilium appellatione idem significamus*[2]. Dans l'*Exode*[3], l'esclave est assimilé à l'argent du maître : si celui-ci le frappe et qu'il le tue, il sera accusé de crime ; mais, si l'esclave survit un jour, il n'encourra pas de peine, *quia pecunia illius est*.

L'article 45 du Code Noir autorise les maîtres à stipuler leurs esclaves « propres à leurs personnes et aux leurs de leur côté et ligne ». Ce n'est évidemment là qu'une suite de la règle générale établie par l'article précédent.

L'article 46 règle la procédure de saisie relative aux esclaves. C'est, d'une manière générale, celle qui est suivie à l'égard des « autres choses mobiliaires ». Et pourtant il a fallu faire des exceptions; par où se montre encore, une fois de plus, la monstruosité de l'esclavage, qui fait d'un homme la propriété d'un autre homme.

Nous avons déjà vu que l'article 47 interdit de saisir et vendre séparément le mari, la femme et les enfants impubères.

Mais voici surtout l'exception capitale nécessitée par le régime particulier de la propriété aux Antilles. En vertu de l'article 48, en effet, les esclaves travaillant dans les sucreries, indigoteries et habitations, ne pourront être saisis, « sinon pour ce qui sera dû du prix de leur achat », ou bien à moins que la propriété ne soit saisie réellement. Ledit article modifie singulièrement l'article 44, étant donné que c'était de beau-

---

[1] *Dig.*, liv. IX, tit. II, *Ad legem Aquiliam*, § 2.
[2] *Ib.*, liv. I., tit. XVI : *De verborum significatione*, § 93.
[3] Ch. XXI, § 20-21.

coup la majeure partie des esclaves qui travaillaient sur les habitations. Les voilà donc, en fait, considérés comme immeubles. L'article 49 en fait bien aussi réellement des immeubles, puisque le fermier judiciaire d'une habitation ne peut pas « compter parmi les fruits qu'il perçoit les esclaves qui seront nés des esclaves pendant son bail ». C'est la règle suivie par les Romains[1]. L'article 50 n'est guère qu'une confirmation du précédent.

L'article 51 englobe aussi les esclaves avec le fonds au point de vue du produit de la vente, tandis que le Mémoire de Blenac et Begon indiquait que le prix des esclaves devait être distribué séparément aux créanciers et comme provenant de biens meubles. Cette disposition paraît plus conforme au droit. Comme le remarque justement Moreau de Saint-Méry[2], « cet article ne peut avoir lieu qu'autant que toutes les dettes se trouveront privilégiées ou hypothéquées; car, lorsqu'il y a des créanciers chirographaires, tant que les esclaves seront meubles, leur prix doit leur être partagé au sol la livre, ce qui se fait par ventilation, en cas que les esclaves aient été vendus avec le fonds ». Et il renvoie à l'article 46. D'ailleurs, l'article 52 ajoute immédiatement une restriction à l'article 51 en ce qui concerne les droits féodaux et seigneuriaux, qui « ne seront payés qu'à proportion du prix des fonds ». Il y a donc lieu de recourir à une ventilation, pour que ces droits ne soient pas perçus sur les esclaves, comme le veut l'article 44. L'article 53 ne fait que

---

[1] *In pecudum fructu etiam fetus est, sicuti lac et pilus et lana : itaque agni et hœdi et vituli et equuli statim naturali jure domini sunt fructuarii; partus vero ancillæ in fructu non est; itaque ad dominum proprietatis pertinet; absurdum enim videtur hominem in fructu esse, cum omnes fructus rerum natura hominum gratia comparavit.* — *Institutes,* liv. II, tit. I, § 37. Cf. le Commentaire d'Ortolan, p. 300-301, n° 409. « ... Bien que l'esclave fût au rang des choses, c'eût été descendre au dernier degré de la dégradation que de la considérer comme destinée au croît et d'assimiler son enfant à un fruit. En fait, et prenant l'origine de la question, on voit que c'est un sentiment de dignité pour l'homme qui l'avait fait soulever par les jurisconsultes philosophes (Gaius, Ulpien) et qui avait dicté la décision insérée aux *Institutes.* »

[2] Arch. Col., F, 236, p. 674.

confirmer l'inséparabilité des esclaves d'avec le fonds. Enfin, l'article 54 est la suite naturelle des précédents[1] : les fermiers ou usufruitiers ne sont pas responsables des esclaves décédés sur leurs fonds, et ils n'ont pas la jouissance des esclaves qui y naissent. Mais, dans la pratique, on y dérogeait fréquemment. Par exemple, le 8 juin 1705, un arrêt de règlement du Conseil de Léogane[2] ordonne que les baux à ferme seront réglés d'après le Code Noir; c'était à propos d'un bail, aux termes duquel un fermier paierait les esclaves venant à mourir et profiterait des enfants qui naîtraient. Le roi rappelle lui-même, dans une ordonnance au sujet des gardiens nobles et bourgeois usufruitiers, amodiateurs et autres[3], du 20 avril 1711, que l'article 54 n'est pas observé, et il ajoute qu'il consent à y déroger, lorsque les intéressés auront fait des conventions spéciales.

En somme, il ressort nettement du Code Noir que les nègres esclaves sont essentiellement de qualité mobilière, mais qu'en particulier pour ceux des habitations il y a lieu de leur appliquer, la plupart du temps, la jurisprudence relative aux immeubles.

Dans la pratique, la jurisprudence ne paraît pas avoir jamais été bien fixée. Nous avons trouvé la trace de nombreux procès à ce sujet, et les décisions rendues par les différents Conseils sont loin de s'accorder toujours. De plus, il y eut encore de nombreux Mémoires adressés par les administrateurs au roi sur la question. Nous allons extraire de ces divers documents les indications que nous avons cru devoir être retenues.

Voici, par exemple, un conflit qui se produit entre deux créanciers[4]. Le sieur Lefebvre fait saisir une négresse appar-

---

[1] Cf. encore *Digeste*, VII, 11, 68 : *Vetus fuit quæstio an partus ad fructuarium pertineret : sed Bruti sententia optinuit fructuarium in eo locum non habere ; neque enim in fructu hominis homo esse potest.*
[2] Moreau de Saint-Méry, II, 15; et Ib., 10 et 73, deux autres arrêts analogues.
[3] Durand-Molard, I, 70-71.
[4] f. Arch. Col., F, 269, p. 85, 5 juillet 1688.

tenant au sieur Bonnaud, son débiteur; mais, en même temps, le sieur Giroult a fait de son côté saisir réellement l'habitation de Bonnaud. Aussi un arrêt du Conseil du Petit-Goave ordonne que la négresse sera remise sur l'habitation. On voit tout de suite les conséquences d'une pareille manière de procéder : le petit créancier est fatalement sacrifié au plus fort, car, pour faire saisir une habitation entière, il faut naturellement que le montant de la créance soit suffisant, et, dans bien des cas, les frais devaient absorber une partie des biens du saisi, si bien que la répartition au sol la livre pouvait n'être que fort peu rémunératrice. Cet inconvénient est signalé dans un mémoire sur l'immobilité des nègres [1], daté de 1700. Et ce n'est pas le seul. L'auteur anonyme dudit mémoire indique la liberté qui est laissée au débiteur de vendre secrètement ses nègres et d'abandonner ensuite sa terre, « qui n'est pas de grande considération aux îles ». Sans compter que les commerçants ne voudront plus prêter; conséquence : il ne se fera plus de défrichements, la plupart des habitants qui viennent aux îles n'ayant aucun capital. Ce qui paraît singulier, c'est que notre auteur rappelle uniquement l'arrêt royal du 15 mai 1681, sans parler du Code Noir, et il observe que les trois conseils souverains, en l'enregistrant, ont ordonné que les nègres seraient réputés immeubles. Mais de ce fait il est résulté d'autres prétentions donnant lieu à procès, par exemple : que les nègres d'une terre féodale devaient être partagés comme un fief; — qu'ils devaient être sujets à retrait lignager; — qu'il faudrait les décréter pour purger l'hypothèque ; — qu'il faudrait le temps prescrit par la coutume pour la prescription des immeubles pour en prescrire la possession. Finalement, il est d'avis qu'il vaudrait mieux rétablir les choses comme elles étaient auparavant, « puisqu'elles allaient leur train sans faire de trouble ni de discussion ».

[1] Arch. Col., Colonies en général, XIII, F 90.

Il est à remarquer que ces observations existent déjà en note marginale sur l'exemplaire du Mémoire de Blenac et de Begon, qui est de 1683. Ceci nous prouve — ce qui nous a frappé bien des fois au cours de notre étude — que souvent l'on était peu au courant, aux îles, des changements survenus dans la législation. Ou bien, en effet, une mesure générale n'avait pas été envoyée dans chacune pour y être enregistrée ; ou bien on s'en tenait à des mesures locales ; et alors, sitôt qu'une difficulté surgissait, les discussions reprenaient sans qu'il fût tenu compte, pour ainsi dire, de ce qui aurait dû avoir déjà force de chose jugée. Autre exemple : Un acte de notoriété du Châtelet de Paris, du 13 novembre 1705[1], porte que les nègres attachés à la culture à Saint-Domingue sont meubles. C'est à propos d'une succession. Les héritiers du mari prédécédé ont demandé deux habitations qu'il possédait « avec les nègres, comme faisant partie desdites habitations, *tanquam adjecti glebæ*, destinés et attachés auxdites habitations, et qu'ils prétendent être réputés immeubles suivant l'usage de l'Amérique, la jurisprudence du Châtelet et la disposition tacite de la coutume de Paris, qui est suivie dans ladite île de Saint-Domingue comme la coutume de la ville capitale du royaume ; laquelle coutume a des dispositions approchantes comme les pigeons des colombiers et les poissons des étangs, qui sont réputés immeubles suivant l'article 91 et suivant les coutumes de Bourgogne, Nivernais et autres, dans l'étendue desquels les hommes de condition servile font partie des duchés, marquisats et autres terres régies par les coutumes, lesquels sont réputés immeubles... » Vient après la décision : « Suivant l'usage de la coutume de Paris, les bestiaux qui sont dans les fermes et métairies ne font point partie d'icelles, mais se vendent séparément, et dans les successions appartenant aux héritiers des meubles, les créanciers de la succession les distribuent entre eux par

---

[1] Moreau de Saint-Méry, II, 41.

contribution au sol la livre de leur dû ; et comme, dans l'Ile Saint-Domingue on suit la coutume de Paris, il ne peut y avoir de difficulté que les nègres ne font pas partie du fonds. » Nous pouvons nous demander ici pourquoi les juges ont ainsi recours à des analogies et ne rappellent pas plutôt le Code Noir.

La difficulté que le Code Noir semble avoir voulu éviter au sujet des saisies subsistait, ce qui était capital, à propos des successions. Comment procéder en effet pour les partages ? Diviser à la fois la terre et les nègres, il n'y fallait pas songer, car la plupart des cultures, étant donné la manière dont elles avaient été conçues, exigeaient de grandes exploitations. Séparer la propriété foncière et les nègres ? Encore moins. Ou alors c'était la ruine. Aussi voyons-nous, en 1712, le procureur général de la Martinique, le sieur de Hauterive, exposer dans un Mémoire[1] la nécessité d'avoir une explication à la coutume de Paris sur l'article des partages au sujet des nègres, car c'est la ruine des habitations que d'être obligé de les en séparer pour les partager entre les héritiers. Il explique quel tort a fait aux Iles la loi qui a rendu les nègres meubles. Il semble cependant que l'on soit en droit, dans ce cas aussi, de les considérer comme immeubles, si nous nous en rapportons aux Mémoire et Lettre du Conseil de la Marine et à une ordonnance des administrateurs des 20 octobre 1717 et 6 avril 1718[2]. La question se pose « par rapport aux nègres qui se trouvent dans les habitations possédées par les Anglais ou Irlandais dans les colonies françaises ». Nous jugeons nécessaire de reproduire intégralement la réponse du Conseil de la Marine, qui est des plus explicites: « Les nègres, à la vérité, sont au rang des effets mobiliers par leur nature et de (*sic*) la déclaration de l'année 1685, dont l'article 44 les met au rang des meubles; mais

---

[1] Arch. Col., C⁸, 23.
[2] Moreau de Saint-Méry, II, 597. La lettre du Conseil répond à une autre de MM. Chateaumorant et Mithon, du 30 mai 1717.

la même déclaration décide que ces mêmes nègres, étant attachés à une habitation, sont réputés immeubles, lorsqu'il s'agit de la saisie réelle de l'habitation; et cette loi décide de la question dont il s'agit aujourd'hui. — Aux termes de cette déclaration, dès le moment qu'ils sont attachés par le propriétaire à la culture de son héritage, ils ne peuvent être considérés séparément; ils sont attachés à cet héritage, de manière qu'ils participent à sa nature et deviennent immobiliers avec lui. La disposition de cette déclaration ne peut être regardée comme contraire aux principes, puisque, par les lois romaines, les esclaves destinés par le maître à la culture des terres ne pouvaient être détachés et que le fonds ne pouvait être vendu ni légué sans l'esclave, ni l'esclave sans le fonds (Titre: *De Agricolis et Censitis*). Par la jurisprudence française, même dans les coutumes où les servitudes réelles se sont conservées, les serfs sont si étroitement attachés à l'héritage mainmortable qu'ils sont censés en faire partie et qu'on doit même, suivant quelques-unes de ces coutumes, les comprendre dans les aveux et dénombrements comme étant, suivant les termes de M. Le Bret, membres et instruments de la terre; et cette maxime s'observe même à l'égard des bestiaux destinés à cultiver une terre, que les arrêts ont jugé faire partie du fonds. (Vitry, 45. — Le Bret, *De la souveraineté*, liv. IV, ch. XI. — Henry, tit. II, liv. IV, n° 45. — Survin, Titre: *Quels biens sont meubles ou immeubles*.) — On ne peut douter que les étrangers qui acquièrent des immeubles situés dans les pays de la domination du roi ne soient soumis par rapport à la possession de ces immeubles aux dispositions des coutumes, de la situation et des lois du royaume, et les arrêts l'ont plusieurs fois décidé; et, comme la déclaration de 1685 déclare les nègres attachés à une habitation par la culture de la même nature que l'habitation même, il en faut tirer la conséquence que ces nègres ne sont pas compris dans l'exception introduite en faveur des Anglais par le dernier traité, par rapport à leurs effets mobiliers seulement[1]. » En conséquence, les administrateurs Chateaumorant et Mithon font enregistrer le Mémoire et la lettre susdite au Conseil supérieur de Léogane et du Cap pour qu'ils servent de jurisprudence.

Après cela, il semblerait qu'il ne dût plus y avoir de doute et que la question fût définitivement résolue. Mais cette interprétation ne s'applique qu'à Saint-Domingue. Quelque temps après, l'intendant Blondel, de la Martinique, propose au Ministre de laisser saisir les nègres. Il est vrai que le pouvoir central paraît s'en tenir aux règles adoptées. En effet, le Ministre répond, le 22 février 1724[2] : « Il convient beaucoup mieux que vous continuiez les garnisons aux débiteurs de mauvaise volonté, et cela pourra faire le même effet. D'ailleurs, il n'y a point d'habitation aux Iles où il n'y ait des sucres et autres denrées que les créanciers peuvent saisir. Si cependant, quand vous aurez pris une connaissance plus étendue du pays, vous persistiez dans le même sentiment par rapport à la saisie des noirs, je proposerai au roi de la permettre, mais elle ne peut être praticable qu'à la Martinique seulement, attendu que cette île est la mieux établie. Je vous observerai cependant qu'il est à craindre que cela n'empêche les cultures, sans rendre les habitants plus sages. »

Comme on ne pouvait pas saisir les nègres, il arrivait qu'on les prît en nantissement de sommes prêtées, ainsi qu'il ressort d'un arrêt de règlement du Conseil du Petit-Goave, du 14 mars 1726[3], qui interdit comme abusive cette façon de procéder. Le Procureur général avait, en effet, remontré que c'est « un gage et non une hypothèque »; de plus, les prêteurs « prennent non seulement des nègres en hypothèque bien au-dessus de la valeur des sommes qu'ils prêtent, mais

---

[1] Par le traité d'Utrecht, le roi exemptait les sujets de la Grande-Bretagne du droit d'aubaine par rapport à leurs meubles et marchandises.
[2] Arch. Col., B, 47, p. 674.
[3] Moreau de Saint-Méry, III, 163.

encore forcent ceux que le dérangement de leurs affaires contraint de recourir à de telles ressources de leur remettre ces mêmes nègres hypothéqués, qu'ils font travailler chez eux, sans en payer aucun loyer ni en courir aucuns risques, de sorte que le débiteur se trouve non seulement privé du fruit qu'il retirerait de son esclave ainsi hypothéqué, mais même dans la nécessité d'en fournir un autre en cas de mort, ce qui fait une usure si énorme qu'il requiert le Conseil d'employer son autorité par les peines ordinaires que les ordonnances royaux ont fulminées en semblable cas. » Aussi ses conclusions furent-elles adoptées.

A ce moment, nous constatons, d'après des lettres patentes du 6 avril 1726[1], qu'on avait adopté aux îles l'usage de partager la valeur des biens-fonds entre les copartageants ; « l'un des héritiers ou le survivant a eu le principal établissement ou tel nombre d'esclaves ou de bestiaux nécessaires à la culture des terres et l'entretien des manufactures, à la charge de faire à ses copartageants dans certains termes les retours dus sur le pied de l'estimation des biens qui composent les successions » ; mais on n'a pas tenu compte des formalités prescrites par les lois et ordonnances pour l'aliénation des biens des mineurs[2]. Cependant le roi approuve les partages ainsi faits et il admet que pour l'avenir cette forme soit suivie, « en observant néanmoins de les faire autoriser par délibération des parents et amis pour ce assemblés devant les juges des lieux en la manière ordinaire ». Les juges, sur l'avis d'un seul parent, pourront mettre les biens en adjudication. Mais, en tout cas, il sera loisible à celui des copartageants, à qui les biens auraient été laissés par les partages, de garder les nègres en offrant d'en payer le prix de l'adjudication.

---

[1] Arch. Col., C⁸, 30.
[2] Cf. Durand-Molard, I, 170, *Déclaration du roi défendant aux mineurs émancipés de vendre leurs nègres ;* — Code Noir, édit. de 1742, pp. 303 et suiv., autre Déclaration analogue du 15 décembre 1721.

Cette coutume n'était pas suivie partout. A Cayenne, en particulier, on partageait les nègres comme meubles[1], ce qui donnait lieu à de grands inconvénients. Par exemple, un père ou une mère viennent à décéder ; les enfants partagent avec le survivant l'habitation et les nègres. Mais un des enfants meurt ; les frères survivants n'héritent que du fonds de l'habitation qui lui appartenait, et les nègres retournent aux père ou mère survivants, comme héritiers des meubles de leurs enfants. Or, cette partie de l'habitation, privée de ses nègres, est généralement de nulle valeur pour eux. « Le seul remède à ce grand inconvénient serait de déclarer les nègres immeubles et partageables comme le fonds, au moins dans les cas de partage du fonds des habitations par droit de succession. »

Donc, à Cayenne, on s'en tient au Code Noir, malgré les dispositions nouvelles du gouvernement central que nous avons citées pour Saint-Domingue. Une exception est faite au point de vue de la saisie des nègres des habitations : c'est au sujet des esclaves appartenant aux « receveurs reliquataires, leurs cautions et certificateurs, pour les droits qui se poursuivent à Saint-Domingue au profit de Sa Majesté[2] ». Un arrêt du Conseil d'État ordonne leur saisie mobilière, parce que les receveurs abusaient de la perception des droits et qu'ils dissipaient les deniers du roi pour en acheter des habitations à leur profit. Le Ministre, en envoyant ledit arrêt à MM. de Larnage et Maillart[3], leur recommande de n'en user « à la rigueur que contre ceux dont le produit de la vente des nègres suffira pour payer leurs débets ». Ce fait nous donne — par parenthèse — une idée de la régularité de l'administration aux îles, puisque ces receveurs ne sont pas immédiatement révoqués et poursuivis. Il est juste de dire cependant

---

[1] Arch. Col., C¹¹, 14, p. 74, *Mémoire du sieur d'Orvilliers*, 1728.
[2] Moreau de Saint-Méry, III, 614, 6 août 1740.
[3] Arch. Col., B. 71, p. 75, 21 septembre 1740.

que la mesure est ordonnée « sans préjudice des autres voies de droit acquises et établies contre eux ».

On voit, à chaque instant, les incertitudes qui continuent relativement aux successions. Les administrateurs de la Martinique sont consultés par le Ministre, le 24 octobre 1741[1], sur cette question particulière : « Les héritiers des meubles peuvent-ils les prendre en nature ou doivent-ils se contenter du prix de leur estimation? » Il rappelle l'article 48 du Code Noir, plus les lettres patentes du roi du 15 décembre 1721, parle des difficultés qu'on éprouve à se faire payer aux colonies, déclare la question fort complexe et tâche de s'éclairer. La réponse des administrateurs est contenue dans deux Mémoires et deux lettres, des 10 et 11 mai 1742, de MM. de Champigny et de la Croix[2]. Ils développent une longue discussion de textes[3], et ils concluent qu'il n'est pas nécessaire de faire intervenir une nouvelle loi : les esclaves ne peuvent être séparés du fonds; par conséquent, l'habitation doit être vendue avec eux, et les héritiers doivent toucher leur part en argent[4].

Le 16 février 1753, le Ministre écrit à M. de Laporte-Lalanne[5], pour lui faire des observations au sujet d'une ordonnance qu'il a jugé à propos de rendre et qui déroge à l'ar-

---

[1] Arch. Col., F, 257, p. 171.
[2] Arch. Col., Colonies en général, XIII, F, 90.
[3] Ils citent, entre autres, une Déclaration du Roi touchant les déguerpissements, du 24 août 1726. Moreau de Saint-Méry, III, 189.
[4] Cf. Dessalles, op. cit., III, 249. « Nul doute qu'ils (les héritiers) ne doivent seulement se contenter de leur prix; il paraît extraordinaire que les nègres, étant meubles, n'appartiennent pas à l'héritier des meubles; mais il est de règle que personne ne puisse user de son droit de façon à préjudicier aux droits d'autrui. Les droits de l'héritier des propres sont préférables à ceux de l'héritier des meubles... » Il est fait une exception pour le cas d'un partage de communauté : le survivant reprend les esclaves qu'il a apportés, car « ils ne sont attachés au fonds que par une espèce d'emprunt ». — Une déclaration du roi, du 25 novembre 1713, porte à l'article 20 qu'en cas de donation à des communautés les nègres ne sauraient être réputés meubles et seront regardés comme faisant partie des habitations que le roi défend de donner aux communautés. Durand-Molard, I, 181.
[5] Arch. Col., F, 111.

ticle 48 du Code Noir. Or la règle établie par cet article, dit-il, « a toujours été observée dans toutes les colonies, et il n'est pas permis aux juges de s'en écarter. Les gouverneurs généraux et intendants ne sont même pas en droit d'y déroger. » L'exception autorisée par l'arrêt du 6 août 1740 relativement aux receveurs reliquataires est la troisième et dernière qui ait été faite. Il lui demande cependant un Mémoire sur la question.

En 1758[1], à la Guadeloupe, une veuve, ayant renoncé à la communauté de son mari, réclame contre les héritiers bénéficiaires de la succession, en vertu de la clause de reprise portée par son contrat de mariage, outre des immeubles qui n'avaient point été aliénés, un certain nombre d'esclaves provenant d'avancement d'hoirie ou de successions et qui se trouvaient en nature dans la masse des biens de la communauté. L'arrêt du Conseil supérieur décide qu'elle reprendra ses esclaves, sans faire raison à la succession de son mari de la différence de la nouvelle estimation à l'ancienne. C'est là, on le voit, une application de l'article 45 du Code Noir.

Les administrateurs continuent à réclamer pour que la législation soit modifiée. Ainsi l'intendant de la Martinique, prononçant un discours devant le Conseil supérieur, le 6 septembre 1763, s'exprime en ces termes: « Les augmentations prodigieuses qui, dans le cours des quatre dernières années de la guerre, sont survenues à la Guadeloupe dans le nombre de ses esclaves, dans celui de ses manufactures, dans ses plantations et ses productions en tout genre, rapprochées du petit nombre des nègres que la Martinique a pu se procurer pendant seize mois, dans des circonstances qui semblaient faciliter et provoquer les achats, achèvent de mettre dans la dernière évidence les inconvénients d'une loi qui, par elle-même, est exclusive de toute confiance, de tout crédit[2]. »

[1] Arch. Col., Colonies en général, XIII, F, 90. Extrait d'un rapport au Conseil supérieur de la Guadeloupe.
[2] Arch. Col., F, 145. Extrait des registres du Conseil supérieur de la Martinique.

Aussi demande-t-il l'abrogation de l'article 48, et le Conseil l'approuve[1]. Suivant les administrateurs de Cayenne, Maillard Dumesle et Fiedmond[2], la loi prohibitive de saisie est devenue « un moyen destructif » ; elle a miné le crédit ; une loi permettant la saisie bannirait la mauvaise foi. Et Dumesle le constate ensuite[3] : « Il n'y a jamais eu d'exemple ici de l'exécution d'une saisie réelle. Tous les jugements que l'on prononce ne servent proprement qu'à rendre la justice ou méprisable ou ridicule. » .

A Saint-Domingue, une sentence de l'Amirauté du Fort-Dauphin ayant ordonné une saisie de nègres nouveaux destinés à la culture, un arrêt du Conseil du Cap déclare nulle ladite saisie[4], le 22 février 1768. Le même Conseil, par arrêt du 27 novembre 1773[5], décide que « la vente des nègres d'une succession pourra être autorisée lorsqu'il ne se trouvera aucun immeuble dans la succession et que lesdits nègres n'excèderont pas le nombre de trois ; en conséquence, les poursuivans la vente seront tenus de joindre à leur requête l'inventaire de la succession, et ce tant pour les demandes des curateurs aux successions, vacations, que pour celles formées par les exécuteurs testamentaires... »

Vers la fin du xviiie siècle, si nous nous en rapportons au témoignage de l'administrateur Le Brasseur[6], « à Saint-Domingue, le mot meuble comprend tous les nègres domestiques et de jardin ». Et il fait observer que l'article 293 de la

---

[1] Dessalles, III, 244, rapporte que le Conseil prit une délibération analogue, le 8 janvier 1773. Il montre, à ce propos, « qu'un propriétaire, qui sait qu'on ne peut jamais lui saisir les nègres de son habitation, s'embarrasse fort peu d'acquitter ses engagements ». Et cependant, ajoute-t-il, « l'intérêt de la colonie, celui de tous les colons, l'humanité même semblent en quelque sorte s'opposer à la saisie des nègres attachés à la culture de la terre ». — Les lois anglaises autorisaient la saisie des noirs, comme des autres meubles, mais seulement à défaut de ceux-ci, et tout en les considérant comme immeubles. Trayer, *op. cit.*, p. 68.
[2] Arch. Col., F, 146. Lettre du 7 novembre 1766.
[3] Ib., *ib.* Lettre du 15 mars 1768.
[4] Moreau de Saint-Méry, V, 162.
[5] Id., *ib.*, 481.
[6] Arch. Col., F, 157. Tableau de l'administration des Iles-sous-le-Vent, p. 172.

Coutume de Paris autorise un mineur de vingt-cinq ans à disposer par testament de la totalité des meubles : il serait donc nécessaire de rendre cet article inexécutable dans la colonie. Pourtant, la législation française généralement admise alors était que les esclaves ne pouvaient pas être séparés de la terre qu'ils cultivaient. En voici un exemple caractéristique : Un Anglais, habitant Sainte-Lucie, conquise par les Français, avait demandé à emmener ses nègres avec ses effets, parce qu'ils étaient réputés meubles par les lois anglaises. Mais les Administrateurs s'y sont opposés, et le Ministre, par dépêche du 21 mai 1784 [1], les approuve. Même décision a été prise pour Tabago. Le 11 mai 1785, un arrêt du Conseil de la Guadeloupe [2] donne mainlevée d'une saisie faite indûment de plusieurs esclaves attachés à une vinaigrerie, infirmant ainsi la sentence du premier juge.

Régis Dessalles [3] résume assez bien ce qui ressort de cette diversité de la jurisprudence : « Toutes nos lois sont donc pour l'inséparabilité des esclaves du fonds où ils sont attachés ; et le législateur ne s'y est décidé qu'après un sérieux examen de la question. Les lois romaines ont été d'une grande considération dans son établissement... Ceux de la campagne (d'après les lois romaines) étaient tellement attachés aux fonds qu'ils étaient censés en faire partie, de sorte qu'ils ne pouvaient pas même être séparés par testament ; et, s'ils étaient légués séparément des fonds, le prix n'en était pas dû aux légataires par l'héritier des fonds, à moins que la volonté du testateur ne fût bien connue et bien expresse. »

Au moment où il s'agissait d'appliquer le Code civil aux colonies, un nommé Parmentier, auteur d'un long Mémoire sur la législation de la Guadeloupe [4], exprime l'avis qu'il y aurait avantage à déclarer les nègres immeubles, car le maître

[1] Durand-Molard, III, 588.
[2] Arch. Col., F, 232, p. 643.
[3] Op. cit., III, 248-249.
[4] Arch. Col., F, 267.

les traiterait mieux, et ils s'attacheraient davantage eux-mêmes à l'habitation. « Il est de fait, dit-il, que, depuis deux siècles, mille arrêts ont été rendus sur cette matière et qu'ils se sont si constamment contrariés qu'il n'y a point de jurisprudence fixe; les plus savants jurisconsultes de la colonie purent avec des autorités également fortes se repousser mutuellement et se renvoyer à d'interminables procès semblables, dont la décision est toujours aussi incertaine. »

M. Sully-Brunet, dans ses *Considérations sur le système colonial*[1], écrit : « La loi en vigueur fait de l'esclave un meuble. Elle défend cependant qu'un bien rural soit saisi sans que la saisie ne comprenne les esclaves qui le cultivent. Le propriétaire est toujours libre de distraire de son immeuble tout ou partie des nègres qui y sont attachés. Cet état de choses n'a pas peu contribué à empêcher les progrès de la civilisation et à entraver les mariages. »

En résumé, il nous paraît juste de conclure avec M. Trayer[2] : « Il est certain que presque tous les textes nous présentent les nègres comme étant des meubles, mais soumis tantôt aux règles des immeubles et tantôt à celles des meubles. »

III

L'influence du droit romain se trouve encore nettement marquée dans la plupart des actes dont les esclaves devenaient capables en tant que représentant la personne de leurs maîtres. Comme on l'a bien dit à propos des esclaves romains, « il y avait toujours cette différence entre eux et les hommes libres, que l'homme libre avait le droit de faire tout, excepté ce que la loi lui défendait; l'esclave rien, excepté ce que la

---

[1] Paris, 1840. Cité par Schœlcher, *Col. françaises*, pp. 55, 56.
[2] *Op. cit.*, p. 67.

loi lui permettait[1]. » « Dans tous les cas, l'esclave n'était qu'un intermédiaire, un instrument, la représentation de son maître[2]. » Il revêtait en quelque sorte son « masque juridique[3] ».

Ce qui nous indique bien tout d'abord que, légalement, l'esclave n'est rien, c'est qu'il lui est interdit de posséder. L'article 28 du Code Noir est absolument formel sur ce point : « Déclarons les esclaves ne pouvoir rien avoir qui ne soit à leurs maîtres, etc. » Tel est le principe. Mais nous constatons que le législateur y admet immédiatement une dérogation par l'article 29, où il est question du pécule des esclaves, « que les maîtres leur auront permis d'avoir ». En réalité, c'est ce qui avait lieu dans l'antiquité, les mœurs servant à corriger les rigueurs de la loi sur ce point. Partout on peut constater que l'esclave a eu la facilité de mettre quelque chose de côté, mais partout aussi ce vague droit de propriété a été subordonné au consentement du maître ; ce n'est qu'une sorte d'usufruit résultant d'une concession bénévole. Déjà dans les lois de Manou, il est dit : « Un brahmane peut, en toute sûreté de conscience, s'approprier le bien d'un soudra, son esclave ; car un esclave n'a rien qui lui appartienne en propre et dont son maître ne puisse s'emparer[4]. » En Grèce, la loi déniait à l'esclave le droit d'être propriétaire et permettait au maître de s'approprier tout ce que gagnait son serviteur. Il est vrai que les Athéniens n'usèrent jamais rigoureusement de cette faculté ; bien au contraire, ils laissaient presque toujours aux esclaves une partie de leurs gains et souvent même les intéressaient dans quelque négoce pour lequel ils fournissaient l'argent nécessaire[5]. Tout ce que l'esclave amassait de la sorte formait un pécule, sur lequel il avait des droits d'administra-

---

[1] Ortolan, *Les Institutes*, II, 39.
[2] Id., *ib.*, II.
[3] Id., *ib.*, III, 175.
[4] *Lois de Manou*, VIII, 416-417. Traduct. de Loiseleur-Deslongchamps.
[5] Wallon, *op. cit.*, I, 291. — Cf. Plaute, *Asinaire*, II, iv, 425. — *Mercator*, III, i, 115.

tion et de jouissance, mais dont le maître conservait également la pleine et entière propriété. Xénophon[1] assure que certains esclaves amassaient des fortunes considérables et qu'ils « vivaient dans le luxe et quelques-uns d'entre eux dans la magnificence ». A Rome, l'esclave ne jouit jamais de son pécule qu'à titre d'usufruitier précaire ; or le maître restait toujours libre d'en disposer à son gré. Alors même que l'empereur Léon accorda la propriété de leur pécule aux esclaves du domaine impérial, l'ancienne loi n'en subsista pas moins pour les autres.

En ce qui concerne les esclaves des Antilles, tous les textes législatifs ayant trait à leur pécule spécifient qu'il appartient à leurs maîtres [2]. Ce n'est donc guère dans les ordonnances ou règlements qu'il faut chercher des indications sur ce que les maîtres permettaient à leurs esclaves de posséder. Peut-être, à la rigueur, pourrait-on voir une exception à cette règle absolue dans l'ordonnance du 15 octobre 1786[3], concernant les procureurs et économes gérants des habitations situées aux Iles-du-Vent, titre II, article 2 : « Il sera distribué à chaque nègre ou négresse une petite portion de l'habitation pour être par eux cultivée à leur profit, ainsi que bon leur semblera. » De plus, il est stipulé que les produits ne serviront pas à leur nourriture, qui continue à incomber aux maîtres. Mais il n'est rien dit au sujet du pécule pouvant résulter pour les esclaves de la vente de ces produits. Nous avons bien vu déjà que les esclaves avaient ainsi, dès le début, dans la plupart des habitations, un petit lopin de terre, où ils faisaient pousser des légumes qu'ils allaient vendre au marché. Ils élevaient aussi des volailles, et, parfois même, mouton, chèvre ou

---

[1] *Rép. Ath.*, I, 10.
[2] Cf. Lettres patentes d'octobre 1716, sur les esclaves conduits en France, art. 8 et 10. Moreau de Saint-Méry, II, 523. — L'article 23 de l'Édit de mars 1724, relatif aux esclaves de la Louisiane, reproduit l'article 29 du Code Noir.
[3] Durand-Molard, III, 696.

cochon. De même, nous avons indiqué au chapitre IV du présent livre que certains faisaient des dépenses relativement considérables pour leur toilette, et nous avons cité les règlements curieux qui leur défendent d'avoir en propre des chevaux.

Toutefois, dans la pratique, il ne s'est jamais agi que d'une jouissance essentiellement précaire et toujours révocable. Ce ne fut que la loi du 18 juillet 1845, qui « autorisa les esclaves à être propriétaires même d'immeubles, mais non d'armes, ni de bateaux ; les droits du noir étaient alors exactement ceux d'un émancipé, ayant son maître pour curateur et capable de laisser une hérédité ou une succession ; le maître ne venait plus qu'à défaut de successibles et de légataires [1]. »

Les esclaves, incapables de posséder réellement, peuvent-ils recevoir ? Il semble que l'article 28 du Code Noir soit susceptible d'interprétations diverses sur ce point, quand il dit : « Tout ce qui leur vient par industrie, ou par la libéralité d'autres personnes, ou autrement, à quelque titre que ce soit. » Ces mots comprennent-ils donations et legs ? C'est ce que paraissent en avoir généralement conclu les magistrats chargés d'appliquer la loi. Il faut dire que, dans la plupart des cas, les donations ou legs n'étaient pas faits à des esclaves, mais qu'ils n'étaient que la conséquence de l'affranchissement ; et cela se comprend, car le premier bien qu'on pût accorder à celui auquel on portait de l'intérêt n'était-il pas la liberté ? Pourtant nous avons trouvé dans les Annales du Conseil souverain de la Martinique [2], à la date du 15 juin 1736, l'annulation d'une donation entre vifs faite à une esclave et à ses enfants. L'arrêt porte que les biens seront adjugés à l'hôpital, conformément à la Déclaration du roi du 5 février 1726 [3]. Or ladite déclaration ne parle que des esclaves affranchis et des nègres libres. Il est donc probable que, dans le cas présent, c'est d'une esclave affranchie par son maître

---

[1] Trayer, *op. cit.*, 44.
[2] Arch. Col., F, 244, p. 237.
[3] Durand-Molard, I, 260, et Moreau de Saint-Méry, III, 159.

qu'il est question, quoique le texte manuscrit ne le porte pas. La déclaration que nous venons de citer est particulièrement importante, car elle modifie complètement pour les Antilles les dispositions du Code Noir. En effet, les articles 56, 57 et 59 étaient beaucoup plus libéraux : ils prévoyaient le cas où un esclave était fait légataire universel par son maître, et pour lors il était affranchi *ipso facto;* de plus, il était assimilé à peu près complètement aux personnes libres. Mais déjà l'article 52 de l'Édit de mars 1724 avait dérogé à ces dispositions pour la Louisiane, et la Déclaration de 1726 y dérogait d'une manière générale pour toutes les colonies à esclaves. On devine les motifs qui ont produit cette modification : c'est que le gouvernement voulait non seulement essayer de mettre un nouveau frein au libertinage, mais surtout empêcher les mulâtres de trop posséder, ce qui aurait rapidement conduit à l'annihilation de la population blanche. Cet inconvénient n'existait pas pour les donations ou legs faits aux esclaves, puisque, en somme, la propriété en revenait toujours aux maîtres.

Il va de soi, et c'est ce que dit aussi l'article 28 du Code Noir, que les esclaves, possesseurs transitoires de leurs biens, n'avaient nullement le droit de les transmettre par aucun acte entre vifs ou testamentaire, comme étant « gens incapables de disposer et contracter de leur chef[1] ». Tout au plus pouvaient-ils entre eux se faire quelques présents consistant en menus objets. Comment, dans ces conditions, auraient-ils été encouragés à économiser? Aussi bien constatons-nous la plupart du temps qu'ils dépensaient au fur et à mesure ce qu'ils gagnaient, en objets de toilette et en festins. De là aussi des habitudes d'insouciance et d'imprévoyance que, sauf exception, gardaient souvent les affranchis, au moins à la première génération. Mais nous aurons à revenir sur la question des affranchis.

[1] Moreau de Saint-Méry rapporte cependant (*Description... de Saint-Domingue,* I, 75), que les maîtres leur laissaient une certaine liberté de tester.

IV

Il est fatal qu'à chaque instant des difficultés naissent de la situation spéciale des esclaves qu'on fait agir dans certains cas comme des personnes, sans qu'ils en aient la capacité. Elles ont le plus souvent trait à ceux qui exerçaient un commerce, pratiquaient un métier ou bien étaient loués par leurs maîtres.

L'avilissement du travail libre avait ruiné de bonne heure les petits blancs, dont il ne s'était conservé qu'un faible nombre, cultivant de petites propriétés ou bien servant comme ouvriers. La plupart n'ayant pas la moindre mise de fonds, il leur avait été très difficile de monter une entreprise quelconque. Rappelons-nous aussi que les commerces ou industries possibles étaient en somme fort limités. Le grand commerce consistait, en effet, uniquement dans l'exportation des denrées de luxe des îles et l'importation des produits manufacturés du royaume; mais il est des besoins journaliers auxquels il était incapable de suffire. Aussi, de bonne heure, voyons-nous des maîtres employer certains de leurs esclaves à vendre en particulier des produits alimentaires ou à pratiquer un métier qu'ils leur avaient fait apprendre. Ce motif de les y exercer fut même, — nous le verrons, — une des raisons principales pour lesquelles il fut permis de les emmener en France sans qu'ils devinssent libres.

Tous les règlements sur ce point durent naturellement viser à empêcher les fraudes de ces agents dans lesquels il était difficile d'avoir confiance, étant donné leur penchant instinctif au vol, leur moralité forcément très faible et le manque d'intérêt qu'ils avaient à réaliser des bénéfices uniquement au profit de leurs maîtres. D'autre part, du moment qu'ils faisaient des échanges, il fallait bien qu'en cas de tromperie dans le négoce il y eût quelqu'un de responsable, et c'est ici qu'intervient la responsabilité du maître.

La principale culture était de bonne heure devenue celle de la canne à sucre ; comme c'eût été, on le comprend, le produit le plus facile à dérober, l'article 18 du Code Noir défend expressément aux esclaves d'en vendre « pour quelque cause et occasion que ce soit, même avec la permission de leurs maîtres », fixe des peines à la fois contre l'esclave vendeur, le maître qui l'y aurait autorisé et l'acheteur. Pour toutes les autres denrées, l'article 19 prescrit la « permission expresse de leurs maîtres par un billet ou par des marques connues ». La vérification sera faite par deux personnes préposées à l'inspection des marchés (art. 20). En dehors même du marché, si un habitant quelconque a lieu de soupçonner qu'un esclave portant quelque marchandise l'a dérobée, il est en droit de demander la production des billets ou marques connues, faute de quoi il est autorisé à saisir ladite marchandise (art. 21).

Cette législation est assurément des plus simples. Mais il n'en fut pas moins très difficile de la faire exécuter ponctuellement. Nous remarquerons que, pour la période antérieure au Code Noir et durant un espace de vingt-cinq ans qui suivit sa promulgation, on ne trouve pour ainsi dire pas de textes à ce sujet. Nous n'avons à citer qu'un règlement du Conseil de la Martinique[1], du 4 octobre 1677, qui interdit aux nègres de traiter des cochons ou volailles, sans billets de leurs maîtres, et enjoint sous peine d'amende à ceux à qui un noir proposera un pareil trafic de l'arrêter ainsi que sa marchandise et d'en avertir le maître qui l'enverra quérir et le fera châtier. On peut se demander d'où provient la rareté des règlements sur ce point. En effet, puisque les Mémoires de Blenac et de Patoulet traitent la question et qu'on juge nécessaire de légiférer à ce propos par plusieurs articles du Code Noir, c'est

---

[1] Trayer, *op. cit.*, p. 33.

apparemment pour réprimer les abus qui devaient exister déjà. Quant à la période de 1685 à 1710, il est permis d'admettre que les administrateurs et magistrats se trouvaient suffisamment armés par les prescriptions de cet Édit.

Le 1er août 1710, un arrêt du Conseil de Léogane[1] renouvelle pour la première fois les dispositions du Code Noir sur les ventes par les esclaves et commet des huissiers pour faire la police des marchés. Le même Conseil rend un arrêt identique, un mois après[2]. Voici une autre ordonnance[3], du 13 mars 1713, promulguée par le commandant en chef par intérim de Saint-Domingue, pour réparer une lacune du Code Noir : elle porte défense d'acheter des bois aux nègres et de leur vendre de l'eau-de-vie. Les nègres, y est-il dit, coupent, en effet, dans les bois « des pièces d'acajou, bois rouge ou autres qu'ils croient propres à être mis en œuvre ». On comprend que ce déboisement eût été funeste à l'île. Aussi tout acheteur de ces bois encourra 40 livres d'amende et plus grande peine en cas de récidive ; 500 livres d'amende pour les vendeurs d'eau-de-vie et, au besoin, peines afflictives. La même défense est faite à la Guadeloupe par un arrêt du Conseil supérieur en date du 6 septembre 1725[4], alors même que les nègres seraient porteurs de billets de leurs maîtres ; une note à cette pièce indique qu'une ordonnance promulguée à la Martinique, le 6 avril 1747, autorisa la vente, à la condition pour les esclaves d'avoir des billets de leurs maîtres ; appliquée à la Guadeloupe, elle fut révoquée par un règlement du Conseil supérieur de cette île, du 12 mai 1764. L'ordonnance du 6 septembre 1725 concerne aussi les cannes à sucre, sirops, etc., et, de plus, elle défend aux marchands de vendre des boissons aux esclaves après six heures du soir, ainsi que des pistolets, balles, poudre, etc.,

---

[1] Arch. Col., Code Saint-Domingue, F, 269, p. 405.
[2] Ib., 417, 1er septembre.
[3] Moreau de Saint-Méry, II, 345.
[4] Arch. Col, Recueil des lois particulières à la Guadeloupe, F, 236, p. 703.

à moins toutefois que ce ne soit pour le compte de leurs maîtres et sur un ordre écrit.

Une ordonnance des administrateurs de la Martinique[1] défend aux habitants de faire vendre du café par leurs nègres. Même défense de la part des administrateurs de la Guadeloupe au sujet du coton[2]. A la Martinique, il est interdit aux esclaves d'être bouchers[3]. On leur défend aussi la vente du poisson[4]. En effet, ils se rendaient aux anses pour y attendre les pêcheurs et les seineurs, auxquels ils achetaient tout le poisson ; puis, ils se répandaient dans des quartiers reculés, où ils le vendaient « non au poids, mais par lots et à la main, à un prix arbitraire, bien au-dessus du prix, et tel qu'il leur plait de le fixer, ce qui ne peut être envisagé que comme le monopole le mieux caractérisé, le plus contraire au bon ordre et au bien public, et d'autant plus digne de punition qu'il est commis par des esclaves auxquels ledit arrêt du 11 septembre 1762 le défend expressément, sous peine de confiscation du poisson et de huit jours de prison ». A la Guadeloupe, une ordonnance des administrateurs[5] défend aux gens de couleur, libres ou esclaves, de faire du pain pour en vendre. Une autre[6] leur interdit d'être pharmaciens, et aux maîtres de leur faire connaître la vertu des plantes.

Ces diverses mesures s'expliquent par deux raisons : la première est la préoccupation de ne pas trop nuire au com-

---

[1] Arch. Col., F, 256, p. 232, publiée par Durand-Molard, I, 380.
[2] Arch. Col., F, 251, p. 85. Ordonnance du 15 avril 1735.
[3] Durand-Molard, II, 240. Ord. du 1ᵉʳ septembre 1763. « Défendons aux esclaves de faire le métier de boucher ni de revendre la viande qu'ils pourraient avoir achetée des bouchers, à peine de fouet et du carcan, et, en outre, de confiscation de l'esclave au profit du roi, s'il est prouvé que le maître l'ait autorisé à faire ce trafic : n'empêchons néanmoins qu'ils ne puissent continuer à l'avenir, comme par le passé, de vendre et débiter le cochon dans les places publiques, en la manière accoutumée et au prix ci-dessous fixé » (soit 15 sols la livre, — le bœuf, le veau et le mouton étant à 22 sols 6 deniers).
[4] Id., ib., 443, 27 janvier 1766.
[5] Arch. Col., F, 228, p. 865, 1ᵉʳ juillet 1768.
[6] Arch. Col., F, 228, p. 617.

merce des blancs ; la seconde est un motif de sécurité. Ce sont ces mêmes raisons qui ont inspiré une série de prohibitions, que nous rapprocherons d'après leur objet plutôt que d'après l'ordre chronologique.

La première a trait aux esclaves qui tiennent des maisons. Un arrêt du Conseil de la Martinique[1] le leur défend. C'est que la plupart du temps ces maisons n'étaient que des lieux où l'on se réunissait pour boire, pour jouer ; c'étaient des asiles pour les nègres marrons et des repaires de prostitution. Nous le constatons par un règlement du Conseil de Léogane[2] concernant la maréchaussée. L'article 29 est ainsi conçu : « Pour obvier aux désordres qui se commettent journellement par rapport aux jeux des esclaves et aux cabarets qui leur sont destinés, ordonne qu'il n'en sera établi que dans les villes et bourgs, et par des gens libres qui en feront eux-mêmes le débit. » Il est enjoint à tous nègres esclaves de fermer boutique dans huit jours, à peine « contre les maîtres des esclaves, de 100 livres d'amende pour la première fois, en outre de confiscation des meubles et liqueurs, en cas de récidive ». Les esclaves ne consommeront qu'à la porte. On ne paiera qu'en argent. Si des esclaves sont pris à jouer, l'argent du jeu sera confisqué. Il est interdit à toute personne libre de jouer avec des esclaves, sous peine d'un mois de prison pour la première fois et de peine plus grave par la suite.

Un arrêt du Conseil de la Guadeloupe[3] défend également de louer des boutiques ou logement quelconque aux nègres, même avec billet et permission de leurs maîtres. Dans les considérations précédant l'arrêt, il est dit : « ... pour une somme convenue avec les maîtres ils s'affranchissent, pour ainsi dire, ils louent des maisons et des boutiques, et, comme les blancs, avec la même liberté, ils peuvent entreprendre

[1] Durand-Molard, I, 377.
[2] Moreau de Saint-Méry, III, 551, 17 janvier 1739.
[3] Arch. Col., F, 226, p. 475, 2 septembre 1749.

tout commerce, toute profession, même jusqu'à prostitution, en sorte qu'en satisfaisant à leur engagement avec leur maître ils ont le pouvoir de faire valoir tous leurs talents, leurs ruses, leur adresse, leur malice pour se procurer de l'argent à quelques coins et à quelque titre qu'il soit ou qu'il vienne. » On montre ensuite que la plupart des articles du Code Noir sont impunément violés. Suivent des articles nouveaux : Défense de louer des maisons aux esclaves; défense pour eux de s'immiscer dans aucun commerce; d'accaparer les denrées comestibles pour les revendre ; de se louer.

Le même mal existait à la Martinique, ainsi que nous le voyons par un arrêt du 7 novembre 1757. Il est d'abord question des esclaves dont les maîtres exigent une certaine somme par mois ou par jour, moyennant quoi ils les laissent libres[1]. Les délinquants seront confisqués et vendus ; moitié de leur prix sera attribuée au dénonciateur, moitié aux réparations publiques. Les propriétaires qui leur auront loué seront frappés de 500 livres d'amende. Il est également défendu de donner gîte et retraite à aucuns esclaves, même avec la permission du maître, à l'exception des esclaves voyageurs, porteurs d'ordres de leurs maîtres.

On conçoit les inconvénients et même les dangers que présentait ce système des esclaves livrés à eux-mêmes moyennant une rétribution. Aussi un arrêt du Conseil du Cap[2] condamne pour ce fait un maître à 50 livres d'amende. Un autre arrêt de ce même Conseil[3], du 7 avril 1758, défend par l'article 14 de laisser les esclaves libres avec permis-

---

[1] Durand-Molard, II, 31. « Dans les circonstances présentes, les nègres de journée, ne trouvant plus à travailler, ont recours à toutes sortes de moyens pour payer leurs loyers à leurs maîtres, lesquels, pour n'être pas privés des profits qu'ils en retirent, les souffrent tenir des maisons et des chambres particulières, contre les dispositions des arrêts en règlement des 3 novembre 1733 et 11 juillet 1749, qui défendent à tous maîtres de laisser vaguer leurs esclaves et de permettre qu'ils tiennent des maisons particulières sous quelque prétexte que ce soit. »
[2] Moreau de Saint-Méry, III, 458.
[3] Moreau de Saint-Méry, IV, 225.

sion de travailler à leur gré moyennant redevance. On tâchait d'empêcher le plus possible les abus. Mais les circonstances obligeaient parfois de fermer les yeux. C'est ainsi que l'arrêt du Conseil de la Martinique, que nous avons déjà cité à propos de la condition matérielle des esclaves [1], constate qu'il n'est pas possible de remettre en vigueur les règlements qui défendent d'envoyer les nègres à la journée et de leur faire vendre des marchandises dans les campagnes. Le baril de manioc valant alors 60 livres, les maîtres étaient dans l'impossibilité de nourrir leurs esclaves. Force était donc de les laisser presque entièrement libres. Mais cette tolérance n'est que transitoire. Il y est mis fin bientôt après par une ordonnance des administrateurs [2] concernant les esclaves ouvriers. Elle rappelle le Code Noir, les arrêts du 3 novembre 1733, du 11 juillet 1749, du 7 novembre 1757. Les esclaves ouvriers, y est-il dit, vivent comme indépendants. La plupart des chambres qu'ils occupent à loyer sont des lieux de débauches, académies de jeux, retraites assurées pour marrons et voleurs. On leur interdit de les tenir. « Et, attendu qu'il ne serait pas juste que les maîtres des esclaves qui ont fait des dépenses considérables pour leur faire apprendre, soit en France ou en cette île, des métiers utiles à la colonie, perdissent le fruit de leurs dépenses, leur permettons de faire travailler dans leurs maisons et sous leurs yeux leurs esclaves ouvriers, en tant que leur profession pourra le permettre, si mieux ils n'aiment les louer au mois ou à la journée aux blancs ou affranchis exerçant les mêmes métiers. »

Mais pour ceux qui seront loués, on prend maintes précautions. C'est ce que nous montre d'abord une ordonnance des administrateurs de la Martinique, du 1ᵉʳ mars 1766 [3]. Il y est dit que les marrons trouvent par ce moyen à se cacher et à

[1] Arch. Col., F, 259, p. 965.
[2] Durand-Molard, II, 396.
[3] Id., ib., 450.

se faire employer, surtout sur les navires, et même à s'enfuir. Aussi tous les propriétaires devront déclarer les esclaves qu'ils entendent faire travailler à la journée. Ceux-ci porteront une espèce de bracelet de cuivre numéroté. Ils ne pourront travailler que dans les lieux où ils auront été inscrits « si ce n'est pour aller en message » (avec billet). Il leur est défendu d'échanger ou de prêter leurs numéros. Ils ne doivent être loués à d'autres qu'à des blancs ou affranchis domiciliés. Un arrêt du Conseil de la Guadeloupe[1] enjoint également aux maîtres des nègres envoyés en journée d'en faire déclaration au commis à la police de leur quartier qui en tiendra registre. Dans un autre arrêt du même Conseil[2], il est question d'un nègre dont la journée est fixée à 3 livres. On voit par là que les maîtres pouvaient avoir un réel intérêt à louer leurs esclaves. Il est vrai que, sans doute, ils ne trouvaient pas à les louer sans discontinuité; puis nous n'avons pu relever que cette unique indication au sujet du prix de location, qui devait être assez variable suivant les capacités du nègre. Mais il est néanmoins permis de conjecturer que, même en calculant le prix de l'amortissement du capital vivant représenté par le nègre, la rétribution que se faisait payer le propriétaire était largement rémunératrice. Un autre arrêt du Conseil de la Guadeloupe[3] condamne un habitant à payer les journées d'un nègre qu'il a gardé à son service, sans s'être fait représenter la permission par écrit du maître, à raison de 10 livres par jour pendant sept semaines.

Rien ne nous indique ce qui se produisait en cas d'accident survenu à un nègre loué. Qui était responsable? Celui qui l'employait avait-il le droit de le châtier? Dans quelle mesure? Aucune indication ne nous est non plus fournie sur ce point.

Un des commerces les plus lucratifs paraît avoir été celui du colportage, dans ces pays où les habitants étaient géné-

[1] Arch. Col., F, 228, p. 731, 18 novembre 1767.
[2] Ib., F, 231, p. 109, 5 mars 1777.
[3] Ib., F, 232, p. 103, 3 septembre 1782.

ralement éloignés des villes et où, par conséquent, les marchands ambulants avaient l'occasion de débiter de nombreuses marchandises; mais c'était aussi un de ceux qui pouvaient le plus facilement prêter au vol. On l'appelait le commerce des paniers. Il avait été longtemps toléré, jusqu'au jour où il fut supprimé à la Martinique par une ordonnance des administrateurs, du 10 août 1765[1]. Les petits marchands de détail blancs s'étaient plaints du préjudice qu'il leur causait. Les nègres vendaient, en effet, meilleur marché, soit qu'ils eussent volé, soit qu'ils recourussent au libertinage pour satisfaire leurs maîtres. Aussi ne leur accorde-t-on de vendre sur les habitations que jusqu'au 1ᵉʳ janvier 1766; après quoi ils ne seront plus autorisés qu'à vendre au marché des bourgs, avec billets de leurs maîtres. Cette ordonnance fut approuvée par une dépêche ministérielle du 14 juin 1770[2].

Le Ministre fait cependant observer que l'article 4 lui paraît trop rigoureux : il porte, en effet, suppression des esclaves qui accompagnent les blancs colporteurs; or les blancs ne sauraient porter eux-mêmes leurs marchandises. « A cet article près, écrit le Ministre, les choses pourront rester en l'état, à moins que vous n'ayez des raisons de décider en faveur des négociants, et, en ce cas, vous voudrez bien m'en faire part. » Suit l'extrait d'un Mémoire qu'avaient adressé les négociants de Saint-Pierre-la-Martinique pour demander suppression de l'ordonnance. Il est sur deux colonnes, la première contenant les observations du gouvernement, la seconde les objections des marchands. Citons l'observation 6 : « Le motif principal de l'ordonnance a été d'assurer le repos et la sécurité de la colonie. D'ailleurs, les négociants ne nieront pas que le colportage a souvent servi de voile au recelage et au larcin par la facilité qu'avaient les nègres de convertir en argent des marchandises qui en nature ne pouvaient leur con-

---

[1] Durand-Molard, II, 400.
[2] Arch. Col , B, 135, Iles-du-Vent, p. 36. A MM. le comte d'Ennery et de Peinier.

venir. » En regard est l'objection : « Les marchandises colportées par les nègres sont des toiles, des dentelles, des mouchoirs et autres choses de cette nature : ce genre d'effets peut-il être un objet de friponnerie pour des esclaves la plupart sans chemise, allant nu-pieds et vêtus de grosses toiles ? Leurs vols se réduisent à quelques volailles, fruits et légumes évalués à environ 6.000 livres par an. La modicité de ces larcins peut-elle être mise à côté du débit immense des marchandises et du fruit que le commerce en retire ? » La huitième objection est celle-ci : « On compte à la Martinique près de 300 nègres ou négresses formés au colportage, dont le prix était de 3 à 4.000 livres, souvent même au delà ; ils perdent leur valeur. » Mais il y est répondu par l'observation suivante : « Les employer à autre chose. L'intérêt particulier doit céder au bien public. »

V

Ainsi, sur ce point, comme sur bien d'autres, la législation fut assez variable. Mais, du moment que le commerce ou les métiers furent généralement autorisés, quoique avec des restrictions, une question très importante se posait, à savoir qui était responsable des actes de négoce faits par les esclaves. Elle est résolue par l'article 29 du Code Noir, qui distingue deux cas : 1° les maîtres sont tenus de tout ce que leurs esclaves auront fait par leur commandement ; 2° pour tout acte fait sans leur ordre, ils sont « tenus seulement jusqu'à concurrence de ce qui aura tourné à leur profit » ; sinon, c'est le pécule des esclaves qui en sera tenu. On voit là, comme l'a justement fait remarquer M. Trayer[1], la préoccupation excessive d'un jurisconsulte de la métropole d'appliquer aux esclaves de nos colonies les principes du droit

---

[1] *Op. cit.*, p. 37-38.

romain, sans tenir suffisamment compte de la différence des lieux et des temps. Aussi bien renvoyons-nous à l'ouvrage de cet auteur pour l'exposé des théories juridiques relatives à l'action *de in rem verso*, — *de peculio*, ou à l'action *tributoria*, qui peuvent s'appliquer ici [1]. On sait que « l'action est le droit de poursuivre en justice la réclamation de ce qui nous est dû ou de ce qui nous appartient [2] ». Mais l'esclave ne peut pas plus contracter valablement que le mineur. Et comme, en somme, le père de famille ou le maître ne peuvent encourir la responsabilité de tous les actes de leurs fils ou de leurs esclaves, le droit romain avait établi que l'action pouvait être « intentée contre le *paterfamilias*, non parce qu'il aurait été responsable du fait de son fils de famille ou de son esclave, mais parce qu'il était leur représentant juridique ». C'est cette règle qui semble avoir été suivie aux Antilles. Il est probable que, la plupart du temps, c'étaient les maîtres qui louaient en leur nom les boutiques où devait s'exercer le commerce, de même qu'ils achetaient le fonds; puis il est possible qu'ils laissassent ensuite une certaine liberté d'opérer par eux-mêmes à des esclaves intelligents, et qu'ils considéraient comme fidèles. Remarquons d'abord qu'en fait il ne s'agissait jamais d'un commerce très considérable ; ce qu'ils vendaient, c'étaient surtout de menus objets de consommation journalière. Nous avons déjà vu en particulier que les esclaves sont exclus des deux commerces les plus importants aux Îles, ceux de boucher et de boulanger. Ainsi donc les engagements pris ne devaient jamais monter à des sommes bien fortes. Pour peu, d'ailleurs, qu'un maître surveillât son esclave, il lui était facile de l'empêcher de compromettre son fonds. Sa principale garantie était — disposition singulière — dans le pécule. Or nous savons que les esclaves — en droit — ne peuvent rien avoir en propre. Et pourtant nous nous trou-

[1] Cf. *Digeste*, XV, III et I; XIV, IV.
[2] *Grande Encyclopédie*, article *Action*.

vons ici en face d'une exception : à supposer en effet que ledit « pécule consistât en tout ou partie en marchandises, dont les esclaves auraient permission de faire trafic à part », le maître, devenu créancier de son esclave, n'a droit sur ledit pécule que « par contribution au sol la livre avec les autres créanciers ». Cette disposition particulière s'explique d'elle-même ; car, en admettant que, dans tous les cas, le pécule pût être en entier revendiqué par le maître, il lui aurait été trop facile de comprendre la plus grande partie des marchandises, qui lui appartenaient en propre, sous la dénomination factice de pécule de son esclave, pour les soustraire, en cas de mauvaises affaires, aux réclamations des créanciers.

En résumé, dans tous les cas que nous venons d'exposer, les esclaves ne cessent pas d'être des instruments. Il s'ensuit naturellement qu'ils ne peuvent pas agir là où la responsabilité doit être forcément personnelle. D'où l'article 30 du Code Noir. Ils sont incapables de tout office ou fonction publique, car ils seraient alors soumis à deux autorités ; il va de soi, d'ailleurs, qu'il est indispensable de s'appartenir. De même, ils ne sauraient « être constitués agents par autres que leurs maîtres pour gérer et administrer aucun négoce »; il est en effet évident que leurs maîtres n'auraient pu subir les conséquences d'ordres qui leur auraient été donnés sans leur volonté. Comme arbitres ou experts, on jugeait qu'il leur manquait aussi fatalement l'indépendance nécessaire.

De nombreuses difficultés furent soulevées sur un point particulier, celui du témoignage des esclaves.

L'article 30 du Code Noir décide que, « en cas qu'ils soient ouïs en témoignage, leur déposition ne servira que de mémoire pour aider les juges à s'éclairer d'ailleurs, sans qu'on n'en puisse tirer aucune présomption, ni conjecture, ni adminicule de preuve ». C'était conforme au droit antique ; mais cette décision était souverainement impolitique et imprudente pour un pays où le nombre des esclaves était au moins dix fois supérieur à celui des blancs. D'abord elle permettait aux maîtres de maltraiter à peu près impunément leurs esclaves ; puis, en cas de délit ou de crime commis par quelque blanc, combien de chances y avait-il pour que le ou les seuls témoins fussent des noirs ! Aussi cet article fut-il immédiatement l'objet de remontrances de la part des Conseils souverains qui eurent à enregistrer le Code Noir. Un arrêt du Conseil d'État, du 13 octobre 1686[1], permit donc d'admettre le témoignage des nègres « à défaut de celui des blancs », et encore « hormis contre leurs maîtres ». Cette expérience servit pour la rédaction de l'Édit de mars 1724 concernant les esclaves de la Louisiane et qui n'est guère, d'ailleurs, que la reproduction du Code Noir avec quelques modifications[2]. L'article 24 dit en effet qu'ils « ... ne pourront aussi être témoins tant en matière civile que criminelle, à moins qu'ils ne soient témoins nécessaires, et seulement à défaut de blancs ; mais dans aucun cas ils ne pourront servir de témoins pour ou contre les maîtres. » Une ordonnance du roi, du 9 juillet 1738[3], confirme purement et simplement les dispositions ci-dessus et les rend applicables à Saint-Domingue, où elles n'avaient point été connues.

Il est curieux de voir que, le 16 juillet 1665, il fut jugé à la Martinique, au procès d'un nègre du sieur Renaudot, qu'en matière criminelle le témoignage d'un seul nègre ne serait d'aucune considération contre les blancs. Le Conseil ignorait même l'axiome : *testis unus, testis nullus*[4]. Le Brasseur, commentant l'article 30 du Code Noir[5], dit que cette disposition est imitée du droit romain. Mais, à Rome, il y avait

---

[1] Moreau de Saint-Méry, I, 447. Nous constatons que, malgré cela, le Conseil de la Martinique adresse encore de très humbles remontrances à la date du 1ᵉʳ octobre 1687 et supplie précisément le roi d'admettre le témoignage des nègres à défaut de celui des blancs, sauf contre leurs propres maîtres. Arch. Col., F, 248, p. 1087.

[2] Cf. Moreau de Saint-Méry, III, 88.

[3] Durand-Molard, I, 407.

[4] Dessalles, III, 110.

[5] Arch. Col., F, 157, p. 184. Tableau de l'administration des Îles-sous-le-Vent.

10 libres contre 1 esclave, tandis qu'aux Antilles on comptait 20 esclaves pour 1 libre. Sur 20 crimes, il aurait fallu en laisser 19 impunis. Rappelant l'arrêt de 1686, il exprime l'avis qu'il y aurait lieu d'examiner dans quelle mesure le témoignage des nègres peut servir même contre leurs maîtres.

Naturellement les esclaves ne pouvaient ester en justice, tant en demandant qu'en défendant; ils ne pouvaient non plus se porter partie civile ni poursuivre en matière criminelle la réparation des outrages et excès qui auraient été commis contre eux. C'était uniquement à leurs maîtres qu'il appartenait d'agir (article 31 du Code Noir). Comme on disait en droit romain : *Personam non habent, caput non habent.*

VI

On les compte comme têtes, mais uniquement pour évaluer leur valeur et les soumettre à l'impôt. Les maîtres sont, en effet, assujettis à deux sortes d'impôts pour leurs nègres : la capitation et les réquisitions.

Dès le 15 janvier 1676, une ordonnance de M. de Baas[1] porte que la déclaration faite par les habitants du nombre de leurs nègres devra être fidèle, sans quoi les nègres omis seront confisqués. Le droit à payer par tête n'est pas indiqué à cette époque. Du reste, il fut assez variable suivant les nécessités du moment ; d'une façon générale, nous croyons qu'il peut être évalué à 10 livres en moyenne. En vertu d'un règlement de l'intendant des îles, du 16 mars 1682[2], les nègres mutilés de mains ou de pieds seront réputés invalides et ne paieront point de droit (art. 3). — Seront également exempts ceux de soixante ans et ceux qui n'auront pas atteint quatorze ans (art. 10). De plus, le roi accorde l'exemption de 12 nègres

[1] Arch. Col., F, 248, p. 163.
[2] Moreau de Saint-Méry, I, 304.

pour chacun des 11 capitaines de milice, de 8 pour chacun des 11 lieutenants, de 6 pour chacun des 11 enseignes, de 4 pour chacun des 22 sergents, soit 374 en tout (art. 17). Le Code Noir ne parle point de la capitation, pas plus que des corvées.

Les documents dans lesquels il en est question ont trait le plus souvent aux maîtres qui cherchent à éviter la taxe. Par exemple, un propriétaire de Nippes se voit imposer la confiscation de 2 nègres et 6 négresses non recensés; il obtient cependant d'en être déchargé, moyennant une amende de 600 livres [1]. A propos de la succession d'un habitant d'Acquin, les administrateurs confisquent 43 nègres, dont 36 non déclarés et 7 portés faussement comme infirmes ou impubères [2]. L'héritier, pour les conserver, est contraint de payer une amende de 30.000 livres. Une ordonnance de l'intendant prononce également la confiscation de 68 nègres non recensés appartenant au sieur Gauthier, du Cul-de-Sac[3]. Ces cas-là étaient très fréquents, surtout dans les périodes difficiles, comme en temps de guerre, ou quand les récoltes avaient été mauvaises. Ainsi, à la date du 29 novembre 1758, l'intendant de la Guadeloupe, Nadau du Treil, adresse au Ministre un rapport détaillé sur cette question [4]. Il propose le remplacement de la capitation par un droit à établir sur la sortie des denrées, ce qui empêcherait les fraudes [5]. Mais sa proposition ne fut pas adoptée. Le 15 mars 1760, le Ministre écrit aux administrateurs de la Martinique [6], au sujet du droit de capitation en général, et

---

[1] Moreau de Saint-Méry, III, 778. Ord. des admin., 5 décembre 1743.
[2] Id., ib., 839. Ord. du 24 novembre 1745.
[3] Id., IV, 182, 19 juin 1756.
[4] Arch. Col., F, 20. « La circonstance malheureuse des temps empêche, malgré tous mes soins, que les droits de capitation ne puissent être acquittés exactement; les habitants, obérés par le prix excessif des denrées d'Europe et par le bas prix des leurs, font à peine de quoi fournir à leur subsistance. »
[5] « D'ailleurs, la loi serait plus égale, car tel habitant qui a 100 nègres sur une terre médiocre fait souvent moins de revenu que son voisin qui n'en aura que 50 sur une bonne terre, et celui-ci encore peut n'en déclarer que moitié, lorsque l'autre de bonne foi n'en soustraira aucun. »
[6] Ib., F, 259, p. 451.

il est d'avis d'augmenter celle qui frappe les nègres loués ; or la taxe n'était alors que de 9 livres en sucre ou 6 livres en argent. Aussi, par une ordonnance du 26 octobre 1763 [1], le général et l'intendant la portent à 12 livres pour les nègres des villes et des bourgs ; c'était pour tenir lieu de taxe sur l'industrie. On avait besoin de 72.000 livres, et on avait évalué le nombre des nègres imposables à 6.000. A Saint-Domingue, la capitation atteignit jusqu'à 24 livres pour les esclaves ouvriers et domestiques, sans distinction d'âge ni de sexe, à la suite d'un règlement du 9 mars 1763; mais elle fut réduite à 12 dès l'année suivante [2]. Cette taxe spéciale portait sur 12.000 esclaves. Les nègres de manufactures furent imposés également à 12 livres ; on en comptait 4.000. Ceux qui cultivaient la terre, évalués à 19.000, furent taxés à 4 francs. Il faut dire que, si la capitation ordinaire ne suffisait pas, les administrateurs étaient en droit de mettre une imposition extraordinaire. Nous le constatons, pour la Guadeloupe, par une ordonnance de l'intendant, du 28 janvier 1765 [3], qui porte « imposition de 35 sols par tête de nègre pour les besoins de l'île »; il est question de 37.000 esclaves payant droit, et on fait remarquer qu'il devrait y en avoir davantage. A la Martinique, en 1788, la capitation pour les nègres domestiques fut portée à 33 livres [4]. Mais une ordonnance royale, du 15 février 1789 [5], ne la fixe qu'à 10 livres pour les esclaves attachés aux sucreries, à 7 livres 10 sols pour ceux qui étaient attachés à d'autres cultures. Tel est bien, à peu près, le chiffre qui a été ordinairement adopté.

La capitation était perçue au profit de la colonie et non

---

[1] Durand-Molard, II, 272.
[2] Cf. Moreau de Saint-Méry, IV, 710. Procès-verbal de l'Assemblée du Conseil supérieur du Cap et des divers ordres de son ressort composant l'Assemblée coloniale tenue au Cap, du 11 au 14 juin 1764. Voir aussi V, 313, Procès-verbal de l'assemblée coloniale tenue au Port-au-Prince, 20 et 31 octobre 1770.
[3] Arch. Col., F, 228, p. 33.
[4] Ib., F, 263. Ordonnance du 3 janvier 1788.
[5] Ib., ib.

du roi. Une lettre du Ministre aux administrateurs de la Guadeloupe[1] stipule que le produit des confiscations et amendes prononcées pour fausse déclaration des nègres sujets à l'impôt doit être également affecté au budget de la colonie.

Dès l'origine aussi, les nègres paraissent avoir été requis pour certains travaux d'utilité publique. Une ordonnance du 8 novembre 1676[2] porte que le maître sera passible de 50 livres d'amende pour tout esclave qui fera défaut. L'intendant Patoulet écrit, le 22 septembre 1679[3], que tous les travaux de fortification ont été faits « par les nègres des habitants, dont on a toujours pris la douzième partie depuis plus de dix-huit mois, sans qu'on leur ait payé aucune chose. Cette corvée est fort à charge à ces habitants qui ne tirent leur subsistance que par le travail de leurs nègres, de sorte qu'on peut dire que la plus grande partie manquent de nourriture un mois de l'année et que d'autres en sont entièrement ruinés par la perte de leurs nègres qui meurent dans ces travaux ». Et, le 28 février 1680[4] : « Les habitants de cette Ile sont depuis longtemps fatigués des longues corvées auxquelles leurs nègres sont employés pour les fortifications du Fort-Royal ; cependant M. le comte de Blenac entreprend des travaux qui les y retiendront encore fort longtemps. » Rien n'est fixé pour les corvées dans le Code Noir, sans doute parce qu'on estimait que c'était là une question d'administration locale, quoique, plus tard, à diverses reprises, on en ait jugé autrement. D'après une décision du Conseil de guerre, tenu pour la défense de la colonie de Saint-Domingue, le 12 août 1702[5], il devait être fait, par chaque tête de nègre mâle, 50 fascines de 6 pieds de long et 100 piquets de 4 pieds de long, le tout en huit jours, à peine de payer 30 sols par chaque fascine et 15 sols par chaque piquet.

---

[1] Arch. Col., F, 233, p. 881, 17 août 1789.
[2] Ib., F, 248, p. 199.
[3] Ib., C8, II.
[4] Ib., ib.
[5] Moreau de Saint-Méry, I, 692.

Nous lisons dans une lettre du Ministre à MM. le Marquis de Sorel et Montholon, administrateurs de Saint-Domingue[1] : L'intention de Sa Majesté est que, « tous les ans, on continue de commander, comme il est d'usage, un quart ou un cinquième des nègres des habitants pendant la morte saison, qui est pendant les trois derniers mois de l'année, pour travailler à l'entretien des forts et aux ouvrages publics ». En 1764, le Conseil d'État rendit un arrêt[2] réglant les impositions à la Martinique en vue de relever la colonie. Tous les habitants devaient être exempts de toute corvée de nègres « pour raison des forts et autres ouvrages publics, à l'exception de ceux nécessaires aux chemins et à la correspondance des affaires du gouvernement ». Ceux des habitants qui avaient moins de 44 nègres furent exempts de la moitié du droit, et ceux qui en avaient moins de 25 jouirent d'une exemption de 15 livres sur 24. On accordait un dégrèvement de 9 livres par tête aux caféiers et autres cultivateurs ayant moins de 30 nègres, de 15 livres à ceux qui en avaient moins de 15, et du droit entier à ceux qui se trouvaient hors d'état de supporter aucune imposition. Mais, pour profiter de ces faveurs, il fut nécessaire de justifier qu'on avait augmenté le nombre de ses nègres et de ses cultures. Les esclaves nouvellement introduits étaient affranchis de tout droit pendant trois années, et, pour les trois suivantes, ils devaient payer seulement la même somme que ceux pour lesquels le maître profitait d'une des exemptions indiquées plus haut. Une ordonnance des administrateurs de Saint-Domingue, du 27 octobre 1770[3], prescrit que les nègres seront fournis sur le pied d'un par 20 et plus, s'il est nécessaire, jusqu'à l'achèvement de certains travaux reconnus nécessaires pour les chemins. Les réquisitions étaient laissées à peu près à l'arbitraire des administrateurs, suivant les nécessités de l'intérêt général.

[1] Arch. Col., B, 45, p. 669, 8 février 1722.
[2] Durand-Molard, II, 292, 25 février.
[3] Moreau de Saint-Méry, V, 328.

Ainsi donc, pour nous résumer, l'esclave n'a pas d'état civil ; légalement, il n'est ni citoyen, ni époux, ni père. Il n'est guère qu'un reproducteur. Il ne compte que par les recensements pour être soumis à la capitation et aux corvées. L'Église l'inscrit pourtant sur ses registres quand elle le baptise. Elle lui accorde une âme. Mais, corporellement, c'est un bétail ; la loi en fait un meuble ; mais, dans la plupart des cas, elle déclare qu'il doit rester attaché à la terre qu'il cultive. Il est une propriété, et ce n'est que par un tempérament des mœurs qu'il possède lui-même quelque chose, un pécule, dont il n'est en quelque sorte que le détenteur usufruitier, de par la gracieuse volonté de son maître. Il est également incapable de recevoir et de donner. Il n'a de volonté, vivant ou mort, que celle de son maître. S'il agit, c'est qu'il le représente ; c'est uniquement par lui et pour lui qu'il exerce un métier ou un commerce. On n'a pas été jusqu'à lui refuser, au point de vue de la religion, le droit purement spirituel de faire son salut. Mais, dans la vie sociale, on le considère comme incapable de moralité, puisqu'on ne reçoit pas son témoignage, ou du moins qu'on ne finit par l'admettre qu'à défaut de celui des blancs. La justice ne lui permet de faire aucun acte d'homme. Il vit en droit hors la société, dont toutes les rigueurs s'appesantissent sur lui, sans qu'il puisse en retirer le moindre avantage. La loi ne saurait avoir pour lui la signification d'un contrat, elle se dresse simplement devant lui comme une contrainte perpétuelle. Il a un corps, c'est pour travailler, ou pour souffrir, ou bien encore pour servir au plaisir de maîtres dépravés ; quant à son intelligence, quant à sa volonté, il ne doit également les exercer que pour le profit de ce maître, la plupart du temps avide et tyrannique. Il subit le droit du plus fort exercé à son égard avec tout son révoltant cynisme.

CHAPITRE VI

POLICE ET CHATIMENTS CONCERNANT LES ESCLAVES

> « *Ita servus homo est !* » (Juvénal, Sat. VI.)

I. — Régime de contrainte perpétuelle auquel sont soumis les esclaves. — Exception relative pour ceux qui servent de domestiques. — Discipline des ateliers et du jardin ; économes et commandeurs. — Le fouet ; diverses sortes de flagellation. — Autres peines infligées par les maîtres eux-mêmes.
II. — Du nombre des blancs préposé à la garde des nègres. — Prescriptions à ce sujet ; elles ne sont presque jamais observées. — Corps de gens de couleur libres destinés à contenir les esclaves.
III. — Mesures prises à l'égard de la circulation des esclaves. — Défense de porter des armes ; application de l'article 15 du Code Noir au suicide ; — défense de s'attrouper. — Ces règlements préventifs sont sans cesse violés.
IV. — La justice publique. — Procédure employée à l'égard des esclaves. — Juges ordinaires. — Droit d'appel au Conseil supérieur. — Pourquoi les maîtres secondent mal l'action de la justice. — Le bourreau.
V. — Principaux délits et crimes : vols, — violences et meurtres, — incendies, — empoisonnements. — Châtiments divers dont ils sont punis.
VI. — Tentatives de répression des excès des maîtres contre les esclaves.
VII. — Responsabilité des maîtres concernant les dommages causés par leurs esclaves. — Nègres justiciés. — Divers cas auxquels un nègre tué est remboursé. — Charge imposée par le paiement des nègres justiciés. — Leur prix. — Caisse des nègres justiciés. — Conclusion.

I

Du moment que le droit n'existe pas pour l'esclave, il est naturel qu'il cherche par tous les moyens à satisfaire ses instincts, en n'ayant d'autre souci que celui d'échapper au châtiment. Sauf de rares exceptions, en effet, concernant les natures sur lesquelles la religion parvint à exercer une certaine influence, il fut essentiellement vicieux. Et comment s'en étonner, alors qu'il lui était seulement permis de rechercher les plus grossières jouissances? Le régime auquel il fut soumis fut celui de la contrainte perpétuelle : contrainte pour obtenir de lui un travail incessant, contrainte pour réprimer ses délits et se prémunir contre ses attentats. Nous réserverons pour le chapitre suivant le délit si fréquent du marronage, qui fut l'origine de tentatives de révolte générale et par là peut fournir la matière d'une étude spéciale. Occupons-nous donc simplement des esclaves vivant sur les habitations de leurs maîtres.

La première nécessité est celle d'établir une stricte discipline. L'esclave dont on est mécontent ne saurait en effet être renvoyé comme un domestique ou un ouvrier. Il faut des moyens plus coercitifs. Ici encore il y a lieu de distinguer d'abord la minorité des nègres qui servaient leurs maîtres dans la maison et qui, généralement mieux traités, avaient une situation se rapprochant en somme notablement de la domesticité des blancs, avec cette différence toutefois qu'ils étaient en principe assujettis à une obéissance passive et que leur sort dépendait uniquement du caractère bon ou mauvais de leurs maîtres. Mais le grand nombre de ceux qui composaient les ateliers ou travaillaient au jardin étaient confiés à des économes et des gérants, qui eux-mêmes les faisaient marcher à l'aide de commandeurs. Or ces représentants du maître étaient la plupart du temps beaucoup plus durs que ne l'eût été sans doute le propriétaire lui-même. L'absentéisme des colons a certainement beaucoup influé sur les mauvais traitements infligés aux esclaves. La manière ordinaire de se faire obéir, c'est à l'aide du fouet. « Le fouet, a écrit M. Schœlcher[1], est une partie intégrante du régime colonial;

---

[1] *Colonies françaises*, p. 84.

le fouet en est l'agent principal ; le fouet en est l'âme ; le fouet est la cloche des habitations : il annonce le moment du réveil et celui de la retraite ; il marque l'heure de la tâche ; le fouet encore marque l'heure du repos ; et c'est au son du fouet qui punit les coupables qu'on rassemble, soir et matin, le peuple d'une habitation pour la prière ; le jour de la mort est le seul où le nègre goûte l'oubli de la vie sans le réveil du fouet. Le fouet, en un mot, est l'expression du travail aux Antilles. Si l'on voulait symboliser les colonies telles qu'elles sont encore, il faudrait mettre en faisceau une canne à sucre avec un fouet de commandeur. » C'est donc le fouet à la main que le commandeur mène toujours son troupeau ou sa meute. Les coups distribués par-ci par-là et qui ne font que cingler la peau ne comptent pas. Mais la flagellation infligée à titre de peine est d'application courante ; elle peut être ordonnée, pour la moindre faute, par le maître, l'économe ou le gérant, et, au jardin, par le commandeur. C'est toujours le commandeur qui remplit l'office de bourreau ; c'est, d'ailleurs, la plupart du temps un nègre esclave choisi parmi les autres. Donner des coups de fouet s'appelle « tailler » ; et en effet le fouet entaillait la peau. A l'origine le nombre de coups n'était pas limité ; puis il fut fixé en général à 29 ; mais il faut croire qu'on le dépassait, puisqu'en 1786 nous voyons qu'il sera désormais interdit de donner plus de 50 coups[1]. Comme on attachait d'habitude le patient à quatre piquets par terre, de là vint l'expression de donner ou subir un *quatre-piquets;* si on liait l'esclave à une échelle, c'était le supplice de *l'échelle;* était-il suspendu par les quatre membres, c'était le *hamac;* par les mains seulement, c'était la *brimballe.* Le fouet donnait donc déjà lieu à un certain nombre d'applications variées, d'un usage journalier. Dans certains cas, il était remplacé soit par la *rigoise* ou grosse cravache en nerf de bœuf[2], soit par des coups de lianes ou branches « souples

[1] Arch. Col., F, 263. Ordonnance du 15 octobre 1786. Voir plus loin, p. 334.
[2] Cf. Dessalles, II, 351; Schœlcher, *Col. françaises*, 28.

et pliantes comme de la baleine[1] ». N'oublions pas un détail : c'est que, la plupart du temps, pour éviter que les plaies faites ainsi ne vinssent à s'enflammer et que la gangrène ne s'y mît, on avait soin de les frotter de jus de citron, de sel ou de piment.

Les maîtres avaient aussi le droit d'enfermer leurs esclaves au cachot, ce qui était pour eux une peine intolérable lorsqu'on les y gardait la nuit; ils aimaient mieux souvent supporter le fouet. On les mettait aussi au carcan, en leur appliquant un bâillon frotté de piment. Au début même, l'habitude était de les y attacher par une oreille avec un clou; puis on leur coupait l'oreille. Du Tertre[2] rapporte à ce propos l'anecdote amusante d'un malheureux nègre qui, ayant déjà perdu une oreille, fut condamné à perdre l'autre; il demande à parler au gouverneur, se jette à ses pieds et le supplie en grâce de la lui laisser... « parce qu'il ne saurait plus où mettre son morceau de petun », c'est-à-dire sa cigarette.

Citons de plus les *ceps*, ou fers aux pieds ou aux mains; la *boise*, ou pièce de bois que les esclaves sont contraints de traîner, le *masque de fer-blanc*, destiné à les empêcher de manger des cannes: la *barre*, qui est une poutre placée à l'extrémité d'un lit de camp et percée de trous, où l'on enferme une jambe ou les deux jambes des condamnés, à la hauteur de la cheville; ou encore le *collier de fer*, parfois surmonté « d'une croix de Saint-André en fer, derrière, dont les deux bras d'en haut passent de deux pieds au-dessus de leur tête pour les empêcher de s'enfuir dans les bois[3] ».

Ce ne sont là que les peines particulières usitées presque couramment, sans parler des coups et sévices divers auxquels les malheureux esclaves étaient sans cesse exposés. Mais la justice ne prenait même pas connaissance des fautes légères qui exposaient les nègres à pareille répression.

[1] Du Tertre, II, 530.
[2] *Ib.*, 531.
[3] *Ib.*, 532. — Schœlcher, *Col. françaises*, 100.

Toutes ces peines étaient « arbitraires et à la discrétion de leurs maîtres », dit Du Tertre. Il nous apprend encore que l'impunité rendait les esclaves insupportables, tandis qu'ils acceptaient facilement le châtiment, quand ils se reconnaissaient coupables; mais, s'ils étaient punis à tort, ils devenaient « de vrais lions » et s'emportaient en des accès de fureur inconcevables. A quoi leur servait pourtant la révolte, du moment qu'ils ne pouvaient pas échapper au joug?

En fin de compte, peu importait à l'autorité la manière dont les maîtres traitaient chez eux leurs esclaves. Ce ne fut qu'à mesure du progrès des idées philosophiques et philanthropiques au XVIIIe siècle qu'on commença à s'en préoccuper, pour protéger les esclaves même contre leurs maîtres inhumains, nous le verrons tout à l'heure. Mais la préoccupation capitale fut d'abord et même toujours celle de se préserver des dangers pouvant résulter du trop grand nombre de nègres. Aussi toutes les mesures prises tendent-elles à les empêcher de se réunir et à épouvanter par la rigueur des châtiments ceux qui se sont rendus coupables de violences.

D'une manière générale, nous devons remarquer cependant que les Français étaient loin d'être les plus cruels. Nous lisons en particulier dans Du Tertre [1] que les Espagnols et les Portugais avaient toujours deux ou trois pistolets à la ceinture et n'hésitaient pas à tuer un nègre à la moindre résistance. Bryan Edwards reconnaît que ses compatriotes les Anglais étaient généralement impitoyables. Enfin, d'après l'auteur de l'*Essai sur l'esclavage*, « les Français étaient ceux qui traitaient les esclaves avec moins de dureté [2] ».

---

[1] II, 531.
[2] Arch. Col., F, 129, p. 91.

II

Un des moyens qui auraient assurément été des plus efficaces pour réprimer ou plutôt pour empêcher les excès des nègres, c'eût été d'avoir toujours sur les habitations un nombre proportionnel de blancs suffisant. On y avait songé dès le début ; mais les prescriptions relatives à ce sujet ne furent jamais sérieusement observées. Le Code Noir n'en parle pas. D'après une ordonnance du 30 septembre 1686[1], le nombre des engagés devait être à Saint-Domingue égal à celui des nègres. La seconde indication que nous trouvions ensuite sur ce point est dans les « Statuts et règlements faits par la compagnie royale de Saint-Domingue... pour la régie, police et conduite de ses habitations[2] », le 25 juin 1716. L'article X est ainsi conçu : « Et d'autant qu'il est nécessaire et très important pour la sûreté desdits habitants d'avoir toujours un certain nombre de blancs, pour gouverner et contenir les noirs, chaque habitant sera tenu d'avoir 1 blanc sur 10 noirs, à peine de 50 écus d'amende par chaque blanc qui lui manquera à proportion des noirs qu'il aura, laquelle somme sera employée à leur faire fournir lesdits blancs engagés. » Et nous voyons par les lettres patentes de juillet 1716[3], autorisant lesdits statuts, que la Compagnie « est parvenue à peupler ladite colonie de plus de 1.500 blancs et de près de 5.000 noirs. » Dans un Mémoire du roi pour servir d'instruction à MM. de la Varenne et de Ricouard, général et intendant de la Martinique, du 29 août 1716[4], il leur est recommandé d'exiger le nombre de blancs prescrit par les ordonnances par rapport au grand nombre de nègres : mais ces ordonnances ne sont pas exac-

[1] Moreau de Saint-Méry, I, 434.
[2] Id., II, 497.
[3] Le Code Noir, etc., p. 163.
[4] Durand-Molard, I, 113.

tement rappelées, et, jusqu'à cette date, nous n'en avons pas trouvé d'autre que celle du 30 septembre 1686. Comme pour tout, d'ailleurs, il est à peu près impossible d'obtenir que les habitants se conforment à ce qui leur est prescrit. Nous en avons la preuve dans cet extrait d'une lettre du Ministre à MM. Dupoyet et de la Chapelle, administrateurs des Iles-du-Vent [1] : « Je suis très fâché d'apprendre que les habitants continuent de se servir de noirs par préférence aux blancs, pour les mettre à la tête de leurs habitations et pour domestiques ; cet entêtement pourra, un jour, causer beaucoup de désordre aux Iles, et je vous recommande de le faire entendre aux habitants et de les désabuser sur cela autant que vous le pourrez. » A la date du 1er janvier 1764, nous lisons dans un Mémoire du roi adressé au comte d'Estaing sur le gouvernement de Saint-Domingue [2], que le sixième objet dont il aura à s'occuper est « la discipline des nègres et la population des blancs. » Il est dit: « Le sieur comte d'Estaing trouvera dans le Code Noir les ordonnances qui ont été rendues sur la police des nègres, mais il paraît qu'elles sont insuffisantes ou par leurs dispositions ou par défaut de leur exécution. » Il est constaté par exemple qu'à peine y a-t-il 1 blanc pour 30 noirs, tandis que d'après les lois il devrait y en avoir 1 sur 10. Et la suite nous en donne les motifs, intéressants à noter : « C'est la faute des maîtres qui, ayant voulu faire apprendre toutes sortes de métiers à leurs nègres, leur ont donné ensuite les emplois les plus considérables de leurs habitations, à la place des blancs auxquels ils auraient dû les confier ; la plupart de ces nègres, devenus libres ensuite, ont exercé dans les villes tous les métiers qui devaient être exercés par les blancs, dont ils ont pris la place. C'est un des plus grands désordres de Saint-Domingue, et auquel il est temps de remédier absolument, si on veut trouver des ressources en temps de guerre pour la défense du pays ; en

[1] Arch. Col., B, 55, p. 292, 26 juin 1731.
[2] Ib., B, 119, folio premier.

général, les nègres n'y doivent être regardés que comme des forces nécessaires pour les cultures des denrées auxquelles les blancs ne pourraient pas s'adonner, et c'est à ces cultures qu'ils doivent être renvoyés pour laisser aux blancs les travaux et les métiers qui peuvent leur convenir; c'est pour cet effet que Sa Majesté a fait et fait encore passer nombre d'ouvriers de toute espèce à Saint-Domingue et qu'Elle se propose, lorsque le sieur comte d'Estaing lui aura rendu compte de la qualité des terrains qu'on pourra trouver à Saint-Domingue pour des plantations de vivres et des remplacements de ménageries, d'y faire passer un nombre suffisant de familles allemandes pour les exploiter; mais, en attendant que le nombre des blancs que l'on mettra à Saint-Domingue puisse balancer celui des nègres en proportion des besoins, le sieur comte d'Estaing ne saurait trop veiller à la police de ce peuple, pour éviter toute surprise de sa part, de quelque cause qu'elle pût provenir. » Dans un autre Mémoire, du 25 janvier 1765 [1], rédigé par Dubuc, député de la Martinique à Paris, et qui devint, sous Choiseul, premier commis de la Marine, il est rappelé que l'obligation d'avoir 1 blanc par 20, 40 ou 50 nègres n'a, en fait, jamais eu d'exécution. La raison qu'en fournit l'auteur, c'est que les blancs sont trop exigeants, libertins, insubordonnés. « Sa Majesté recommande aux sieurs comtes d'Ennery et de Peinier la plus grande attention à tenir les esclaves dans la plus austère dépendance de leurs maîtres et dans la plus grande subordination à l'égard des blancs, de les contenir par la rigide observation des règlements faits dans cet objet et d'assurer tout à la fois la fortune et la tranquillité des colonies par tous les moyens qui pourront prévenir les marronages et ramener les esclaves fugitifs à l'atelier de leurs maîtres. » D'après une ordonnance du roi concernant le rétablissement des milices à Saint-Domingue [2], article 52 : « Chaque habitant ayant 80 nègres et au-dessus sera obligé

---

[1] Durand-Molard, II, 342.
[2] Moreau de Saint-Méry, V, 166, 1ᵉʳ avril 1768.

d'avoir chez lui 2 blancs..., lui compris, s'il est en état de servir, et 3, lui compris, s'il n'est pas en état de servir; Sa Majesté dérogeant, quant à ce, à ses ordonnances précédentes qui exigent 1 blanc par 20 nègres; mais les habitants qui, suivant les cas exposés ci-dessus, n'auront pas ces 2 ou 3 blancs, payeront 1.000 livres d'amende. » Une autre ordonnance royale, du 1ᵉʳ janvier 1787 [1], n'est guère que la confirmation de la précédente. L'article 42 prescrit également 2 blancs pour 80 nègres et au-dessus. Mais cette proportion devenait bien faible eu égard aux dispositions sagement conçues des premiers temps. Il paraît regrettable, à tous égards, qu'on n'ait pas persévéré à introduire plus de blancs.

A l'unique point de vue de la sécurité, il est vrai, on avait songé à utiliser, vers la fin du xviiiᵉ siècle, les gens de couleur libres pour contenir leurs frères esclaves. Par exemple, le Ministre écrit à M. de Bellecombe, le 27 février 1784 [2]: « J'ai pensé, Monsieur, qu'un corps de 600 hommes de couleur mis sur pied à Saint-Domingue serait très utile au service pour contenir les esclaves; j'ai, en conséquence, fait rédiger sur les matières qui m'ont été adressées un projet d'ordonnance que je joins ici. — On élève des objections contre cet établissement et on prétend, entre autres choses, qu'un grand nombre de gens de couleur, ayant une forte répugnance pour le service, prennent le parti de quitter nos îles et de passer dans les colonies étrangères. Je vous prie d'examiner cette question sur tous ces faits et de me marquer ce que vous pensez de ce projet. Quelle que soit votre opinion, vous voudrez bien m'adresser un projet d'ordonnance qui puisse vaincre ou diminuer la répugnance des gens de couleur. Celui que je vous envoie ne servira qu'à vous mettre au fait des dispositions qui m'ont été présentées. »

---

[1] Arch. Col., F, 263.
[2] Arch. Col., B, 186, Saint-Domingue, p. 33.

Le Ministre écrit, le même jour, au vicomte de Damas[1], au sujet de l'organisation d'un corps de 300 hommes de couleur pour chacune des îles Martinique et Guadeloupe. En fait, les gens de couleur libres étaient très disposés à contenir les esclaves. Seulement, ce qui leur répugnait dans le service, c'était une trop exacte discipline, contraire à leur nature. Mais les affranchis ou leurs descendants ne paraissent pas avoir jamais plaint le sort de leurs malheureux compatriotes, africains ou créoles.

III

Pour empêcher les esclaves de commettre vols ou crimes, on leur défend constamment de circuler, même seuls, sans billets de leurs maîtres, de porter des armes et de s'assembler.

Un arrêt du Conseil supérieur de la Martinique, du 4 mai 1654[2], leur interdit les danses et assemblées sous peine de la vie. Par deux autres arrêts[3], le même Conseil leur défend de sortir pendant la nuit sans avoir un billet de leurs maîtres, et même de quitter l'habitation pendant le jour sans une permission écrite. Dans un *Extrait des ordonnances rendues pour la police des nègres au Conseil souverain de la Martinique, du 4 juin* 1674 *au 3 juillet* 1684[4], nous relevons: Défense aux nègres de porter des bâtons et de s'assembler; — défense aux propriétaires de souffrir sur leurs terres d'autres nègres que les leurs. — Un règlement du 4 octobre 1677[5] précise que les esclaves ne devront porter aucun bâton ni *bangala*, — ou gros bâton court ferré par le bout, — à peine

---

[1] Arch. Col., B, 186, Martinique, p. 18.
[2] *Ib.*, F, 247, p. 311.
[3] Moreau de Saint-Méry, I, 13 juin 1658, et 399, 15 juin 1662.
[4] Arch. Col., F, 248, p. 99.
[5] Moreau de Saint-Méry, I, 306.

du fouet pour la première fois et du jarret coupé en cas de récidive. Un ordre du comte de Blenac au major de la Martinique lui prescrit de faire arrêter tous les esclaves qui vont sans billet, pour empêcher leur soulèvement[1]. Après les mesures que nous venons de citer, il est assez curieux de lire, à la date du 30 avril 1681, dans une lettre du Ministre à De Blenac[2]: « Rien n'est plus nécessaire pour la sûreté des habitants des îles et pour empêcher la révolte des nègres que de tenir la main à l'observation des défenses qui ont été faites de laisser marcher lesdits nègres sans billets de leurs maîtres, et vous y devez tenir la main sans difficulté; mais, comme il ne paraît pas que cette défense ait été faite par arrêt du Conseil souverain, j'écris au sieur Patoulet d'agir de concert avec vous pour faire donner cet arrêt. » Il faut croire, d'après cela, que les arrêts des Conseils n'étaient pas toujours transmis régulièrement au roi, de même d'ailleurs qu'il arriva plus d'une fois que certaines décisions royales n'étaient pas communiquées aux différents Conseils des îles et restaient inappliquées. C'est une des raisons pour lesquelles les mêmes mesures sont si souvent répétées. Les défenses de porter des armes et de s'attrouper sont renouvelées par les articles 15, 16 et 17 du Code Noir. Le 14 janvier 1692, un arrêt du Conseil du Petit-Goave[3] interdit de vendre des boissons aux esclaves qui les paient en indigo ou autres marchandises portatives pouvant être facilement soustraites. Un autre arrêt du même Conseil[4] défend de rien acheter aux esclaves sans billet; un troisième leur interdit de porter des armes[5].

Nous devons nous contenter ici encore de relater un certain nombre de mesures principales. A la Martinique, il fut

[1] Arch. Col., F, 248, p. 545, 25 avril 1680.
[2] Moreau de Saint-Méry, 1, 346.
[3] Id., ib., 505.
[4] Id., ib., 562, 8 janvier 1697.
[5] Moreau de Saint-Méry, I, 622, 4 février 1699. — Cf. A. Dessalles, III, 295, et Arch. Col., F, 251, p. 263.

même défendu d'armer de fusils les nègres gardiens de champs de cannes ou de vivres[1]. Un règlement du Conseil de Léogane[2] porte, à l'article 30, que le prévôt et l'exempt de la maréchaussée visiteront les cases des nègres en présence du maître ou de l'économe; ils confisqueront toutes les armes, même les *machettes*, à moins que les esclaves ne soient autorisés par écrit à en avoir. En même temps, les administrateurs de Saint-Domingue promulguent un règlement[3], qui prescrit d'arrêter les nègres assemblés au nombre de 4 après dix heures du soir, ainsi que ceux qui seront trouvés à jouer ou portant des armes; on les conduira chez leurs maîtres, si ceux-ci sont connus, sinon en prison, où ils recevront 10 coups de fouet (art. 4). — Il est permis d'entrer dans les maisons des nègres et négresses libres pour découvrir les receleurs de vols domestiques (art. 5).

Nous remarquerons une singulière interprétation de l'article 15 du Code Noir, qui défend aux nègres de porter des armes : Un d'eux est condamné à la potence pour tentative de suicide, parce qu'il s'était porté dans le ventre plusieurs coups d'un couteau flamand, alors que son maître voulait le faire châtier pour une faute[4]. Un autre esclave, ayant voulu se tuer, est également condamné à mort, puis seulement au fouet, à la marque et au carcan[5]. En voici un qui, accusé d'avoir voulu se couper la gorge et appelant de sentence de mort, doit subir la peine des galères perpétuelles[6]. Tel qui a voulu se pendre est pendu effectivement[7]. Le gouverneur de la Martinique rapporte à ce propos que le penchant au suicide est fort commun, mais que, généralement, les nègres

---

[1] Arch. Col., F, 256, p. 493, 7 novembre 1737. Arrêt du Conseil supérieur.
[2] Moreau de Saint-Méry, III, 551, 17 janvier 1739. Autre arrêt analogue du conseil du Cap. Id., *ib.*, 568, 6 août 1739.
[3] Id., *ib.*, 574, 13 août 1739.
[4] Arch. Col., F, 225, p. 617. Arrêt du Conseil supérieur de la Guadeloupe 8 novembre 1740. Cf. F, 257, p. 137, pour un cas analogue.
[5] Arch. Col., *Annales de la Martinique*, F, 245, p. 539, 15 février 1744.
[6] Arch. Col., F, 258, p. 385, 7 novembre 1748.
[7] Arch. Col., *Ann. Martinique*, F, 244, p. 663, septembre 1750.

sont empêchés de se tuer. Il constate que le roi consulté depuis quatre ans sur cette question n'a pas fait connaître encore sa manière de voir et que le premier juge inflige toujours la peine de mort, mais qu'elle est d'ordinaire réduite en appel.

Nous apprenons par une ordonnance [1] des administrateurs de Saint-Domingue, que, dans des bals qui se donnent chez les mulâtresses et négresses libres, il y a des blancs et des esclaves déguisés et armés la plupart du temps de pistolets, sabres et épées. L'inspecteur de police a ordre de saisir tous les masques. Les personnes libres sont condamnées à 24 livres d'amende, et les esclaves à 6 livres, payables par les maîtres, sans compter les frais de geôle, et la prison qui s'applique à tous.

D'après deux ordonnances des administrateurs de la Martinique et de la Guadeloupe [2], nous voyons que les articles 15 et 16 du Code Noir sont presque sans exécution depuis longtemps; aussi est-il enjoint de les faire publier et afficher de nouveau. De plus, un arrêt du Conseil du Cap [3] nous montre que « l'inexécution presque totale des dispositions prises au sujet des esclaves a fait monter le désordre à son comble »; le peu de connaissance que l'on a des lois concernant les esclaves est la principale cause de leur inobservation (il n'y avait pas encore d'imprimerie à Saint-Domingue). Les mêmes désordres se produisent partout. Ainsi une ordonnance des général et intendant de la Martinique [4] défend de nouveau aux gens de couleur libres et esclaves de s'attrouper et de courir les rues déguisés et masqués. Ces administrateurs font remarquer l'esprit d'insubordination qui s'est développé chez les nègres depuis la reddition de l'île aux Anglais. Les esclaves surpris dans des assemblées illicites seront fouettés et marqués, puis plus

---

[1] Moreau de Saint-Méry, III, 885, 21 juillet 1749.
[2] Arch. Col., *Ann. Mart.*, F, 245, p. 311, mars 1755; et F, 227, p. 39, 29 avril 1755.
[3] Moreau de Saint-Méry, IV, 225, 7 avril 1758.
[4] Durand-Molard, II, 364.

gravement punis pour la deuxième fois. Les nègres masqués et armés subiront le fouet, la fleur de lys, le carcan et même la mort, s'ils portent bâtons ferrés, couteaux flamands ou autres armes meurtrières (sans dédommagement pour les maîtres). Régis Dessalles, commentant l'article 16 du Code Noir[1], rappelle cette ordonnance et constate que cependant rien n'est plus ordinaire que de voir les nègres se réunir, « se donner des repas, des bals publics, dans un désordre et une confusion dignes de la licence la plus effrénée ». Or, de telles réunions sont tolérées et même autorisées « Il ne peut, ajoute-t-il, y avoir de raison assez forte pour souffrir un pareil désordre. Le permettre, c'est donner lieu au vol, au libertinage, aux empoisonnements, au marronage; tout cela en est une suite nécessaire. De plus, c'est nourrir dans le cœur des esclaves l'esprit d'indépendance, dont le germe ne meurt jamais et peut produire des effets très pernicieux. »

Le 25 novembre 1765, une ordonnance des administrateurs du Cap[2] entoure de restrictions la vente de la poudre à feu jusqu'alors laissée libre. Il faudra pour les esclaves un billet du maître, et le marchand délivrera un certificat justifiant de la quantité permise.

Mais, malgré toutes les mesures spéciales, on n'arrive pas à des résultats satisfaisants. En outre, la discipline se relâche encore à la faveur de circonstances particulières, telles que la guerre. C'est ce que nous indique une ordonnance des administrateurs de la Martinique[3], du 25 décembre 1783, concernant la police générale des gens de couleur. Il a paru bon, y est-il dit, de réunir en un seul règlement tout ce qui est émané du gouvernement sur cette matière, « expliquer, étendre ou ajouter, suivant que le besoin l'a exigé, aux dispositions du Code Noir et des ordonnances subséquemment

---

[1] *Op. cit.*, III, 296.
[2] Moreau de Saint-Méry, V, 142; — et *Ib.*, 147, Ordonn. identique, du 24 décembre 1767.
[3] Durand-Molard, III, 568.

rendues par le roi et par nos prédécesseurs, auxquelles le temps et l'agrandissement des établissements ont apporté des changements nécessaires ». Plusieurs des articles sont relatifs exclusivement aux gens de couleur libres; certains autres ne font que renouveler des règlements précédents. L'article 4 défend d'acheter aucune argenterie aux esclaves, et l'article 5 de recéler les esclaves marrons, sous peine de 30 coups de fouet et huit jours de prison pour les esclaves recéleurs. L'article 10 permet aux maîtres de faire enchaîner et battre de verges ou de cordes leurs esclaves l'ayant mérité, mais pas au delà de 29 coups de fouet. En vertu de l'article 11, l'esclave ayant frappé une personne libre sera puni corporellement; si c'est son maître, ou la femme ou les enfants de son maître, il subira la mort « sans rémission ». — Article 32 : Les esclaves voleurs seront battus de verges et marqués de la fleur de lys. — Article 38 : Tout esclave arrêté en marronage et armé sera puni de mort. — Article 43 : Les esclaves ne pourront aller à la chasse sans permission écrite. — Article 48 : Il leur est défendu de s'assembler. — Article 55 : Les maîtres ne pourront leur livrer pour jardins des terrains limitrophes de ceux de leurs voisins; car ils pourraient voler ou mettre le feu.

Somme toute, il ne fut jamais possible d'obtenir l'exécution même approximative des innombrables prescriptions édictées à l'égard de la circulation, de l'attroupement et du port d'armes des nègres. C'était à peu près fatal. Si elles avaient été observées, il n'y aurait pour ainsi dire pas eu de délits commis par eux. Or les blancs furent sans cesse menacés dans leurs propriétés et dans leurs personnes même par les esclaves. A vrai dire, ils ne se faisaient malheureusement pas faute, la plupart du temps, de les provoquer et, dès que ceux-ci avaient commis le moindre mal, d'exercer sur eux de terribles vengeances, contre lesquelles la loi fut souvent impuissante à les protéger.

IV

A l'origine, la justice n'était pas nettement fixée. Un règlement du Conseil de la Martinique, du 4 octobre 1677[1], stipule (art. 1) que, pour les vols valant moins de 100 livres de sucre, les esclaves seront simplement châtiés par leurs maîtres, selon qu'ils le jugeront nécessaire. Il semble que tous les autres délits doivent être soumis aux juges. Le Code Noir, qui établit les règles les plus positives, porte à l'article 42 : « Pourront seulement les maîtres, lorsqu'ils croiront que leurs esclaves l'auront mérité, les faire enchaîner et les faire battre de verges ou cordes. » La formule est bien vague et laissait encore beaucoup de marge à l'arbitraire. Mais, du moins, l'application de la torture et toute mutilation de membres sont interdites ; nous verrons que la loi s'efforce même d'empêcher effectivement les excès commis envers les esclaves. Donc c'est devant la justice régulière que les esclaves coupables de délits qualifiés doivent être traduits. D'après l'article 32 du Code Noir, « seront les esclaves accusés, jugés en première instance par les juges ordinaires et par appel au Conseil souverain, sur la même instruction et avec les mêmes formalités que les personnes libres ». Cet article assure bien théoriquement toutes les garanties voulues aux esclaves. Mais n'oublions pas que les juges sont presque toujours des colons, propriétaires eux-mêmes d'esclaves, — malgré la défense faite aux fonctionnaires de posséder des habitations, — ou alliés à des colons. Les accusés seront par conséquent traités toujours avec sévérité. La garantie de l'appel fut, d'ailleurs, extrêmement restreinte, dès le 20 avril 1711, par une ordonnance royale[2]. Vu le grand nombre de délits qui étaient commis et qui entravaient

---

[1] Moreau de Saint-Méry, I, 306.
[2] Arch. Col., *Recueil des lois particulières à la Guadeloupe*, F, 236, p. 181.

l'action de la justice, comme les nègres coûtaient relativement cher en prison, que, de plus, ils pouvaient s'évader, il fut décidé que désormais les nègres esclaves ayant encouru les peines du fouet, de la fleur de lys et des oreilles coupées seulement, seraient condamnés en dernier ressort par les juges ordinaires et ces jugements exécutés sans appel. Le droit d'appel ne subsista que pour la peine du jarret coupé ou de mort.

Nous voyons par l'article 41 qu'il est défendu aux juges, procureurs et greffiers de prendre aucune taxe dans les procès criminels contre les esclaves, à peine de concussion. Un règlement, du 24 septembre 1753, fait pour la Martinique [1], décide également que les procédures criminelles d'esclaves sont gratuites, « à moins que leurs maîtres ne prennent leur fait et cause et qu'ils y succombent » (art. 36). Quoique le Code Noir précise les peines qui peuvent ou doivent être appliquées dans certains cas déterminés, il laisse, malgré tout, une très grande latitude aux juges, qui très souvent sont autorisés à se décider suivant la gravité des circonstances. Il n'a subsisté que de rares dossiers complets de procédure criminelle concernant les esclaves, au moins pour la période qui nous occupe. Ils ont dû être détruits ; en effet, un arrêt du Conseil de Léogane [2] ordonne que toutes les procédures criminelles faites contre les nègres esclaves jusqu'à la fin de 1715 seront brûlées. Pour la Martinique, une lettre du Ministre, du 24 septembre 1787 [3], autorise à faire brûler toutes celles qui vont jusqu'en 1750, « seulement à la charge d'en dresser procès-verbal et de conserver les arrêts définitifs ». Les procès étaient si nombreux que, vu l'encombrement des dossiers et la difficulté matérielle de les conserver, on dut suivre cette manière de faire, même pour les documents postérieurs, dont il n'est pour ainsi dire pas resté de trace au

[1] Durand-Molard, I, 569.
[2] Moreau de Saint-Méry, II, 541, 4 janvier 1717.
[3] Arch. Col., F. 263.

dépôt de Versailles, origine des archives actuelles des ministères de la Marine et des Colonies.

Pour les îles qui n'avaient pas de Conseil supérieur, il fallait, dans le cas d'appel, venir devant la cour dans le ressort de laquelle elles se trouvaient. C'est ainsi que les habitants de la Grenade supplient de permettre chez eux la constitution d'un tribunal pouvant condamner à mort les nègres convaincus de crimes. En effet, on était forcé de les amener à la Martinique ; or, sans parler du prix du transport, des risques d'évasion, le châtiment subi au loin ne servait pas d'exemple aux autres[1]. Mais il ne fut pas néanmoins donné suite à cette demande. Aussi est-il à penser que, dans bien des cas, les maîtres devaient se faire justice eux-mêmes. En général, ils ne se souciaient guère de dénoncer leurs esclaves coupables, sauf pour ceux qui pouvaient encourir la peine de mort, auquel cas le prix du supplicié leur était remboursé. Encore voyons-nous, par exemple, qu'un arrêt du Conseil supérieur de la Martinique[2] condamne le sieur Dufresnoy à être gardé en prison jusqu'à ce qu'il ait remis entre les mains de la justice un de ses nègres convaincus de plusieurs crimes. C'était pour les propriétaires une perte nette que la mise en prison de leurs nègres. En effet, suivant l'article 10 d'un arrêt en règlement du Conseil du Cap[3], les esclaves doivent payer 12 sols par jour, moyennant quoi le geôlier leur fournit une cassave d'une livre et demie au moins et l'eau nécessaire, de bonne qualité. D'après l'article 11, les esclaves emprisonnés pour dettes (cas assez curieux à noter) paieront 30 sols pour l'entrée, 30 sols pour la sortie, plus 22 livres 10 sols d'avance pour la nourriture d'un mois ; et ils auront ainsi, outre le pain et la cassave, une livre et demie de fressure ou flanc de bête et l'équivalent en poisson et légumes les

---

[1] Arch. Col., C³, 10. Lettre de d'Amblimont, 10 avril 1697. La même plainte est formulée dans un Mémoire du 9 novembre 1717. Ib., F, 17.
[2] Arch. Col., F, 253, p. 15, 10 janvier 1724.
[3] Moreau de Saint-Méry, III, 625, 12 septembre 1740.

jours maigres. Pour l'écrou des esclaves, le droit était de 3 livres (art. 28). N'oublions pas le dommage résultant du temps d'emprisonnement durant lequel le nègre ne travaille pas, sans compter que, suivant la punition subie, il peut être dans l'incapacité de reprendre le travail avant un temps plus ou moins long, ou être déprécié, sans que le maître reçoive d'indemnité, sauf le cas de mise à mort.

Voici précisément un aperçu des peines qui peuvent être infligées par le bourreau, avec le tarif de ses émoluments, qui constituent pour lui le casuel. Il lui était alloué[1] :

Pour pendre...............................	30 l.
rouer vif...............................	60
brûler vif...............................	60
pendre et brûler........................	35
couper le poignet.......................	2
traîner et pendre un cadavre...........	35
donner la question ordinaire et extraordinaire...............................	15
question ordinaire seulement...........	7 l. 10 sols
amende honorable......................	10 l.
couper le jarret et flétrir...............	15
fouetter...............................	5
mettre au carcan.......................	3
effigier...............................	10
couper la langue.......................	6
percer la langue.......................	5
couper les oreilles et flétrir............	5

Les bourreaux étaient toujours des nègres condamnés à mort et auxquels on avait fait grâce, à condition qu'ils deviendraient exécuteurs. A ce propos, nous avons noté le cas intéressant d'un nègre qui, après avoir consenti à devenir bourreau, préféra être exécuté. Il fit cette déclaration au moment où, ayant été conduit sur la place publique, il devait procéder à l'exécution d'un autre nègre : Il fut condamné à être pendu et étranglé[2]. Moreau de Saint-Méry se plaisait

---

[1] Cf. Dessalles, IV, 207. Extrait du Code manuscrit de la Martinique, 1726.
[2] Arch. Col., Code Saint-Domingue, F, 270, p. 281, 7 avril 1728. — Cf., F, 258, p. 281, arrêt du Conseil de la Martinique, de novembre 1746, grâciant un nègre qui sera bourreau.

aussi [1] à rappeler l'exemple d'un esclave, excellent homme, qui n'avait été marron que pour échapper aux mauvais traitements de son maître ; pour le soustraire à la peine de mort, à laquelle il avait été condamné, il obtint pour lui de son grand-père qu'il deviendrait bourreau. Mais le nègre lui répondit alors : « Non, je ne dois mourir qu'une fois ; si je devenais bourreau, mon supplice recommencerait chaque jour. » On choisissait naturellement ceux dont le crime était le moindre ; nous savons qu'il n'en fallait pas beaucoup pour être condamné à mort. Quant aux négresses, elles avaient une chance de commutation de peine : c'était d'avoir plu au bourreau, qui pouvait demander de prendre telle ou telle pour femme. Mais, naturellement, l'un et l'autre restaient esclaves. Par exemple, un arrêt du Conseil de la Guadeloupe [2] ordonna la vente d'une négresse, veuve de l'exécuteur des hautes œuvres, qu'elle avait épousé par commutation de peine, et, en même temps, la vente de ses cinq enfants « pour le produit être versé dans la caisse des nègres justiciés »... Dessalles écrit au sujet des exécuteurs [3] : « Ils reçoivent leur commission à genoux, la prennent avec les dents, lorsque le greffier l'a chiffonnée et la leur a jetée par terre. Ils font leur résidence à la geôle. On leur accorde la liberté de se choisir des femmes parmi celles condamnées aux galères. Le sort des enfants qui en naissent est encore un problème. Sont-ils libres ? Doivent-ils être vendus au profit du roi ? » Il semble que cette dernière hypothèse soit la vraie, d'après l'arrêt que nous venons de citer. Le bourreau recevait 4.000 livres de sucre par an ; il était payé sur la caisse des amendes.

---

[1] Cf. *Biographie Michaud.*
[2] Arch. Col., F, 229, p. 213, 12 novembre 1769.
[3] *Op. cit.*, III, 203.

V

Les délits les plus ordinaires sont les vols, — les violences et meurtres, — et le crime particulier si fréquent de l'empoisonnement.

Nous avons vu (p. 304) que, pour les vols de moins de 100 livres, les maîtres étaient chargés de punir eux-mêmes leurs esclaves. Si la valeur dépassait, on coupait une oreille au coupable ; en cas de récidive, les maîtres étaient tenus des dommages. Pour les vols de bœufs, chevaux, etc., le voleur avait la jambe coupée[1] ; en cas de récidive, il était pendu ; le maître était tenu du dommage, s'il n'aimait mieux abandonner le nègre (art. 2).

Le Code Noir semble ne plus admettre que les maîtres se fassent justice eux-mêmes. L'article 36 est ainsi conçu : « Les vols de moutons, chèvres, cochons, volailles, cannes à sucre, pois, mil, manioc ou autres légumes, faits par les esclaves, seront punis, selon la qualité du vol, par les juges qui pourront, s'il y échet, les condamner d'être battus de verges par l'exécuteur de la haute justice et marqués d'une fleur de lys. » L'article 35 admet la peine de mort, même pour la première fois, en ce qui concerne les vols qualifiés. Ces deux articles sont conformes aux Mémoires de Patoulet et de Blénac et Begon, avec cette seule différence que ceux-ci prescrivent pour les moindres vols les verges et la fleur de lys au visage, et non d'une manière conditionnelle.

Nous trouvons, à la date du 17 octobre 1720, un arrêt du Conseil d'État relatif à un cas assez particulier[2]. Un capitaine de frégate de Nantes ayant acheté à Macao, en Chine,

---

[1] Un arrêt du Conseil de la Martinique, du 20 octobre 1670, condamne un nègre qui avait tué un *bourriquet* à avoir la jambe coupée « pour être icelle attachée à la potence et servir d'exemple ».
[2] Cf. *Le Code Noir*, etc., p. 245.

des nègres, pour remplacer une partie de son équipage, ceux-ci, aux environs du cap de Bonne-Espérance, « forcèrent la dépense aux vivres et burent le peu de vin qui y restait ». En vertu de l'article 17 de l'ordonnance du 15 avril 1689, le capitaine, avec ses officiers, condamna un des nègres à mort, et un autre au fouet, à la cale et aux fers. Cependant le procureur du roi de l'Amirauté de Saint-Malo rendit contre lui un décret de prise de corps. Ledit décret fut cassé et annulé, par cette considération que l'article 35 du Code Noir prononce la peine de mort contre les nègres dans le cas de vol.

Une ordonnance des administrateurs de la Martinique [1] porte que les désordres commis par les nègres formant l'équipage des canots passagers seront punis conformément au Code Noir et que la confiscation ne pourra avoir lieu qu'en cas de commerce étranger. En vertu d'une ordonnance royale du 1er février 1743 [2], le vol d'armes est puni de peine afflictive et même de mort (art. 2) ; l'enlèvement de pirogues, bateaux [3], etc., est puni comme vol qualifié (art. 3). Mêmes peines pour ceux qui sont convaincus d'avoir comploté ledit vol (art. 4). Il n'y eut aucune autre modification aux prescriptions du Code Noir. D'après un arrêt du Conseil du Port-au-Prince, du 12 mars 1771 [4], les voleurs devaient être marqués du mot VOL, de même que les condamnés aux galères des lettres GAL.

Nous avons relevé un exemple qui fut peut-être unique, celui d'un nègre esclave ayant fait plusieurs billets et mandats faux au nom d'un nègre libre ; il fut condamné au

---

[1] Arch. Col., F, 255, p. 278, 5 juin 1728.
[2] Durand-Molard, I, 464. Elle fut rendue à la suite d'une lettre des administrateurs, du 8 octobre 1741, qui est aux Arch. Col., F, 90.
[3] Tout d'abord, pour ce délit, les nègres avaient la jambe gauche coupée; les négresses, le nez coupé et la fleur de lys sur le front. Puis on décréta la mort à la Martinique, par arrêt du Conseil du 17 juillet 1679. Moreau de Saint-Méry, I, 327.
[4] Moreau de Saint-Méry, V, 312.

fouet, à la fleur de lys et au carcan. Ce genre de délit n'était guère à craindre, vu, en général, l'ignorance absolue des esclaves. Il doit s'agir dans le cas présent d'un nègre domestique qui aurait appris à lire et à écrire chez son maître.

Ce qui rendait surtout les esclaves redoutables, c'était leur facilité à commettre des violences et des meurtres. La crainte des châtiments ne les arrêtait guère : « Le mépris de la mort les rend maîtres de la vie de ceux qu'ils ont projeté de faire mourir [1]. » Et que leur importait, en effet, la vie dans bien des cas ? Au moins la mort, c'était le repos. Quelque rudimentaire que fût son intelligence, l'esclave n'en était pas moins un être pensant ; or la brute elle-même finit par se révolter contre l'injustice et la cruauté. Naturellement c'était presque toujours contre les blancs, et la plupart du temps contre leurs propres maîtres, que les nègres étaient amenés à exercer leurs vengeances. Rappelons-nous que certaines habitations sont absolument isolées ; le maître et sa famille sont donc à la discrétion de leurs esclaves. Il faut, par conséquent, essayer de les contenir en les épouvantant par les menaces. Le règlement du Conseil de la Martinique, du 4 octobre 1677 [2], porte déjà (art. 4) : « Les nègres qui frapperont un blanc seront pendus ou étranglés ; si le blanc meurt, seront lesdits nègres rompus tout vifs. » Le Code Noir est moins cruel. L'article 34 stipule en effet : « Et quant aux excès et voies de fait qui seront commis par les esclaves contre les personnes libres, voulons qu'ils soient sévèrement punis, même de mort s'il y échet. » L'article 33 dit : « L'esclave qui aura frappé son maître, sa maîtresse ou le mari de sa maîtresse, ou leurs enfants, avec contusion ou effusion de sang, ou au visage, sera puni de mort. »

Nous rapporterons quelques-uns des arrêts les plus intéressants que nous ayons retrouvés. Un esclave, Gaspard,

[1] Arch. Col., F, 246, p. 93. Mémoire d'une séance du Conseil supérieur, septembre 1788.
[2] Moreau de Saint-Méry, I, 306.

ayant donné un coup de houe sur la tête à son maître Nicolas Michel, le Conseil de Léogane [1] confirme en appel sa condamnation, aux termes de laquelle il devait faire amende honorable, avoir le poing coupé et être rompu vif. Le 5 novembre 1709, les nègres du sieur Laubas ayant attaqué et maltraité ceux du sieur Du Parquet, le Conseil de la Martinique les condamne, le chef à être pendu et étranglé, les autres fustigés de verges et marqués [2]. Le maître perdra — vu sa complicité ou tolérance — le prix de son nègre ; de plus, il paiera 500 livres d'amende et 2.000 livres de dommages à Du Parquet. Le 7 mars 1718, un esclave est banni, pour meurtre, de la Martinique [3]. De même au Cap, le 2 septembre 1727. Les propriétaires devaient tâcher de vendre ces esclaves dans une autre colonie, mais il n'est pas question d'indemnité. Le nègre Guillaume Bily est condamné à porter toute sa vie chez son maître une chaîne pesant 15 livres, « pour obvier aux désordres que ledit nègre pourrait causer dans la suite » ; on ne dit pas ce qu'il avait fait, et — chose curieuse — il était absous en appel de la première sentence (non indiquée) prononcée contre lui [4].

Si parfois les peines n'ont pas été assez fortes, c'est le gouvernement central qui se charge de rappeler qui de droit à la sévérité nécessaire. Ainsi le Ministre écrit, le 5 mars 1726, à M. Blondel [5]: « L'affaire du nègre qui a maltraité un blanc n'a (pour n'aurait) point dû être traitée avec douceur. Ces sortes d'affaires sont trop importantes pour souffrir qu'on entre dans des accommodements. Sa Majesté à laquelle j'en ai rendu compte veut que le capitaine de milices qui y a donné les mains soit cassé. Je le marque à M. de Feuquière. Elle m'a ordonné aussi de vous marquer que, sans avoir

---

[1] Moreau de Saint-Méry, II, 103, 1ᵉʳ août 1707.
[2] Arch. Col., F, 250, p. 771.
[3] Arch. Col., F, 251, p. 781.
[4] Moreau de Saint-Méry, III, 220.
[5] Arch. Col., B, 48, p. 303.

égard à l'accommodement qui a pu être fait, vous fassiez poursuivre le nègre à la requête du procureur général, pour le faire punir suivant la rigueur des ordonnances. Cette affaire est de la nature de celles qui ne méritent aucunes grâces, et vous devez tenir la main à ce que la justice soit faite à toute rigueur en pareil cas, sans quoi on ne verra bientôt plus de subordination des nègres aux blancs. » Et, dans une lettre du même jour à M. de Feuquière[1], il dit : « Le capitaine de milices du quartier a eu la faiblesse, à la sollicitation des habitants voisins, de traiter cette affaire avec douceur et de l'accommoder. »

L'affaire suivante va nous montrer, au contraire, qu'on ne se laisse pas aller à la faiblesse. Nous résumons un arrêt du Conseil d'État, des 2 et 8 juillet 1726[2] : Des nègres du sieur Lagrange étant venus aux cases de l'habitation du sieur Lecœur, la dame Lecœur était accourue pour tâcher d'apaiser le bruit ; le chef des nègres Lagrange, nommé Colas, levait son bâton pour la frapper, lorsqu'il en fut empêché par un coup de pistolet qu'un blanc qui passait lui tira. Colas a été jeté en prison ; il est sur le point de mourir. Néanmoins on instruit son procès ; il est condamné « à être rompu vif par l'exécuteur de la haute justice, en place publique du Bourg-du-Trou, et d'y demeurer tant qu'il plaira à Dieu lui conserver la vie, la face tournée vers le ciel » ; de plus, « les sieurs Lagrange et Lecœur enverront chacun 6 nègres de leur atelier pour assister à ladite exécution et en voir l'exemple ».

Un arrêt du Conseil du Petit-Goave[3], rendu sur appel du substitut du procureur général du roi d'une sentence prononcée contre 30 nègres, négresses et mulâtresses esclaves, voleurs et assassins, condamne le nègre Baptiste, convaincu de vols et de violences sur un blanc, à avoir le poing coupé

[1] Arch. Col., B, 48, p. 308.
[2] Moreau de Saint-Méry, III, 176.
[3] Moreau de Saint-Méry, III, 166, 6 mai 1726.

et être rompu vif, « préalablement appliqué à la question ordinaire et extraordinaire »; 8 autres seront également rompus vifs. Un autre assistera à l'exécution, sera battu et fustigé de verges sur les épaules et marqué d'une fleur de lys sur l'épaule droite. Quatre négresses seront pendues et étranglées. La mulâtresse Marion, pour avoir reçu quelques présents de Gabriel, un des voleurs, sera fustigée et marquée. Pour 13, il sera plus amplement informé; 5 contumaces sont condamnés à faire amende honorable, à avoir le poing coupé, être tirés et écartelés à quatre chevaux; les membres seront jetés au feu, les cendres au vent, et les têtes exposées sur des poteaux placés vis-à-vis du cabaret où a été commis l'assassinat; lesdits accusés préalablement appliqués à la question ordinaire et extraordinaire, « ce qui sera exécuté par effigie en un tableau qui sera attaché à une potence ». Les têtes des contumaces sont mises à prix, à 300 livres chacune; la liberté sera donnée à tout esclave qui amènera un desdits nègres mort ou vif.

Le 6 mars 1741, le Conseil de Léogane rend l'arrêt suivant[1] contre des nègres assassins de leur maître : ils devront faire amende honorable à la porte de l'église, en chemise, la corde au cou, tenant un cierge à la main. Ils y seront conduits dans un tombereau servant à enlever les immondices, avec cet écriteau: *Esclaves assassins de leurs maîtres*. Il faudra qu'ils demandent pardon à Dieu, au roi, à la justice. Ils auront le poing droit coupé; puis on les conduira sur la place publique, où le principal assassin aura les « cuisses, bras et gras de jambes travaillés d'un fer chaud, et dans chacune desdites plaies sera versé du plomb fondu et ensuite jeté vif au feu »; ses cendres seront jetées au vent. Les autres seront rompus vifs, puis brûlés. La même année, le même Conseil ordonne[2] qu'un nègre assassin de son maître sera

---

[1] Arch. Col., Code Saint-Domingue, F, 271, p. 5.
[2] Ib., ib., 25, 3 juillet 1741.

« travaillé », aura les « mamelles tenaillées » de fer chaud et finalement sera brûlé vif.

Le gouverneur de la Martinique écrit au Ministre, le 30 novembre 1745[1], afin de l'informer qu'un nègre a été condamné à mort pour avoir mis le feu à la maison de son maître. Comme le cas n'est pas prévu par les ordonnances, il lui demande s'il approuve cette punition. Mais elle est ensuite commuée en celle des galères à vie et le Ministre donne alors son approbation[2]. Un nègre est brûlé vif pour avoir mis du verre pilé dans la soupe de son maître[3]. Pour avoir simplement porté la main sur un des enfants de sa maîtresse, un autre est pendu, après avoir eu le poing coupé[4].

Dès que les juges se relâchent de leur sévérité, ils reçoivent immédiatement des observations. Ainsi le Ministre écrit, le 14 juin 1770, à MM. les officiers du Conseil supérieur de Cayenne[5]: « J'ai vu, en lisant le précis que M. Maillard m'a envoyé des affaires jugées pendant la séance du 7 novembre dernier, un arrêt sur lequel je ne puis me dispenser de vous faire des observations. Cet arrêt condamne le nommé Jacques, esclave du sieur Lacoste, à être fouetté, marqué et banni pour avoir frappé à coups de poing le sieur Cavellot, boulanger. » Ce serait une peine très grave pour un blanc; mais elle est de nul effet pour les esclaves « habitués à être fouettés plus rigoureusement à la moindre faute, à être marqués à chaque changement de maître ». Les lois n'ont pas spécifié les différents genres de punition à infliger aux esclaves qui lèveraient la main contre des blancs, car les circonstances peuvent varier à l'infini. On s'en est rapporté à la prudence des juges. L'article 34 du Code Noir enjoint seulement de punir sévèrement les voies de fait à l'égard des blancs. Mais

[1] Arch. Col., Ann. Martinique, F, 241, p. 563.
[2] Arch. Col., B, 82, Iles-du-Vent, p. 16. Lettre à M. Ranché, 8 juin 1746.
[3] Arch. Col., Ann. Mart., F, 245, 21 juillet 1751.
[4] Moreau de Saint-Méry, IV, 136. Arrêt du Conseil du Port-au-Prince, 5 novembre 1753.
[5] Arch. Col., B, 135, p. 23.

les juges ont suivi la maxime d'appliquer le châtiment le plus doux quand rien n'est spécifié. Or, il faut faire des exemples. « La peine des galères est la moindre qu'on puisse infliger en pareil cas. »

Cette peine des galères, on ne la prononçait guère que pour la commuer. On s'était, en effet, aperçu assez vite qu'elle ne produisait aucun effet sur l'imagination des esclaves. Aussi eut-on l'idée de les mettre à la chaîne, c'est-à-dire aux travaux forcés. L'exemple en fut donné à Saint-Domingue. Le Ministre constate, dans une lettre du 8 juin 1746, à MM. de Caylus et Ranché[1], que c'est plus avantageux. Dans une dépêche ministérielle du 23 septembre 1763 au duc de Choiseul[2], il est parlé de la nécessité d'avoir des bras pour les fortifications ; on conservera ainsi des individus qui eussent été entièrement perdus pour la colonie et moins punis peut-être par la mort. Suivant une ordonnance des administrateurs de la Martinique[3], les esclaves condamnés à la chaîne à perpétuité doivent être payés aux maîtres. Cependant, comme les autorisations de commuer tournaient en abus, le roi fit paraître, le 1er mars 1708, une Déclaration[4], d'après laquelle les esclaves ayant mérité les galères devaient être marqués de la fleur de lys, avoir une oreille coupée et être attachés à la chaîne à perpétuité. A la première évasion, ils auraient la seconde oreille coupée et finalement seraient pendus.

Une question particulière se posait à propos des meurtres commis involontairement par les esclaves ou motivés. Le Code Noir ne l'avait pas résolue ; mais, comme l'article 43 permettait aux officiers du Conseil d'absoudre les maîtres ou commandeurs qui tuaient un esclave, les juges se crurent généralement autorisés à agir de même vis-à-vis des esclaves.

---

[1] Arch. Col., B, 82, Iles-du-Vent, 17. Voir circulaire du 23 septembre 1763, dans Durand-Molard, II, 251.
[2] Durand-Molard, II, 253.
[3] Id., ib., 283, 3 janvier 1701.
[4] Id., ib., 563.

Dessalles cite[1] deux cas de nègres absous, l'un pour avoir tué un autre nègre, « poussé par la douleur qu'il lui causait en le tenant aux parties », l'autre, parce qu'il avait tué un esclave qu'il avait surpris couché avec sa femme. Il est question de cette seconde affaire dans une lettre ministérielle du 11 novembre 1705 à M. Machault[2]; les Jésuites ont demandé la grâce de leur nègre Barthélemy, qui en a tué un autre, qu'il a trouvé dans sa case enfermé avec sa femme pendant qu'il était au travail. Le sieur Le Bègue, maître du nègre mort, avait été informé de son mauvais commerce et aurait dû l'empêcher. Sa Majesté fera grâce, si les faits sont bien tels qu'on les lui a rapportés. — « Un nègre nommé Jacques ayant tué sa femme coupable d'adultère, le Conseil du Cap, par arrêt du 2 janvier 1715, déclara surseoir définitivement contre lui, et le roi, sur le rapport des administrateurs, lui accorda des lettres de grâce[3]. »

Un des crimes les plus ordinaires commis par les esclaves et contre lesquels il était le plus difficile de se défendre, c'était l'empoisonnement. « Le poison! — écrit M. Schœlcher[4] — Voici un des plus horribles et des plus étranges produits de l'esclavage ! Le poison ! c'est-à-dire l'empoisonnement organisé des bestiaux par les esclaves. Aux îles, on dit: le poison, comme nous disons: la peste, le choléra ; c'est une maladie de pays à esclaves; il est dans l'air, la servitude en a chargé l'atmosphère des colonies, de même que les miasmes pestilentiels la chargent de fièvre jaune. Le poison est une arme terrible et impitoyable aux mains des noirs, arme de lâches, sans doute, à laquelle l'esclavage les condamne. Vainement osera-t-on calomnier la liberté, vainement feindra-t-on de lui préférer la servitude; jamais l'Europe libre ne voit les prolétaires user de cet exécrable moyen pour mani-

---

[1] *Op. cit.*, III, 372.
[2] Arch. Col., B, 26, p. 165.
[3] Trayer, *op. cit.*, 51.
[4] *Col. françaises*, 121.

fester leurs souffrances. » L'auteur remarque ensuite qu'il n'est pas question d'empoisonnement dans le Code Noir, « d'où l'on doit conclure que ce crime n'avait point encore affligé nos colonies ». Mais du moment qu'il y eut pénétré, il paraît s'être formé de véritables associations secrètes d'esclaves, soit pour fabriquer, soit pour se transmettre, soit pour administrer le poison aux bestiaux ou aux colons eux-mêmes. Peut-être pour le bétail a-t-on parfois attribué à tort au poison les ravages d'épizooties mal connues. Quoi qu'il en soit, le mauvais maître n'était jamais en sûreté. Il est tel poison dont les blancs ne sont jamais parvenus à surprendre le secret. Les nègres se servaient surtout d'arsenic, ou encore de sublimé corrosif. Mais ce n'est pas d'Afrique qu'ils avaient apporté l'usage de poisons végétaux ; ils l'apprirent aux Antilles. On les laissait trop facilement exercer la pharmacie, au dire d'un témoin [1]. « Pourtant il n'y a dans l'île (Saint-Domingue), écrit-il, qu'une seule espèce de poison, c'est le jus de la canne de Madère ; mais cette plante est aussi rare que l'arsenic est commun. On cite encore le mancenilier, le laurier-rose, la graine de lilas ; mais aucun de ces végétaux n'a ce prompt effet qu'on leur attribue ; la fleur de Québec n'empoisonne que les chevaux et les bœufs. » Schœlcher constate que les esclaves savaient faire des poudres ou des liqueurs, extraites de diverses plantes du pays et qui, par un effet lent ou immédiat, produisaient la mort sans laisser presque aucune trace.

Le même auteur note que le premier acte législatif relatif aux empoisonnements ne remonte pas au-delà de 1724 ; c'est 1718 qu'il faut dire. A cette date, en effet, une ordonnance des administrateurs de la Martinique [2] interdit l'enivrement des rivières pour y prendre du poisson, à peine pour les nègres du carcan pendant trois jours de marché consécutifs,

---

[1] Hilliard d'Auberteuil, *Considérations sur l'état présent de la Colônie française de Saint-Domingue.* Discours III, p. 137.
[2] Durand-Molard, I, 143, 2 avril 1718.

plus le fouet, la fleur de lys et trois mois de prison. Puis, vient un arrêt du Conseil de la même île, du 10 mai 1720[1], défendant aux nègres et négresses de se mêler du traitement des maladies, — à l'exception des morsures de serpent, — sous peine de la vie, et, du même jour, un autre arrêt[2], qui condamne un nègre à être brûlé vif pour empoisonnement. L'année suivante, un empoisonneur est pendu. L'édit de février 1724 ordonne l'application aux Iles-du-Vent et à Saint-Domingue d'un édit de juillet 1682 rendu pour la métropole, et qui punissait de mort tout attentat à la vie d'une personne par le poison[3]. Nous lisons dans un Mémoire du 6 avril 1726 au sujet des nègres empoisonneurs[4] : « On ne saurait comprendre l'excès où les nègres portent l'empoisonnement, si mille exemples ne le faisaient connaître. Il y a peu d'habitants qui n'en aient ressenti les effets, et il y en a quantité qui en sont ruinés. » Il est malheureusement très difficile d'avoir des preuves. « On a proposé le projet d'une justice ambulante composée d'un juge, d'un procureur du roi, d'un greffier et d'un exécuteur. » On aurait instruit les procès sur les habitations mêmes. Mais il ne fut pas donné suite à ce projet.

L'intendant de la Martinique rapporte[5] que « plusieurs nègres s'imaginent avoir des secrets pour se faire aimer de leurs maîtres et d'autres pour empoisonner les hommes et les bestiaux ». Il arrive non seulement que des hommes sont empoisonnés, mais que des nègres, alors même qu'ils n'ont pas absorbé de substance vénéneuse, ont l'imagination tellement frappée, se croyant empoisonnés, qu'ils tombent en langueur et meurent peu à peu. Les administrateurs De Champigny et De la Croix écrivent[6] qu'il faudrait pouvoir punir de mort les

---

[1] Arch. Col., F, 249, p. 1119.
[2] Ib., ib., 1129 ; un arrêt du 11 mai, p. 1131, un du 14 août, p. 1173, condamnent à la même peine un nègre et une négresse.
[3] Trayer, op. cit., p. 49.
[4] Arch. Col., C⁸, 36.
[5] Arch. Col., F, 255, p. 915. Lettre au Ministre, 14 mai 1729.
[6] Arch. Col., Colonies en général, XIII, F, 90, 8 octobre 1741.

empoisonneurs. Leur demande semble, en réalité, superflue, car cette peine était déjà communément appliquée. Une Déclaration royale, du 1ᵉʳ février 1743[1], défend aux esclaves de composer aucuns remèdes. Elle ordonne l'exécution de l'édit de février 1724; les nègres sont toutefois autorisés encore à guérir les morsures de serpent.

Le 16 février 1753, le Ministre fait savoir à MM. de Bompar et Hurson[2] que Sa Majesté a approuvé la constitution d'une Commission extraordinaire pour juger des nègres qui avaient formé un complot pour des empoisonnements. Les exécutions rapides qui ont suivi auront produit plus d'effet. Il sera bon d'agir ainsi quand la sûreté publique sera en cause; sinon, il convient de ne pas interrompre la justice ordinaire. — Cependant les crimes par le poison se multiplient; on cherche vainement les moyens de se préserver[3]. Une ordonnance des administrateurs de la Martinique, du 12 novembre 1757[4], qui en rappelle une autre du 4 octobre 1749, ordonne l'ouverture des cadavres des personnes qu'on suppose être mortes empoisonnées.

Le 20 janvier 1758, un arrêt du Conseil du Cap[5] ordonne l'exécution du fameux Macandal, condamné à être brûlé vif après avoir subi la question, comme séducteur, profanateur et empoisonneur. On rappelle les sortilèges, les maléfices, les paquets magiques dont il s'était servi pour séduire les nègres. Moreau de Saint-Méry dit à ce propos que le nom de Macandal, « justement abhorré, suffit pour désigner tout à la fois un poison et un empoisonneur ; c'est encore l'injure la plus atroce qu'un esclave puisse vomir contre un autre à Saint-Domingue. » Le Conseil du Cap interdit, le 11 mars suivant[6],

---

[1] Arch. Col., F, 257, p. 1505; — et Durand-Molard, I, 462. — Voir autre déclaration analogue, id., I, 532.
[2] Arch. Col., B, 97, Iles-du-Vent, 14.
[3] Arch. Col., *Annales Mart.*, F, 243, p. 531, novembre 1756.
[4] Durand-Molard, II, 37.
[5] Moreau de Saint-Méry, IV, 217.
[6] Moreau de Saint-Méry, IV, 222.

aux nègres de garder des paquets appelés *macandals*, et de composer et vendre des drogues. Ces paquets contenaient le plus souvent de l'eau bénite et de l'encens bénit, ce qui constituait le sacrilège visé par l'Édit de juillet 1682. Il est prescrit à ceux qui en seront porteurs de les remettre dans la huitaine à leurs maîtres ou aux curés.

Une lettre du Ministre à MM. Bart et Elias[1] nous fournit encore d'intéressants détails sur cette question des empoisonnements, dans laquelle furent impliqués les Jésuites, lors de leur expulsion de la Martinique. En mai 1756, « on a découvert tout à coup dans le quartier du Cap et du Fort-Dauphin une pratique presque générale d'empoisonnements faits par des nègres esclaves, tant contre les maîtres que sur les esclaves et les animaux ». Mais il ne s'agissait pas d'une conspiration générale, comme on a pu le craindre, « puisque les esclaves ont plus fait d'usage de leurs pouvoirs contre leurs semblables que contre les blancs ». Au nombre des pièces de la procédure était la déclaration d'une négresse, suivant laquelle « le P. Duquesnoy, chargé de l'instruction des nègres dans le quartier du Cap, lui avait défendu de nommer ses complices ». Elle a persisté dans son affirmation, même en présence du supérieur des Jésuites. Aussi Sa Majesté envoie l'ordre de retirer le P. Duquesnoy de Saint-Domingue. « Après tout ce qui s'est passé de la part des esclaves, ajoute le Ministre, sur les empoisonnements, vous devez sentir combien il est important de détruire en eux l'espoir de la liberté par testament qui les a portés à commettre tant de crimes. » Et il recommande de préparer un projet d'ordonnance sur ce point.

A la Guadeloupe, les administrateurs en promulguent une très importante, le 5 juillet 1767[2], en 11 articles. Le premier rappelle l'Édit de juillet 1682, celui de février 1724 et la

[1] Arch. Col., B, 109, *Iles-sous-le-Vent*, p. 21, 6 avril 1759.
[2] Arch. Col., *Recueil des lois particulières à la Guadeloupe*, F, 236, p. 490.

Déclaration du 1er février 1743. — Sont déclarés coupables d'empoisonnement ceux qui achètent des poisons (art. 2). — Défense d'instruire les esclaves dans l'art de la chirurgie et de la pharmacie (art. 3). — Défense spéciale aux Caraïbes de donner aux esclaves aucune connaissance de plantes, racines, etc. (art. 4). — Défense à toutes personnes libres ou non d'avoir recours aux esclaves pour la guérison des maladies (art. 5). — Les esclaves, surpris avec des drogues et ce qu'ils appellent bagages, seront punis même de mort (art. 6). — « Les esclaves qui se donneront pour sorciers, devins, qui se serviront de cordons, nattes, petits-gaillards, bâtons de Jacob, baguettes et autres inventions pour surprendre les faibles et en tirer de l'argent, qui distribueront ou porteront ce qu'ils appellent garde-corps et autres marques superstitieuses, seront punis de peines corporelles et exemplaires, même de mort, suivant les circonstances, et conformément aux articles 2 et 3 de l'Édit de 1682 (art. 7). » — Punition identique pour les esclaves ayant posé des « bagages », herbes, coquillages, etc., dans tel ou tel endroit sous prétexte de sort (art. 8). — Il est enjoint aux habitants de surveiller par tous les moyens les esclaves et de leur faire lire ladite ordonnance tous les mois à la prière du matin ou du soir (art. 9). — Dès que les habitants auront quelque soupçon d'empoisonnement, ils appelleront un chirurgien, qui pratiquera l'autopsie et fera un rapport (art. 10). — Ordre aux curés de lire l'ordonnance de trois en trois mois à la messe (art. 11).

Le dernier document que nous ayons noté avant 1789 est un arrêt du Conseil du Cap, de 1777[1], qui condamne le nègre Jacques, appartenant au sieur de Corbières, à subir la question et à être brûlé vif pour avoir été trouvé porteur d'un bol d'arsenic et avoir empoisonné plus de 100 animaux à son maître depuis environ huit mois.

[1] Moreau de Saint-Méry, V, 805. Il est sans date, mais placé entre une ordonnance du 10 décembre 1777 et un arrêt du 17.

En somme, le poison causa aux maîtres une terreur perpétuelle. Les esclaves se défendaient comme ils le pouvaient. Quelque répugnants que nous paraissent ces procédés de vengeance, la plupart du temps insaisissables, nous sommes bien forcés de reconnaître que c'était la seule ressource qui leur fût laissée. N'est-ce pas encore là un terrible argument pour condamner l'esclavage qui, en opprimant et dégradant l'homme, développe surtout en lui les instincts mauvais? Car, dans bien des cas, l'empoisonnement ne satisfit même que le désir sauvage de la destruction pour la destruction. Ne conçoit-on pas l'exaspération qui naissait dans le cœur de ces misérables, accablés et surmenés de travail et de mauvais traitements ?

VI

On essaye bien d'empêcher les excès des maîtres à l'égard de leurs esclaves ; mais, en fait, c'est bien plutôt sur l'adoucissement des mœurs que sur les mesures législatives qu'on doit compter pour atteindre ce résultat. Or, si les documents nous montrent d'assez nombreux exemples de répression, quels durent être les excès restés inconnus ou impunis !

Un arrêt du Conseil de la Martinique, du 20 octobre 1670[1], casse un lieutenant de milice, parce qu'il mutilait ses nègres. Il avait fait arracher à l'un d'eux toutes les dents de la mâchoire supérieure, fait inciser les flancs d'un autre et couler dans ses plaies du lard fondu. On confisqua les deux victimes au profit de l'hôpital et de la fabrique du Pont-de-Saint-Pierre. De plus, le Conseil ordonna qu'il comparaîtrait devant lui « pour y recevoir la correction que ses actions méritaient, et il le condamna à 4.000 livres de sucre d'amende ». — Par arrêt du 10 mai 1671[2], le sieur Brocard est

[1] Moreau de Saint-Méry, I, 203 ; — et Dessalles, III, 150.
[2] Moreau de Saint-Méry, I, 224.

condamné à 500 livres de sucre d'amende pour « avoir excédé et fait excéder la négresse Anne de plusieurs coups de fouet, ce qui lui a fait diverses grièves blessures en plusieurs parties de son corps, et, outre ce, pour lui avoir fait brûler, avec un tison ardent, les parties honteuses ». Le châtiment n'est-il pas ridicule proportionnellement au délit? Il est probable qu'il eût été plus sévère un siècle plus tard.

Le Code Noir marque déjà un progrès au point de vue de l'humanité. Par l'article 42, il défend aux maîtres de donner la torture à leurs esclaves et de leur faire aucune mutilation de membres. L'article 43 enjoint aux officiers du roi « de poursuivre criminellement les maîtres ou les commandeurs qui auront tué un esclave »; il est vrai qu'ils ont également le droit de les absoudre. Sans arriver à la torture ou à la mutilation, que de sévices ne pouvait-on pas exercer sur les esclaves! Et comment, dans la pratique, étaient-ils réprimés? Un arrêt du Conseil du Petit-Goave, du 8 janvier 1697[1], condamne une maîtresse qui avait fait battre cruellement un esclave, à 10 livres tournois d'amende, et le sieur Belin, qui avait exercé ces excès, à 30 livres tournois pour le pain des prisonniers, en les invitant à traiter désormais plus humainement leurs esclaves. Or les mauvais traitements avaient entraîné la mort, puisque le nègre avait dû être exhumé par ordonnance du juge. Le 7 novembre 1707, le Conseil de la Martinique confirme une amende prononcée contre le nommé Gratien Barrault, ordonne qu'il vendra dans quinze jours tous les nègres qu'il peut avoir et lui défend d'en posséder aucun à l'avenir, parce qu'il en avait fait mourir en les châtiant[2]. Ce Barrault, après avoir vendu ses nègres, passa en France et en revint en 1709. Il continua à maltraiter ses esclaves. Une négresse s'enfuit avec un nègre et lui demanda de lui couper le cou avec une serpe, après qu'elle aurait bu une bouteille de tafia, parce qu'elle ne pouvait plus supporter les

[1] Arch. Col., Code Saint-Domingue, F, 269, p. 169.
[2] Arch. Col., F, 250, p. 419.

cruautés de son maître. Le nègre le fit ; découvert, il eut le poing coupé. De là, nouveau procès contre Barrault ; condamnation analogue à la première[1]. Cependant il lui est accordé ensuite un sursis de six mois à l'exécution de l'arrêt qui le frappe et la faculté de conserver des nègres pour son usage, en attendant qu'il soit statué sur sa demande de réhabilitation[2]. Nous ignorons ce qui en advint.

Voici un terrible réquisitoire contre les maîtres de la Martinique : c'est une lettre de Phelypeaux au Ministre[3]. Laissons-le parler : « L'avarice et la cruauté des maîtres sont extrêmes envers leurs esclaves ; loin de les nourrir, conformément à l'ordonnance du roi, ils les font périr de faim et les assomment de coups. Cela n'est rien. Lorsqu'un habitant a perdu par mortalité des bestiaux ou souffert autres dommages, il attribue tout à ses nègres. Pour leur faire avouer qu'ils sont empoisonneurs et sorciers, quelques habitants donnent privément chez eux la question réitérée jusqu'à quatre ou cinq jours, mais question si cruelle que Phalaris, Busiris et les plus déterminés tyrans ne l'ont point imaginé... Le patient tout nu est attaché à un pieu proche une fourmilière, et, l'ayant un peu frotté de sucre, on lui verse à cuillerées réitérées des fourmis depuis le crâne jusqu'à la plante des pieds, les faisant soigneusement entrer dans tous les trous du corps... — D'autres sont liés nus à des pieux aux endroits où il y a le plus de maringouins, qui est un insecte fort piquant, et ceci est un tourment au-dessus de tout ce que l'on peut sentir... — A d'autres on fait chauffer rouges des lattes de fer et on les applique bien attachées sur la plante des pieds, aux chevilles et au-dessus du cou-de-pied tournant que ces bourreaux rafraîchissent d'heure en heure. Il y a actuellement des nègres et négresses qui, six mois

---

[1] Arch. Col., C⁸, 27. Lettre de M. Bénard, du 7 juillet 1720. Il envoie l'extrait de l'arrêt et rappelle toute l'histoire de Barrault, depuis 1707.
[2] Arch. Col., F, 252, p. 3. Arrêt du 9 janvier 1721.
[3] Arch. Col., *Colonies en général*, XIII, F, 90, 24 mai 1712.

après ce supplice, ne peuvent mettre pied à terre... — Tout ce que j'écris ici est sur le rapport des commissaires du Conseil. Ils n'ont trouvé de la part des nègres que friponneries et quelques tours de charlatans grossiers ; de la part de plusieurs blancs, l'avarice et les excès de cruauté dont je viens de parler. J'ignore quel remède on y peut apporter, n'ayant ni autorité, ni force pour cela. Le mal est très étendu, et plusieurs de nos habitants les plus méchants, les plus cruels qui soient sur la terre. »

Le Ministre répond[1] : « Il est inouï que des Français et des chrétiens exercent une pareille tyrannie, qui ferait horreur aux nations les plus barbares. » Et il envoie une ordonnance royale qui interdit aux maîtres de faire donner, de leur autorité privée, la question aux esclaves, sous quelque prétexte que ce soit, à peine de 500 livres d'amende[2]. Le 2 juillet 1715, un commandeur blanc est condamné à l'amende pour avoir infligé à un nègre, en l'absence du procureur, sans appeler les voisins, un châtiment dont il est mort[3]. Le sieur Bertrand, ayant frappé à coups de couteau un nègre couché auprès d'une négresse, est condamné par le juge ordinaire à 600 livres tournois d'amende, le 12 janvier 1724[4]. Mais le jugement est cassé par le Conseil supérieur, le 7 novembre suivant. — Un blanc tue, de sang-froid, un nègre d'un coup de pistolet : il devra rembourser l'esclave, payer 3 livres d'amende au roi et sera banni pour dix ans[5]. — Un commandeur blanc, qui a tué un esclave dans un accès de colère, est condamné à servir de forçat sur les galères pendant trois ans, plus à 100 livres d'amende et aux dépens[6]. —

---

[1] Arch. Col., F, 251, p. 143, 17 décembre 1712.
[2] Durand-Molard, I, 76. Ord. du 20 décembre 1712. Arch. Col., F, 251, p. 159. Lettre explicative du 28 janvier 1713, à M. de Vaucresson.
[3] Moreau de Saint-Méry, II, 466. Arrêt du Conseil du Cap.
[4] Arch. Col., F, 253, p. 613.
[5] Arch. Col., Code Saint-Domingue, F, 270, p. 177, 12 mars 1726. — Arrêt du Conseil du Petit-Goave.
[6] Ib., ib., 187, 2 septembre 1726. Arrêt du Conseil du Petit-Goave.

Un arrêt du Conseil de la Martinique[1] condamne le sieur Cartier, chirurgien, pour sévices sur un de ses esclaves ; mais la condamnation n'est pas trouvée suffisante par le Ministre, qui écrit à l'intendant Blondel[2] : « Je me suis fait rendre compte de l'arrêt du Conseil supérieur rendu le 9 janvier dernier contre le nommé Cartier, chirurgien, convaincu d'avoir coupé la jambe à son nègre sans autre raison que pour l'empêcher de retourner en marronage. La confiscation du nègre, l'amende de 10 livres et l'aumône de 1.000 livres sont un trop léger châtiment pour une si grande faute. Il aurait dû être puni plus sévèrement pour servir d'exemple. Je vous recommande de faire exécuter cet arrêt en toute rigueur, sans entrer en considération du peu de facultés de ce particulier, qui ne mérite aucune grâce. »

Dans le cas suivant, il est alloué des dommages-intérêts à un nègre maltraité, qui, d'ailleurs, à cette occasion recouvre sa liberté[3]. Il s'agit de l'esclave Médor, qui avait été affranchi par testament de feu Gaudin, son maître, mais qui n'avait pas joui de sa liberté, parce que la succession était grevée de dettes. Il était échu au nommé Louis, procureur de Gaudin, qui, s'étant livré sur lui à des excès et voies de fait, fut déclaré déchu de son droit de propriété et dut lui payer 1.000 livres de dommages-intérêts.

Nous relevons, à la date du 7 novembre 1735[4], mais sans qu'il soit donné de détails, un arrêt du Conseil de la Martinique contre une maîtresse inhumaine. — Le 20 novembre de la même année[5], est appelée devant le juge ordinaire une mulâtresse libre, Roblot, accusée par une de ses esclaves d'avoir fait mourir de mauvais traitements un nègre, fils de cette esclave. Le juge lui inflige une amende de 1.500 livres et, de plus,

---

[1] Arch. Col., F, 255, p. 5, 9 janvier 1727.
[2] Arch. Col., B, 50, *Iles-du-Vent*, p. 261, 26 août 1727.
[3] Arch. Col., Code Saint-Domingue, F, 270, p. 311. Arrêts du Conseil du Petit-Goave, 8 mai et 8 septembre 1731.
[4] Arch. Col., F, 256, p. 297.
[5] Arch. Col., *Ann. Mart.*, F, 244, p. 209.

lui enjoint de vendre tous ses esclaves, à l'exception d'une servante. Elle en appelle au Conseil supérieur, mais son appel est mis à néant. Au sujet de ce jugement, le Ministre écrit à M. d'Orgeville [1] : « Il y a apparence qu'il (le Conseil) ne s'est pas non plus déterminé sans des preuves bien aggravantes à déclarer Marthe Roblot incapable de posséder à l'avenir aucuns esclaves, sur l'accusation formée contre cette mulâtresse à l'occasion de la mort du nègre Lafiole, son esclave, qui a été imputée aux traitements cruels qu'elle avait exercés contre lui. J'aurais été cependant bien aise que vous m'eussiez expliqué en détail les circonstances de cette affaire. Il convient à la vérité d'empêcher la violence des maîtres à l'égard de leurs esclaves ; mais il est nécessaire aussi de contenir les esclaves dans la dépendance où ils doivent être et de ne rien faire qui puisse leur donner sujet de s'en écarter. Les affaires de cette nature demandent beaucoup d'attention et de ménagement. »

S'il est nécessaire de réprimer la violence des maîtres, qu'on en juge plutôt par cet autre exemple de sauvagerie [2] : La dame Audache fait retirer de la geôle une négritte et la fait immédiatement mettre à la barre et fouetter. Le lendemain, elle la fait attacher à 3 piquets, ventre contre terre, et fouetter encore. Puis, d'accord avec un nommé Lazare, qui assistait à la scène, elle a l'idée de la brûler avec de la poudre à feu. Lazare lui en verse sur le dos, sous le ventre, en répand tout autour d'elle, met dessus de la paille de canne, et la dame Audache, avec un tison allumé, y met le feu. Comme la négritte se soulevait à force de contorsions épouvantables, Lazare lui met le pied sur le dos, « afin que son ventre pût porter sur le feu ». La dame Audache la fait ensuite porter à la cuisine, et là elle panse ses plaies avec de l'aloès et de la

---

[1] Arch. Col., B, 64, *Iles-du-Vent*, p. 303, 17 février 1736.
[2] Arch. Col., F, 143, 10 septembre 1736. Extrait des minutes du greffé criminel du Fort Royal de Léogane, Ile et côte Saint-Domingue. Procès-verbal relatant les dépositions identiques de 4 nègres appelés comme témoins.

chaux vive. Ce supplice dura cinq jours. Nous n'avons trouvé aucune indication sur le jugement rendu contre les coupables. Ils n'avaient été découverts que sur la dénonciation d'un esclave. Mais des faits de ce genre pouvaient parfaitement rester impunis.

En septembre 1738 [1], un propriétaire est accusé d'avoir ameuté ses nègres contre ceux d'un autre. Il est condamné à 250 livres d'aumône à l'hôpital, à l'admonestation et aux dépens. Il fait appel ; on lui inflige en plus une amende de 200 livres pour les pauvres et de 50 pour le repos de l'âme d'une négresse tuée dans la bagarre. — Le 7 août 1740, dans une lettre aux administrateurs de la Martinique [2], au sujet du mode de punition des nègres, le Ministre répète qu'il faut contenir les nègres par une juste sévérité, se bien garder d'amoindrir l'autorité des maîtres et le respect qui leur est dû, mais qu'il y a lieu aussi de garantir les esclaves contre les cruautés de leurs maîtres. — Les administrateurs de Saint-Domingue, De Larnage et Maillard, écrivent au Ministre [3] : « Quoique les Français soient en général assez humains par rapport à leurs esclaves, il arrive de temps à autre dans cette colonie des actions d'une inhumanité très répréhensible. » Ils rapportent le cas du nommé Martin, surnommé Saint-Martin d'Arada, « parce qu'il n'a pas eu honte d'épouser une négresse de cette nation qui avait une trentaine de nègres ». On prétend qu'il a fait périr plus de 200 nègres ; il lui en reste cependant 3 ou 400, et il a de l'influence à cause de son argent. « Nous apprîmes qu'il avait exercé contre 5 de ses nègres un genre de supplice dont il n'était point malheureusement l'inventeur et qui était déjà connu et pratiqué dans ce quartier ; ce supplice était une mutilation complète ; on ne pourrait réellement punir plus sévèrement des noirs. » Mis en prison, il a offert 150.000 livres. Comme il était difficile de le

---

[1] Arch. Col., *Ann. Mart.*, F, 244, p. 257.
[2] Arch. Col., F, 256, p. 992.
[3] Arch. Col., F, 143, 28 mars 1741.

condamner à une peine assez sévère, les administrateurs ont accepté ; ils ont décidé que l'argent servirait aux fortifications et que les nègres mutilés seraient adjugés à l'hôpital. Ils ajoutent : « Cette affaire nous a fait penser à la nécessité qu'il y aurait d'avoir pour ce pays une loi qui réprimât les abus que les maîtres inhumains font de leur autorité. » Le Ministre leur répond alors [1] qu'on s'était déjà plaint des mauvais traitements exercés à Saint-Domingue sur les esclaves, mais sans préciser ; que les détails donnés par eux prouvent qu'il n'y avait malheureusement pas d'exagération, et que Martin méritait une punition ; mais qu'ils ont pris avec lui un engagement contraire à toute règle. Le roi consent toutefois à l'autoriser exceptionnellement.

Un arrêt du Conseil supérieur de la Guadeloupe, du 4 novembre 1743[2], condamne au bannissement des îles, pour neuf ans, le sieur Langlois, coupable de traitements inhumains envers ses esclaves. D'autre part, le Ministre écrit à M. de Machault, gouverneur de la Martinique[3], pour lui reprocher de trop écouter les plaintes des nègres contre leurs maîtres, leur nombre « beaucoup supérieur aux autres obligeant à leur ôter tous les moyens de sentir qu'ils peuvent se procurer la liberté ou de connaître leurs forces ». — Il est à noter que les affranchis se montrent peut-être plus durs encore que les blancs à l'égard de leurs anciens compagnons d'esclavage. Ainsi une négresse libre de Saint-Domingue fait périr une de ses esclaves à coups de bâton ; elle est déclarée déchue de sa liberté pour toujours et vendue au profit du roi ; tous ses biens sont également confisqués, sauf 24 livres prélevées pour faire prier Dieu pour l'âme de l'esclave morte[4]. — Un habitant, qui avait voulu abuser d'une négresse en prison et avait exercé des violences sur le con-

---

[1] Moreau de Saint-Méry, III, 674, 25 juillet 1741.
[2] Arch. Col., F, 226, p. 65.
[3] Arch. Col., F, 250, p. 241, 26 décembre 1743.
[4] Arch. Col., Code Saint-Domingue, F, 271, p. 165, 14 janvier 1744.

cierge, est condamné à un emprisonnement de deux mois, 10 livres d'amende et 50 applicables au pain des prisonniers. Il est dit que le fait n'est pas suffisamment prouvé pour entraîner le bannissement perpétuel[1]. — Dans une lettre à MM. de Clieu et Marin[2], le Ministre approuve un jugement rendu contre 7 esclaves meurtriers du sieur Dugès, économe du marquis de Senectere, qui ont été condamnés à la roue. Mais il fait observer qu'il y a « des excès commis contre les nègres » et que, par exemple, il n'était pas nécessaire de donner la question au nègre Bourguignon pour l'obliger à déclarer les coupables. « S'il est nécessaire de faire des exemples pour contenir les nègres, il faut aussi tenir la main à ce que leurs maîtres les traitent avec humanité, qu'ils leur fournissent ce qui est nécessaire pour leur subsistance et que les habitants ne puissent pas impunément exercer des cruautés contre eux . »

Par le fait, la justice intervient de plus en plus en faveur des esclaves. Le 8 juin 1746, le nommé Foucault se voit confisquer une négresse qu'il a maltraitée ; de plus, il doit payer 2.000 livres pour l'entretenir et 3 livres d'amende ; il est déclaré « incapable de posséder à l'avenir aucun esclave ». Et le Ministre ratifie la décision[3]. — En janvier 1756[4], un sieur Blain, ayant tué à force de coups un nègre d'un sieur Dunel, est condamné à faire amende honorable, en chemise, la corde au cou, tenant un cierge, puis à être marqué de la fleur de lys et à servir comme forçat à perpétuité sur les galères ; tous ses biens sont confisqués. Il est vrai qu'il est condamné par contumace. Sur appel, il est condamné à être pendu (en effigie). — Une lettre du Ministre à l'intendant de la Martinique[5] parle d'un maître qui mal-

---

[1] Arch. Col., F, 226, p. 161, 21 mars 1744.
[2] Arch. Col., B, 78, *Iles-du-Vent*, p. 81, 30 octobre 1744.
[3] Arch. Col., B, 82, *Iles-du-Vent*, p. 16. Lettre à M. de Ranché.
[4] Arch. Col., *Ann. Mart.*, F, 245, p. 419.
[5] Arch. Col., F, 259, p. 227, 26 octobre 1757.

traitait ses esclaves et qui a été condamné à les vendre tous.
— La femme d'un sergent est condamnée par le Conseil supérieur de Cayenne à être renfermée en France dans une maison de force, à perpétuité, pour les faits suivants : Jalouse d'une négresse de l'habitation d'un capitaine qui était sous la direction de son mari, et profitant de l'absence de celui-ci, « elle fit fouetter cette négresse et exerça contre elle toutes les cruautés que la fureur de la jalousie put lui susciter; lassée plutôt que rassasiée, dans l'espérance de satisfaire encore le lendemain toute sa fureur, elle fit détacher cette esclave qui tomba en syncope[1] ». Mais il fut impossible de la ranimer, et elle mourut. — Une ordonnance, du 24 mars 1763[2], du juge de police du Cap, défend aux habitants de faire fouetter leurs esclaves dans les rues. — En septembre 1767, le Conseil de la Martinique[3] condamne au bannissement à perpétuité des îles un peintre convaincu d'avoir blessé un nègre à coups de couteau.

Les exemples de cruautés n'en continuent pas moins, et nous n'en finirions pas de rappeler seulement les plus fameux. Certains juges se montrent parfois d'une indulgence incompréhensible, comme le prouve l'affaire suivante[4] : Le concierge du Palais a conduit à l'hôtel du juge du Cap 10 nègres ou négresses fugitifs du sieur Dessource. Ils ont déclaré que leur maître a fait brûler un commandeur comme empoisonneur, à la suite de la dénonciation d'un nègre, faite dans les tourments ; que 2 négresses, brûlées d'abord aux pieds et aux jambes, ont été ensuite enterrées vivantes ; qu'une autre, enceinte, mise dans un cachot, y est morte. Eh bien, par une ordonnance rendue six jours après, le juge fit simplement rendre à leurs maîtres les 10 victimes gardées

---

[1] Arch. Col., F, 144, 16 juin 1760.
[2] Moreau de Saint-Méry, IV, 566.
[3] Arch. Col., F, 260, p. 833.
[4] Arch. Col., Colonies en général, XIII, F, 90, 4 juin 1771. Mémoire des officiers de la Sénéchaussée du Cap au Conseil de la même ville touchant la dénonciation par des esclaves de faits atroces commis par leurs maîtres envers eux.

provisoirement en prison. Le Mémoire, dont nous avons extrait ces faits, rapporte encore qu'un nègre de la dame Chamblain est venu déclarer que sa maîtresse a fait brûler 8 ou 10 nègres depuis plusieurs années. Il parle d'un maître qui a fait brûler avec de la cire ardente les mains, les bras et les reins de 5 ou 6 de ses nègres marrons. Or, il n'est pas question de la moindre sanction pour ces atrocités. Aussi les officiers, qui ont signé le Mémoire pour en appeler au Conseil du Cap, disent-ils que, s'il est parfois dangereux d'écouter les plaintes des esclaves, il ne faut pas non plus toujours faciliter la barbarie des maîtres. « En un mot, la religion, l'humanité, nos mœurs, nos lois précises et positives, la plus saine politique enfin de la colonie, tout exige de mettre des bornes à la tolérance envers les maîtres, qui abusent de leur autorité et propriété sur les hommes esclaves ; il ne faut user de la loi qu'avec considération, cela est vrai, mais il faut arrêter les barbaries et les cruautés, surtout quand elles ne sont dirigées ni par la raison, ni par la justice. »

Les instructions de cette nature sont sans cesse répétées, ce qui prouve qu'elles restaient trop souvent sans effet. Le 21 août 1776, le Ministre prescrit aux administrateurs de Cayenne, De Fiedmont et Malouet[1], d'empêcher « le spectacle révoltant des châtiments publics », et lui trace la conduite à suivre à l'égard des maîtres cruels. Le 9 mai 1777[2], il adresse une circulaire aux divers administrateurs, en leur envoyant vingt exemplaires de l'ouvrage de Petit, député des Conseils supérieurs des colonies, sur le *Gouvernement des esclaves*, et il écrit : « La conduite des maîtres semble exiger qu'on leur retrace des devoirs qu'un intérêt malentendu a pu seul leur faire perdre de vue. »

Sans nous attarder à citer encore des cas particuliers, qui ne nous offriraient rien de nouveau, nous arrivons enfin à l'ordon-

---

[1] Arch. Col., B, 156, Cayenne, p. 32.
[2] Arch. Col., B, 160, Martinique, p. 48.

nance royale du 15 octobre 1786 [1], qui, ainsi que nous l'avons déjà constaté à propos de la condition matérielle des esclaves, a marqué une amélioration relativement sensible de leur sort. Par l'article 7 du titre II, « Sa Majesté a fait et fait très expresses inhibitions et défenses, sous les peines qui seront déclarées ci-après, à tous propriétaires, procureurs et économes gérants de traiter inhumainement leurs esclaves, en leur faisant donner plus de cinquante coups de fouet, en les frappant à coups de bâton, en les mutilant, ou enfin en les faisant périr de différents genres de mort ». — Les maîtres ayant donné plus de cinquante coups de fouet ou de bâton seront condamnés à 2.000 livres d'amende, et, en cas de récidive, déclarés incapables de posséder des esclaves (titre VI, article 2). — Ils seront notés d'infamie, s'ils ont fait mutiler leurs esclaves, et punis de mort toutes les fois qu'ils les auront fait périr de leur autorité pour quelque cause que ce soit (art. 3). — Il est enjoint aux esclaves « de porter respect et obéissance entière, dans tous les cas, » à leurs maîtres ou à leurs représentants. Mais il est aussi défendu aux maîtres de châtier ceux qui réclameraient contre de mauvais traitements ou une mauvaise nourriture, à moins de plainte non justifiée (art. 5).

Malgré tout, les abus persistent. La preuve en est dans une lettre significative adressée au Ministre, le 29 août 1788, par MM. Vincent et De Marbois, administrateurs de Saint-Domingue [2]. Ils lui rendent compte de l'affaire Lejeune, qui a duré cinq mois. Il s'agit d'un habitant caféier, qui, soupçonnant que ses nègres mouraient de poison, a fait périr quatre d'entre eux et mis deux négresses à la question par le feu : on leur brûlait pieds, jambes et cuisses, et on leur mettait un bâillon que l'on ôtait de temps à autre. Le Conseil de Port-au-Prince a condamné Lejeune, pour toute punition, à repré-

---

[1] Arch. Col., F, 263. Texte publié par Durand-Mollard, III, 696.
[2] Arch., Col., Col. en général, XIII, F, 90. Toutes les pièces de la procédure dont il est question sont reproduites dans le volume.

senter ses autres esclaves, quand on les lui redemanderait, et a pris contre lui « d'autres dispositions également puériles ». Les administrateurs protestent et remontrent au Ministre le danger qu'il y a à agir ainsi. Dans le cas présent, on avait toutes les preuves; l'accusé avait avoué et signé son aveu. Que se passe-t-il donc dans les autres? Et ils demandent que le roi déclare le coupable incapable de posséder des esclaves et l'expulse de la colonie. Citons ce passage intéressant de leur lettre : « 400.000 êtres respirent dans cette vaste colonie sous les lois de Sa Majesté et, malgré la protection qu'elle leurs assurent, malgré les adoucissements apportés successivement à leur sort, on ne peut se dissimuler que leur condition est encore bien malheureuse. Combien de maux secrets l'œil des tribunaux ne peut pénétrer ! Combien de barbaries que les habitants s'attachent comme de concert à cacher à l'Administration, dont la vigilance sur ce point leur est odieuse ! Que sera-ce donc si notre impuissance comme dans l'affaire présente est publiquement démontrée, et s'il l'est en même temps que les tribunaux se joignent à des habitants barbares pour l'approbation de ces infamies? Depuis cent ans ces cruautés s'exercent impunément; elles se commettent à la face des esclaves, parce que l'on sait que leurs témoignages seront rejetés... Nous ne ferons aucune mention ici des considérations d'humanité qui s'élèvent en faveur des esclaves. Vous connaissez tout le malheur de leur condition... Nous ne terminerons pas cette dépêche sans vous dire que beaucoup d'habitants suivent aujourd'hui un régime modéré et que, généralement parlant, les rigueurs de l'esclavage sont moins grandes dans cette colonie qu'elles ne l'étaient il y a une vingtaine d'années; mais il y a des quartiers entiers où l'ancienne barbarie subsiste dans toute sa force, et les détails en font frémir d'horreur. »

De ce passage nous en rapprocherons un autre, qui est également d'un témoin oculaire, auquel nous avons déjà fait plus d'un emprunt; c'est Régis Dessalles qui, après avoir rapporté certains des cas que nous venons d'exposer, écrit ces réflexions : « Ces atrocités sont heureusement fort rares et commises par des gens de la plus vile condition; l'intérêt souvent prescrit à d'autres une commisération que l'humanité seule devrait leur inspirer. Par un abus contraire à toutes les lois, à toute idée de justice, l'esclave est soumis uniquement à la loi que son maître veut lui imposer; il en résulte que celui-ci a sur lui, par le fait, le droit de vie et de mort, ce qui répugne à tous les principes : il est à la fois l'offensé, l'accusateur, le juge et souvent le bourreau ! Écartons de nous ces idées; elles répugnent trop à la nature, à l'humanité. »

VII

Il ne suffisait pas que les esclaves fussent châtiés pour les délits ou les crimes qu'ils commettaient. De même que le maître était responsable de certains actes déterminés de commerce qu'ils accomplissaient en son nom, de même, — et quoique dans la grande majorité des cas sa volonté ne fût ici pour rien, — il était exposé à payer les dommages causés par eux. Le principe est nettement établi par l'article 37 du Code Noir. Il découle évidemment de l'intention de forcer les propriétaires à surveiller de très près leurs esclaves pour les empêcher de commettre des actes nuisibles. C'est ainsi qu'en avaient jugé les Romains [1]. A leur exemple, les jurisconsultes du xviie siècle édictèrent qu'il était permis aux maîtres de choisir entre réparer le tort fait en leur nom ou bien abandonner l'esclave qui en était la cause à celui qui avait été lésé ; mais ils devaient opter dans le délai de trois jours.

Ces conditions étaient indépendantes de la punition cor-

---

[1] Digeste, lib. IX, titre IV: *De noxalibus actionibus : Noxalium actionum hæc vis et potestas est ut, si damnati fuerimus, liceat nobis deditione ipsius corporis quod deliquerit evitare litis contestationem.*

porelle qui pouvait être infligée au coupable. Mais, lorsqu'il s'agissait d'un crime entraînant la peine de mort, le maître subissait lui-même un dommage par le seul fait de la perte de son esclave. Son intérêt eût donc été de le dérober à l'expiation. On fut ainsi amené à chercher les moyens de faire de lui l'auxiliaire de la justice. On n'en trouva qu'un, qui consistait à lui rembourser le prix du nègre condamné. Ainsi le prescrit l'article 40 du Code Noir, qui ne faisait, du reste, que confirmer l'usage déjà précédemment adopté. Il fallait naturellement que le maître n'eût pas été complice. Le Code Noir spécifie, de plus, qu'il a dû dénoncer lui-même le criminel. Mais cette condition ne fut nullement considérée comme indispensable. Les condamnations à mort étant fréquentes, on se vit obligé de créer un fonds spécial pour indemniser les propriétaires. Ce fut la caisse des nègres justiciés ; c'était, à vrai dire, une sorte de société d'assurance mutuelle, imposée aux maîtres contre des risques communs à courir. Chacun payait un droit fixé au prorata du nombre de ses esclaves, d'après la somme totale jugée nécessaire chaque année.

Le texte le plus ancien relatif au remboursement des nègres justiciés est un arrêt du Conseil de la Martinique, du 16 juillet 1665[1]. « Il est juste, écrit à ce propos Moreau de Saint-Méry, que la sûreté que la mort d'un coupable procure à toute la société ne coûte pas un sacrifice trop cher à un seul individu. » Ce même principe est appliqué peu de temps après à propos d'un accident et non d'un crime : deux nègres ayant été tués aux travaux publics du Fort-Royal, le Conseil décide que le prix en sera payé à leurs maîtres[2]. Là encore, on le voit, c'est une question d'intérêt général. Un arrêt du Conseil du Cap, du 9 mai 1708[3], commuant la condamnation à mort d'un

[1] Moreau de Saint-Méry, I, 148.
[2] Id., ib., 261, 5 mars 1672. — Même cas, 20 janvier 1730. Arch. Col., F, 255, p. 1083.
[3] Moreau de Saint-Méry, II, 117.

nommé Sénégal, pour qu'il devienne exécuteur des hautes œuvres, porte que son propriétaire sera indemnisé. Le roi lui-même stipule, dans une autre occasion semblable, que le nègre choisi comme bourreau doit être payé par la caisse des justiciés[1]. On rembourse encore les nègres tués ou estropiés en défendant les colonies[2]. Un arrêt du Conseil supérieur de la Guadeloupe[3] précise les diverses catégories de nègres remboursables. Seront payés comme justiciés les esclaves exécutés pour crimes, décédés en prison comme prévenus d'un crime capital, condamnés à la chaîne pour autre crime que le troisième marronage, ceux qui seront tués étant condamnés par contumace, ceux dont la tête aura été mise à prix, et ceux qui seront tués dans les corvées ou travaux publics. Chose curieuse, il n'est pas question ici de ceux qui pourraient être tués à la guerre.

Mais il se produisait des cas mal déterminés, et on fut souvent obligé de repousser les prétentions des maîtres. C'est ainsi qu'un arrêt du Conseil du Petit-Goave déboute un maître de sa demande à fin de paiement d'un nègre accusé, qui s'est étouffé en présence du Conseil lors de son jugement[4]. Le prix d'un nègre tué en volant n'est pas non plus dû à son maître[5]; il en est de même pour un esclave mort des suites du jarret coupé[6]. Le sieur Neau, conseiller, demande qu'on lui paye un de ses esclaves qui s'est pendu ; mais le Conseil de la Guadeloupe le renvoie de sa demande[7]. Ce même Conseil juge que « les nègres morts hors des lois

---

[1] Arch. Col., F, 257, p. 347, 26 juillet 1742.
[2] Ib., F, 259, p. 121. Arrêt du 6 mars 1756. Autre arrêt semblable du 6 septembre de la même année, dans *Annales Mart.*, F, 245, p. 82.
[3] Arch. Col., F, 230, p. 435, 14 mars 1775.
[4] Arch. Col., Code Saint-Domingue, F, 269, p. 387, 10 mars 1710.
[5] Ib., ib., 447, 5 janvier 1711.
[6] Moreau de Saint-Méry, II, 623, 11 août 1718, et IV, 418. Arrêt du Conseil du Cap du 20 février 1762. — *Idem* pour un nègre mourant des suites de la question. *Ib.*, 371.
[7] Arch. Col., F, 230, p. 117, 9 juillet 1773.

de la justice et dont la mémoire aura été flétrie par jugement ne seront point remboursés à l'avenir par la caisse[1] ».

Les prix de remboursement furent assez variables, suivant les époques. Comme ils étaient, la plupart du temps, surfaits par les intéressés, on dut se préoccuper de les ramener à plusieurs reprises à un taux raisonnable. En 1708, le Conseil du Cap décide que les esclaves seront payés suivant leur qualité, « savoir pièce d'Inde pour pièce d'Inde et défectueux pour défectueux, si mieux on n'aime en prendre la valeur en argent[2] ». En 1711, ils sont évalués en moyenne à 500 livres[3]; en 1756, à 1.600 livres pour les nègres et 1.000 pour les négresses[4]; en 1759, à 2.000 pour ceux qui sont tués à l'ennemi, et au besoin davantage, s'ils sont estimés plus comme « nègres à talents[5] »; en 1769, à 1.200[6]; en 1778, à 1.300 livres pour les nègres et 1.200 pour les négresses[7]. Ces derniers chiffres furent adoptés, nous dit R. Dessalles[8], à cause des abus qui se produisaient et qui grevaient la caisse des nègres justiciés. On était arrivé, en effet, à estimer des esclaves ordinaires jusqu'à 3 et 4.000 livres.

Le remboursement des nègres tués pour une cause ou une autre constituait pour les propriétaires une charge appréciable. Ainsi Moreau de Saint-Méry a calculé qu'en 1690 il y avait eu à Saint-Domingue, pour les seuls quartiers de Rochelois, de Nippes, du Petit-Goave et du Grand-Goave, 1.136 nègres suppliciés[9]. Un arrêt du Conseil de Léogane, du 4 juin 1708[10], porte augmentation de 6 sols par tête de nègre sur les 54 sols

---

[1] Arch. Col., F, 236, p. 198 bis. Arrêt du 12 mars 1774.
[2] Moreau de Saint-Méry, II, 119. Arrêt du 2 juillet 1708.
[3] Id., ib., 291. Arrêt du Conseil du Cap du 4 novembre.
[4] Arch. Col., Ann. Mart., F, 245, p. 419, janvier.
[5] Moreau de Saint-Méry, IV, 244, 14 février, et 287, 12 mars.
[6] Id., V, 284, 29 novembre.
[7] Durand-Molard, III, 368, 1ᵉʳ mai.
[8] Op. cit., III, 314.
[9] Moreau de Saint-Méry, I, 480. A propos d'un arrêt du Conseil du Petit-Goave, du 20 janvier 1690.
[10] Arch. Col., Code Saint-Domingue, F, 269, p. 321.

déjà imposés par arrêt du 6 mars 1705, ce qui fait monter l'imposition à 3 livres, à cause de quantité de nègres qui n'avaient pas été payés. En 1728, le Conseil du Cap ordonne d'abord, le 8 avril, une imposition de 10 sols par tête de nègres grands, petits, infirmes, surâgés, et, le 6 décembre, de 15 sols[1]. Nous voyons par là que la somme n'était pas fixe et qu'elle était imposée suivant les besoins. En 1743, à la Martinique[2], le prix des nègres justiciés et tués en marronage s'élève à 25.500 livres. De 1731 à 1747, dans cette île, le total des impositions a été de 329.625 livres 16 sols; il est vrai qu'il n'est rentré dans la caisse que 273.737 livres 15 sols[3]. En 1756, le droit y a été fixé à 22 livres 6 deniers par tête ; « cette imposition est la plus forte qui ait été faite[4] ». Le 9 janvier 1766, on impose 45 sols par tête de nègre, rien que pour combler le déficit de la caisse des justiciés[5]. En 1776, les administrateurs se voient encore contraints d'exiger 18 livres[6].

Remarquons que la caisse des justiciés avait fini par être grevée de dépenses considérables tout à fait étrangères au paiement des nègres. Qu'on en juge par cet état de sa situation, à la Guadeloupe, en 1779[7] :

La recette a été de...	78.648 livres 9 sols 7 deniers	
La dépense..........	79.361 livres 1 sol	—
D'où un déficit de....	712 livres 11 sols 6	—

Pour 1780, le remboursement de 13 nègres à 1.300 livres

---

[1] Moreau de Saint-Méry, III, 247 et 268.
[2] Arch. Col., *Ann. Mart.*, F, 244, p. 427, 14 février.
[3] Arch. Col., F, 258, p. 769, 7 septembre 1754. Arrêt en règlement du Conseil supérieur.
[4] Arch. Col., *Ann. Mart.*, F, 245, p. 602, mai 1757.
[5] Durand-Molard, II, 438.
[6] Durand-Molard, III, 247, 4 mars.
[7] Arch. Col., F, 231, p. 101, 18 mars 1781. Tableau analogue pour 1783. *Ib.*, 231, p. 420.

égale 16.900 livres. Or, les « objets dont la caisse se trouve chargée en exécution des ordres du roi » sont, outre ces...

....	16.900 livres
Appointements du sieur Petit, député des Conseils supérieurs des Iles-du-Vent et des Iles-sous-le-Vent...............	7.300 —
Appointements du sieur Deshayes, député de la colonie............................	12.000 —
Gratification dudit député	9.000 —
Frais de la chambre d'agriculture.......	6.200 —
Rôles de capitation	300 —
Impression du présent Tableau.........	300 —
Appointements du receveur général....	5.420 —
Supplément au receveur général et aux receveurs particuliers................	2.000 —
Total.....	59.420 livres

Pour suffire à ces dépenses, le Conseil souverain a fixé la taxe à 1 livre 3 sols 10 deniers par tête, ce qui, pour 50.330 nègres donne 59.976 livres, 2 sols, 8 deniers.

On voit combien ce capital vivant d'esclaves imposait, malgré tout, de soucis et de charges à ses propriétaires. Les colons étaient surtout sans cesse préoccupés de la nécessité de se garantir contre les attentats des nègres. Il y avait entre eux état perpétuel de défiance, de lutte, de cruautés réciproques. Mais, pour quelques vengeances, parfois terribles, que, dans leur exaspération, les malheureuses victimes arrivaient à exercer sur leurs tyrans, quels supplices ne supportaient-elles pas chaque jour ! Aussi la plupart n'avaient qu'une idée fixe, celle d'échapper à cette vie intolérable ; c'est ce que va nous montrer le chapitre suivant.

CHAPITRE VII

DU MARRONAGE DES NÈGRES. — RÉVOLTES

> « Il faut avouer que, de toutes les guerres, celle de Spartacus est la plus juste, et peut-être la seule juste. » (Voltaire, *Dict. phil.*, au mot *Esclaves.*)

I. — Étymologie du mot *marronage*. — Le marronage a été la plaie des Antilles. — Différentes sortes de nègres marrons. — Premières mesures prises contre eux. — L'esclave Fabulé. — Jurisprudence incertaine et variable jusqu'en 1685. — L'article 38 du Code Noir.
II. — Règlements divers à partir de 1700. — Proposition de rendre eunuques les marrons. — Désordres qu'ils causent. — Chasses dirigées contre eux. — Prix de capture. — Les maîtres doivent signer leurs plaintes en marronage. — Des esclaves épaves et non réclamés. — Du sort des nègres nés dans les bois.
III. — Des esclaves réfugiés en territoire étranger. — Conventions avec les Espagnols et les Portugais. — Acte du 3 juin 1777. — Des nègres marrons de Surinam.
IV. — Recrudescence du marronage dans les Antilles françaises vers 1740. — Règlements des Conseils de Léogane et du Cap concernant la maréchaussée. — Cas divers. — Ordonnance royale du 1er février 1743.
V. — Lettre du Ministre au maréchal de Saxe au sujet de son projet d'enrôler des nègres marrons (1747). — Exemple de la discipline des marrons entre eux. — Marrons à la chaîne (1764). — Déclaration royale de 1768.
VI. — Peines portées contre les receleurs d'esclaves. — Tentatives de révoltes. — Pourquoi elles ont toujours échoué.

I

Le nom de marron vient de l'espagnol *cimarron*, qui veut dire sauvage ; et ce mot de cimarron lui-même paraît venir de *symaron*, nom d'une peuplade située autrefois entre Nombre-de-Dios et Panama, qui, s'étant révoltée contre les Espagnols, fut réduite par eux en esclavage[1]. On appela donc nègres marrons les esclaves insoumis qui, pour échapper à la servitude ou aux mauvais traitements, s'enfuyaient de l'habitation de leur maître et allaient chercher un refuge dans la forêt ou dans la montagne. Le marronage fut la plaie continuelle des Antilles. On peut dire que, dès qu'il y eut des esclaves dans ces îles, il y eut des marrons; et jamais on ne trouva le moyen d'empêcher ce délit; au contraire, il alla toujours en augmentant; tant est inné au cœur de l'homme l'amour de la liberté! Les esclavagistes ont pu vanter la douceur de la condition des esclaves, la comparer à celle de leurs compatriotes sur la terre d'Afrique, ou bien à celle du paysan, du soldat, du matelot français, pour essayer de prouver qu'ils étaient matériellement plus heureux. La meilleure réfutation à leur opposer consistait dans ce fait que, cette condition si bien assurée, tous ceux qui n'étaient pas retenus par la crainte des châtiments s'empressèrent en tout temps de la fuir. Aussi bien n'est-il nullement dans notre intention de discuter de nouveau les arguments à l'aide desquels les intéressés ont cherché à soutenir leur détestable cause. Les faits ne parlent-ils pas assez hautement? « Toutes les îles à esclaves, à quelque nation qu'elles appartiennent, ont leurs marrons », dit M. Schœlcher[2], et cela à une époque où la situation s'était bien améliorée. N'oublions pas que les Français furent encore ceux qui traitèrent leurs esclaves avec le moins de dureté. Au témoignage d'un colon[3], « le marronage est l'échelle à laquelle on peut mesurer l'administration douce, intelligente, sévère ou cruelle d'une propriété ». Or bien rares furent, même chez les Français, les habitations sur lesquelles il ne se produisit pas de faits de marronage. Jamais, pourtant, il n'atteignit les mêmes proportions qu'à

[1] Arch. Col., F, 138, p. 131.
[2] Col. françaises, 110.
[3] Ib., 113.

Surinam et à la Jamaïque, où la Hollande et l'Angleterre, dans l'impossibilité de réduire leurs déserteurs, furent obligées, après des chasses et même des guerres acharnées, de traiter finalement avec eux et de reconnaître leur indépendance en leur abandonnant une partie de territoire. Dans les Antilles françaises, quoiqu'ils soient arrivés souvent à former des bandes inquiétantes, jamais on n'en fut réduit à les laisser jouir d'une absolue sécurité. Mais jamais non plus le colon ne pouvait lui-même être tranquille; les endroits écartés n'étaient pas sûrs ; il fallait même garder les habitations. Et que de dépenses on fut contraint de faire sans cesse pour donner la chasse aux nègres marrons ! Que de cruautés il fut nécessaire d'exercer pour l'exemple ! Que de vies ainsi perdues ! Vraiment, à mesure qu'on envisage l'esclavage par ses divers côtés, on constate de plus en plus quelles ont été ses désastreuses conséquences, on est effrayé de voir à quel prix on dut acheter cette production de denrées de luxe, destinées à enrichir bien plus encore les négociants de la métropole que les colons. Ce chapitre sur le marronage nous en fournira une nouvelle preuve.

D'une manière générale, avant d'entrer dans le détail, nous distinguerons, avec Schœlcher[1], trois sortes de nègres marrons:

1° L'homme énergique et résolu qui ne peut supporter la servitude ; son maître doit le considérer comme à jamais perdu ;

2° Celui qui s'échappe pour une cause quelconque, la crainte d'une punition, un moment de lassitude, un vague besoin de liberté, et qui, la cause cessant, revient de lui-même à la grande case au bout d'un certain temps ;

3° Celui qui trouve trop lourdes les rigueurs de l'esclavage, mais qui n'a pas non plus assez de force pour vivre en liberté, qui erre misérablement et finit par se laisser reprendre.

---

[1] *Col. françaises*, p. 111.

On en trouvait aussi qui ne se rendaient pas compte qu'ils obéissaient à leur instinct, qui se croyaient possédés de l'esprit du mal et venaient demander à leurs maîtres de faire dire des messes pour le chasser.

Dès les premiers temps de la colonisation des Antilles, les mesures les plus rigoureuses furent prises contre les marrons. Si nous nous reportons à notre chapitre I du Livre I, nous voyons que les gouverneurs anglais et français de Saint-Christophe s'interdisent de garder des esclaves qui ne leur appartiennent pas ; cependant il n'est pas encore question de châtiment à infliger à ceux qui auront quitté leurs maîtres. Les punitions paraissent avoir été absolument arbitraires avant le Code Noir. Ainsi, le 16 février 1641[1], le roi fait connaître qu'il est disposé à autoriser une négresse condamnée à mort pour marronage à épouser le nègre maître des hautes œuvres, qui a demandé à se marier ainsi. — Le 23 juillet 1655[2], un nommé Séchoux fut condamné à être pendu, puis écartelé, ses membres devant être exposés sur les avenues publiques, pour avoir été le chef d'une entreprise tentée par les esclaves fugitifs dans l'intention de se joindre aux Caraïbes. — Dès 1665, il y avait à la Martinique 4 à 500 marrons[3], obéissant presque tous à l'un d'entre eux qui avait pris le nom de son maître Francisque Fabulé. Ils causaient de tels ravages que le Conseil supérieur arrêta qu'on traiterait avec eux[4] : les conditions de ce traité, projeté par l'entremise d'un nègre du sieur Renaudot, furent que Fabulé aurait sa liberté et 1.000 livres de petun, et qu'on n'infligerait aucun châtiment à ceux de sa troupe. Fabulé se tint tranquille tant que M. de Clodoré resta gouverneur de l'île ; mais il se dérangea de nou-

---

[1] Arch. Col., F, 257, p. 13.
[2] Dessalles, III, 113.
[3] Id., ib., 109 ; — et Du Tertre, III, 201.
[4] Moreau de Saint-Méry, I, 136. Arrêt du 2 mars. Il n'est pas question de cet arrêt dans Dessalles, qui dit que le gouverneur, M. de Clodoré, rendit le 3 avril, une ordonnance promettant des primes à tous ceux qui ramèneraient des nègres fugitifs.

veau et, par arrêt du 10 mai 1671, il fut condamné aux galères à perpétuité : l'arrêt rappelle qu'il a commis « plusieurs désordres depuis six à sept ans, enlevé jusqu'au nombre de 40 à 50 nègres dans les bois et avec iceux fait plusieurs brigandages, vols, et même quelques meurtres et assassinats »; puis, qu'ayant accepté les propositions de M. de Clodoré, il fit sa résidence dans sa maison, mais qu'il suborna une jeune négresse, l'induisit à commettre plusieurs vols et lui conseilla même de poignarder son maître; c'est pour avoir été fustigé en raison de ces faits qu'il était revenu dans les bois. De là sa nouvelle condamnation.

Le 13 octobre 1671, le Conseil supérieur de la Martinique rendit un arrêt sur la taxe et prise des nègres marrons[1]. Il devait être payé par les maîtres : 800 livres de sucre pour celui qui serait marron depuis un an jusqu'à trois; 600 livres, de six mois à un an; 300, de deux à six mois; 150, de huit jours à deux mois. De plus, il était permis de faire couper le nerf du jarret à ceux qui récidiveraient. L'arrêt constate que les nègres vivent en commun dans les bois, où ils ont des habitations défrichées, des cases bâties et des vivres plantés, qu'ils volent et commettent toute espèce de désordres. — Un arrêt du même Conseil, du 20 juin 1672[2], condamne à mort les nègres qui, ayant déjà une année de séjour dans les îles, seront marrons pendant trois ans, et ordonne de plus que leur valeur sera remboursée aux maîtres par le public. — Le 28 août 1673, une ordonnance du gouverneur général des îles[3] porte que chaque capitaine devra détacher un quart de sa compagnie pour faire des battues contre les nègres marrons; les habitants seront tenus de donner des billets à leurs nègres, faute de quoi on tirera dessus, et il ne sera pas accordé d'indemnité.

Par arrêt du Conseil de la Martinique, du 5 juillet 1677[4],

[1] Moreau de Saint-Méry, I, 248.
[2] Id., ib., 264.
[3] Id., ib., 268.
[4] Dessalles, III, 113.

le nègre Petit Jean est condamné à avoir la jambe gauche coupée en présence de tous les autres nègres des habitations voisines, et le nègre Jacques à avoir le jarret coupé au-dessous du genou et être marqué sur le front de la fleur de lys. Mais, suivant Dessalles, cette décision paraît avoir été sans exécution ; de plus le Conseil, n'ayant pas le droit d'ordonner la peine de mort contre les marrons, fit un règlement[1], d'après lequel les nègres marrons depuis quinze jours jusqu'à deux mois auraient le fouet et la fleur de lys, de quatre à six mois, le jarret coupé, et, au-dessus, les jambes. Il semble difficile d'admettre, avec Dessalles, que le Conseil n'avait pas le droit de condamner à mort, car nous trouvons, à la date du 14 novembre 1678, une lettre de Blenac au Ministre[2] disant : « J'ai fait finir les détachements des habitants contre les nègres marrons, attendu que les chefs sont tués, noyés ou roués, et quantité d'autres, et qu'il en reste peu dans les bois. » La copie de l'ordre envoyé à cet effet au major le 2 novembre se trouve aux Archives Coloniales[3]. Le 17 juillet 1679, le Conseil de la Martinique condamne quelques nègres accusés d'avoir voulu s'évader hors de l'île, les hommes à avoir une jambe coupée, et les femmes le nez, les uns et les autres à être marqués de la fleur de lys sur le front. Le 3 septembre 1681[4], il est obligé de rendre un autre arrêt général contre les marrons. « Si ces désordres continuaient, on serait exposé aux révoltes, dont les exemples encore récents donnent sujet d'en craindre de nouvelles. » Aussi, comme mesure de précaution, devait-t-on attacher les canots avec une chaîne de fer, et, de plus, faire des détachements d'habitants.

Comme on vient de le voir, il n'y a pas eu de jurisprudence fixe jusqu'au Code Noir. L'article 38 est ainsi conçu :

---

[1] Moreau de Saint-Méry, I, 306.
[2] Arch. Col., C⁸, II.
[3] Ib., F, 248, p. 385.
[4] Ib., ib., . 631.

« L'esclave fugitif qui aura été en fuite pendant un mois à compter du jour que son maître l'aura dénoncé en justice, aura les oreilles coupées et sera marqué d'une fleur de lys sur une épaule; s'il récidive un autre mois à compter pareillement du jour de la dénonciation, il aura le jarret coupé, et il sera marqué d'une fleur de lys sur l'autre épaule ; et, la troisième fois, il sera puni de mort [1]. » Il est à remarquer qu'au delà du deuxième mois on ne fait plus aucune distinction en ce qui concerne la durée du marronage: celui qui aura été fugitif pendant trois mois et celui qui l'aura été pendant plusieurs années sont également punis de mort, du moment qu'il s'agit d'un troisième marronage. C'est évidemment une lacune.

II

Pendant quelques années, on se contente d'appliquer simplement les peines du Code Noir, en commuant, d'ailleurs, souvent celle de mort. Les administrateurs ne parlent pour ainsi dire pas du marronage dans leur correspondance, et nous ne relevons non plus aucune mesure nouvelle à ce sujet avant 1700. Cette année-là, M. de Galiffet, commandant en chef par intérim à Saint-Domingue, ayant rendu une ordonnance [2] qui condamnait les nègres arrêtés à l'Espagnol à avoir le jarret coupé, elle fut rapportée presque aussitôt parce qu'on jugea que ce châtiment diminuait la valeur des esclaves. — Le 6 avril 1704, un ordre du commandant du Cap [3] fait savoir qu'il y a au corps de garde des nègres marrons épaves et, comme ils ne sont pas étampés, que leurs maîtres aient à venir les reconnaître. Les excès des marrons semblent redoubler. Non seulement ils s'enfuient

[1] Cf. Digeste, *De servis fugitivis*.
[2] Moreau de Saint-Méry, I, 617, 16 août.
[3] *Id.*, II, 8.

dans les bois, mais ils viennent voler sur les grands chemins et jusque sur les habitations, et ils assassinent les maîtres. « Ils souffrent la roue et le feu sans dire un seul mot, — écrit M. de Machault [1], — et même un des deux (exécutés) exhortait les nègres à faire comme lui pour se rendre les maîtres de la Martinique ». Ils connaissent des herbes dont le suc efface l'impression de la fleur de lys, et, en mettant un mouchoir autour de leur tête, ils cachent le défaut de leurs oreilles coupées. « Comme la cause de leur libertinage est de courre les négresses... il vaudrait mieux leur couper le bout du nez pour les rendre difformes ; les Anglais les font eunuques pour les rendre sages malgré eux et ne jugent pas que ce soit un grand mal que cette nation ne se multiplie pas. » Aussi de Machault demande-t-il si le roi veut approuver cette peine au lieu de la peine de mort. Dans une autre lettre, écrite peu de temps après [2], et qui n'est guère que la répétition de la précédente, il affirme que les nègres marrons ont enlevé des hommes et des femmes sur les grands chemins pour les manger. Le Ministre répond à M. Begon [3] au sujet des propositions faites au roi : « M. de Machault m'écrit que leur débauche pour les femmes contribuant plus que toute autre chose au libertinage, il estimerait plus à propos d'en user ainsi que les Anglais en les faisant eunuques... Vous examinerez ce que vous estimez plus convenable... et ensuite s'il n'y a rien dans les lois de l'Église qui soit contraire à cette disposition. » Puis, un mois après [4] : « Le roi n'a pu se déterminer à entrer dans la proposition de convertir la peine de mort qui a été ordonnée contre les nègres fugitifs pour la troisième fois en celle de les rendre eunuques, et Sa Majesté s'est déterminée à laisser subsister l'ordonnance de 1685. »

[1] Arch. Col., C⁸, 15. Lettre du 12 juin 1704.
[2] Ib., ib., 3 juillet 1704.
[3] Ib., B, 26, 22 avril 1705.
[4] Ib., Col. en général, XIII, F, 90, 27 mai 1705.

Un arrêt du Conseil de Léogane, du 16 mars 1705[1], établit 36 hommes dans chaque quartier du Petit-Goave, Léogane et Cul-de-Sac, pour rechercher les marrons, fixe la prime de prise de 30 à 60 livres suivant les lieux, ordonne une levée publique de 15.000 livres pour payer lesdits hommes et les nègres tués, règle la comptabilité de cette levée et les droits du receveur, soit un 10°, et enfin enjoint à ce dernier de fournir un recensement fidèle. Ce règlement fut approuvé par une lettre du Ministre à M. Deslandes, en date du 14 avril 1706. — Notons à la même époque[2] une affaire assez curieuse au sujet d'un nègre vendu par des religieuses, à condition qu'il soit emmené dans l'île de Grenade, et sans pouvoir revenir, parce qu'il est séditieux, ameutant jusqu'à 60 autres nègres, les poussant à la révolte et vivant dans le libertinage. Or ledit nègre a été revendu à un autre propriétaire qui l'a ramené à la Martinique. Mais l'intendant déclare qu'il ne saurait y rester.

Tandis qu'on prend toutes sortes de mesures pour se préserver des marrons, il est curieux de constater qu'on cherche, pendant la guerre de la succession d'Espagne, à aider ceux des ennemis. Le 20 août 1706, le Ministre écrit à M. Deslandes[3] : « Vous rendriez un service important si vous pouviez trouver les moyens de secourir les nègres de la Jamaïque qui sont révoltés et leur faire porter quelques armes et munitions de guerre, de sorte qu'ils occupent les Anglais et diminuent la force de la colonie; vous aurez soin de m'informer de la situation de ces nègres et de leur nombre, si vous pouvez en avoir quelque connaissance. »

Mais il semble que la guerre favorise aussi les esclaves des Antilles françaises, car les prescriptions et les condamnations s'accumulent contre eux. Dans un rapport de Lefebvre d'Albon, du 15 mai 1707[4], il est question de plusieurs nègres

[1] Moreau de Saint-Méry, II, 25.
[2] Arch. Col., F, 250, p. 343, 11 octobre 1705.
[3] Arch. Col., B, 28, p. 142.
[4] Arch. Col., Col. en général, XIII, F, 90.

marrons conduits par un des leurs, Gabriel, qui se fait appeler M. le Gouverneur. Il avait réuni également autour de lui plusieurs Indiens. Un d'entre eux, esclave, le dénonce. On prend un Indien et cinq Indiennes, dont deux étaient femmes dudit Gabriel, et on les condamne à diverses peines. Un autre nègre, nommé Jacob, appartenant aux Ursulines [1], ayant attiré des nègres dans sa cave, leur avait donné à boire et à manger, avait pris le titre de général, et « avait fait, de sa propre confession, des sortilèges et secrets diaboliques ». Il fut condamné à être rompu vif, ainsi que plusieurs de ses complices; leurs têtes et leurs mains devaient être exposées sur des fourches. Le procureur général requit que le gouverneur fût tenu de faire une chasse continuelle aux marrons. Une lettre de M. Gabaret [2] rend compte des poursuites qu'il fait contre les marrons et parle d'une conspiration qu'il a découverte de 200 nègres prêts à brûler le bourg Saint-Pierre. Le Ministre approuve [3] la sévérité dont on fait preuve à l'égard des marrons et recommande de continuer à les rechercher. Plusieurs sont encore condamnés pour rébellion [4].

A côté de ces mesures impitoyables, nous constatons pourtant qu'on ménage parfois les nègres marrons. Ainsi le gouverneur général de la Martinique, dans des Instructions qu'il donne au colonel d'un régiment de milices [5], le 9 février 1713, lui recommande de se montrer aussi humain que possible, d'autant que « la plupart des nègres marrons y ont été forcés par l'injustice, l'avarice et la dureté de leurs maîtres ». Aussi ne devra-t-on tirer sur eux qu'en cas d'absolue nécessité. D'après un arrêt du Conseil de Léogane, du 3 septembre 1714 [6], les esclaves tués en marronage autrement que

---

[1] Arch. Col., F, 250, p. 819, 28 juillet 1710. Conclusions définitives du procureur général du roi au procès des nègres de la Martinique, accusés de révolte contre les blancs.
[2] Ib., ib., 857, même jour.
[3] Ib., ib., 905. Lettre à M. de Vaucresson, 20 mai 1711.
[4] Ib., ib., 911, 31 octobre 1711.
[5] Ib., F, 251, p. 173.
[6] Moreau de Saint-Méry, II, 429.

dans le temps des chasses ordonnées n'étaient pas remboursables. Peut-être craignait-on que certains maîtres n'eussent recours à ce moyen pour se débarrasser de mauvais esclaves. De plus, on exigeait que les plaintes en marronage fussent signées des propriétaires ou de personnes munies de pouvoirs *ad hoc*. Les geôliers ne devaient écrouer les prisonniers qu'après avoir reçu cette plainte [1]. Depuis le 9 février 1707, à la suite d'une réclamation de M⁰ Noël Camusat, greffier et notaire du Cap, il avait été décidé que les frais d'entretien des nègres épaves seraient avancés par le receveur des amendes et confiscations. Les nègres devaient être vendus après un mois, s'ils n'avaient pas été réclamés par leurs maîtres [2].

Les prisons ne cessaient d'en être encombrées, au point qu'il ne restait pas de place pour y mettre les blancs. « A peine celles qui sont établies peuvent-elles contenir les nègres, et si, par hasard, on y met un blanc de la moindre considération, comment s'empêcher d'ordonner qu'il soit élargi, lorsqu'il représente la triste situation où il se trouve parmi des esclaves [3] ? » Néanmoins, il s'en faut qu'on prenne tous les esclaves fugitifs. Les habitants eux-mêmes, intéressés les premiers à les poursuivre, s'en acquittent fort mal. « Les désordres des nègres marrons continuent toujours à la Martinique et à la Guadeloupe. Si les chasses s'y faisaient avec attention, on pourrait les détruire ; mais, quand les habitants sont commandés, ils songent dans ces chasses plutôt à se divertir qu'à exécuter les ordres qui leur sont donnés [4]. » Il faudrait un prévôt et un exempt avec 9 archers dans chacun des 4 quartiers de la Martinique.

Dans un Mémoire du 15 juin 1725 [5], il est dit qu'il y a à la Grenade une troupe d'environ 60 marrons qui commettent toutes sortes de désordres. Leur audace va sans cesse en croissant,

[1] Moreau de Saint-Méry, III, 111. Arr. du Conseil du Petit-Goave, 4 sept. 1724.
[2] Id., II, 92. Arrêt du Conseil du Cap.
[3] Arch. Col., C⁹, 34. Lettre de l'intendant Blondel au Ministre, 15 juin 1725.
[4] Ib., ib. Du même. Lettre du 31 août 1725.
[5] Ib., F, 17.

parce qu'ils ne sont pas assez sévèrement châtiés et que la punition n'est jamais assez prompte ni visible. Ils en sont venus jusqu'à envahir les habitations, et ils ont violé la femme d'un habitant; ailleurs, ils en ont tiré par les cheveux une autre qui venait d'accoucher depuis dix-huit heures, l'ont foulée aux pieds, ont voulu casser la tête au nouveau-né « et ont obligé la mère, pour lui rendre son enfant, de baiser le derrière à l'un des nègres [1] ». Une lettre du Ministre, du 19 mars 1726, aux administrateurs de la Martinique [2], nous apprend qu'il y a à la Guadeloupe, suivant le rapport que lui a fait M. de Crapado, lieutenant par intérim, « plus de 600 nègres marrons qui sont attroupés en quatre bandes, qui envoient journellement des détachements de 60 à 80 hommes pour piller les habitations; et, quoiqu'il y ait continuellement des détachements des milices après eux, on n'a pu éviter les vols et les enlèvements de négresses et de vivres qu'ils font sur les habitants. » Le Ministre se déclare surpris que les administrateurs ne lui en aient rien dit, et il leur prescrit de faire le nécessaire. Mais il écrit bientôt à De Feuquières [3] que « M. de Crapado a beaucoup exagéré les désordres des nègres marrons », que, suivant une lettre de M. de Moyencourt, ils étaient au plus 200 et que les désordres qu'ils avaient causés n'allaient pas à 100 écus. Toute cette affaire laisse supposer que les administrateurs ne tenaient pas en réalité toujours le pouvoir central au courant de ce qui se passait aux Iles.

Un arrêt du Conseil de la Martinique, du 13 septembre 1726 [4], au sujet des esclaves saisis, épaves ou criminels,

---

[1] A la suite de ces désordres, on crée une chambre royale à la Grenade pour juger les nègres en dernier ressort. Arch. Col., B, 48, p. 321. Lettre d'envoi de lettres patentes aux administrateurs. Les lettres patentes sont p. 424, en date de janvier 1726.
[2] Arch. Col., B, 48, p. 322. A MM. de Feuquières et Blondel. Le même jour, même lettre à M. de Moyencourt. Cf., F, 134, p. 3. Lettre de De Crapado, du 10 septembre 1726.
[3] Arch., Col., B, 48, p. 400, 15 octobre 1726.
[4] Durand-Molard, I, 283.

décide qu'ils seront recueillis « à la charge et garde des geôliers », les maîtres devant, bien entendu, payer les frais de leur séjour. Ceux qui n'auraient pas été retirés devaient être vendus dans trois mois. Après la vente, les propriétaires avaient encore le droit d'en réclamer le prix pendant un an. Suivant un arrêt du Conseil du Cap, du 5 janvier 1731 [1], touchant la vente des nègres épaves de la juridiction du Fort-Dauphin, le receveur des amendes demande à être autorisé à vendre les nègres marrons non réclamés dans les quarante jours, au lieu d'attendre trois mois ; quarante jours, c'est le délai observé au Cap ; une plus longue attente cause de trop grands frais. Le Conseil réserva d'abord la solution, mais une ordonnance des administrateurs du Conseil, du 6 avril 1733 [2], fixa le délai d'un mois seulement. De plus, il était défendu aux concierges des prisons de se les faire adjuger à des prix infimes, après entente avec les huissiers, et, en tout cas, les maîtres étaient autorisés à les réclamer pendant un an au prix d'adjudication, quand même ils auraient été revendus beaucoup plus cher à un tiers. — Une ordonnance de l'intendant de la Martinique [3] défend aux geôliers de donner l'élargissement, de leur autorité privée, aux nègres détenus dans les prisons pour cause de marronage.

Une question particulière se trouve résolue par un arrêt du Conseil du Petit-Goave, du 7 mai 1732 [4], à savoir quel devait être le sort des nègres nés, dans les bois, de parents marrons. Il est décidé qu'ils reviendront aux maîtres, qui pourront justifier de leur droit de propriété, ce qui était naturellement, dans la plupart des cas, bien difficile. S'ils n'étaient pas revendiqués à juste titre, ils étaient vendus, et le prix de la vente devait être appliqué aux frais de capture. En vertu du même arrêt, les maîtres étaient tenus de payer

[1] Moreau de Saint-Méry, III, 296.
[2] Id., *ib.*, 355.
[3] Durand-Molard, I, 378.
[4] Arch. Col., Code Saint-Domingue, F, 270, p. 367.

250 livres pour chaque nègre pris, « eu égard à l'éloignement des lieux ». C'est la plus forte prime qui ait été exigée. Il était, en outre, accordé des exemptions de droits curiaux aux habitants qui avaient poursuivi les marrons. — Dans une ordonnance des administrateurs de Saint-Domingue[1], il est dit que des habitants, ayant plusieurs terrains et ne pouvant « les établir tous », se contentent d'y placer des nègres invalides pour en conserver la possession. Or ces terrains servent de refuge aux nègres marrons ; aussi est-il prescrit d'y mettre au moins un blanc ou un mulâtre libre.

Nous relevons, à la date du 8 mars 1733[2], l'enregistrement à la Guadeloupe de remontrances faites par le procureur du roi au sujet d'expressions dangereuses sous le rapport de la subordination des esclaves dont s'était servi un jésuite dans un sermon. « Les hommes se révoltent contre Dieu ; les noirs se révoltent contre les blancs et en cela vengent Dieu ; le temps n'en est pas loin. » Le procureur fait remarquer le danger qu'il y aurait à soulever 30.000 noirs contre 2 500 blancs.

III

Il arrivait que des esclaves se réfugiassent à l'étranger. Par exemple, de 1702 à 1732, il s'était sauvé 93 nègres « de la Grenade à la Marguerite Espagnole[3] ». C'est de Saint-Domingue surtout qu'ils fuyaient chez les Espagnols, et de la Guyane chez les Hollandais et les Portugais. « Un arrêt du Conseil de Léogane, 1ᵉʳ juillet 1709, décida qu'une personne de confiance serait chargée d'aller chercher les esclaves français sur le sol espagnol et de les en ramener, moyennant que le maître lui paierait la moitié de leur valeur. Il paraît

---

[1] Moreau de Saint-Méry, III, 369, 21 août 1733.
[2] Arch. Col., F, 224, p. 791.
[3] Arch., Col., F, 131, p. 21. Lettre de Larnage, du 23 mai 1732.

même que cet arrêt, oublieux du principe de l'indépendance et de la souveraineté des États, avait permis aux officiers français et à la milice de poursuivre les nègres fugitifs hors de notre territoire : cette décision fut cassée par une ordonnance royale du 2 février 1711, qui autorisa seulement la poursuite par le maître. Entre temps, les administrateurs avaient trouvé un procédé meilleur pour le maintien de bons rapports internationaux; ils donnèrent (1er décembre 1710) commission à un sieur Beaussan, Espagnol, pour le charger des intérêts français dans la partie espagnole de Saint-Domingue ; il pouvait notamment arrêter les marrons, et au besoin poursuivre en justice les Espagnols qui s'en étaient emparés, ou les avaient affranchis, — pour ensuite les renvoyer sous bonne escorte. Tous ces moyens ne valaient du reste pas une convention entre les deux pays. Il en fut fait une, en vertu de laquelle une ordonnance royale du 30 novembre 1714 et une ordonnance des administrateurs du 2 mai 1715 décidèrent que les officiers français pourraient poursuivre les esclaves fugitifs sur la portion espagnole de l'île, et réciproquement. Le traité stipulait en outre que les nègres livrés ainsi de part et d'autre ne pourraient être condamnés à mort, aux galères ni à la prison perpétuelle [1]. » Cette convention servit à peu près de modèle à celles qui intervinrent depuis.

Le Ministre écrit à ce propos, le 23 novembre 1734, aux administrateurs de Cayenne [2] : « Le roi a approuvé que, pour parvenir à l'exécution du décret du roi de Portugal, les habitants de la colonie aient envoyé un député à Para pour y chercher les esclaves déserteurs qui s'y sont réfugiés et que, dans l'assemblée qu'ils ont faite à ce sujet, il ait été réglé que pour la dépense de cette députation les propriétaires des nègres paieraient 200 livres pour chaque nègre recouvert (sic) et que le surplus serait réparti dans la colonie. » Dans une autre occasion, le roi lui-même prend à sa charge

[1] Trayer, op. cit., 61-62.
[2] Arch. Col., B, 61, Cayenne, p. 402. Lettre à MM. de l'Amirande et d'Albond.

22.383 livres, montant des dépenses faites dans le voyage entrepris à la ville de Saint-Domingue pour une recherche infructueuse de nègres fugitifs, somme qui avait été empruntée par la colonie à la caisse du trésorier de l'octroi [1]. — Des instructions données à M. de Larnage, le 10 juin 1737 [2], il ressort que, d'après une première convention (dont la date n'est pas indiquée), faite avec les Espagnols, les nègres de Saint-Domingue réfugiés sur leur territoire devaient être rendus aux Français moyennant 20 piastres par tête. Mais il s'en faut bien qu'il en ait été ainsi. On a donc conclu en 1729 un nouveau traité, pour que tous les déserteurs fussent rendus de part et d'autre, mais il n'a pas eu davantage « l'exécution qu'on en devait attendre ». Aussi le Ministre recommande d'y tenir la main. — Un arrêt du Conseil de Léogane, du 10 janvier 1741 [3], accorde l'exemption des droits publics, d'octroi, suppliciés et curiaux, et même des corvées pour ses nègres, à un habitant chargé de retirer les fugitifs en territoire espagnol, jusqu'à concurrence de 200 têtes. — A ce moment, la restitution réciproque ne se pratiquait guère, car le Conseil d'État rendit, le 28 juillet 1745, un arrêté « portant que les esclaves des ennemis qui se sauvent dans les colonies françaises et les effets qui y sont par eux apportés appartiennent au roi seul, ainsi que les vaisseaux et effets qui échouent aux côtes de sa domination [4] ».

Une dernière convention fut signée, le 20 février 1776, entre les gouverneurs français et espagnol (de Saint-Domingue) pour se restituer réciproquement les noirs marrons ; elle fut ratifiée définitivement par les deux cours de France et d'Espagne, le 3 juin 1777. « Cet acte contient quelques détails intéressants : ainsi le mariage d'un esclave sur le territoire étranger sera un motif suffisant pour qu'il ne puisse plus être

---

[1] Moreau de Saint-Méry, III, 415. Lettre min. à M. Duclos, 18 janvier 1735.
[2] Arch. Col., F, 69.
[3] Arch. Col., Code Saint-Domingue, F, 271, p. 1.
[4] Arch. Col., B, 81, p. 116. Instructions aux divers administrateurs en leur envoyant une expédition de l'arrêté.

réclamé; la nation qui le garde devra seulement payer sa valeur et pourra ensuite le vendre. Le même traité renferme aussi des règles généralisées aujourd'hui en matière d'extradition : si l'esclave qui s'est réfugié hors de son pays allègue pour prétexte de sa fuite les poursuites judiciaires exercées contre lui à raison de quelque crime qu'il aurait commis, il sera tout de même livré ; mais le gouverneur de la nation qui le réclamera donnera auparavant sa caution juratoire qu'il sera considéré comme encore dans l'asile où on l'a arrêté, c'est-à-dire qu'on ne le châtiera pas pour le délit commis, « à moins que ce ne soit pour un crime atroce, ou de ceux qui sont exceptés par des traités et par le consentement général des nations [1] ».

Nous n'avons pas trouvé de convention conclue avec les Hollandais, et peut-être n'y en a-t-il pas eu effectivement. Le marronage et les soulèvements étaient très fréquents chez eux, et ils ne les réprimaient « qu'en versant des torrents de sang [2] ». La France semble avoir cherché à certains moments à profiter de cette barbarie, qui poussait un grand nombre de leurs esclaves à s'enfuir; c'est du moins ce qui résulte du témoignage suivant : « Les nègres de Surinam s'étant révoltés et attroupés, on fut obligé de s'armer contre eux. En 1773, toutes les milices d'un régiment de troupes réglées essayèrent vainement de les soumettre. Il fallut faire avec eux une paix honteuse, qu'ils ont violée continuellement depuis. — En 1776, il en passa 3.000 dans la Guyane française. Depuis, 400 autres y passent encore; enfin, encore 200 autres. On dit que ces 3.000 sont autres que ceux avec lesquels on a capitulé. Un nommé Cadet, député secrètement par les administrateurs, va, en 1783, pour traiter avec eux. Il les amène à se confier aux Français et, pour gage de la foi promise, un chef et lui se font tirer du sang qu'on mêle dans un vase et qu'ils boivent ensuite. Une lettre du Ministre,

[1] Trayer, *op. cit.*, p. 62.
[2] Arch. Col., F, 129 : *Essai sur l'esclavage*, p. 111.

du 20 avril 1780, dit aux administrateurs de les établir comme des nègres libres et les contenir sur ce pied[1]. »

Un cas particulier nous a paru mériter d'être noté : c'est celui du commandeur nègre Tranquille. Il s'est enfui à Sainte-Lucie avec 12 autres esclaves. Condamné à mort par le premier juge, on ne lui inflige ensuite que la peine du fouet (trois samedis consécutifs) et de la fleur de lys. On tint compte en effet de ce qu'il avait été poussé à la fuite parce que son maître lui avait fait espérer sa liberté, puis l'avait vendu. Le jugement porte, entre autres considérants, que le Code Noir ne prononce point de peine contre les nègres qui, dans le premier cas de marronage, s'enfuient hors de l'île[2].

IV

Ceux-là du moins, en admettant qu'ils fussent souvent perdus, ne causaient point de ravages sur les habitations. Ils ne constituaient, d'ailleurs, que l'exception. Ceux qui restaient, bien plus nombreux, ne cessaient de se signaler par leurs brigandages. Il serait sans intérêt de rappeler les innombrables procès et condamnations qu'ils provoquèrent. Nous citerons simplement encore, d'après l'ordre chronologique, certains exemples fameux de marronage, en remarquant que la plupart ont été suivis de nouveaux règlements de protection contre ces excès.

Le 21 mai 1737, fut instruite à la Guadeloupe[3] une vaste procédure contre une bande de 48 marrons, dont 15 contumaces, commandés par un nommé Bordebois. Il y en eut 8 condamnés à être rompus vifs. Mais, suivant un Mémoire du 20 janvier 1738, ces supplices, « au lieu d'effrayer les

---

[1] Arch. Col., F, 132, p. 457.
[2] Arch. Col., Ann. Mart., F, 214, p. 285. Arrêt du Cons. sup., du 5 décembre 1738.
[3] Arch. Col., F, 231, p. 221.

autres, les ont excités à commettre plus d'excès ». Ils ont, en particulier, enlevé « l'enfant du sieur Voucho, qu'ils ont tué et mangé avec tous les traits marqués de la joie dont ils usent dans leurs pays dans de pareils sacrifices, étant la plupart nègres mondongues réputés anthropophages[1] ». La relation indique nombre d'autres condamnations qui ont suivi. Cette sorte de procès monstre se continua jusqu'en novembre 1738, à la suite de révélations faites par les accusés mis à la question[2].

Vers cette époque, il semble qu'il y ait partout une recrudescence du marronage. Le Conseil de Léogane promulgue le 17 janvier 1739, un règlement concernant la maréchaussée[3], dont plusieurs articles nous intéressent particulièrement. Outre les chasses extraordinaires, les habitants seront tenus d'en faire « une autre, qui sera appelée l'ordinaire, par chaque semaine, où le prévôt et l'exempt marcheront et commanderont alternativement avec moitié de la troupe, pour suivre les nègres fugitifs dans les bois, montagnes et autres lieux de leurs départements, laquelle course ne pourra durer moins de trois jours, et sera, attendu leurs appointements, par eux faite sans aucun salaire ni récompense que celle qui leur reviendra des captures qu'ils pourront faire, suivant la taxe qui sera réglée ci-après... » (art. 19). — « Lorsqu'il sera ordonné auxdits prévôts, exempts, brigadiers et archers de marcher à la requête d'un habitant pour courir sur les nègres esclaves qui seront partis attroupés, il leur sera payé par ledit habitant, après leur expédition, par chaque jour, savoir : au prévôt la somme de 40 sols, à l'exempt, celle de 30 sols, et à chacun des brigadiers et

---

[1] Arch. Col., F, 231, p. 263. Cf. aussi F, 134, p. 8, Lettre de Mont-Saint-Rémy, du 4 février 1738, relative à la même affaire ; il est question d'un enfant de six ans « immolé aux faux dieux et mangé » et de nègres et négresses mangés également ou enterrés vifs par les marrons.
[2] Ib., F, 231, p. 279, Arrêt du Conseil supérieur, du 23 janvier 1739, confirmant les sentences contre lesdits nègres.
[3] Moreau de Saint-Méry, III, 551.

archers celle de 20 sols ; le tout sans préjudice du droit de la capture... » (art. 21). — « Les captures seront payées par chaque tête de criminels, soit blancs (déserteurs), nègres, négresses, négrillons ou négrittes, qui seront pris et arrêtés au delà de toutes habitations du côté des frontières espagnoles, à raison de 100 livres par tête; pour ceux qui seront pris dans la montagne à la distance de 10 lieues du lieu principal du département, la somme de 60 livres. » Pour ceux qui seront arrêtés à une distance moindre, 18 livres ; pour ceux qui seront rencontrés sans billets ni marques connues, 12 livres, s'ils sont montés, et 10 livres, s'ils sont à pied ; pour les chasses extraordinaires contre ceux « qui seront attroupés avec des établissements formés dans des lieux fort éloignés », 200 livres par tête, et 100 seulement s'ils sont tués (art. 22). — Il est permis à toutes personnes de poursuivre et d'arrêter les marrons et de toucher les primes de capture (art. 25). — Tout nègre non réclamé après un mois sera vendu ; le propriétaire a cependant le droit de le réclamer pendant un an et un jour (art. 26). — Un arrêt du Conseil du Cap, également relatif à l'établissement d'une maréchaussée [1], fixe le prix de capture de 6 à 48 livres suivant les endroits, et 100 pour les marrons qui seront pris dans les chasses extraordinaires, « dans les doubles montagnes ». On voit que c'est à peu près la confirmation du précédent.

Pour épouvanter davantage les nègres, on eut parfois l'idée d'exposer les membres de ceux qui avaient été tués en marronage. Mais un arrêt du Conseil de la Martinique au sujet d'esclaves de la Grenade mutilés par leurs maîtres défendit cette pratique [2]. — Par un arrêt du 10 juin 1740 [3], une négresse est condamnée à être pendue et étranglée pour troisième marronage. Comme elle était enceinte, il est

---

[1] Moreau de Saint-Méry, III, 568, 6 août 1739.
[2] Arch. Col., F, 256, p. 869, 4 janvier 1740.
[3] *Ib.*, F, 223, p. 627.

sursis à l'exécution. Le bourreau la demande pour femme ; le Conseil de la Guadeloupe la lui refuse ; mais, les administrateurs en ayant référé au Ministre, le roi la lui accorde. — Le 8 novembre 1740 [1], deux négresses sont condamnées à la potence pour troisième marronage ; une autre, à la marque et au jarret coupé pour deuxième.

D'après l'article 35 d'un arrêt du Conseil du Cap, du 12 septembre 1740 [2], « les geôliers écriront sur leur registre les noms des esclaves fugitifs qui seront amenés des prisons, et feront mention de la qualité de l'esclave, de son étampe et signalement, et du nom de celui qui l'aura conduit, lequel signera sur le registre, sinon sera fait mention de son refus. » L'article 37 dit : « Sera payé aux geôliers, pour avoir inscrit sur leur registre le nom de l'esclave fugitif, 15 sols, et pour l'entrée en la prison 30 sols, 30 sols pour la sortie et 15 sols par jour pour la cassave et viande qui lui seront fournis conformément aux articles 5 et 6. »

A la suite d'une lettre des administrateurs de la Martinique, De Champigny et De la Croix, au Ministre [3], le roi promulgua, le 1er février 1743, une ordonnance [4] portant que les esclaves surpris en marronage avec armes blanches ou à feu seraient condamnés à mort ; avec couteaux autres que ceux appelés jambettes [5], punis de peine afflictive et même de mort, au besoin (art. 1). — Ceux qui chercheraient à s'enfuir de la colonie auraient le jarret coupé (art. 5).

Nous avons retrouvé toute une procédure instruite, le 27 avril 1744 [6], contre 66 nègres marrons accusés du meurtre de leur économe. Ils passaient pour « la fleur et l'élite de l'habitation ». Ils revenaient tous les soirs coucher à leurs cases et disaient publiquement que, tant que l'économe

[1] Arch. Col., F, 225, p. 617.
[2] Moreau de Saint-Méry, III, 625.
[3] Arch. Col., Col. en général, XIII, F, 90, 8 septembre 1741.
[4] Durand-Molard, I, 464.
[5] Couteaux pliants, sans ressort ni virole.
[6] Arch. Col., F, 226, p. 133.

resterait dans la maison, ils ne se rendraient pas. Ledit économe tue un jour, d'un coup de couteau au ventre, une négresse marronne enceinte, qui se baignait. Deux mois après, les nègres le surprennent, l'enlèvent et le massacrent. Un certain nombre sont condamnés ; mais, peu après, le roi accorde le pardon à tous les autres accusés.

Voici encore un cas très particulier [1] : Un nègre, condamné une première fois à mort, a été gracié parce qu'il a accepté de devenir exécuteur. Il a fui ; mais le Conseil de la Martinique est très embarrassé pour savoir s'il peut le condamner de nouveau à mort, le premier cas de marronage ne comportant pas cette peine. Il se demande s'il y a prescription pour la première condamnation. Pendant ce temps, le nègre s'évade de nouveau ; il est repris ; alors le Conseil n'hésite plus.

En 1747, à Sainte-Lucie, les marrons occupent les habitants pendant trois mois [2]. Ils voulaient brûler les habitations et venir ensuite au Carénage mettre le feu au magasin et à la poudrière. Devant le danger, D'Albon et Moreau de Saint-Méry publient une ordonnance promettant l'amnistie à ceux qui se rendraient en janvier.

V

Certains nègres trouvaient le moyen de s'enfuir hors des îles et jusqu'en France. Le maréchal de Saxe eut l'idée de les employer comme soldats ; les marrons, en général les plus audacieux, lui avaient paru devoir faire de bonnes recrues. On aurait pu, pensait-il, lui en envoyer de ceux qui avaient été repris aux Antilles. Mais le Ministre lui écrit à ce propos, le 3 novembre 1747 [3] : « Le projet qu'on vous a proposé dans le

---

[1] Arch. Col., *Ann. Mart.*, F, 244, p. 599, 15 septembre 1746.
[2] Arch. Col., F, 134, p. 8.
[3] Arch. Col., F, 143.

mémoire que vous m'avez fait l'honneur de m'envoyer... est absolument impraticable. » D'abord, il n'y a pas autant de nègres marrons qu'il y est dit. Puis, une amnistie serait par trop dangereuse. Et quelle perte pour les habitants ! Enfin, les nègres deviendraient particulièrement redoutables si, après avoir appris le maniement des armes, ils trouvaient le moyen de repasser aux Iles. « Je ne puis même, ajoute le Ministre, vous laisser ignorer plus longtemps, Monsieur, que l'établissement de votre troupe de nègres a déjà causé beaucoup d'inquiétude à cet égard aux habitants des Iles... Nos colonies auraient infiniment plus à craindre de la supériorité des esclaves, s'ils avaient quelque chef capable de la leur faire connaître et d'en faire usage, que de tous les efforts que les ennemis pourraient faire contre elle... Les Anglais, qui auraient bien plus de facilité que nous pour avoir des troupes de nègres, se sont bien gardés d'en faire venir en Europe pour leur mettre les armes à la main... Au reste, Monsieur, toutes ces réflexions ne font rien changer à ce que j'ai eu l'honneur de vous mander au sujet des nègres qui ont été arrêtés à Orléans. S'il y en a dont le roi puisse disposer, je ferai remettre, comme vous le désirez, à M. de Bachoüé, à Chambord[1], les ordres pour les retirer. » En effet, le 8 novembre, le Ministre lui écrit de nouveau: « Les 7 nègres détenus dans les prisons d'Orléans s'étant trouvés, Monsieur, dans le cas de la confiscation au profit du roi, Sa Majesté les a destinés par des ordres particuliers à servir le reste de leurs jours dans votre régiment de volontaires. »

Outre ce curieux épisode de nègres marrons versés dans un régiment de France, signalons cet autre exemple qui marque combien ces mêmes noirs pouvaient être disciplinés. Il nous est connu par la « Déclaration faite au lieutenant criminel de Cayenne par le nommé Louis, nègre marron, âgé d'environ quinze ans, qui a été emmené du quartier général des

[1] Fontenoy avait valu au maréchal de Saxe le domaine de Chambord et 40.000 livres de revenu.

marrons d'au-dessus de Tonne-Grande à l'ouest de Cayenne[1] ». Il rapporte qu'il y a au quartier général 72 nègres, et 22 négresses, dont 13 sont les maîtresses de tel ou tel nègre et 3 les femmes de tel ou tel autre. « Bernard, surnommé Couacou, baptise avec l'eau bénite et récite journellement la prière. » Tous obéissent exactement aux ordres du capitaine André, qui fouette lui-même ou fait fouetter ceux qui le méritent. Du quartier général on entend distinctement les coups de canon tirés de Cayenne ; ils connaissent ainsi quand il s'agit d'alarme. « Le jour de Fête-Dieu, au premier coup de canon pour la sortie du Saint-Sacrement de l'église, ils se mettent tous à genoux et vont en procession autour de leurs cases en récitant des cantiques, les femmes portant des croix. » Trois d'entre eux font des toiles de coton qui servent à procurer des *tonga* aux négresses et des *calimbé* aux nègres. « Ils observent exactement les fêtes qu'ils connaissent et les dimanches, sans travailler, récitant ces jours-là le chapelet outre leurs prières ordinaires. » Ils n'ont d'autres meubles pour serrer leurs bagages que des *pagarats*. Depuis longtemps, 6 d'entre eux voudraient se rendre, mais le chef s'y oppose. Cependant, un mois après[2], MM. Dorvillier et Lemoyne écrivent au Ministre que 50 ont fait leur soumission. Ils lui envoient, à cette occasion, pour le faire approuver, un règlement général sur les esclaves, faisant revivre les anciennes dispositions et y en ajoutant de nouvelles reconnues nécessaires. Mais ce document n'est pas joint à leur lettre. A Cayenne, comme ailleurs, au témoignage de ceux qui voient les faits de près, « la conduite cruelle et dénaturée de plusieurs maîtres envers leurs esclaves occasionne des marronages fréquents[3] »...

Il n'est pas d'instructions dans lesquelles le Ministre n'attire particulièrement l'attention des agents nouveaux du pou-

---

[1] Arch. Col., F, 22, 31 octobre 1748.
[2] Ib., ib., 1ᵉʳ décembre 1748.
[3] Ib., Col. en général, XIII, F, 90. Lettre (sans autre indication) du 18 mars 1755.

voir central sur cette question capitale de la sécurité à maintenir contre les esclaves. Les administrateurs de la Martinique répondent à ce sujet au Ministre, le 30 janvier 1754[1] : « Nous aurons toujours la plus grande attention à ce qui regarde la police des esclaves. C'est un objet extrêmement intéressant et en même temps difficile, parce que cela dépend beaucoup des maîtres, dont les uns sont d'une sévérité outrée qui va jusqu'à la cruauté, ce qui peut avoir des suites dangereuses, et les autres sont d'une nonchalance et d'une faiblesse pour leurs esclaves qui va à l'imbécillité; très peu savent tenir le milieu de fermeté et de bonté nécessaires pour contenir cette espèce de gens. Mais nous ne nous relâcherons jamais sur cet article. »

Un danger provenait de ce que, à certains moments, pour se défendre aux Antilles contre les incursions des ennemis, on n'hésitait pas à armer des esclaves. Il y en avait alors qui profitaient des circonstances pour s'enfuir ou pour cacher des armes. Un arrêt du Conseil de la Guadeloupe, du 9 juin 1759[2], enjoint aux habitants de prendre les mesures nécessaires pour désarmer leurs esclaves (après la guerre), proclame une amnistie pour les nègres marrons et fixe des peines pour ceux qui n'en profiteront pas.

Le 23 septembre 1763, une lettre du roi aux administrateurs de la Martinique[3] porte commutation de la peine des galères et de celle de mort pour les marrons en celle de la chaîne publique, les coupables devant au préalable être marqués d'une fleur de lys à la joue. Une circulaire du même jour[4] nous donne les motifs de cette décision : c'est que la mort pour le marronage au troisième cas « n'est pas une peine

[1] Arch. Col., *Col. en général*, XIII, F, 90.
[2] *Ib.*, F, 227.
[3] Moreau de Saint-Méry, IV, 619. Cette lettre en reproduit une autre du 14 mars 1741. Celle-ci avait été suivie d'un règlement royal du 31 juillet 1743, qui décidait (art. 26) que les fugitifs non réclamés dans le mois seraient mis à la chaîne; mais on ne l'appliqua pas.
[4] Arch. Col., B, 116, *Iles-sous-le-Vent*, p. 149.

pour la plupart d'entre eux qui se la donnent volontairement ». De plus, mettre les esclaves à la chaîne est un moyen de les conserver à la colonie. C'est une raison d'utilité et non d'humanité qui prévaut. Le 3 janvier 1764, les administrateurs de la Martinique rendent une ordonnance [1] portant également commutation de la peine de mort pour troisième marronage et des galères en celle des travaux à la chaîne. Il faut donc croire que la lettre du roi citée plus haut ne paraissait pas suffisante comme texte législatif; c'est sans doute parce qu'elle n'était pas accompagnée d'une ordonnance. Mais il y a lieu de remarquer que très souvent il est difficile de savoir au juste ce qui a force de loi aux colonies. — Le 23 mars 1764, la réglementation sur ce point est encore modifiée par une ordonnance de l'intendant Clugny, de la Martinique [2]. Il rappelle l'article 26 du règlement du 31 juillet 1743, suivant lequel les nègres marrons non réclamés dans le mois devaient être attachés à la chaîne. Depuis, on avait décidé — le 26 octobre 1746 — qu'ils seraient vendus à la barre des sièges royaux, mais que les maîtres pourraient les reprendre pendant un an et un jour ou en réclamer le prix pendant cinq ans. Or cette manière de procéder a suscité de nombreuses difficultés. En conséquence, l'intendant décide que les marrons seront mis à la chaîne immédiatement après leur incarcération (art. 1); les maîtres auront le droit de les réclamer en tout temps, « en payant les frais de capture et un mois de nourriture à la geôle ». — Au Cap, pour faciliter les réclamations, on fait insérer, à dater du 8 février 1764 [3], dans la *Gazette* (récemment créée), la liste des nègres marrons, en spécifiant, autant que possible, le nom, la nation, l'étampe et l'âge apparent de chaque nègre. — Mais il se produit toutes sortes de confusions au sujet de la destination de ces nègres

---

[1] Arch. Col., F, 260, p. 7.
[2] Moreau de Saint-Méry, IV, 717.
[3] Id., *ib.*, 706. Lettre de l'intendant aux officiers de la juridiction du Cap.

épaves. Ainsi, le 10 juin 1767, une ordonnance du roi[1] stipule pour Saint-Domingue que, s'ils ne sont pas réclamés dans un mois, ils seront vendus par le receveur des épaves (art. 1). Les propriétaires sont autorisés à les réclamer en nature ou en argent durant un an et un jour (art. 2). Enfin, ils pourront aussi réclamer pendant un an et un jour, à compter du 1ᵉʳ août 1767, les nègres ci-devant attachés à la chaîne. Il est singulier de constater que, sans motif apparent, des ordonnances différentes dans le détail sont rendues pour les diverses îles. Très peu après, par exemple, pour la Martinique, le roi déclare que l'intendant Clugny a excédé ses pouvoirs en promulguant l'ordonnance du 23 mars 1764, et, par une nouvelle, du 18 novembre 1767[2], il ordonne que les nègres épaves seront vendus après trois mois, au lieu d'un (art. 1); les propriétaires seront en droit de les reprendre pendant un an et d'en réclamer le prix pendant une autre année (art. 4). « Il ne semble pas, dit M. Trayer à ce sujet[3], que cette ordonnance ait été modifiée dans la suite; il est même possible que, émanant du pouvoir central, elle eût été rendue exécutoire dans toutes nos colonies. » Il nous semble cependant qu'il faut encore rapporter à cette question une Déclaration royale du 1ᵉʳ mars 1768[4], d'après laquelle les esclaves ayant mérité les galères seront marqués de la fleur de lys, auront une oreille coupée et seront attachés à la chaîne à perpétuité; à la première évasion, ils auront la seconde oreille coupée, puis ils seront pendus; ceux qui auront mérité la mort pour marronage seront marqués de la fleur de lys, auront les deux oreilles coupées et seront condamnés à la chaîne à perpétuité; ils seront pendus à la première évasion.

---

[1] Arch. Col., B, 125, *Saint-Domingue*, p. 87.
[2] Moreau de Saint-Méry, V, 139. Cette ordonnance royale annula aussi une ordonnance des administrateurs de la Martinique, du 18 février 1767, — Id., *ib.*, 88, — d'après laquelle les nègres pouvaient être réclamés pendant cinq ans.
[3] *Op. cit.*, p. 65.
[4] Durand-Molard, II, 563.

VI

Ce qui rendait le marronage si difficile à extirper des îles, c'est que les fugitifs trouvaient souvent un abri chez des recéleurs, qui les cachaient soit par crainte, soit par l'appât du gain. Cette pratique paraît remonter assez haut, puisque le gouverneur général des îles rendit, en 1678, une première ordonnance contre les affranchis recéleurs d'esclaves[1]. Mais les peines portées contre eux ne sont pas indiquées. De Blenac écrit au Ministre, le 23 septembre 1679[2] : « Je serais assez d'avis qu'on se défît des nègres libres en les envoyant à Saint-Domingue, car ce sont eux qui débauchent les nègres des habitations et les commercent avec les sauvages. » Le Conseil de la Martinique rend, le 4 septembre 1684, un arrêt « contre ceux qui retiennent les nègres et engagés chez eux[3] »; mais le Code manuscrit de la Martinique n'en donne que le titre, sans le texte. Enfin, l'article 39 du Code Noir est des plus positifs : « Les affranchis qui auront donné retraite dans leurs maisons aux esclaves fugitifs seront condamnés par corps envers le maître en l'amende de 300 livres de sucre par chacun jour de rétention, et les autres personnes libres qui leur auront donné pareille retraite en 10 livres tournois d'amende par chacun jour de rétention. »

Cette pénalité n'eut probablement guère d'effet, car une ordonnance royale, du 10 juin 1705[4], décide que les nègres libres qui faciliteront aux esclaves les moyens de devenir marrons seront déchus de leur liberté et vendus avec leur famille résidant chez eux au profit du roi. Cette législation

---

[1] Arch. Col., F, 248, p. 278. La date n'est pas mieux précisée.
[2] Ib., C³, II.
[3] Ib., F, 248, p. 991.
[4] Ib, ib., p. 36; et 250, p. 303. Lettre du Min. à M. de Machault pour lui envoyer ladite ordonnance.

fut appliquée pendant un certain temps[1]. Mais elle fut sensiblement adoucie pour les Iles-sous-le-Vent par une Déclaration royale du 8 février 1726[2], en vertu de laquelle le coupable seul perdait la liberté, et encore dans le cas seulement où il n'aurait pu payer l'amende fixée à 300 livres de sucre par chaque jour de recel[3]. Elle paraît pourtant être restée en vigueur à Saint-Domingue, comme tendraient à le prouver deux arrêts du Conseil du Cap, du 7 avril 1758 et du 23 mars 1768[4].

En somme, les maîtres durent toujours être sur le qui-vive. Non seulement ils avaient à craindre les esclaves partis en marronage, mais ils étaient exposés à des complots et révoltes de ceux qui restaient sur les habitations. Cependant nous ne voyons pas que les noirs soient jamais arrivés à réussir dans leurs tentatives réitérées pour secouer le joug qui les opprimait.

« Leurs desseins seraient impénétrables, écrit l'auteur de l'*Essai sur l'esclavage*[5], s'ils n'étaient découverts par des femmes maîtresses de blancs auxquels elles sont ordinairement fort attachées. — La danse appelée à Surinam *Watur mama*, et dans nos colonies *la mère de l'eau*, leur est sévèrement interdite. Ils en font un grand mystère, et tout ce qu'on en sait, c'est qu'elle échauffe beaucoup leur imagination. Ils s'exaltent à l'excès lorsqu'ils méditent un mauvais dessein. Le chef du complot entre en extase jusqu'à perdre connaissance ; revenu à lui, il prétend que son dieu lui a parlé et lui a commandé l'entreprise ; mais, comme ils n'adorent point le même

---

[1] Cf. Ord. de M. Gabaret. Arch. Col., F, 250, p. 867, 1ᵉʳ août 1710 ;— et deux arrêts du Conseil de la Martinique, des 6 mars et 7 septembre 1719, F, 251, pp. 975 et 1039.

[2] Moreau de Saint-Méry, III, 159.

[3] L'article 34 du Code Noir spécial à la Louisiane — mars 1724 — contenait déjà cette modification; seulement l'amende était de 30 livres par jour de rétention pour les affranchis et de 10 livres pour les autres personnes. Cf. Code Noir, éd. de 1788, p. 291.

[4] Moreau de Saint-Méry, IV, 225, et V, 165.

[5] Arch. Col., F, 129.

dieu, ils se haïssent et s'épient réciproquement, et ces projets sont presque toujours dénoncés. »

Nous avons déjà vu (au chapitre *De la Religion*, § IV), qu'en 1748 les esclaves de la Martinique avaient résolu de profiter de la nuit de Noël pour s'emparer de l'île et qu'ils échouèrent surtout parce qu'un habitant eut par hasard connaissance du complot. Aussi avait-on redoublé depuis de précautions contre eux. Le 15 avril 1704, à la Guadeloupe[1], le procureur du roi « requiert l'incarcération et l'interrogatoire de plusieurs nègres, dont les discours semblent menacer la colonie d'une révolte générale et imminente ». On les accusait d'avoir « dit que les Anglais allaient partir, mais que l'île deviendrait noire, que les nègres deviendraient blancs ». Un des nègres interrogés répond « qu'il n'est pas permis de penser qu'il ait dit pareille chose, où il n'y a pas le moindre sens ». On leur attribue également d'autres propos, tels que ceux-ci : « Les blancs demanderaient bientôt pardon aux nègres ; — il y aurait, cette année, un mauvais temps qui détruirait les plantations et les blancs. — Les gros sucriers perdraient l'île parce qu'ils ne nourrissaient pas leurs esclaves, les faisaient travailler jour et nuit, pendant qu'ils étaient couchés avec leurs femmes, et tiraient le sang de leurs esclaves, ne leur donnaient point à vivre, se contentant de faire du sucre, ce qui obligeait tous les nègres à aller marrons dans les bois ;... — si les Anglais venaient une seconde fois assiéger l'île, les marrons pourraient bien se mettre avec eux. » La cause est instruite. Dans la relation de la procédure, il est rapporté qu'un nègre a été menacé de la question ; or il répond « que Dieu est son créateur ; que nous le ferons mourir si nous voulons, qu'il ne sait pas mentir et que nous pouvons demander à son maître s'il s'est dérangé ». Plusieurs esclaves furent condamnés au carcan et à la fustigation.

[1] Arch. Col., F, 226, p. 659.

Le 21 juillet 1708, à la Martinique, le bruit se répand qu'un roi nègre très puissant a racheté les noirs et qu'ils vont tous retourner dans leur pays. Cette nouvelle a « échauffé leur cervelle ». Pour réprimer leur ardeur, on prend le parti de donner 30 coups de fouet pendant trois jours à ceux qui colporteraient la nouvelle et de les mettre aux fers[1].

Le calme finit par renaître dans la plupart des cas, grâce au système de la terreur. Toute velléité de liberté n'est-elle pas comme un vol et même un crime? Et quoi ! le maître a payé ses esclaves, il les nourrit et les entretient ; et les voilà qui s'enfuient, qui se révoltent ! Heureusement le blanc a pour lui la loi et la force mises au service de... la justice ! Nous avons constaté qu'il sait en profiter pour se protéger et ne pas perdre sa propriété. En France, pourtant, on n'admet plus depuis longtemps qu'un homme soit la propriété d'un autre homme. Mais les colonies sont loin, et il ne s'agit que de nègres ! Dans la métropole, on en voit bien, de temps en temps, quelques-uns. Après tout, ils n'ont pas l'air si malheureux. Ceux-là sont, il faut le dire, les privilégiés amenés par leurs maîtres comme domestiques. Encore la loi commune, qui veut qu'il n'y ait que des libres sur le territoire du royaume, fait-elle une exception pour eux, comme nous allons le voir.

[1] Arch., Col., F, 134, p. 97.

CHAPITRE VIII

DES ESCLAVES AMENÉS EN FRANCE

> « Notre royaume est dit et nommé le royaume des Francs... » (Ordonnance de Louis X le Hutin.)

I. — Le principe de la liberté personnelle en France au xiv° siècle. — Que vont devenir les nègres esclaves des colonies passant dans la métropole ? — Au début, ils sont considérés comme libres. — Première décision à ce sujet, en 1696. — Défense aux capitaines d'en embarquer. — Ceux qui ont débarqué en France ne peuvent être contraints de retourner aux îles.

II. — Édit d'octobre 1716, restrictif de la liberté. — Déclaration royale, du 15 décembre 1738, pour empêcher les maîtres de garder leurs esclaves au delà des délais fixés ; ses prescriptions plus sévères. — Déclaration à faire pour les esclaves amenés en France. — Exceptions au règlement. — Cas de confiscation. — Les nègres se multiplient en France.

III. — Ordonnances du duc de Penthièvre (1762). — Lettre ministérielle aux administrateurs des colonies pour leur défendre d'accorder aucun passage aux gens de couleur (1763). — De la consignation à payer pour les esclaves amenés dans la métropole. — Déclaration du roi, du 9 août 1777, interdisant l'entrée du royaume à tous les gens de couleur, sauf les domestiques.

IV. — Difficulté de garder les nègres en dépôt. — Pièces servant à vérifier la situation des noirs embarqués pour la France. — Du nombre des nègres venus en France. — Arrêt du 11 janvier 1778. — Ordonnance du 23 février. — Arrêt du 5 avril, interdisant le mariage entre blancs et gens de couleur. — La plupart des prescriptions ne furent jamais rigoureusement observées.

I

Le célèbre édit du 3 juillet 1315, par lequel Louis X le Hutin vendit la liberté aux serfs du domaine royal ne fit guère que consacrer légalement l'œuvre d'affranchissement à peu près entièrement accomplie en France à cette époque. Le principe de la liberté personnelle triomphait définitivement. D'après les termes mêmes employés par le roi, « selon le droit de nature, chacun doit naître franc... Considérant que notre royaume est dit et nommé le royaume des Francs, et voulant que la chose en vérité soit accordant au nom et que la condition des gens amende de nous, etc. » Donc, depuis lors, la loi générale du royaume avait été qu'il ne pouvait plus y avoir de personnes liées à d'autres personnes par les liens de la servitude ancienne et primitive. Mais qui pouvait prévoir que la nation très chrétienne des Francs ferait elle-même revivre l'esclavage, sinon sur le territoire propre du royaume, du moins en des pays proclamés terre française? Encore dans ces « climats infiniment éloignés de notre séjour ordinaire », comme dit le préambule du Code Noir, l'esclavage rétabli aux dépens de la malheureuse race noire ne paraissait pas trop choquant ; l'horreur ne nous touche très vivement que de près. Puis le voile de la religion couvrait tout. Mais les colons, qui s'étaient expatriés pour aller chercher fortune dans les lointaines Antilles, n'avaient pas abandonné le sol de la patrie sans esprit de retour. Bien plus, dès le début, il arriva que la plupart de ceux qui avaient fait leur fortune aux îles voulurent revenir en jouir en France ; à tout le moins, les uns et les autres y étaient ramenés momentanément par leurs intérêts, le souci de leur santé ou le désir de la distraction. Alors ils amenèrent avec eux des serviteurs nègres. D'autre part, les capitaines de navire, soit curiosité, soit spéculation, en embarquèrent pour la France. Ainsi se posa la question : Quelle était, une fois qu'ils avaient débarqué sur le sol du royaume, la situation de ces nègres? Le principe n'était pas douteux : ils devaient être libres. Mais nous allons voir que, dans la pratique, on ne tarda pas à s'ingénier pour l'éluder.

Le premier document que nous ayons trouvé concernant des esclaves amenés en France est une lettre adressée, le

4 octobre 1691, par le Ministre à M. d'Esragny[1] : « Le roi ayant été informé qu'il est passé sur le vaisseau *l'Oiseau* deux nègres de la Martinique, Sa Majesté, pour punir le sieur Chevalier de Hère, qui le commande, de n'avoir pas eu à cet égard toute l'attention qu'il fallait pour les empêcher de s'embarquer, donne ordre au sieur Ceberet d'en retenir le prix sur ses appointements, sur le pied de 300 livres pour chacun, et de le faire remettre à l'écrivain du vaisseau *le Vaillant* pour le payer suivant vos ordres à ceux à qui ces nègres appartiennent. Elle n'a pas jugé à propos de les renvoyer aux îles, la liberté étant acquise par les lois du royaume aux esclaves, aussitôt qu'ils en touchent la terre. » Il n'y a donc pas de doute ; l'affirmation du Ministre est bien nette. De même, dans une lettre du 2 juillet 1692[2], D. de Goimpy se plaint qu'on débauche des nègres pour les ramener en Europe, parce qu'ils sont libres dès qu'ils y arrivent. Il y a parmi eux tel nègre ayant appris un métier, que son maître ne donnerait pas pour 1.000 écus, et qui rapporterait plus de 400 francs par an, s'il le faisait travailler chez les habitants. Il faudrait punir sévèrement les nègres qui s'évadent et leurs complices. Le paiement de 100 écus, auquel on les rembourse, est à peine la valeur d'un jeune nègre qui n'est propre qu'à travailler la terre.

Il fut tenu compte de ces observations, à en juger par les deux pièces suivantes. La première est une lettre du Ministre à De Blenac[3], du 28 avril 1694 : « Quelques capitaines ayant ramené des nègres, le roi les a forcés à en payer le prix à raison de 400 livres pour les déterminer à prendre des précautions contre leurs équipages, qui en embarquent sans leur aveu. Du même jour est une ordonnnance[4] portant que les capitaines paieront « 400 livres pour tout nègre, de quelque âge et force que ce soit ». M. Trayer pense « que ce

---

[1] Arch. Col., B, 14, p. 104.
[2] Arch. Col., C⁸, 7.
[3] *Ib.*, B, 18, p. 18.
[4] *Ib., ib.*, p. 19. M. Trayer l'indique à tort comme étant du 28 octobre.

n'est là qu'une indemnité et que le fugitif doit être rendu à son maître[1] ». C'est une erreur évidente, comme le prouvent les documents que nous venons de citer et dont il semble n'avoir pas eu connaissance. D'ailleurs, nous ferons observer que c'est bien en effet à peu près le prix des nègres à cette époque, tel que nous avons pu l'évaluer approximativement (livre I, ch. IV).

Le 12 octobre 1696[2], le Ministre écrit à M. Robert, intendant à la Martinique : « Je n'ai trouvé aucune ordonnance qui permette aux habitants des îles de conserver leurs nègres esclaves en France, lorsqu'ils se veulent servir de la liberté acquise à tous ceux qui en touchent la terre. » Il faut croire que l'administrateur, dans une lettre que nous n'avons pas retrouvée, demandait des renseignements sur ce point, et, sans doute, si tel ou tel habitant pouvait emmener avec lui des nègres sans risquer de les perdre. En tout cas, la réponse est très positive et nous renseigne de la façon la plus formelle sur la question. D'ailleurs, c'est ce que confirme une autre lettre ministérielle, du 5 février 1698[3], à M. Ducasse. Cette lettre traite en même temps de la question de la liberté à accorder aux mulâtres. Non seulement les esclaves deviennent libres par le seul fait de débarquer en France, mais ils ne peuvent être contraints de retourner aux îles ; ceux qui, ayant été emmenés petits dans le royaume, seront renvoyés aux îles pour être vendus, ne pourront être privés de la liberté qui leur était acquise[4].

Voici un cas spécial : il s'agit des nègres revenus de l'expépédition de Carthagène. « Le roi veut bien que les nègres, qui ont été à l'expédition de Carthagène et qui sont revenus, après avoir été pris par les ennemis, ou ont repassé par la France, soient affranchis, à condition que ce qui appartient

[1] *Op. cit.*, p. 92.
[2] Arch. Col., F, 249, p. 818.
[3] Moreau de Saint-Méry, I, 579.
[4] Arch. Col., B, 21, p. 51 ; — et F, 249, p. 926. Lettre ministérielle à M. Robert, 12 mars 1698.

à chacun de ces nègres, pour leur part, soit payé ou remis à leurs maîtres dans la colonie ; vous m'en enverrez le rôle en me marquant ce qu'ils sont devenus[1]. »

Cette question des affranchissements pour les nègres passés en France ne laissait pas de provoquer bien des difficultés. Ainsi l'intendant Mithon consulte le Ministre, le 20 novembre 1704[2] : les habitants prétendent que les nègres emmenés en France sont tenus, en qualité d'affranchis, de servir leur maître, sa vie durant, sans pouvoir le quitter ;... « ce serait là un milieu qui accommoderait l'habitant. » Mais un autre problème se posait : il s'agit du cas des négresses qui, depuis trente ans, ont été en France, ont peuplé à leur retour et fait de nombreuses familles. « Si ces familles venaient à réclamer leur liberté, qui leur est acquise par les mères qui ont été en France, la liberté ou l'esclavage suivant le ventre par le droit romain et par les ordonnances, quel parti prendre ? » Les déclarer libres, ce serait ruiner certains maîtres et peupler l'île de libertins. Mithon exprime alors l'avis que la loi qui déclare libre tout nègre allant en France pourrait ne produire ses effets que depuis la première décision de 1696. La seule lettre du Ministre que nous ayons trouvée ensuite à ce sujet, et qui semble d'ailleurs être une réponse tardive à la précédente, est du 10 juin 1707[3]. « L'intention de Sa Majesté est que les nègres qui auront été amenés dans le royaume par les habitants des îles, qui refuseront d'y retourner, ne pourront y être contraints ; mais que, du moment que de leur pleine volonté ils auront pris le parti de les suivre et de se rendre avec eux dans l'Amérique, ils ne puissent plus alléguer le privilège de la terre de France, auquel ils semblent avoir renoncé par leur retour volontaire dans le lieu de l'esclavage ; c'est la règle qui doit être suivie sur ce sujet, qui ne peut tirer à aucune conséquence, ni aug-

---

[1] Moreau de Saint-Méry, I, 629. Lettre min. à M. Ducasse, 11 mars 1699.
[2] Arch. Col., C⁸, 15.
[3] Moreau de Saint-Méry, II, 99.

menter considérablement le nombre des nègres libres, parce que les habitants en amènent peu et choisissent, lorsqu'ils sont obligés d'en amener pour le service, ceux qu'ils connaissent le mieux et dans lesquels ils ont plus de confiance ; ils seront plus certains qu'ils ne désireront pas les quitter ; cette règle répond au cas particulier qui regarde les négresses, dont les requêtes ne doivent point être reçues. »

II

Mais, en somme, il n'y eut pas de réglementation complète sur la question avant l'édit du mois d'octobre 1716[1]. C'est dans l'ordre chronologique, le texte le plus important sur la matière. Il fut rendu, ainsi que l'indique le préambule, après examen des différents mémoires des administrateurs, dont il résultait que le Code Noir devait être maintenu dans son ensemble. Il s'agissait donc de prendre des dispositions nouvelles sur le cas des esclaves amenés en France, que n'avait pas prévu l'édit de mars 1685. Les maîtres, est-il dit, envoient leurs esclaves en France pour deux raisons : « pour les confirmer dans les instructions et dans les exercices de notre religion et pour leur faire apprendre, en même temps, quelque métier ou art, dont les colonies recevraient beaucoup d'utilité par le retour de ces esclaves. » (art. 1). — Pour amener des esclaves nègres en France, les propriétaires « seront tenus d'en obtenir la permission des gouverneurs généraux ou commandants dans chaque île, laquelle permission contiendra le nom du propriétaire, celui des esclaves, leur âge et leur signalement » (art. 2). — « Les propriétaires desdits esclaves seront pareillement obligés de faire enregistrer ladite permission au greffe de la juridiction du lieu de leur résidence avant leur départ, et en celui de l'Amirauté du lieu du débar-

[1] Moreau de Saint-Méry, II, 525.

quement, dans la huitaine, après leur arrivée en France »
(art. 3). — « Les esclaves ne pourront prétendre avoir
acquis la liberté que si les maîtres négligent d'accomplir les
formalités prescrites » (art. 5). — « Il est défendu de soustraire les esclaves à leurs maîtres sous peine de répondre de
leur valeur et de payer une amende de 1.000 livres » (art. 6).
— « Les esclaves nègres de l'un et l'autre sexe, qui auront
été emmenés ou envoyés en France par leurs maîtres, ne
pourront s'y marier sans le consentement de leurs maîtres,
et, en cas qu'ils y consentent, lesdits esclaves seront et
demeureront libres en vertu dudit consentement » (art. 7).
— « Voulons que, pendant le séjour des esclaves en France,
tout ce qu'ils pourront acquérir par leur industrie ou par
leur profession, en attendant qu'ils soient renvoyés dans nos
colonies, appartienne à leurs maîtres, à la charge par lesdits
maîtres de les nourrir et entretenir » (art. 8). — Si un maître
meurt, les esclaves « resteront sous la puissance des héritiers du maître décédé », qui devront les renvoyer aux
colonies pour y être partagés avec les autres biens, sauf le
cas où le maître les aurait affranchis par testament ou
autrement (art. 9). — « Les esclaves nègres venant à mourir
en France, leur pécule, si aucun se trouve, appartiendra aux
maîtres desdits esclaves. » (art. 10). — « Les maîtres desdits
esclaves ne pourront les vendre ni échanger en France... »
(art. 11). — « Les esclaves nègres étant sous la puissance
de leurs maîtres en France ne pourront ester en jugement en
matière civile autrement que sous l'autorisation de leurs
maîtres » (art. 12). — « Les créanciers des maîtres ne pourront faire saisir les esclaves en France » (art. 13). — « Les
esclaves quittant les colonies sans la permission de leurs
maîtres pourront être réclamés par eux partout où ils se
trouveront » (art. 14). — « Les habitants de nos colonies qui,
après être venus en France, voudront s'y établir et vendre les
habitations qu'ils possèdent dans lesdites colonies, seront
tenus dans un an à compter du jour qu'ils les auront vendues

et auront cessé d'être colons, de renvoyer dans nos colonies les esclaves nègres de l'un et de l'autre sexe, qu'ils auront emmenés ou envoyés dans notre royaume. » Il en sera de même pour les officiers qui auront cessé d'être employés dans les colonies (art. 15 et dernier).

Ce fut jusqu'en 1738 la seule législation en vigueur sur ce point. Mais on n'avait pas tardé à s'apercevoir des abus auxquels donnait lieu cette tolérance. Aussi, le 15 septembre 1738, parut une Déclaration du roi[1], destinée à les réprimer en édictant des prescriptions plus sévères. Le préambule expose qu'à la faveur de l'édit de 1716 on a fait passer en France un grand nombre de nègres, mais que, nonobstant l'article 15, les habitants, qui ont définitivement quitté les colonies, gardent leurs esclaves dans le royaume, « que la plupart des nègres y contractent des habitudes et un esprit d'indépendance qui pourraient avoir des suites fâcheuses ; que, d'ailleurs, leurs maîtres négligent de leur faire apprendre quelque métier utile, en sorte que, de tous ceux qui sont emmenés ou envoyés en France, il y en a très peu qui soient renvoyés dans les colonies, et que, dans ce dernier nombre, il s'en trouve le plus souvent d'inutiles et de dangereux ». De là des dispositions nouvelles, que nous résumons: Il sera fait mention du jour de l'arrivée des esclaves dans les ports (art. 2). — Pour les esclaves amenés à Paris, la permission délivrée par les administrateurs sera enregistrée au greffe du siège de la Table de marbre du Palais ; il faudra indiquer d'une manière précise le métier et le maître chargé d'instruire les esclaves (art. 3). — Les esclaves devant apprendre un métier ne pourront être gardés plus de trois ans en France ; sinon, ils seront confisqués au profit du roi (art. 6). — « Les habitants de nos colonies qui voudront s'établir dans notre royaume ne pourront y garder dans leurs maisons aucuns esclaves de l'un ni de l'autre sexe, quand bien même ils n'auront pas vendu leurs

[1] Moreau de Saint-Méry, III, 547.

habitations dans leurs colonies... » (art. 7). — Pour chaque nègre non renvoyé, outre qu'il sera confisqué, le maître devra payer 1.000 livres, somme consignée d'avance pour obtenir la permission de l'emmener (art. 8). — Quant à ceux qui sont actuellement en France, les maîtres seront tenus d'en faire dans trois mois la déclaration au siège de l'Amirauté, en s'engageant en même temps à les renvoyer dans un an (art. 9). — « Les esclaves nègres qui auront été emmenés ou envoyés en France ne pourront s'y marier, même du consentement de leurs maîtres, nonobstant ce qui est porté par l'article 7 de notre édit du mois d'octobre 1716, auquel nous dérogeons quant à ce » (art. 10). — « Dans aucun cas, ni sous quelque prétexte que ce puisse être, les maîtres qui auront amené en France des esclaves de l'un ou de l'autre sexe ne pourront les y affranchir que par testament ; et les affranchissements ainsi faits ne pourront avoir lieu qu'autant que le testateur décèdera avant l'expiration des délais dans lesquels les esclaves emmenés en France doivent être renvoyés dans les colonies » (art. 11). — Enfin, il est prescrit d'élever les esclaves dans la religion catholique, apostolique et romaine.

Cette Déclaration est commentée dans une lettre du Ministre à MM. de Larnage et Maillart, du 15 février 1739 [1]. Nous y relevons ce passage : « Enfin, toutes les dispositions de cette déclaration ont pour objet d'empêcher que la liberté que le roi veut bien laisser aux habitants des îles de faire passer des esclaves en France ne puisse point occasionner la multiplicité des affranchissements ni le mélange du sang des noirs dans le royaume. » Ce sont également les mêmes idées qui sont exprimées dans une lettre ministérielle à M. Hérault [2]. Conformément à ladite Déclaration, un ordre du roi [3] porte qu'un nègre engagé en France, dans un régiment de carabi-

---

[1] Arch. Col., B, 68, *Iles-sous-le-Vent*, p. 8.
[2] *Ib*, F 256, p. 865, 22 décembre 1739.
[3] Ib., ib., 867, 24 décembre 1739.

niers, comme trompette, continuera à y servir, nonobstant les réclamations de son maître, attendu que les formalités voulues par les ordonnances concernant les nègres esclaves amenés en France n'ont point été remplies.

Aux Archives Nationales sont conservés les registres qui ont servi à l'enregistrement des déclarations relatives aux nègres emmenés en France des colonies. Il y en a 5[1] : Le premier, de 28 feuillets, commence le 26 juin 1739, et la dernière déclaration qu'il porte est du 4 mars 1751. Au 1ᵉʳ juillet 1752, il y avait, rien que pour la Martinique, 167 nègres déclarés en France[2]. On peut voir aussi aux Archives Nationales[3] un « État des certificats délivrés aux nègres et négresses non déclarés au greffe de l'Amirauté de 1755 à 1758 ».

Voici quel était le « Modèle de la déclaration[4] à faire pour les esclaves emmenés en France ».

« Du..... 1760. — Est comparu au greffe de la cour... sieur (*son nom, qualité* et *demeure*, etc.), lequel, pour satisfaire aux ordonnances et règlements, a déclaré avoir à son service tel ainsi nommé, âgé de..., né en tel lieu, de telle colonie, qu'il a fait instruire dans la religion catholique romaine, et qui a été baptisé en tel lieu, lequel il a amené avec lui dudit lieu de... dont il est parti le... dans le vaisseau nommé le... lequel est arrivé en France au port de..., le..., et qu'étant dans l'intention de retourner en ladite colonie aussitôt qu'il aura fini ses affaires en France, il remmènera avec lui ledit..., lequel il garde à cet effet à son service en qualité de nègre. Dont et de quoi il a requis acte à lui octroyé pour lui servir et valoir ce que de raison et a signé. »

Il y eut des exceptions à la rigueur de la règle. Elles furent même assez nombreuses. Nous n'en indiquerons que quelques-unes, à titre d'exemples. Il est à remarquer que les

[1] Arch. Nat., Z¹ᴰ, 139.
[2] Arch. Col., F, 134, p. 79.
[3] Z¹ᴰ, 139.
[4] *Ib.*

motifs n'y sont pas indiqués. Elles devaient s'obtenir par la faveur. Ainsi, un ordre du roi, du 8 novembre 1743 [1], permet à la dame Pelletier de retenir en France la nommée Hélène, négresse esclave, pendant le temps et espace de huit mois au delà des trois années accordées par la déclaration de 1738. Le sieur Louis Gratiano du Godin, de la Martinique, obtient de retenir pendant un an le jeune nègre nommé Lorient et une négresse nommée Marie-Jeanne [2].

D'autres fois, au contraire, les règlements sont appliqués d'une manière inflexible contre les maîtres en faute. Les cas étaient assez fréquents. Une lettre du Ministre à MM. de Chatenoye et Maillart [3], du 10 avril 1747, leur notifie la confiscation du nommé François Denis, nègre esclave du sieur Sombrun, négociant à La Rochelle ; il devra être embarqué pour Saint-Domingue et employé aux travaux du roi. Le 2 juin suivant [4], le Ministre envoie à M. Maillart un ordre du roi pour transporter également à Saint-Domingue la négresse Catherine. Elle appartenait au sieur Morgan ; fatiguée de ses mauvais traitements, elle s'est pourvue à l'Amirauté de Nantes, revendiquant sa liberté ; mais elle s'est trouvée simplement dans le cas de confiscation. L'intendant en disposera de la manière qui lui paraîtra le plus convenable. Et, quelques jours après [5], le Ministre l'informe qu'elle a deux enfants qui seront embarqués avec elle. S'ils ne peuvent pas être employés aux travaux publics, il n'aura qu'à les vendre. Il devra prendre garde surtout que ni la négresse ni ses enfants ne retombent aux mains de Morgan. Dans l'intervalle, avait paru un ordre du roi [6] pour confirmer une sentence de l'Amirauté de Nantes qui portait confiscation au profit du roi de la négresse et de ses enfants.

[1] Arch. Col., B, 76, *Iles-sous-le-Vent*, p. 125.
[2] *Ib.*, B, 78, p. 53.
[3] *Ib.*, B, 85, *Iles-sous-le-Vent*, p. 14.
[4] Ib., *ib.*, p. 17.
[5] Ib., *ib.*, p. 20.
[6] *Ib.*, Col. en général, XIII, F, 90, 25 juin 1747.

Nous trouvons un cas assez singulier, à la date du 15 août 1748[1] : d'après un ordre du roi, la négresse Marie-Magdelaine a été envoyée en France par la veuve Cahouët en 1733, et attachée alors par elle au service de sa fille, avec promesse de l'affranchir. Cependant la demoiselle Cahouët l'a congédiée après plusieurs années de service assidu, parce qu'elle ne se trouvait plus en état de l'entretenir, comme l'atteste un certificat qu'elle lui a délivré, le 11 avril 1745 ; son frère a consenti à l'affranchissement et, depuis, la négresse a travaillé à gagner sa vie. Mais elle est réclamée aujourd'hui par le sieur Lamanoir, qui a épousé la veuve Cahouët. Or celle-ci n'a pas fait les déclarations voulues ; la négresse aurait donc dû être confisquée. Mais, vu les circonstances particulières où elle se trouve, Sa Majesté l'a affranchie, à condition qu'elle repasse dans six mois à Saint-Domingue. — En revanche, la mulâtresse Rosette, quoique mariée à Paris, à la paroisse Saint-Eustache, à un blanc, valet de chambre de M. de Chanvallon, est envoyée à la Martinique pour y être vendue[2].

Une lettre ministérielle, du 11 mai 1752, à MM. de Bompar et Hurson[3], les prévient d'un ordre autorisant la demoiselle de Crezol à garder en France encore pendant trois ans la négresse Pancrasse et à affranchir une autre de ses esclaves, nommée Marie-Thérèse. En même temps il est observé que les nègres se multiplient trop en France et qu'il y a lieu de tenir la main à l'exécution de la Déclaration du roi sur cette matière. — Le 18 octobre 1753, une lettre analogue est adressée aux administrateurs de la Martinique[4]. « Il est certain, y est-il dit, qu'il y en a actuellement beaucoup de répandus dans toutes les villes du royaume, et principalement dans les ports. » Le Ministre parle des habitudes et des con-

[1] Arch. Col., B, 87, *Iles-sous-le-Vent*, p. 27.
[2] *Ib.*, F, 134, p. 82. Pas de date.
[3] *Ib.*, B, 95, *Iles-du-Vent*, p. 19.
[4] *Ib.* F, 258, p. 741.

naissances qu'ils acquièrent pendant leur séjour et qui sont de nature à les rendre dangereux. Ne pourrait-on pas en venir à une défense générale, sauf pour les domestiques ? Les raisons invoquées — religion et métiers — ne doivent plus guère subsister. Les administrateurs répondent affirmativement.[1]. Ils font remarquer qu'en France les habitants n'hésitent pas à se lier avec les nègres et n'ont pas pour eux le mépris que l'on a aux colonies. « Les nègres qui reviennent de France sont insolents par la familiarité qu'ils y ont contractée avec des blancs, et y ont acquis des connaissances dont ils peuvent faire un très mauvais usage. » Les motifs de la Déclaration de 1738 ne subsistent plus ; il y a assez d'ouvriers, trop de nègres même connaissant des métiers, car les blancs trouvent difficilement à s'employer ; et il y a aussi assez de secours spirituels. Les administrateurs ajoutent ce détail que M. de Rochechouart a emmené 9 ou 10 nègres, qu'il compte mettre dans sa terre ; il en a fait sa déclaration. Le roi rend alors une ordonnance — 9 mars 1754 — ne permettant d'emmener qu'un nègre avec soi et enjoignant de le représenter au retour[2].

III

Il parut, quelque temps après, un règlement des plus importants: ce sont les ordonnances du duc de Penthièvre, amiral de France, des 31 mars et 5 avril 1762[3]. Elles enjoignent à toutes personnes ayant à leur service des nègres ou mulâtres de l'un ou de l'autre sexe d'en faire la déclaration au greffe de l'Amirauté de France et font défense par provision à qui que ce soit de vendre ou acheter aucuns nègres

---

[1] Arch. Col., *Col. en général*, XIII, F, 90, 30 janvier 1754.
[2] Dessalles, V. 62.
[3] Moreau de Saint-Méry, IV, 450. Le texte manuscrit est aux Arch. Nat., Z¹ᴅ, 139.

ou mulâtres. Elles furent promulguées à propos d'un cas particulier, celui d'un mulâtre, Louis, de Saint-Domingue, qui réclamait sa liberté à un M. Le Febvre, bourgeois de Paris. Les considérations historiques du préambule sont des plus curieuses et méritent d'être rappelées en passant ; elles sont tirées des conclusions du procureur du roi, qui a exposé les « abus aussi odieux que multipliés qui se commettent journellement tant à Paris que dans le ressort de la Chambre, à l'occasion des nègres et mulâtres ». Il remonte alors jusqu'au règne de Clovis, époque à laquelle les « seigneurs n'étaient puissants que par l'asservissement de leurs vassaux. Ces derniers, réduits à la plus dure servitude, étaient contraints d'obéir en esclaves, à la première volonté de leur maître ». Ce ne fut que sous la troisième race que « l'esclavage, dont le nom seul révolte toujours, subsistant malgré les adoucissements que des lois sages y avaient apportés, reçut une atteinte mortelle. L'abbé Suger, régent du royaume, en 1141, affranchit par un diplôme tous les gens de mainmorte ; Louis X, en 1315, et Henri II, en 1553, terminèrent définitivement la prescription de toute sorte de servitude corporelle. — Le cri de la liberté devint alors général ; et, si celui de l'esclavage se faisait quelquefois entendre, il était bientôt proscrit par les arrêts de cet auguste corps qui fait le bonheur et le repos de la France. Le Parlement rejeta toujours toute demande qui avait le plus léger rapport à la servitude corporelle. On ne connut donc plus d'esclaves en France. Tous les hommes y vécurent en frères. Il n'y eut plus de différence entre les sujets du même monarque. L'étranger réduit à la servitude y trouva même un asile ; et il a toujours suffi depuis qu'il soit entré dans ce royaume pour y recouvrer un bien qui est commun à tous les hommes. C'est ce qui a été jugé par le Conseil de nos rois, par le Parlement et par plusieurs sentences de ce tribunal, le plus ancien du royaume. » L'auteur dit ensuite que Louis XIII a fait une exception aux maximes du royaume en permettant la traite des nègres en

1615 (?). « Et on ne peut disconvenir que l'esclavage, dans ce cas, n'ait été dicté par la prudence et par la politique la plus sage. Cet esclavage, au surplus, n'a rien de comparable à celui des Romains que relativement aux effets publics de la volonté; car, relativement aux personnes des esclaves, ils y sont traités avec toute la douceur naturelle aux Français... Uniquement destinés à la culture de nos colonies, la nécessité les y a introduits, cette même nécessité les y conserve, et on n'avait jamais pensé qu'ils vinssent traîner leurs chaînes jusque dans le sein du royaume. C'est néanmoins ce qu'ont voulu introduire parmi nous quelques habitants de nos colonies, dont l'orgueil, resserré dans ce nouveau monde, a voulu s'étendre jusque dans la capitale de cet empire et dans le reste de son étendue. » La Déclaration de 1716 est qualifiée d' « Édit subreptice et obreptice rendu sur un faux exposé et sans aucun motif de nécessité..... La France, surtout la capitale, est devenue un marché public où l'on a vendu les hommes au plus offrant et dernier enchérisseur; il n'est pas de bourgeois ou d'ouvrier qui n'ait eu son nègre esclave..... Nous sommes constamment occupés à faire ouvrir les prisons aux nègres qui y sont détenus, sans autre formalité que la volonté de leurs maîtres qui osent exercer sous nos yeux un pouvoir contraire à l'ordre public et à nos lois. » En conséquence, le nommé Louis fut déclaré libre; de plus, son maître fut condamné à lui payer 750 livres pour sept mois et demi de gage, temps durant lequel il l'avait servi en France. Le premier arrêt est du 31 mars 1762. Depuis, « la Chambre, faisant droit sur la réquisition du procureur du roi », ordonna à toutes personnes de déclarer leurs nègres dans un mois pour Paris, dans deux mois pour les villes du ressort de l'Amirauté. Les nègres et mulâtres qui n'étaient au service de personne devaient également faire leur déclaration. Enfin, il était défendu d'acheter aucuns nègres ou mulâtres.

Le 30 juin 1763, une lettre-circulaire du Ministre aux administrateurs[1] défend d'accorder aucun passage pour la

---

[1] Moreau de Saint-Méry, IV, 602.

France aux esclaves et aux nègres libres. Il est constaté une fois de plus que les esclaves ne sont guère instruits en la religion ni dans les métiers qu'on avait déclaré vouloir leur faire apprendre. Les ordres nécessaires ont été donnés pour que l'expulsion totale ait lieu au plus tard au mois d'octobre prochain, à peine de confiscation, à cause de l'abus des sang-mêlé. En conséquence, le général et l'intendant de la Guadeloupe [1] promulguent, le 1ᵉʳ mars 1764, une ordonnance défendant le transport en France des gens de couleur libres et esclaves; ils disent que, les gens de couleur s'étant multipliés outre mesure en France, « il en résulte un sang-mêlé qui augmente journellement ». Cependant l'administrateur Fénelon proteste [2] contre la mesure prise de renvoyer tous les nègres aux colonies. « Il y aurait, je crois, écrit-il, de grands inconvénients de faire repasser dans les colonies les nègres qui sont en France... Le retour des nègres de France dans les colonies nous inonderait de fort mauvais sujets trop instruits. » Dans un Mémoire du roi servant d'instruction aux administrateurs de la Martinique [3], il est recommandé d'empêcher le transport des esclaves en France, « où cette espèce s'est étrangement multipliée »; car il importe essentiellement de ne les occuper qu'à la culture des terres.

Mais le gouvernement lui-même ne s'attachait pas à une prohibition absolue. En effet, la correspondance de Saint-Domingue contient une circulaire, du 30 septembre 1766 [4], au sujet du paiement qui doit être fait de la somme de 3.000 livres par chaque nègre qui sera emmené en France, et que les habitants des colonies négligeront de renvoyer. On recommande de tenir rigoureusement la main à ce que les ordres donnés par M. de Choiseul à ce sujet soient exécutés. — Un règlement de l'intendant [5] prescrit de consigner 4.500 livres

---

[1] Arch. Col., *Recueil des lois particulières à la Guadeloupe*, F, 236, p. 707.
[2] *Ib., Colonies en général*, F, 90. Lettre au Ministre, 11 avril 1764.
[3] Durand-Molard, II, 312, 23 janvier 1765.
[4] Arch. Col., B, 123, p. 154.
[5] Moreau de Saint-Méry, V, 267, 29 août 1769, Port-au-Prince.

argent des îles pour chaque esclave, sous la condition expresse de le faire revenir dans le délai de huit mois. Et, le 25 juin 1772, dans une lettre à MM. le chevalier de Vallière et de Montarcher[1], le roi approuve les modifications proposées au sujet du versement de 3,000 livres exigé pour chaque nègre. « Elles consistent à n'exiger qu'un cautionnement pour les négresses nourrices des enfants que l'on embarque, pour les nègres qui servent des enfants en bas âge ou qui sont indispensables à des vieillards et gens infirmes : j'en ai rendu compte au roi, dit le Ministre, et Sa Majesté, en approuvant ces restrictions, vous recommande la plus grande discrétion dans la dispensation de cette faveur. »

Enfin, le 9 août 1777[2], une déclaration du roi interdit l'entrée du royaume à tous les noirs. Ce fut à la suite d'un rapport, dont nous avons retrouvé l'original aux Archives coloniales[3]. L'auteur de cette pièce, non signée, rappelle d'abord les édits de 1716 et de 1738. « Ces lois, dit-il, ont été enregistrées aux Parlements de Bordeaux, Rennes, Rouen (et, en marge, Dijon, Grenoble, Besançon, Metz). Mais le Parlement de Paris et d'autres tribunaux s'y sont refusés, et, d'après le principe qu'il n'y a pas d'esclaves en France, ils déclarent libres les nègres qui ont recours à leur autorité : les jugements rendus à cet égard étant conformes aux lois générales, il n'est pas possible de les attaquer, et cependant ces jugements priveraient les maîtres d'une propriété avouée par l'État même et par les lois qui régissent les colonies de Votre Majesté, s'ils étaient exécutés. — Le feu roi a toujours

---

[1] Arch. Col., B, 141, *Saint-Domingue*, p. 93.

[2] Moreau de Saint-Méry, V, 782. Nous n'insistons pas sur des lettres patentes du 3 septembre 1776, sur un arrêt du Conseil d'État, du 8, ni sur une ordonnance de Nosseigneurs de l'Amirauté, du 7 juillet 1777, qui ne contiennent en réalité rien de nouveau. Cf. Code Noir, pp. 473-489.

[3] Il est dans le deuxième volume de la série F⁶. En tête et en marge sont les mots : « Conseil des dépêches. Police des noirs », et l'annotation : « Approuvé à l'exception de l'article des mariages, 9 août 1777 ».

prévenu ces jugements ou en a empêché l'effet en faisant expédier par le secrétaire ayant le département de la marine des ordres pour arrêter et reconduire aux colonies les nègres qui se sont évadés et ont réclamé la liberté. » Mais il faut songer à l'« inconvénient de l'opposition de la loi à la loi et de l'autorité de Votre Majesté à celle qui est confiée à ses cours. Or les circonstances actuelles rendent le remède plus instant que jamais. La plupart des esclaves se pourvoient au siège de la Table de marbre, à Paris, pour s'y faire déclarer libres et obtenir le paiement de gages qu'ils prétendent leur être dus pour leurs services. Des Mémoires imprimés, remplis de déclamations contre l'esclavage et contre la tyrannie des maîtres, sont répandus avec profusion dans Paris. Des jugements rendus publics par des affiches avertissent les nègres qu'ils sont libres, indépendants et même égaux à ceux qu'ils regardaient comme des êtres supérieurs, qu'ils étaient destinés à servir. Enfin, quelquefois, les juges les prennent sous la sauvegarde de la justice, les font enlever de chez leurs maîtres et favorisent leur évasion ou les détiennent en prison avec défense aux concierges de s'en dessaisir sous peine de punition exemplaire. » — De plus, les nègres se multiplient chaque jour en France. « On y favorise leurs mariages avec les Européens ; les maisons publiques en sont infectées ; les couleurs se mêlent, le sang s'altère, une prodigieuse quantité d'esclaves enlevés à la culture dans les colonies ne sont amenés en France que pour flatter la vanité de leurs maîtres, et ces mêmes esclaves, s'ils retournent en Amérique, y rapportent l'esprit de liberté, d'indépendance et d'égalité qu'ils communiquent aux autres ; détruisent les liens de la discipline, de la subordination, et préparent ainsi une révolution dont les colonies voisines fournissent déjà des exemples et que la vigilance la plus active ne saurait prévenir. » — Il ne reste aucune raison de maintenir l'introduction des noirs en France... L'auteur s'est préoccupé d'élaborer un projet dont les dispositions concilient avec les principes de la propriété ceux qui guident le Parlement de Paris, afin que l'enregistrement ne souffre pas de difficulté. Il importe de substituer le mot *domestique* à celui d'esclave, et on pourra ainsi faire une exception pour les domestiques. C'est en effet ce qui eut lieu. L'article 4 de la Déclaration royale permit à tout habitant d'emmener avec lui, comme domestique, un nègre ou une négresse, qui devait rester dans le port d'arrivée jusqu'au moment de son embarquement. De plus, il était prescrit par l'article 5 de consigner 1.000 livres argent de France entre les mains du trésorier de la colonie. Tous les esclaves qui étaient alors en France devaient être déclarés dans le délai d'un mois (art. 9).

Nous citerons, à titre de curiosité, en en respectant l'orthographe, une « Lettre adressée au greffier de l'Amirotée à Paris par un sieur Le Franc, marchand à La Flèche, le 24 août 1777[1] ». « Par l'ordonnance qui a été représenté dans notre ville de vous instruire des Amériquains noirastre ou Bisquains, un nommé Jean François Piou fils de Pierre Joseph Piou et de Marthe Lossé âgé de vingt ans taille de 5 pieds 6 pouces, natif de la paroisse Saint-Jérôme de l'Artibonite isle Saint-Domingue est chez moy depuis huit ans, a fait toutes ses études a quitté ses classes par ordre du père. Jai lui ait fait apprendre le métier de charpentier et autre Etats par la suitte necessaire dans son pays si il est à propos d'autre indice vous aurée la complaisance de me le faire assavoir vous obligerée celui qui a l'honneur d'estre etc. » On voit que le sieur Lefranc tenait à se mettre en règle.

Le 7 septembre 1777, parut un arrêt du Conseil d'État[2] accordant un nouveau délai de deux mois aux colons ayant amené des gens de couleur en France et qui s'étaient conformés à l'article 9, s'ils voulaient les faire repasser aux îles. Passé ce délai, ceux-ci ne pourraient être retenus que de leur consentement au service de leurs maîtres.

[1] Arch. Nat., Z1D, 138.
[2] Code Noir. Ed. de 1788, p. 507.

IV

Mais ce n'était pas sans difficulté qu'on pouvait garder les nègres en dépôt. Nous le voyons par un questionnaire qu'on avait adressé à chaque port[1]. Le Ministre demande quel est le lieu le plus propre à leur servir d'abri. Dans le cas où ce devrait être la prison, Sa Majesté ne veut pas qu'ils soient traités comme les criminels, ni confondus avec eux. Suit une série de questions, auxquelles il est fait des réponses assez variables. Quel sera le prix de la nourriture? Quel sera le prix du gîte à payer au concierge, lequel fournira un matelas, une couverture, deux draps et un traversin garni de paille, à raison de deux noirs par lit? En cas de maladie, où seront-ils traités? Y a-t-il un hôpital? Quel sera le prix de la journée? Celui de l'écrou? Dans quelle forme les noirs seront-ils conduits du vaisseau au dépôt et réciproquement? Quel est le prix du passage et de la nourriture? Enfin la déclaration paraît-elle présenter des difficultés?

Une des réponses les plus caractéristiques est celle du sieur Cholet, procureur du roi de l'Amirauté de Bordeaux, en date du 18 septembre 1777. « L'Amirauté de Bordeaux n'a d'autres prisons que celles du Palais ; mais elles sont si affreuses que la seule idée d'y renfermer les noirs révolte l'humanité. Les prisonniers y sont rongés de gale et de vermine», et le procureur du roi craint que les noirs n'y apportent de plus le scorbut. Le Ministre lui répond, le 25 octobre, par une lettre où il lui exprime tout son mécontentement à ce sujet ; et le 18 novembre, le sieur Cholet lui fait savoir qu'il a pris tous les arrangements nécessaires. Il avait parlé de 20 sols pour la nourriture; mais on ramène le chiffre à 12, à raison du prix des denrées (tandis qu'il n'est que de 6 dans la plupart des

---

[1] Arch. Col. F⁶, vol. 2.

ports). — Le sieur L. Martin, concierge de la prison de Dunkerque, adresse, le 27 novembre de cette même année, une requête à M⁛ de Sartine, secrétaire d'État, à l'effet d'obtenir une augmentation de la pension des noirs. Il fait observer qu'il n'a pas de salaire, tandis qu'il est responsable des prisonniers. Il ne doit compter que sur les produits du casuel. Aussi préférerait-il être dispensé des fournitures, si on ne lui accorde des « prix proportionnés aux déboursés inévitables et aux peines qu'ils entraînent (les nègres) nécessairement ».

Un accusé de réception, signé Chardon [1], nous indique toutes les pièces à l'aide desquelles on vérifiait la situation des noirs embarqués pour la France. Il y est question d'états de situation de la caisse des consignations, qui doivent être dressés tous les mois par ses commis dans les colonies; de l'état qui doit être tenu par les administrateurs des colonies pour le départ et le retour des noirs; de celui qui doit être tenu par les intendants de la marine dans les ports, et d'un autre encore qui l'est par les procureurs du roi des Amirautés.

Nous choisirons, entre autres pièces, comme spécimen de déclaration, un Extrait des registres de l'Amirauté de France (sur papier timbré) : « Aujourd'hui est comparu au greffe M. Paquot, demeurant rue Saint-Honoré, paroisse Saint-Roch, lequel, pour satisfaire à l'ordonnance de la Chambre, a déclaré avoir à son service une négresse nommée Henriette, âgée de vingt-cinq ans, arrivée sur le vaisseau *la Jeune-Julie* en 1776 et être dans l'intention de la ramener avec lui au cap Français où elle est née, dont il nous a requis acte à lui octroyé et a signé. Fait en l'Amirauté de France, au siège général de la Table de marbre du Palais. A Paris, le 14 mai 1777. Signé : Bothée. » Cet extrait est joint à une lettre de M⁛ᵉ Paquot, qui déclare aussi vouloir ramener la négresse aux îles. Il y a toute une série de pièces relatives à cette affaire. Henriette

---

[1] Arch. Col. F⁵, Police des nègres, Carton A.

(appelée aussi Lucile dans plusieurs autres actes), ayant eu un enfant, a dû aller à l'hôpital. Il est délivré ordre de l'arrêter. Or la comtesse de Béthune, qui paraît informée des mauvais traitements que la dame Paquot exerçait contre son esclave, l'a prise sous sa protection et a sollicité un ordre du roi qui, en révoquant le premier, laisse Henriette-Lucile dans la jouissance de la liberté que les lois lui ont assurée, puisqu'elle n'a pas été ramenée en temps utile. — Le même carton des Archives Coloniales contient des pièces relatives à plusieurs autres affaires de revendication de liberté. Au sujet d'un nègre Azor, en particulier, transporté directement de la côte de Juda en France, il est déclaré qu'il n'a jamais pu être esclave.

Nous n'avons pas de relevé général du nombre des nègres existant à un moment donné en France. Voici simplement quelques indications : M. de Bacquencourt, intendant de Bourgogne, constate, le 21 décembre 1776, en réponse à une lettre de M. de Sartine, qu'il n'y en a que 9 dans sa généralité : 5 à Dijon, 1 à Louhans, 1 à Mâcon, 1 à Seurre. — Un extrait des registres de l'Amirauté de France, à Paris, du 1er janvier 1760 au 8 mars 1777, en porte 281. — Un autre état, sans lieu ni date, donne 360 depuis 1760. — Une liste dressée par l'Amirauté de Bordeaux en comprend 174, le 6 janvier 1778[1]. — Deux registres, conservés aux Archives Nationales [2], contiennent les noms de tous les noirs inscrits au greffe de l'Amirauté de France, depuis le 3 mai 1777 jusqu'au 6 octobre 1790. — En somme, il y en eut au plus quelques centaines, spécialement à Paris et dans les ports en relation avec les Antilles.

Constatons qu'on met au dépôt des nègres libres, par exemple un tonnelier, un perruquier [3], un chirurgien [4]. Sans doute ils étaient restés attachés à la personne de leurs maîtres,

---

[1] Toutes ces pièces sont aux Arch. Col., F⁶, Carton A.
[2] Z¹ᴰ, 138.
[3] Arch. Col., F⁶, vol. 2, novembre 1777. État des noirs... débarqués au Havre.
[4] Ib., ib., février 1778. État des noirs... débarqués à Nantes.

après avoir été affranchis. Un état de mars 1778 nous fournit les prix, assez variables, d'entretien des esclaves domestiques :

L'un a payé pour	48 jours	....	83 l. 8 s.
Un autre	— 37 —	....	55 livres
—	— 37 —	....	42 livres
—	— 25 —	....	46 l. 10 s.
—	— 25 —	....	35 livres
—	— 22 —	....	55 l. 3 s.
—	— 20 —	....	52 l. 11 s.
—	— 7 —	....	52 l. 16 s.

Il s'agit, dans ce dernier cas, d'un enfant de dix ans, et sa pension est de 7 livres et demie par jour. Il faut croire que c'était un négrillon auquel son maître tenait particulièrement. Or les maîtres avaient toujours le droit d'améliorer l'ordinaire de leurs domestiques. Certains sont estimés à plus de 10.000 livres. On a même vu des propriétaires refuser 20.000 livres de tel esclave de choix. « Quel homme, dit une note anonyme des Archives Coloniales [1], voudrait mettre son cheval favori, qu'il aurait acheté un prix considérable, dans un dépôt où tous les chevaux quelconques seraient admis ? La comparaison n'est pas déplacée. »

Un arrêt du Conseil d'État, du 11 janvier 1778 [2], enjoint à tous les gens de couleur, qui ont satisfait aux articles 9 et 10 de la Déclaration du 9 août 1777, de se présenter dans le délai d'un mois aux Amirautés pour y prendre un cartouche contenant leur signalement, sous peine d'être arrêtés et rembarqués. C'est le lieutenant-général de police qui est chargé de l'exécution de l'arrêt. Aussi, le 29 janvier, le procureur général de l'Amirauté, De La Haye, exprime-t-il au roi la peine qu'il ressent « de voir plusieurs dispositions de cet arrêt qui dépouillent l'Amirauté de France de sa compétence

[1] F⁶, Carton A. Police des Noirs : Réflexions sur la Déclaration du 9 août 1777 (sans date ni signature).
[2] Code Noir, p. 510.

ancienne et la mieux fondée sur cet objet[1] »; et il revient à la charge à plusieurs reprises, ainsi qu'il résulte de diverses autres pièces; mais ce fut sans succès. Nous donnons ci-après le

MODÈLE DE CERTIFICAT

[ARMES ROYALES]

Amirauté de France   *Police des noirs*   Gratis
177...

CERTIFICAT POUR UN AN

Du.. mil sept cent... le... nommé... natif de... âgé de... ans, baptisé, arrivé en France au mois de... mil sept cent... par le vaisseau le... débarqué au port de... actuellement au service de... demeurant à Paris, rue de..., déclaré au greffe, en exécution de la Déclaration du roi, le... mil sept cent soixante...

Vu par nous, lieutenant-général de l'Amirauté, à

Certifié et délivré par nous,

Greffier de l'Amirauté.

Une ordonnance du roi, du 23 février 1778[2], défend aux capitaines de débarquer des gens de couleur avant d'avoir fait leur rapport à l'Amirauté, sous peine de 500 livres d'amende et de trois mois d'interdiction de leurs fonctions. — En vertu d'un arrêt du Conseil d'État, du 5 avril suivant[3], le roi interdit à ses sujets blancs de contracter mariage avec des noirs, mulâtres ou autres gens de couleur. Il nous a paru que cet arrêt avait été rendu sur le vu de la minute d'un projet plus complet, qui est conservé aux Archives

---

[1] Arch. Col., F⁶, Carton A. Déjà Poncet de la Grave avait réclamé à ce sujet, le 4 décembre 1777. Il y a plusieurs lettres de lui de cette même année au sujet des négresses « femmes publiques et raccrocheuses », qu'il est de toute nécessité de faire arrêter, et des mariages entre blancs et noirs, qu'il convient d'empêcher.
[2] Durand-Molard, III, 358.
[3] Moreau de Saint-Méry, V, 821.

Coloniales [1]. Nous y relevons une disposition intéressante, mais nous ne croyons pas qu'elle ait été transformée en loi. « Les noirs et mulâtres auxquels il aura été permis de rester dans le royaume, est-il dit à l'article 19, pourront, comme les autres sujets de Sa Majesté et en se conformant aux ordonnances, arrêts et règlements qui les concernent, exercer tels arts et professions qui leur conviendront, sans néanmoins qu'ils puissent jamais parvenir à la qualité de maîtres dans leur communauté, ni tenir pour leur compte particulier magasin ou boutique de marchandise. » On craignit sans doute de se montrer trop libéral.

En somme, malgré les prescriptions multipliées, beaucoup de noirs restaient en France. Ainsi, le 16 février 1784, l'intendant de Saint-Domingue écrit au marquis de Castries[2], en lui envoyant un état des gens de couleur passés en France et pour lesquels il a été consigné 16.500 livres : « Vous pouvez y voir, Monseigneur, que, malgré la sévérité des règlements, il n'en est revenu aucun depuis 1778. » — Un rapport du 9 mars 1782 [3], non signé, exprime l'avis que les esclaves ne peuvent avoir leur domicile en France. « Quant à l'état des personnes, il n'appartient qu'aux juges du domicile, conséquemment aux juges des colonies. » C'est donc à tort, suivant l'auteur, que les juges de l'Amirauté jugent les nègres esclaves et les affranchissent en vertu de l'arrêt du 7 septembre 1777 ; ces causes ne sauraient être jugées que par les tribunaux des colonies. Il ne faudrait pas affranchir des esclaves par ce seul fait qu'ils n'ont pas été déclarés par leurs maîtres et renvoyés ensuite aux colonies. Ce Mémoire dut être préparé pour le Comité de législation, qui avait été établi à cette époque, spécialement pour les colonies. Ledit Comité jugea que le renvoi des esclaves aux colonies, étant chose de pure administration, ne regardait en rien la législa-

---

[1] F⁶, Police des nègres. France. Carton A.
[2] Arch. Col., F⁶, *Ib.*
[3] Ib., *ib.*

tion et le droit civil de France. L'arrêt du 7 septembre 1777 n'avait besoin, d'après lui, que d'être enregistré dans les cours par lesquelles devaient être jugés ceux qui auraient contrevenu à ses dispositions ; or ces cours étaient les Conseils supérieurs des colonies, comme juges du domicile des parties. En définitive, le Comité exprima l'avis qu'il convenait de renvoyer aux colonies tous les noirs et mulâtres, quoique libres. Ils y seraient utiles, au lieu qu'en France ils corrompaient la population et les mœurs.

On n'exécuta pourtant pas rigoureusement cette mesure. En effet, un arrêt du Conseil d'État, du 23 mars 1783[1], prescrit le renouvellement des cartouches ou certificats des noirs et autres gens de couleur qui sont à Paris. De plus, on n'en continue pas moins à amener des nègres en France. Ainsi, dans une circulaire, du 28 mars 1783, adressée aux administrateurs des diverses îles[2], il est dit : « Il débarque journellement en France des nègres et négresses domestiques, qui sont arrêtés à leur arrivée dans les ports, et réunis au dépôt, conformément à la Déclaration du 9 août 1777 ; mais les maîtres prétendent pour l'ordinaire n'avoir pas eu connaissance de cette loi ni de la défense de les amener en France. » Les administrateurs seront donc tenus de faire publier de nouveau ladite ordonnance. Il se produit également un autre abus : souvent la consignation prescrite de 1.000 livres n'est pas mentionnée ; d'où la difficulté de faire acquitter les frais du dépôt. Chaque habitant amène couramment 3 ou 4 noirs, au lieu de 1 ; d'autres n'amènent que des négrillons de quatre, cinq et six ans, et même plus jeunes. Il y a lieu de veiller à ce que chaque maître n'en amène pas plus d'un : il faudra, en outre, s'assurer que ceux qu'on embarque ont au moins quinze ans.

Telles sont les dernières mesures prises avant 1789 à l'égard des nègres amenés en France. La Constituante, par un décret

[1] Code Noir, 521.
[2] Arch. Col., B, 180, Saint-Domingue, p. 40.

du 28 septembre 1791, déclara que tout individu entrant en France était libre, quelle que fût sa couleur, et même jouissait de tous les droits civils et politiques. La Convention confirma naturellement ce principe, puisqu'elle abolit l'esclavage. Un arrêté consulaire, du 13 messidor an X (2 juillet 1802)[1], interdit de nouveau l'entrée en France à tous les gens de couleur. Cette défense fut levée pour les libres, le 5 août 1818, par une circulaire du Ministre. Mais il était interdit encore d'amener des esclaves ; sinon, ils devenaient libres.

[1] Durand-Molard, IV, 479.

CHAPITRE IX

AFFRANCHISSEMENT DES ESCLAVES. — SITUATION NOUVELLE DES AFFRANCHIS

> « Que Dieu me garde du mendiant enrichi et de l'esclave libéré ! » (Proverbe arabe, cité par Burton, *Voyage aux grands lacs*, 125.)

I. — Pas de disposition légale sur l'affranchissement avant le Code Noir, sauf pour les mulâtres. — Articles 55 et 56 du Code Noir ; pas de restrictions à la volonté des maîtres. — Motifs qui les poussent à affranchir leurs esclaves : services rendus par les domestiques ; — services rendus à la cause publique ; — liaisons illégitimes : — spéculation.

II. — Ordonnance royale interdisant l'affranchissement sans autorisation préalable (1713). — Affranchissements trop multipliés ; instructions à ce sujet. — Ordonnance royale de 1736, proscrivant la fraude qui consistait à baptiser comme libres des enfants de mères non affranchies.

III. — Vers 1740, imposition d'un droit pour les affranchissements. — Détails à ce sujet. — Suppression de cette taxe des libertés (1766). — Divers règlements locaux. — Le Conseil d'État décide qu'il n'appartient qu'aux gouverneurs et intendants de statuer sur les affranchissements. — Ordonnance de 1775. — État semestriel des permissions accordées. — Actes d'affranchissement non ratifiés. — Les esclaves ne pouvant montrer un titre légal appartiennent au roi. — Dans la pratique, la volonté des maîtres n'a jamais pu être sérieusement entravée par les règlements.

IV. — Articles 57, 58, 59 du Code Noir, relatifs aux affranchis : égalité apparente entre les gens de couleur libres et les blancs. — Le préjugé de couleur. — L'appellation de sang-mêlé considérée comme un délit. — Différence radicale entre les sang-mêlé et les blancs. — Il n'en est pas de même pour les Indiens. — L'opinion du gouvernement commence à changer vers 1789.

V. — Vérification des titres de liberté. — Défense aux sang-mêlé de porter les noms des blancs. — Politique tendant à empêcher les unions entre les gens de couleur et les blancs. — Règlements sur le luxe des gens de couleur.

VI. — Charges dans la judicature et les milices interdites aux sang-mêlé. — De même pour certains offices ou métiers. — Ils exercent sou-

vent les moins avouables. — Restrictions à leur droit de propriété ;
ils ne peuvent recevoir ni dons, ni legs des blancs. — Débats au sujet
du droit de capitation dont ils se prétendent exempts. — Mesures
diverses à leur égard. — De leurs rapports avec les blancs. — Le
préjugé de couleur partagé par les esclaves sang-mêlé.

I

La question si importante de l'affranchissement des esclaves
ne semble pas avoir été réglée avant le Code Noir; on ne
trouve en effet aucune disposition législative générale à cet
égard antérieurement à 1685. Et, pourtant, il est à peu près
certain qu'il dut y avoir alors des esclaves affranchis. Dans
les premiers recensements que nous ayons et qui remontent à
1665 pour Saint-Christophe [1], il n'est pas question néanmoins
de nègres libres. Moreau de Jonnès [2] mentionne les premiers
affranchis, au nombre de 4, en 1695, pour la Guyane française,
et il n'en indique pas pour les Antilles avant 1700. Nous ne savons
d'ailleurs de quels documents il a fait usage. Pour nous, qui
avons dépouillé 5 cartons de pièces relatives aux anciens recensements des îles [3], la seule indication précise la plus reculée
que nous ayons trouvée est de 1696 [4]. Dans le recensement
général de la Martinique pour cette année, il est porté 122 mulâtres, nègres et sauvages libres, 184 femmes et 199 enfants, sur
20.086 habitants, dont 13.126 esclaves. Pour la Guadeloupe,
en 1697 [5], il y a 50 mulâtres, nègres et sauvages libres,
96 femmes et 129 enfants, sur 7.353 habitants, dont 4.801 es-

[1] Arch. Col., G^1, 472.
[2] *Op. cit.*, p. 21.
[3] Arch. Col., G^1, 468 à 472.
[4] G^1, 470.
[5] G^1, 468.

claves. — Dès 1681, les documents que nous avons cités (liv. II, ch. ɪ, p. 152) nous apprennent qu'à la Martinique l'usage est que les mulâtres deviennent libres à vingt ans, et les mulâtresses à quinze. C'est bien ce que disait déjà le P. Du Tertre (Cf. plus haut, liv. II, ch. ɪɪɪ, p. 197) : « Quand quelque commandeur abuse d'une *nègre*, l'enfant qui en vient est libre... », et cela d'après une ordonnance. Il est également fait allusion à cette ordonnance dans un extrait du registre du greffe civil de la Martinique[1] : Le juge royal ordonne qu'une mulâtresse comprise dans une saisie jouira du bénéfice de l'ordonnance qui déclare les mulâtresses libres à quinze ans, qu'elle se pourvoira par le mariage ou se mettra en service.

Ainsi, il paraît n'avoir été réglé, sinon prévu, que ce cas spécial de l'affranchissement des esclaves avant 1685, c'est-à-dire la liberté acquise de droit, à une époque déterminée, à l'enfant né de l'union d'un blanc avec une négresse. Or nous allons voir que l'affranchissement peut résulter de plusieurs causes diverses.

Le Code Noir, très libéral sur ce point, n'impose aucune restriction à la faculté laissée aux maîtres d'affranchir leurs esclaves, soit de leur vivant, soit après leur mort, ce qui nous laisse supposer qu'auparavant l'habitude était que les maîtres pussent disposer d'eux à leur gré, puisqu'ils étaient leur propriété[2]. Ici encore nous retrouvons l'influence du droit romain. L'article 55 est en effet ainsi conçu : « Les maîtres âgés de vingt ans pourront affranchir leurs esclaves par tous actes entre vifs ou à cause de mort, sans qu'ils soient tenus de rendre raison de l'affranchissement, ni qu'ils aient besoin d'avis de parents, encore qu'ils soient mineurs de vingt-cinq ans. » Or la loi romaine permettait aux mineurs d'affranchir leurs esclaves à partir de vingt ans accomplis[3]. La disposition de l'article 55

---

[1] Arch. Col., F, 248, p. 977.
[2] Petit, *Droit public*, etc., I, 300 : « C'était une conséquence de la propriété à laquelle il paraît au premier coup d'œil être contre tout droit d'apporter aucune espèce de limitation que celle du droit d'un tiers. »
[3] Cf. Digeste, XL, 1, 1.

du Code Noir fut, il est vrai, modifiée par deux ordonnances royales, du 15 décembre 1721 et du 1er février 1743, qui interdirent aux mineurs de vingt-cinq ans, même émancipés, d'affranchir leurs esclaves. Toutefois, il ne s'agit ici que des nègres « servant à exploiter les habitations » et non des domestiques ou de ceux qui exercent des métiers[1]. L'article 56 porte, en outre : « Les esclaves qui auront été faits légataires universels par leurs maîtres ou nommés exécuteurs de leurs testaments, ou tuteurs de leurs enfants, seront réputés et tenus, les tenons et réputons pour affranchis[2]. »

On ne paraissait pas s'être rendu encore un compte bien exact du nombre des causes variées qui devaient produire l'affranchissement et devenir à la longue un danger pour les îles. Les législateurs pensaient sans doute que l'intérêt suffirait à arrêter les maîtres dans cette voie. Mais, d'un côté, ils ne se préoccupaient pas assez de leurs passions ; de l'autre, ils ne réfléchirent pas assez que, dans bien des cas, il importe peu à un maître de rendre libre un de ses esclaves après sa mort, surtout étant donné qu'au début il y avait peu de familles régulièrement constituées. Quoi qu'il en soit, il est nécessaire d'indiquer tout d'abord les motifs qui poussaient les maîtres à affranchir leurs esclaves. Nous remarquerons qu'ils sont à peu près les mêmes dans l'esclavage moderne que dans l'esclavage ancien ; car, au fond, sous la variété des institutions des différents peuples, la nature humaine reste sensiblement identique, et l'histoire doit s'éclairer à chaque instant de la psychologie.

Du moment que le sort de l'esclave dépend uniquement de la volonté d'une personne, il est subordonné à son caractère. Il est naturel qu'un maître, qui a été fidèlement servi durant de longues années ou soigné dans une maladie par son esclave, éprouve le besoin de le récompenser par le don

---

[1] Trayer, op. cit., p. 82.
[2] Cf. Instit., II, xiv, 1 : *Servus autem a domino suo heres institutus, si quidem in eadem causa manserit, fit ex testamento liber heresque necessarius.*

de la liberté, soit immédiatement, soit après sa mort. On conçoit aussi qu'il n'y avait guère que les esclaves domestiques qui fussent à même de profiter de cette cause d'affranchissement. D'une manière générale, d'ailleurs, c'est à peu près uniquement parmi cette catégorie que se recrutent les affranchis : ce sont, en effet, des esclaves de choix, ceux qui ont la meilleure tournure, qui sont les plus intelligents et de meilleur caractère. Grâce à une certaine familiarité, qui était commune entre les créoles et leurs serviteurs, ceux-ci arrivaient souvent à prendre un grand empire sur eux. C'est ce qui se produisait en particulier pour les nourrices. N'oublions pas de noter que, vu la nonchalance bien connue des créoles et la facilité qu'ils avaient de s'entourer d'un innombrable personnel domestique, ils se laissaient aller à se rendre dépendants de leurs services pour s'éviter la moindre fatigue [1]. C'est même en voyant tous ces domestiques, souvent occupés à ne rien faire, plus ou moins indolents, presque toujours souriants, que certains voyageurs, accueillis aux îles par l'hospitalité la plus large, ont parfois été tentés de faire l'apologie de l'esclavage [2]. Mais il ne faut jamais perdre de vue que l'esclave véritable, celui qui porte réellement tout le poids de sa terrible chaîne, c'est celui de l'atelier et du jardin, condamné au travail forcé du matin au soir ; c'est l'automate anonyme, perdu dans cette masse noire incessamment mouvante et qui ne se distingue guère, pour le propriétaire, des rouages d'une machine. Donc ce chapitre s'applique presque exclusivement aux nègres domestiques.

Nous mettrons à part les affranchissements pour services rendus à la cause publique. Un arrêté du Conseil de guerre

[1] Schœlcher, *Abolition immédiate de l'esclavage*, cite des exemples de faits dont il a été encore lui-même témoin : une femme créole ne peut pas se baisser pour ramasser son mouchoir; — une nouvelle mariée, que son mari attend pour déjeuner, se croit elle-même obligée d'attendre, pour se lever, la négresse qui d'ordinaire lui mettait ses bas, etc.
[2] Tel est spécialement Granier de Cassagnac.

de la Martinique [1], du 17 février 1695, stipule que la liberté sera donnée à tout nègre qui aura pris un drapeau ennemi, fait prisonnier un officier, ou sauvé un sujet du roi. — Le 2 août 1698 [2], un esclave est affranchi par le gouverneur Ducasse, parce qu'il a fait la campagne de Carthagène, a été pris et emmené en Hollande, dont il est de retour. — En vertu d'un arrêt du Conseil du Cap, du 6 août 1708 [3], Louis la Ronnerie, appartenant à Mme de Graffe, est déclaré libre pour avoir tué deux nègres révoltés et en avoir fait arrêter plusieurs autres. Sa maîtresse refusant d'y consentir, quoique devant être indemnisée, est déboutée de sa requête, le 2 juillet 1709. Les administrateurs confirment alors la liberté de la Ronnerie [4]; ils rappellent qu'il s'est signalé pendant la guerre, en allant enlever un prisonnier au milieu du camp ennemi, ce qui l'avait fait considérer dès lors comme libre par feu M. de Graffe, « n'ayant point été compris dans l'inventaire des nègres de ladite dame de Graffe lors de ses partages ». — Le 28 juin 1734, un esclave obtient la liberté, à la demande des habitants, pour avoir aidé à la capture d'un chef de bandes de nègres marrons; il sera seulement tenu de servir pendant trois ans dans la maréchaussée [5]. — Le Conseil supérieur de Léogane récompense par l'affranchissement un esclave qui avait préservé le quartier des Baradaires d'une invasion, le 28 janvier 1748 [6]. — Un maître reçoit 1.000 livres de la caisse des suppliciés pour le prix de sa négresse, que le gouvernement a affranchie, parce qu'elle a dénoncé des assassins [7]. — Dans l'acte de capitulation de la Guadeloupe, daté du 1er mai 1759 [8],

---

[1] Moreau de Saint-Méry, I, 257.
[2] Arch. Col., F, 142.
[3] Moreau de Saint-Méry, II, 127.
[4] Id., ib., 180, 10 février 1710.
[5] Id., III, 402.
[6] Arch. Col., Code Saint-Domingue, F, 271, p. 701. Arrêt du 25 mars 1750.
[7] Moreau de Saint-Méry, IV, 23. Arrêt du Conseil du Cap, 9 juillet 1750.
[8] Durand-Molard, II, 55.

l'article 20 est ainsi conçu : « Il sera permis aux habitants de donner la liberté aux nègres auxquels ils l'auront promise pour la défense de l'île. » Il est seulement spécifié que ces affranchis devront quitter l'île. L'article 19 de l'acte de la capitulation de la Martinique [1] porte également : « Les esclaves, qui ont été affranchis pendant le siège ou à qui la liberté a été promise, seront réputés et déclarés libres, et ils jouiront paisiblement de cette liberté. »

A côté de ces causes honorables d'affranchissement, il faut en citer une, qui avait des effets beaucoup plus considérables, et qui n'était autre que le fait de la corruption des mœurs. On a vu ce que nous avons dit de cette corruption dans un chapitre spécial. Devenir l'esclave favorite ou une des esclaves favorites du maître, c'était, la plupart du temps, l'ambition des négresses. Et combien de maîtres, dans ce cas, savaient résister, pour ne pas libérer l'objet de leur faiblesse, la mère de leurs enfants et ces enfants eux-mêmes ? « Sur 100 affranchissements, est-il dit dans un *Mémoire sur la législation de la Guadeloupe* [2], 5 tout au plus ont un motif louable. Les 95 autres ont été donnés à des concubines favorites et à quelques-uns de leurs enfants. Tous ces instruments et ces fruits du dérèglement ne reçoivent pas également la liberté ; il est des maîtres qui font le lendemain matin, et par 25 coups de fouet, reconduire au travail celle dans les bras de laquelle ils ont passé la nuit ! Il est des pères qui froidement consentent que l'enfant provenu de leurs œuvres gémisse sous le fouet d'un commandeur ; d'autres qui, pour affranchir et la mère et l'enfant, emploient le patrimoine de leurs enfants légitimes, quelquefois la dot de leurs épouses, en laissant ceux-ci dans l'abandon, la douleur, les besoins et l'ignorance. De l'un et de l'autre côté, quel oubli de tous principes ! »

Il est très rare de constater des affranchissements

---

[1] Durand-Molard, II, 113.
[2] Arch. Col., F, 267. Il est signé Parmentier et sans date.

d'hommes consentis par des particuliers, surtout parmi les esclaves de culture ou d'atelier. Ces cas-là ne se produisent guère que lorsque les maîtres veulent spéculer sur cette opération. Alors ils font payer chèrement la liberté à leurs esclaves. Tantôt, ce sont même des femmes qui l'achètent, on peut deviner comment; tantôt, ce sont des nègres indociles ou peu travailleurs, qui se procurent aussi par tous les moyens, dont un des plus communs était le larcin, le prix de leur rachat; tantôt enfin, ce sont des esclaves ouvriers, habitués déjà à travailler pour eux moyennant une rétribution et que leurs maîtres affranchissent pour une somme déterminée.

II

Mais on ne tarda pas à s'apercevoir des inconvénients de ce système. Dès le 15 août 1711, nous trouvons un règlement local[1], qui défend d'une manière absolue aux propriétaires d'affranchir leurs esclaves sans autorisation, à cause des abus multiples qui se produisaient ; il est constaté que les nègres volent et que les négresses se prostituent pour amasser l'argent nécessaire. Le lieutenant-général Phelypeaux commente cette ordonnance dans une lettre qu'il adresse au Ministre, le 1ᵉʳ août 1712[2]. Après avoir rappelé les désordres de toute espèce auxquels se livrent les esclaves, il écrit qu'ils se croient en droit, une fois libres, d'exercer ce qu'ils ont pratiqué étant esclaves. « Ils tiennent cabaret, brélan..... et donnent retraite aux nègres marrons qui apportent chez ces anciens camarades tout ce qu'ils ont volé pour quelque jour acheter aussi leur liberté... » M. l'Intendant et moi avons donc « liché (*sic*) une ordonnance, par

[1] Arch. Col., *Code Guadeloupe*, F, 222, p. 189.
[2] Arch. Col., C⁸, 20.

laquelle tous les affranchissements sont nuls s'ils ne sont pas visés par nous ». Il demande qu'elle soit confirmée par le roi. Il faudrait, de plus, que les affranchis ne pussent pas tenir de cabaret, pour les forcer de s'adonner au négoce, aux métiers et à la culture.

Le Conseil du Cap, s'autorisant de cette lettre et de cette ordonnance, qu'il rappelle expressément, annula, le 29 août 1712[1], plusieurs libertés accordées par testament. Il n'en donnait d'autre raison que celle-ci, à savoir que l'octroi de la liberté est très préjudiciable à la colonie. Les nègres devaient être vendus au profit de Sa Majesté. Mais cet arrêt fut cassé par le Conseil d'État[2]. La mesure s'explique parce que l'ordonnance des administrateurs n'avait pas encore été ratifiée quand le Conseil du Cap avait pris sa décision. Cependant on en reconnut tellement le bien-fondé que le roi rendit, le 24 octobre 1713, une ordonnance[3] pour la confirmer. Il décida que, pour empêcher les abus et le trafic, il faudrait, pour affranchir les esclaves, une permission par écrit du gouverneur général et de l'intendant des Iles pour les Iles-sous-le-Vent; des gouverneurs particuliers, des commissaires ordonnateurs des Iles de la Tortue, côte de Saint-Domingue et de la province de Guyane et de l'ile de Cayenne, pour ce qui regarde lesdites Iles; sinon, les nègres seraient vendus au profit du roi. Le Code Noir devait, au surplus, être exécuté en ce qui n'y était pas dérogé.

Une lettre du Conseil de Marine aux administrateurs de la Martinique, du 14 octobre 1722[4], leur dit qu'ils ont eu tort de confirmer la liberté de deux esclaves, donnée sans leur consentement préalable; ces esclaves auraient dû être ven-

---

[1] Moreau de Saint-Méry, II, 327.
[2] Id., *ib.*, 399.
[3] Durand-Molard, I, 80. Nous ne savons pourquoi M. Trayer place cette ordonnance en 1723, tom. en faisant observer que Moreau de Saint-Méry la place en 1713. Cf. II, 398. Quels sont ses motifs et ses sources, nous l'ignorons, puisqu'il n'indique ni les uns ni les autres.
[4] Arch. Col., F, 252, p. 651.

dus au profit du roi, conformément à l'ordonnance de 1713 [1]. Il leur faut examiner avec soin les raisons alléguées par les maîtres pour accorder la liberté à leurs esclaves, car il n'y a déjà que trop d'esclaves libres aux colonies. Ils n'ont pas non plus le droit d'exiger des aumônes pour les hôpitaux à propos des affranchissements. — Les administrateurs eux-mêmes se plaignent de ces affranchissements multipliés. Ainsi, nous lisons dans une lettre de MM. Pas de Feuquières et Bénard, du 18 janvier 1723 [2]: « Si nous ne tenions pas la main à empêcher les libertés des esclaves, il y en aurait quatre fois plus qu'il n'y en a, car il y a ici grande familiarité et liberté entre les maîtres et les négresses, qui sont bien faites, ce qui fait qu'il y a une si grande quantité de mulâtres, et la récompense la plus ordinaire de leur complaisance aux volontés des maîtres est la promesse de la liberté qui est si flatteuse que, jointe à la volupté, elle détermine aisément ces négresses à faire tout ce que les maîtres veulent. » — Le 17 juillet 1724, le Ministre écrit à M. Blondel [3]: « Il n'y a déjà que trop de nègres libres aux îles, ce qui pourrait devenir d'une dangereuse conséquence et à quoi il paraît qu'il conviendrait de mettre ordre pour l'avenir. Je vous envoie les articles du Code Noir modifiés; pour ceux qui sont relatifs à la Louisiane, je vous prie de les examiner et de me mander si vous n'estimeriez pas qu'il convient d'ordonner la même chose pour les Iles-du-Vent. — Il pourrait peut-être convenir aussi de restreindre pour l'avenir la liberté des esclaves à ceux qui auront sauvé la vie à leur maître, à sa femme ou à quelqu'un de ses enfants, comme aussi à ceux qui auraient empêché la perte totale des biens de leurs maîtres. Si vous pensez qu'une pareille règle peut augmenter la désertion ou le marronage des nègres, on pourrait prendre un

---

[1] Ce texte nous indique bien que M. Trayer fait erreur. Voir note 3 de la page 408.
[2] Arch. Col., C⁸, 31.
[3] *Ib.*, B, 47, Iles-du-Vent, p. 755.

autre expédient pour venir à la même fin. » Ce serait, comme l'explique le Ministre, de déclarer nuls tous les billets de liberté non visés par le gouverneur et l'intendant, à qui l'on prescrirait en secret de ne les viser que pour les motifs ci-dessus.

A propos du recensement de 1733 comparé à celui de 1732, le Ministre constate encore [1], en écrivant au marquis de Fayet, « une augmentation considérable sur le nombre des nègres et mulâtres libres ». Puis, il lui recommande d'être extrêmement circonspect et de n'accorder des libertés qu'en parfaite connaissance de cause. Dans une autre lettre [2], il ajoute : « J'approuve qu'en observant de ne point permettre de donner la liberté aux nègres hors dans certains cas, vous n'en usiez pas de même avec les mulâtres ; je sais qu'ils sont ennemis déclarés des nègres. »

Une ordonnance royale, du 15 juin 1736 [3], renouvelant celle du 24 octobre 1713, interdit, en outre, de baptiser comme libres des enfants dont la mère ne serait pas manifestement affranchie. C'était un des moyens qu'on employait le plus fréquemment pour échapper à la nécessité d'obtenir l'autorisation des administrateurs. Cette ordonnance est commentée dans une lettre à MM. de Champigny et d'Orgeville [4]. Le Ministre rappelle d'abord les dispositions libérales du Code Noir. « Mais, dit-il, depuis que les esclaves ont été en plus grand nombre, l'on a reconnu qu'il y avait des maîtres qui mettaient leur liberté à prix d'argent et des esclaves qui, pour se la procurer, cherchaient à avoir de l'argent par toutes sortes de voies. » Il n'a pas été tenu un compte suffisant de l'ordonnance de 1713. On a affranchi sans permission ou baptisé comme libres des enfants de mères esclaves. Aussi a-t-on proposé de rechercher ceux qui ont été ainsi indûment affranchis depuis 1713, et de les confisquer au

---

[1] Arch. Col., B, 61, Saint-Domingue, p. 437. Lettre du 29 juin 1734.
[2] Moreau de Saint-Méry, III, 420, 29 mars 1735.
[3] Durand-Molard, I, 397.
[4] Arch. Col., B, 64, Iles-du-Vent, p. 324, 20 juin 1736.

profit du roi. Mais Sa Majesté a trouvé qu'il y aurait de très grands inconvénients et a mieux aimé prendre de nouvelles dispositions. — Une ordonnance locale, du 5 septembre 1742[1], rendue à la requête de la dame de Silvecanne, déclare nulle la liberté accordée à 16 esclaves par son mari sans la ratification des administrateurs.

III

C'est à peu près vers cette époque que, pour enrayer les affranchissements, on imagina d'ajouter à la nécessité d'une autorisation celle du paiement d'une certaine somme. Moreau de Saint-Méry, dans ses notes manuscrites[2], dit qu'il n'est pas possible de préciser la date exacte à laquelle cet usage commença à être établi. D'après lui, on trouve la preuve qu'il était en vigueur dès 1740 dans des payements exigés sous l'administration de MM. de Champigny et de La Croix. Peut-être ces administrateurs avaient-ils pris sur eux de les exiger. Mais, en tout cas, la mesure n'avait pas été encore ratifiée par le roi. En effet, ce n'est que le 8 juillet 1745 que le Ministre écrit à ce sujet aux administrateurs de la Martinique, MM. de Caylus et de Ranché[3]. Comme toujours, il est question des libertés trop facilement accordées par les maîtres, « particulièrement à des négresses et des mulâtresses, et le plus souvent pour prix du commerce qu'ils ont eu avec elles ». Aussi a-t-il été proposé d'imposer un droit[4] de

---

[1] Moreau de Saint-Méry, III, 703.
[2] Arch. Col., F, 134, p. 176.
[3] Arch. Col., B, 81, p. 46.
[4] Hilliard d'Auberteuil, op. cit., II, 73, est d'avis que c'est un palliatif bien insuffisant. Il distingue trois cas : « Dans le premier cas, un homme opulent ne sera point retenu par la crainte de payer; l'amour de l'argent ne l'empêchera pas de faire une action généreuse; dans le second cas, il ne balancera pas à faire à sa passion un sacrifice de plus; dans le troisième, il exigera de son nègre une plus forte rançon. »

1.000 livres pour les hommes et de 600 pour les femmes, sauf les cas où la liberté est de droit, conformément au Code Noir. Le Ministre demande leur avis aux administrateurs. Le droit dut être immédiatement adopté, car il leur prescrit, le 8 juin 1746[1], de lui rendre compte, chaque année, des autorisations accordées, des sommes perçues comme droit et de leur emploi. Il en est, par la suite, fait état comme d'une ressource régulière. Le procès-verbal de l'imposition de 4 millions faite par l'assemblée des deux Conseils supérieurs de la colonie, tenue au Cap, du 30 janvier au 12 mars 1764[2], contient tout un développement inséré dans le rapport des commissaires sur le produit des libertés. Ils disent que c'est MM. de Larnage et Maillart[3] qui imaginèrent de taxer la ratification des affranchissements à une certaine somme en faveur des hôpitaux ; la taxe fut ensuite perçue au profit du roi. Elle rapporte annuellement une moyenne de 18.700 livres. Et les commissaires ajoutent : « La taxe des libertés n'a aucun établissement légal ; cette taxe est odieuse en elle-même. Si, l'on peut, si l'on doit punir le libertinage, parce qu'il est dangereux et criminel, on doit épargner le fruit du libertinage, parce qu'il est innocent. Il est défendu aux maîtres de vendre la liberté aux esclaves ou de la donner conditionnelle. Le roi pratiquera-t-il ce qu'il défend à ses sujets ? Nous estimons qu'il convient de supprimer ces taxes... » Relativement aux libertés testamentaires, ils disent: « C'est ici le lieu, Messieurs, de vous rappeler les attentats des esclaves sur la vie des maîtres, dans l'espérance de la liberté. Que de colons bienfaisants sacrifiés au désir impatient de hâter une liberté promise par la mort ! Que de maîtres indifférents conduits lentement au tombeau par un poison ménagé, afin d'arracher de leur faiblesse et de leur douleur, par des soins simulés, la promesse de la liberté ! Nous croyons donc devoir proposer à l'assemblée

---

[1] Arch. Col., F, 258, p. 239.
[2] Moreau de Saint-Méry, IV, 681.
[3] Leur administration commence en 1738.

d'arrêter que le roi sera supplié d'interdire les libertés testamentaires. »

Nous allons voir que le roi fit droit à ces réclamations. Déjà le droit est diminué pour Saint-Domingue par une ordonnance des administrateurs[1], qui le fixe à 300 livres au lieu de 800, et retranche de plus tous les frais de secrétariat, enregistrement et autres. Puis, il est supprimé par une ordonnance royale du 1ᵉʳ février 1766[2]. L'article 27 est, en effet, ainsi conçu : « Les permissions pour affranchir les esclaves seront pareillement données par eux (les administrateurs) conjointement, suivant les règles prescrites et gratuitement, sans que lesdits affranchissements puissent précéder les permissions qu'ils auront données; et ils observeront à cet égard les dispositions de l'ordonnance du 15 juin 1736, sauf, en cas d'opposition de la part des parties intéressées, à y être pourvu par la justice ordinaire. » Quant aux libertés testamentaires, une lettre ministérielle adressée aux administrateurs de la Martinique, le 14 janvier 1766[3], porte injonction de permettre très rarement les affranchissements et d'empêcher absolument de les accorder à la condition de n'en jouir qu'après le décès du maître.

Un arrêt du Conseil de Port-au-Prince, du 29 décembre 1767[4], décide : Aucun maître ne pourra affranchir un esclave, en vertu de la permission des administrateurs, sans avoir, au préalable, fait publier ladite permission au siège royal dans le ressort duquel il aura fait sa demeure, pendant trois audiences consécutives, et sans justifier par le certificat du greffier dudit siège qu'il n'y a été formé aucune opposition. — Le Conseil du Cap rendit, le 28 janvier 1768, un arrêt identique[5]. Mais il fut cassé par le Conseil d'État[6], pour les raisons

---

[1] Moreau de Saint-Méry, IV, 708, 10 octobre 1764.
[2] *Id.*, V, 13.
[3] Arch. Col., F, 260, p. 585. Cf. Moreau de Saint-Méry, V, 13, Ordonnance du 1ᵉʳ février 1766.
[4] Moreau de Saint-Méry, V, 149.
[5] *Id., ib.*, 152.
[6] *Id., ib.*, 190. Arrêt du 10 juillet 1768.

suivantes : Tout ce qui concerne les affranchissements appartient exclusivement aux gouverneurs et intendants ; de plus, le Conseil a modifié certaines dispositions de l'ordonnance royale du 15 juin 1736 par d'autres dispositions contraires aux articles 39 et 46 de celle du 1ᵉʳ février 1766. Or il appartenait à Sa Majesté seule de statuer.

A la Martinique, les administrateurs se bornent à rappeler les anciennes mesures prescrites par les ordonnances royales et à les renouveler. Ils défendent aux maîtres [1] de traiter avec leurs esclaves pour les affranchir, de les faire passer dans les îles étrangères et de les rendre libres au moyen d'une vente simulée, de faire baptiser des enfants de mères esclaves.

Une ordonnance du roi, du 10 juillet 1768 [2], interdit de laisser des esclaves libres en vertu d'un simple billet du maître, qui les fait ensuite rentrer en esclavage après plusieurs années, et, de plus, de les affranchir en fraude des créanciers. — On tend de plus en plus à restreindre les libertés qui ne sont pas justifiées. Par exemple, les administrateurs de Saint-Domingue publient, avec l'autorisation royale, le 23 octobre 1775, une ordonnance [3], aux termes de laquelle les maîtres seront tenus de présenter d'abord une requête ; puis, ils n'auront le droit d'affranchir gratuitement un esclave que pour services particuliers rendus à eux-mêmes ou à la colonie. Un autre moyen de procurer la liberté gratuite à un esclave, c'est de le faire recevoir en qualité de tambour dans les régiments du Port-au-Prince ou du Cap, ou dans les compagnies d'artillerie, pendant l'espace de huit années consécutives, ou bien de l'engager pour dix ans à la suite des compagnies des gens de couleur libres ; après ce laps de temps, « s'il a servi avec fidélité et exactitude », il obtiendra son congé et la liberté gratuite ; mais, s'il se con-

---

[1] Durand-Molard, II, 557. Ordonnance des administrateurs, du 5 février 1768.
[2] Moreau de Saint-Méry, V, 190.
[3] Id., ib., 610.

duit mal, il sera rendu à son maître. Pour tout autre cas, à moins que l'esclave n'eût dépassé quarante ans, il devait être payé 1.000 livres, si c'était un homme ; 2.000, si c'était une femme. On n'avait donc pas entièrement renoncé à la taxe des libertés.

A cette époque, commençaient à se répandre aux Iles des bruits de liberté générale. Le gouvernement jugea même à propos d'y couper court par une circulaire[1] du 25 mars 1776. Le Ministre expose que, si quelque esprit faible avait conçu de l'inquiétude au sujet des projets attribués au roi par des gens malintentionnés, il y a lieu de le dissuader et de réprimer les désordres que pourrait causer une telle nouvelle. « Les colons doivent être assurés que les liens de leur intérêt particulier avec celui de l'État sont communs et ils n'ont à attendre du roi que des actes de bienfaisance et de nouvelles marques de son attention pour tout ce qui peut contribuer à leur bonheur. »

Sans parler des libertés irrégulières, existant de fait plutôt que de droit, et des libertés gratuites, nous pouvons nous faire une idée du nombre de celles qui étaient payées, d'après un arrêt du Conseil supérieur de la Martinique concernant la caisse des libertés (7 mai 1776)[2]. Les recettes provenant des taxations faites pour raison des affranchissements accordés par le comte de Nozières et le président de Tascher pendant les quatre années de leur administration, terminées le 15 mars précédent, s'élèvent à 271.525 livres pour la Martinique et 41.091 pour Sainte-Lucie. Ce chiffre représente à peu près une centaine d'affranchissements par an pour la Martinique, en ne comptant que 700 livres environ pour la taxe moyenne. Ce ne serait certes pas beaucoup si l'on songe que cette Ile avait certainement alors plus de 100.000 esclaves. Mais il devait y avoir beaucoup plus de libertés, qui ne sont pas relatées officiellement. A Saint-

[1] Arch. Col., B, 56, *Saint-Domingue*, p. 41.
[2] Durand-Molard, III, 253.

Domingue, d'après Moreau de Saint-Méry [1], le nombre des affranchis était, en 1703, de 500; en 1715, de 1.500; en 1770, de 6.000; en 1780, de 22.000; et, vers 1789, de 28.000. Une note manuscrite du même auteur, que nous avons rapportée à la page 139, donne 25.000, au lieu de 22.000 pour cette île vers 1780, et 36.400 à cette date pour toutes les Antilles françaises. Du reste, leur plus ou moins grand nombre variait suivant les périodes et dépendait surtout des dispositions des administrateurs. Au moment où nous sommes, par exemple, pour Cayenne, de Fiedmont et Malouet ne s'entendent en aucune façon. Entre leurs différentes manières de voir, le Ministre adopte un moyen terme. Le résumé de sa lettre, du 3 septembre 1776 [2], va nous éclairer sur ces dissentiments : M. de Fiedmont, persuadé que ce n'est qu'à l'aide des compagnies de gens de couleur libres qu'on peut arrêter les marrons, aurait voulu accorder toutes les permissions d'affranchissement et même « pouvoir donner, sans le consentement des maîtres, la liberté aux esclaves qu'il aurait jugés les plus propres à servir dans ces compagnies ». — « M. de La Croix, ayant reconnu, au contraire, que les nègres ne profitaient de la liberté qu'ils obtenaient que pour se livrer à la paresse, à la débauche et au libertinage, a regardé la multiplicité des affranchissements comme nuisible aux progrès de la culture et aux bonnes mœurs. » Aussi n'a-t-il accordé son consentement que dans de rares cas, et il a proposé de n'affranchir les hommes qu'à soixante ans, les femmes qu'à quarante. Les sentiments de ces deux administrateurs sont également exagérés. En effet, « la position de la Guyane qui, par l'immensité de ses forêts, facilite le marronage des esclaves, paraît exiger, de la part du gouvernement, plus de condescendance pour les affranchissements que dans nos autres colonies, afin d'augmenter ou du moins d'entretenir les compagnies des gens de couleur libres; mais

[1] *Description de Saint-Domingue*, I, 79.
[2] Arch. Col., B, 156, *Cayenne*, p. 42.

cette condescendance a des bornes que l'intérêt de la culture et les droits de la propriété doivent fixer..... — Les esclaves sont, comme tous les autres biens, des objets de propriété dont on ne peut dépouiller aucun citoyen sans son consentement... » D'autre part, le système de M. de La Croix « détruirait l'amour des bonnes actions, qui ne serait plus excité par l'attrait des récompenses et rendrait impossible le recrutement des compagnies de gens de couleur. L'établissement des nègres révoltés de Surinam, s'il a lieu comme je le pense, suppléera au surplus, par la suite, les compagnies de gens de couleur. »

Malgré tout, il y a toujours abus, du moins au gré du gouvernement. Les mêmes recommandations ne cessent d'être faites aux administrateurs[1]. Dans une lettre du 6 avril 1786[2], le Ministre explique que Sa Majesté n'a pas voulu interdire les affranchissements par testament et priver les esclaves de jouir de la faculté qu'accorde l'article 56 du Code Noir ; mais Elle recommande d'être très difficile pour l'homologation des libertés accordées. — De même, Elle prescrit de rejeter toutes les demandes contraires aux règlements et de lui faire connaître le nombre de celles qui auront été accueillies[3]. En 1785, il a été donné 845 libertés, rien que pour Saint-Domingue, dont 203 gratis et 108 à un prix modéré. C'est un abus, et il y aura lieu de se conformer aux règlements en vigueur. « Je vous prie, au surplus, ajoute le Ministre, de m'adresser tous les six mois, à compter du 1er janvier dernier, un état exact de toutes les libertés que vous aurez jugé convenable d'accorder, en spécifiant les motifs des différentes grâces, pour que je puisse rendre compte à Sa Majesté de l'exécution de ses volontés. » — Enfin, une ordonnance des administrateurs de la Guade-

---

[1] Arch. Col., F, 263 (pas de pagination). Extrait des registres du Conseil souverain de la Martinique, 11 novembre 1785.
[2] Ib., ib.
[3] Ib., B, 192, *Saint-Domingue*, p. 159. Lettre à MM. le comte de la Luzerne et de Marbois, 10 août 1786.

loupe[1], du 3 mars 1780, stipule que les libertés, accordées par les maîtres, et qui n'auront pas été approuvées par le gouverneur, seront déclarées nulles et abusives, si ceux qui les ont obtenues ne se sont pas pourvus par-devant les administrateurs dans un délai de six mois.

Nous avons relevé aux Archives Nationales[2] un certain nombre d'actes d'affranchissement, mais il n'y en a qu'un qui porte la ratification des administrateurs. C'est celui d'un nègre nommé Almanzor, affranchi par M. de Maupin, « à l'Azile, le 17 novembre 1781, sous le bon plaisir de Messeigneurs les général et intendant ». Nous rapporterons comme exemple un certificat de liberté; la formule est des plus simples. « Je certifie que nous avons donné la liberté à la négresse Jeanne pour les bons services qu'elle a rendue (*sic*) à mon père et ma mère; et les héritiers Guibert s'obligent de faire ratifier sa liberté. A L'artibonite, le 15 décembre 1784. Signé : Guibert-Minière. » — Voici un cas particulier de l'intérêt que porte un maître à un de ses esclaves. Il est relaté dans une lettre[3] d'un nommé Dubarry à un de ses parents, Darode, qui vient d'être nommé chef d'artillerie à Port-au-Prince. Il lui dit qu'il a fait venir un de ses esclaves, Eutrope, pour lui demander quelles étaient ses intentions : « Il me met au comble de mes souhaits en désirant vous servir... ; je l'ai acheté dans l'intention de lui faire du bien. » Il recommande donc à son parent, si Eutrope se conduit bien, de l'en informer pour qu'il l'affranchisse, et de faire son possible pour le marier ; « mais il faudrait que ce fût un grand parti à pouvoir faire son bonheur toute sa vie. » Nous ignorons si ce rêve philanthropique fut réalisé.

Petit, dans son *Droit public des esclaves*[4], est d'avis qu'il faudrait ne permettre les affranchissements que pour services

---

[1] Arch. Col., F, 233, p. 791.
[2] Z^{1D}, 138.
[3] *Ib.*, 7 septembre 1781.
[4] P. 303.

exceptionnels, tels que « la découverte d'une conspiration, celle d'un poison inconnu, avec l'indication des coupables et des preuves; la dénonciation d'un repaire, d'une troupe d'esclaves obstinés dans leur défection ; la découverte d'un parti ennemi ; la capture ou la destruction d'un général ennemi dans une affaire ; la conservation de la vie d'un blanc dans un danger évident » ; et, en outre, pour certains services privés déterminés, comme « la nourriture du maître ou de trois de ses enfants sevrés par ses ordres ; la maternité de six enfants vivants, dont le moins âgé ait atteint sept années ; trente années de travail au jardin ou de service domestique, sans marronage ; une industrie, une économie, un attachement ayant contribué avec distinction à la conservation et à la fortune du maître... » Il traite ensuite de la nécessité d'assurer la subsistance de l'affranchi. Il ne paraît pas y avoir jamais eu de règlement spécial à ce sujet. Mais, en fait, les administrateurs exigeaient, la plupart du temps, que les maîtres prissent un engagement en ce sens. Le roi prescrit, le 20 mars 1784, à ceux de la Guyane[1], de n'imposer une pension que si l'affranchi a cinquante ans ou s'il est affligé ou menacé d'infirmité. En aucun cas, cette pension ne pourra dépasser 600 livres ni être au-dessous de 400 livres argent de France. Aussi beaucoup de maîtres, pour éviter de contracter pareille obligation, laissaient-ils simplement tel ou tel de leurs esclaves en liberté, sans faire régulariser sa situation. « Le libre de fait, — écrit à ce sujet M. Schœlcher[2], — dont le propriétaire était mort, le patronné qui avait perdu son patron, étaient tenus pour fugitifs, épaves, s'ils ne pouvaient montrer un titre légal d'affranchissement, et appartenaient au roi qui pouvait les faire vendre au profit de l'État. » Ainsi, en 1705[3], une négresse au service d'une demoiselle La Pallu, ayant réclamé sa liberté,

---

[1] Arch. Col., F, 72. Instructions au sieur de Clugny, gouverneur, et au sieur Foulquier, intendant.
[2] *Colonies françaises*, p. 306.
[3] Arch. Col., F, 250, p. 301, 8 avril.

sous prétexte qu'elle était née de père et mère libres, sans pouvoir faire la preuve, le subdélégué à l'intendance des Iles, Mithon, la déclare esclave et la condamne à un mois de prison, les fers aux pieds. Mais, trois ans plus tard[1], l'intendant la déclare libre, ainsi que ses enfants, et sa maîtresse est déboutée de sa demande. Schœlcher rapporte[2] un arrêt du Conseil du Cap, du 7 février 1770, condamnant un mulâtre, malgré quarante ans de liberté, à redevenir esclave, faute de justifier de sa liberté ; en même temps, son mariage était cassé et ses six enfants déclarés bâtards. Il fallut une ordonnance des administrateurs pour suspendre l'exécution de cet arrêt et lui rendre la liberté.

En réalité, cette question des affranchissements, malgré des prescriptions multiples, ne put jamais être réglée d'une manière satisfaisante. Les restrictions apportées à la volonté des maîtres après le Code Noir ne furent jamais appliquées dans toute leur rigueur, ainsi que le constate encore M. Rouvellat de Cussac à propos de l'ordonnance du 16 septembre 1811[3]. Peut-être y aurait-il eu moyen, en favorisant les affranchissements et en accordant même au besoin des primes, d'arriver graduellement à l'abolition de l'esclavage, une fois que la traite eut été supprimée. Nous nous contentons d'indiquer cette idée, dont le développement et la discussion n'auraient plus qu'un intérêt tout à fait rétrospectif.

IV

La situation nouvelle des affranchis est déterminée aussi nettement que possible par les articles 57, 58 et 59 du Code Noir. Par le premier, ils sont réputés naturels français ; par

[1] Arch. Col., F, 250, p. 305, 25 août 1708.
[2] *Col. fr.*, p. 306. — Cf. Moreau de Saint-Méry, V, 290.
[3] *Op. cit.*, pp. 88 et suiv. Pour les mesures relatives aux affranchissements après 1789, Cf. Trayer, *op. cit.*, p. 85.

le deuxième, ils sont affranchis des « charges, services et droits utiles que leurs anciens maîtres voudraient prétendre tant sur leurs personnes que sur leurs biens et successions en qualité de patrons »; ils ne sont assujettis qu'à une sorte d'obligation morale envers eux et leurs familles, en étant tenus de leur « porter un respect singulier »; enfin le troisième leur accorde tous « les mêmes droits, privilèges et immunités » qu'aux personnes nées libres. Telle est la théorie, en apparence très libérale, contenue dans ces articles. Il semble qu'il n'y ait eu, pour ainsi dire, plus de différences entre les gens de couleur libres et les blancs. Toutefois, dans la vie réelle, les mœurs l'emportèrent sur la législation pour maintenir comme une barrière infranchissable entre les uns et les autres. Aucune mesure ne triompha jamais du préjugé de couleur. Bien plus, il provoqua un certain nombre de règlements locaux ou généraux destinés à rappeler aux sang-mêlé la distance qui les séparait des blancs. On peut voir dans Moreau de Saint-Méry[1] les innombrables combinaisons de couleur des sang-mêlé. Eh bien, tout individu qui était réputé avoir même une partie infinitésimale de sang noir était rangé dans cette catégorie. La distinction radicale entre les deux classes, établie par les colons, fut même soigneusement entretenue par les administrateurs et le gouvernement central qui, par intérêt politique, furent amenés à la consacrer.

Sang-mêlé! Cette appellation seule fut de tout temps considérée aux Antilles comme un terme de mépris. Elle constitua même un outrage passible de peines sévères. Voici, par exemple, un arrêt du Conseil de Léogane, du 11 septembre 1742[2], contre un individu « atteint et convaincu d'avoir témérairement et calomnieusement taxé l'intimé d'être issu de sang-mêlé et sa mère de la race d'Inde ». Il devra demander pardon en la chambre des audiences du siège royal de Saint-Marc; il est, en outre, condamné à 1.500 livres d'amende et

[1] *Description de Saint-Domingue*, I, 83.
[2] Arch. Col., Code Saint-Domingue, F, 271, p. 105.

deux mois de prison. — Un autre, ayant adressé le même reproche à un commandant des milices, est astreint à faire une réparation publique et à payer 300 livres d'amende et 1.500 livres de dommages-intérêts [1].— Les nommés Guiran et Rattier, « convaincus d'avoir faussement et malicieusement dit et répandu dans le public que les dames Dufourcq (celle-ci était la femme d'un membre du Conseil du Petit-Goave) et Wis, et le sieur Abraham (capitaine de milice) étaient entachés de sang-mêlé, pour réparation de quoi seront mandés en la chambre du siège royal du Petit-Goave... et là, nu-tête et à genoux, en présence de dix personnes au choix des plaignants, demanderont pardon aux sieur et dame Dufourcq, au sieur Abraham et à la dame Wis, de l'injure atroce qu'ils ont proférée contre eux, les prieront de vouloir bien l'oublier et les reconnaîtront, ainsi que toute leur famille, pour gens d'honneur, non entachés de sang-mêlé par parenté ni par alliance ; seront ensuite lesdits Guiran et Rattier blâmés... » De plus, ils seront condamnés à une aumône de 2.500 livres chacun envers l'hôpital, à 4.000 livres de dommages-intérêts chacun envers la dame de Wis et aux dépens du procès. Les intéressés avaient, comme dans la plupart des cas, le droit de faire publier et afficher le jugement.

Nous allons montrer, par quelques documents caractéristiques, combien cette opinion était entrée peu à peu dans les vues du pouvoir central. Nous avons choisi nos textes à dessein dans la seconde moitié du xviiie siècle, à un moment où il semble que, dans la métropole, les idées dussent commencer à se dégager des préjugés. Le gouverneur de Cayenne, Maillart, ayant demandé à quelle génération les sang-mêlé doivent rentrer dans la classe des blancs et peuvent être exempts de capitation, le Ministre lui répond, le 13 octobre 1766 [2] : « Il faut observer que tous les nègres ont été

[1] Arch. Col., F, 271, p. 863. Arrêt du Conseil du Port-au-Prince, 6 novembre 1753.
[2] Ib., B, 123, Cayenne, p. 42.

transportés aux colonies comme esclaves, que l'esclavage a imprimé une tache ineffaçable sur toute leur postérité, même sur ceux qui se trouvent d'un sang-mêlé ; et que, par conséquent, ceux qui en descendent ne peuvent jamais entrer dans la classe des blancs. Car, s'il était un temps où ils pourraient être réputés blancs, ils jouiraient alors de tous les privilèges des blancs, et pourraient, comme eux, prétendre à toutes les places et dignités, ce qui serait absolument contraire aux constitutions des colonies. » — Cette même théorie est confirmée peu après au sujet de gens de couleur de Saint-Domingue, qui ont demandé au Conseil supérieur de Port-au-Prince l'enregistrement de titres de noblesse, en se fondant sur ce qu'on l'accordait à des Indiens. Mais le Ministre répond aux administrateurs[1] qu'il y a une différence essentielle entre les Indiens et les nègres. « La raison de cette différence est prise de ce que les Indiens sont nés libres et ont toujours conservé l'avantage de la liberté dans les colonies, tandis que les nègres n'y ont été introduits que pour y demeurer dans l'état d'esclavage, première tache qui s'étend sur tous leurs descendants et que le don de la liberté ne peut effacer. » Les Indiens, assimilés aux sujets du roi originaires d'Europe, peuvent prétendre à toutes charges et dignités dans les colonies ; tandis que les nègres ou leurs descendants, étant exclus de tous emplois, le sont, à plus forte raison, de la noblesse.

Aussi les gens de couleur essayaient-ils de se faire passer pour Indiens. Le 27 mai 1771, le Ministre[2] approuve les administrateurs de Saint-Domingue, MM. le comte de Nolivos et de Montarcher, d'avoir refusé de solliciter pour les sieur et dame Vincent des lettres patentes les déclarant issus de race indienne. « Une pareille grâce tendrait à détruire la différence

---

[1] Moreau de Saint-Méry, V, 80. Lettre du 7 janvier 1767.
[2] Id., *ib.*, 356 ; — et Arch. Col., B, 138, Saint-Domingue, 77 ; ce dernier texte est plus complet ; dans le même volume, p. 100, est une autre lettre, du 5 juillet 1771, aux mêmes administrateurs, pour leur rappeler les principes à suivre à ce sujet.

que la nature a mise entre les blancs et les noirs, et que le préjugé politique a eu soin d'entretenir comme une distance à laquelle les gens de couleur et leurs descendants ne devaient jamais atteindre ». Il importe « au bon ordre de ne pas affaiblir l'état d'humiliation attaché à l'espèce, dans quelque degré qu'elle se trouve ; préjugé d'autant plus utile qu'il est dans le cœur même des esclaves et qu'il contribue principalement au repos même des colonies. » Le Ministre recommande, en outre, de ne favoriser sous aucun prétexte les alliances des blancs avec les filles de sang-mêlé. Ainsi le marquis De Lage, capitaine d'une compagnie de dragons, qui a épousé en France une fille de ce sang, ne pourra plus servir à Saint-Domingue. — Nous relèverons encore ce passage dans un Mémoire du 7 mars 1777[1] : « A quelque distance qu'ils (les gens de couleur) soient de leur origine, ils conservent toujours la tache de leur esclavage et sont déclarés incapables de toutes fonctions publiques ; les gentilshommes même qui descendent, à quelque degré que ce soit, d'une femme de couleur, ne peuvent jouir de la prérogative de la noblesse. Cette loi est dure, mais sage et nécessaire dans un pays où il y a 15 esclaves pour 1 blanc ; on ne saurait mettre trop de distance entre les deux espèces ; on ne saurait imprimer aux nègres trop de respect pour ceux auxquels ils sont asservis. Cette distinction, rigoureusement observée même après la liberté, est le principal lien de la subordination de l'esclave, par l'opinion qui en résulte que sa couleur est vouée à la servitude, et que rien ne peut le rendre égal à son maître. L'administration doit être attentive à maintenir sévèrement cette distance et ce respect. »

Quelque temps après, cependant, une autre opinion se manifeste dans des instructions au sieur de Clugny, gouverneur de la Guadeloupe, et au sieur Foulquier, intendant,

---

[1] Durand-Molard, III, 295.

datées du 20 mai 1784 [1]. « Les personnes les plus réfléchies
considèrent aujourd'hui les gens de couleur comme la barrière la plus forte à opposer à tout trouble de la part des
esclaves. Cette classe d'hommes mérite, selon leur opinion,
des égards et des ménagements, et elles penchent pour le
parti de tempérer la dégradation établie, de lui donner même
un terme. Cet objet délicat mérite une méditation profonde.
Sa Majesté recommande aux sieurs de Clugny et Foulquier
de s'en occuper essentiellement et de recueillir les sentiments
des Conseil supérieur, de la Chambre d'agriculture et des
habitants qu'ils jugent les plus dignes de leur confiance... »
La Constituante allait bientôt, en effet, déclarer que les gens
de couleur libres sont citoyens au même titre que les blancs,
en attendant la mesure plus radicale de la Convention proclamant la liberté de tous les esclaves. Mais ce serait sortir des
limites de notre sujet que de rapporter ici ces mesures. Il
nous suffira donc d'exposer comment les sang-mêlé furent à
la fois avilis et pourtant protégés par le gouvernement, ce
qui, tout en paraissant une inconséquence, fut en réalité la
suite d'un plan bien combiné pour mieux assurer leur soumission vis-à-vis des blancs et celle des esclaves à leur
égard.

V

Tout d'abord, les gens de couleur étaient soumis, comme
c'est naturel, à la vérification des titres servant à prouver
leur liberté. C'était là une simple mesure de police pour éviter
les abus; elle fut assez fréquemment renouvelée [2], et nous

[1] Arch. Col., F, 72. L'extrait que nous citons est reproduit textuellement
dans un Mémoire du roi adressé, le 2 juin 1785, à MM. Bessner et Lescallier
A chaque instant, d'ailleurs, nous avons constaté ce fait pour des instructions
répétées dans les mêmes termes.
[2] Durand-Molard, I, 160, Ordonnance des Administrateurs de la Martinique,
7 juillet 1720; II, 105, 1er septembre 1761; III, 186, 29 décembre 1774.

avons vu, dans ce même chapitre, que, faute de pouvoir justifier de leur affranchissement, ils étaient exposés à retomber en esclavage.

Une distinction primordiale établie entre eux et les blancs, c'est la défense qui leur est faite de porter les noms des blancs[1]. Ceux d'entre eux qui en avaient déjà pris furent contraints d'en changer[2]. Mais il est à remarquer que cette défense s'appliquait aux « négresses, mulâtresses, quarteronnes et métives libres et *non mariées* ». Elles sont tenues, en faisant baptiser leurs enfants, de leur donner, outre le nom de baptême, « un surnom tiré de l'idiome africain ou de leur métier et couleur, mais qui ne pourra jamais être celui d'une famille blanche de la colonie[3] ». Cette précaution était prise sans doute pour éviter qu'on donnât aux enfants naturels le nom de leur père. Ce n'était que dans le cas où une femme de couleur libre épousait un blanc qu'elle pouvait prendre son nom.

Mais on cherche par tous les moyens possibles à éviter les unions régulières des blancs et des gens de couleur. Ainsi le Ministre écrit, le 26 décembre 1703[4], au gouverneur général des îles, que le roi ne veut pas que les titres de noblesse des sieurs [pas de nom] soient examinés et reçus, parce qu'ils ont épousé des mulâtresses, ni que le gouverneur permette qu'on rende aucun jugement pour la représentation de leurs lettres. — Une négresse affranchie étant sur le point d'épouser un blanc, l'autorisation lui est refusée, et le roi fait connaître à M. Dalbond[5] qu'il a eu raison, car son intention n'est point de permettre le mariage des nègres avec les blancs. Cette interdiction paraît d'autant plus singulière

---

[1] Durand-Molard, III, 151. Ordonnance du 6 janvier 1773.
[2] Id., *ib.*, 168, 4 mars 1774.
[3] Moreau de Saint-Méry, V, p. 448. Règlement des Administrateurs de Saint-Domingue, publié au Cap, le 24 juin 1773, et à Port-au-Prince, le 16 juillet. Il rappelle les règlements des 12 janvier 1727, 15 juin 1736, 14 novembre 1755.
[4] *Id.*, I, 716.
[5] Arch. Col., B, 72, p. 152. Lettre du 30 décembre 1741.

que le Code Noir permettait même le mariage entre blancs et esclaves. Nous savons, d'autre part, que c'était un procédé courant pour certains colons peu délicats que d'épouser une femme de couleur libre, ayant des économies[1]. Il faut donc croire qu'en réalité la défense ne s'appliquait qu'à certains cas particuliers, que nous n'avons, du reste, vus spécifiés nulle part.

Un arrêt du Conseil souverain de la Martinique[2] défend à tous officiers publics de qualifier les gens de couleur des titres de sieur et dame. — On voulut, de plus, les empêcher d'imiter les blancs par le luxe de leurs vêtements. « Tous mulâtres indiens et nègres affranchis, ou libres de naissance, de tout sexe, — dit un règlement de la Martinique[3], — pourront s'habiller de toile blanche, ginga, colonille, indiennes ou autres étoffes équivalentes de peu de valeur, avec pareils habits dessus, sans soie, dorure, ni dentelle, à moins que ce ne soit à très bas prix ; » les derniers ne devront avoir que des chapeaux, chaussures et coiffures simples, sous peine de prison et confiscation, et même de perte de la liberté en cas de récidive. Mais il était bien difficile de refréner l'amour des noirs pour la toilette. Nous constatons, par un autre règlement, du 9 février 1779[4], que, malgré ces mesures prohibitives, le luxe des gens de couleur est devenu extrême. Les administrateurs remarquent, à ce propos, qu'ils ne sont dignes de la protection du gouvernement qu'à la condition qu'ils « se contiennent dans les bornes de la simplicité, de la décence et du respect, apanage essentiel de leur état ». Aussi leur est-il enjoint (art. 1) « de porter le plus grand respect... à tous les blancs en général... à peine d'être punis même par la perte de la liberté, si le manquement le mérite ». Il leur

---

[1] Hilliard d'Auberteuil, op. cit., II, 79, parle de 300 blancs ayant épousé des filles de sang-mêlé, par cupidité, à Saint-Domingue.
[2] Arch. Col., F, 262, p. 663, 6 novembre 1781.
[3] Durand-Molard, I, 159, 4 juin 1720.
[4] Moreau de Saint-Méry, V, 855.

est défendu (art. 2) « d'affecter dans leurs vêtements et parure une assimilation répréhensible sur la manière de se mettre des hommes blancs ou femmes blanches » ; enfin, on leur interdit « pareillement tous objets de luxe dans leur extérieur ». — Un arrêt du Conseil du Cap[1], du 3 février 1761, touchant le port d'armes, le défend expressément aux noirs et mulâtres libres. Il s'agit principalement du port de l'épée et des duels assez fréquents qui en étaient la conséquence.

VI

Indépendamment de ces différences purement extérieures, on en établit d'autres ayant une portée plus réelle dans la vie pratique. Un ordre du roi décide que tout habitant de sang-mêlé ne pourra exercer aucune charge dans la judicature ni dans les milices ; et il ajoute : « Je veux aussi que tout habitant qui se mariera avec une négresse ou mulâtresse ne puisse être officier, ni posséder aucun emploi dans la colonie[2]. » — Un arrêt du Conseil de la Martinique[3] défendit à tous greffiers, notaires, procureurs et huissiers d'employer des gens de couleur pour le fait de leur profession. On fit observer que de pareilles fonctions ne pouvaient être « confiées qu'à des personnes dont la probité soit reconnue, ce qu'on ne pouvait présumer se rencontrer dans une naissance aussi vile que celle d'un mulâtre ; que, d'ailleurs, la fidélité de ces sortes de gens devait être extrêmement suspecte ; qu'il était indécent de les voir travailler dans l'étude d'un notaire, indépendamment de mille inconvénients qui en pouvaient résulter : qu'il était nécessaire d'arrêter un pareil abus... »

[1] Moreau de Saint-Méry IV, 342. Il rappelle une ordonnance royale, du 23 juillet 1720, et un arrêt de règlement de la Cour, du 7 avril 1758, art. 18.
[2] Id., III, 382, 7 décembre 1733. Voir ci-dessus, p. 421.
[3] Durand-Molard, II, 375, 9 mai 1765.

Ils ne pouvaient pas non plus se livrer à certains métiers. A ce point de vue, Moreau de Saint-Méry [1] attire notre attention sur un arrêt du Conseil du Cap, du 22 mai 1760, qui autorise la femme Cottin à exercer la profession de sage-femme. Trois autres sages-femmes l'avaient attaquée comme incapable et non autorisée, conformément à un arrêt de la Cour, du 14 juin 1757. Elle répond alors qu'elle exerce depuis vingt ans, qu'elle a appris le métier de sa mère, qui l'a exercé pendant plus de trente ans, et produit des certificats justifiant de sa capacité et de son expérience. Sur quoi elle est autorisée à prêter serment. « Cette exception flatteuse pour la femme Cottin, dit Moreau de Saint-Méry, est un acte de justice, dont ses vertus l'ont rendue encore plus digne chaque jour. Condamnée en quelque sorte à l'abjection par sa couleur, elle est parvenue à inspirer une estime universelle par les sentiments et surtout par cette générosité secourable qui en fait encore aujourd'hui au Cap la mère des pauvres et l'objet de la vénération publique. »

Mais il arrivait trop souvent que les gens de couleur s'adonnaient de préférence aux métiers les moins avouables. Dans une lettre de l'administrateur Phélypeaux, du 6 avril 1713 [2], il est question de 3 négresses « ouvertement protégées par l'intendant Vaucresson, parce qu'elles le comblent de présents ». Elles habitent le bourg Saint-Pierre, où elles sont cabaretières recéleuses de vols et de nègres marrons, donnent à jouer et font pis encore ; le gouverneur les qualifie, en outre, d'épithètes qu'on n'oserait pas reproduire aujourd'hui dans un rapport officiel. Le 11 février 1727, les curés du Mouillage et de Saint-Pierre présentent au juge ordinaire une requête [3] tendant à ce qu'il soit défendu aux négresses et mulâtresses libres de donner des bals et de recevoir des assemblées chez elles. Elles favorisent en effet ouvertement la prostitution.

[1] IV, 317.
[2] Arch. Col., C⁸, 19.
[3] Arch. Col., F, 255, p. 21.

Une « *mulle* libertine » s'était vantée de ce qu'un de ses amants avait dépensé pour sa toilette 7 à 800 livres. La dépravation des mœurs restait très grande chez les gens de couleur libres, pour beaucoup desquels elle avait été précisément l'origine de la liberté. Faut-il s'étonner que le sens moral ne fût guère développé en eux ?

C'est ainsi que, dans bien des cas, ils arrivaient à une certaine aisance et même à la fortune. Mais diverses restrictions furent imposées, après le Code Noir, à leur droit de propriété. Si une décision royale les autorise à disposer de leurs biens, lorsqu'ils n'ont pas d'enfants [1], ils sont en revanche déclarés incapables « de recevoir des blancs aucune donation entre vifs, ou à cause de mort, ou autrement, sous quelque dénomination ni prétexte que ce puisse être [2] ». Les dons ou legs faits en leur faveur étaient acquis à l'hôpital. Mais il est bien évident, comme le fait remarquer R. Dessalles [3], qu'il restait encore aux blancs la ressource d'éluder la loi de leur vivant en dénaturant leurs propriétés, ou, après leur mort, par des fidéi-commis. Du reste, nous trouvons à chaque instant des décisions contradictoires sur ce point comme sur bien d'autres, ce qui fait — répétons-le — qu'il est en réalité bien difficile de tracer un tableau rigoureusement exact de ce que fut aux Antilles la législation relative aux esclaves et aux affranchis. Par exemple, nous citerons le cas suivant d'une donation, en apparence irrégulière, d'après les textes que nous venons de rapporter, et qui fut néanmoins confirmée successivement par les diverses autorités d'une manière définitive [4]. Il s'agit de plusieurs esclaves affranchis en vertu d'un acte notarié par le sieur Dausseur, conseiller au Conseil supérieur de la Guadeloupe. Il est décédé en 1765. Or, il avait assigné une pension viagère de 600 livres à son esclave mulâtresse

---

[1] Arch. Col., B, 72, p. 152. Lettre ministérielle à M. Dalbond, 30 décembre 1741.
[2] Moreau de Saint-Méry, III, 150, 8 février 1726.
[3] *Op. cit.*, IV, 232.
[4] Arch. Col., F, 228, p. 923, 12 juillet 1768.

Victoire. Elle a épousé, en 1766, un mulâtre libre. Les deux époux réclament, en 1767, au fils Dausseur, le paiement de la pension. Celui-ci, condamné, fait appel ; mais la décision est confirmée le 12 janvier 1768. Alors Dausseur en appelle au roi ; il invoque tous les textes et se livre à une subtile discussion de droit. Malgré tout, un arrêt du Conseil d'État, du 23 avril 1774, le déclare non recevable en sa demande. Qu'est donc devenue la défense de faire des donations aux affranchis ?

Une question souvent agitée à propos des gens de couleur fut celle du droit de capitation, auquel ils prétendirent de tout temps se soustraire. Il semble bien, d'après le Code Noir, qu'ils ne dussent pas plus y être astreints que les blancs. Mais ce point fut continuellement remis en discussion. Dès 1688, les mulâtres de Saint-Christophe se refusent à payer le droit. Le gouverneur général des Iles écrit à l'intendant Dumaitz [1] pour lui demander son avis à ce sujet. « On prétend, dit-il, que les officiers des Conseils favorisent ces exemptions, à cause du grand nombre de ces mulâtres qu'ils ont à leur service. » Or il rappelle une ordonnance de l'intendant Begon, de juillet 1684, qui déclare la capitation obligatoire pour les mulâtres. Il est vrai que cette ordonnance a spécialement exempté ceux de Saint-Christophe, par la raison qu'ils étaient utiles pour défendre les quartiers français et pour les empêcher de passer chez les Anglais ; cette mesure a été confirmée par arrêt du Conseil supérieur de cette île, du 13 mai 1688 [2]. L'exemption est étendue aux autres îles, le 26 avril 1712, par l'intendant général, pour les esclaves affranchis et leurs enfants [3]. Mais une Déclaration royale, du 3 octobre 1730 [4], les y soumet de nouveau ; elle sera de « 100 livres de sucre brut poids de marc ». En 1733, une sédition éclate à ce sujet

---

[1] Arch. Col., C⁸, 5. Lettre du 10 novembre 1688.
[2] Ib., C⁸, 8. Mémoire de Blenac et de Goimpy, 10 avril 1694.
[3] Ib., F, 251, p. 61.
[4] Durand-Molard, I, 357.

à la Grande-Terre (Guadeloupe). « Les trois compagnies de milice de Saint-François ayant été assemblées, on leur lut l'acte de la déclaration du roi y relative. M. de Maisoncelle en fit sortir successivement 8 des rangs et leur demanda s'ils paieraient. Ils répondirent insolemment non. Ils ont été envoyés à la Martinique pour être mis aux cachots du Fort-Royal. On fera le procès des nommés La Verdure et Babien, mulâtres, accusés d'avoir tenu des discours séditieux sur le même sujet. » Les administrateurs durent prendre des mesures efficaces pour assurer l'exécution des volontés du roi. Car il semble que, depuis ce temps-là, la capitation ait été régulièrement payée par les gens de couleur libres ; du moins, ils n'en furent jamais exemptés qu'à titre exceptionnel, ce qui constituait, malgré le Code Noir, une différence de plus entre eux et les blancs.

Nous nous contenterons d'indiquer diverses autres mesures, qui ne sauraient être rangées sous une même rubrique, et qui serviront encore à montrer en quelle défiance ou quel mépris on tenait les gens de couleur. Une ordonnance des général et intendant de la Martinique [1] défend d'acheter d'eux des matières d'or et d'argent. — En temps de guerre, les arrivages ayant manqué, le juge de police du Cap interdit [2] aux boulangers de leur vendre du pain, à peine de 10 livres d'amende, et aux négociants, capitaines de navires marchands et autres, de leur vendre de la farine sous les mêmes peines. — Une autre fois, toute communication avec les galériens leur est interdite [3].

Dans la vie ordinaire, les blancs ne se faisaient pas faute, à l'occasion, de traiter les gens de couleur libres comme ils auraient traité les esclaves. Cependant, si les violences étaient excessives, ils pouvaient être punis, comme l'atteste une lettre du Ministre [4], qui approuve la condamnation d'un habi-

---

[1] Durand-Molard, I, 157, 3 février 1720.
[2] Moreau de Saint-Méry, IV, 451. Ordonnance du 17 avril 1762.
[3] Arch. Col., F, 261, p. 233. Ordonnance des administrateurs, 7 mai 1772.
[4] Ib., ib., p. 227, 2 mars 1712.

tant de la Martinique à 1.200 livres de dommages-intérêts envers un nègre libre blessé par lui d'un coup de sabre, plus un écu d'amende envers le roi et la peine de l'admonestation. Hilliard d'Auberteuil, qui écrit de 1776 à 1782, nous apprend que, de son temps, les relations réciproques se sont sensiblement améliorées : « Jusqu'à ces dernières années, un blanc qui se croyait offensé par un mulâtre le maltraitait et le battait impunément. » Mais, à présent, — ajoute-t-il, — quiconque frappe un mulâtre est passible de prison [1]. Pourtant, il devait subsister encore bien des abus, si nous en jugeons par la lettre suivante du Ministre à MM. le comte de la Luzerne et de Marbois [2] : « Je joins ici, Messieurs, deux mémoires qui m'ont été adressés par un homme de couleur, qui réclame pour lui et les individus de son espèce protection contre les vexations que leur font éprouver les blancs par l'effet d'un préjugé injuste, ainsi que l'existence dont leurs mœurs, leur aisance, leur honnêteté les rendent susceptibles. L'exposé de leur situation est touchant, et il paraît convenable de prendre provisoirement des mesures propres pour mettre cette classe d'hommes à l'abri des vexations dont elle se plaint ; je vous engage à prendre cet objet en considération et me rendre compte du parti que vous aurez pris. Quant à la sorte d'existence à laquelle les gens de couleur paraissent vouloir prétendre, la matière est absolument délicate, et la décision qu'ils sollicitent devra être le fruit du plus sérieux examen ; je recevrai avec plaisir les observations que vous voudrez bien m'adresser sur cet objet. » Quelques jours après [3], le Ministre leur envoie un troisième mémoire d'un homme de couleur sur le même objet, en leur recommandant d'y donner la plus grande attention. Mais ni les mémoires dont il est question, ni les réponses des administrateurs n'existent aux Archives Coloniales. Nous ne pouvons que constater la ten-

[1] *Op. cit.*, II, 74.
[2] Arch. Col., B, 192, *Saint-Domingue*, p. 43, 11 mars 1786.
[3] Ib., ib., p. 85, 6 avril.

dance générale, vers la fin de l'ancien régime, à améliorer la situation des gens de couleur libres.

S'il leur arrivait à eux-mêmes de se livrer à la moindre voie de fait sur un blanc, le châtiment était, cela va sans dire, des plus sévères. Ainsi un mulâtre libre fut condamné à être fouetté, marqué et vendu au profit du roi pour avoir battu un blanc, chantre de la paroisse de Jacmel [1]. La perte de la liberté était la punition qui menaçait sans cesse les affranchis ou même leurs descendants et qui rendait précaire la condition d'un grand nombre d'entre eux. Ils pouvaient être déchus de la liberté non seulement pour des délits commis par eux-mêmes, mais pour avoir recélé des esclaves et leurs vols [2].

Ce qu'il y a de curieux à remarquer, c'est que les esclaves sang-mêlé en étaient arrivés eux-mêmes à partager le préjugé de couleur. « Il n'est pas un nègre qui osât acheter un mulâtre ou un quarteron, dit Moreau de Saint-Méry [3]; si cette tentative pouvait avoir lieu, l'esclave préfèrerait le parti le plus violent, la mort même, à un état qui le déshonorerait dans sa propre opinion. » Singulier point d'honneur ! Tant il est vrai que le blanc était considéré par lui comme une espèce supérieure! La Révolution française a changé ces idées; l'égalité des races a été proclamée ; mais encore aujourd'hui le préjugé de couleur est loin d'avoir disparu dans nos colonies, de même que dans tous les pays où les noirs ont été importés comme esclaves et ont produit des sang-mêlé.

[1] Moreau de Saint-Méry, V, 84, 22 janvier 1767.
[2] Durand-Molard, I, 69. Déclaration du roi, 10 juin 1705; — Moreau de Saint-Méry, III, 159, 8 février 1726; — V, 165, arrêt du Conseil du Cap, 23 mars 1768, condamnant pour ce fait un nègre nommé Hercule; — Arch. Col., F, 251, p. 877, arrêt condamnant un nègre libre à être vendu ainsi que sa famille, sans que la cause soit indiquée, 7 novembre 1718.
[3] Arch. Col, F, 156. Discours sur les affranchissements, prononcé dans l'assemblée publique du Musée de Paris, 7 avril 1785.

CHAPITRE X

RÉSUMÉ. — CONCLUSION : CONSÉQUENCES DE L'ESCLAVAGE

> « Quand la politique humaine attache sa chaîne au pied d'un esclave, la justice divine en rive l'autre bout au cou du tyran. » (Bernardin de Saint-Pierre, *Études de la nature*, liv. 7.)

I. — Résumé des chapitres précédents.
II. — Rien ne justifie l'esclavage moderne, qui a été l'abus conscient de la force. — C'est la métropole qui l'a imposé aux Antilles françaises. — L'esclavage a été un fléau à tous les points de vue. — Son principe n'est plus discutable. — Ses conséquences funestes.
1° Il a empêché le développement, reconnu possible, de la population blanche aux Antilles. — Résultats du mélange des races. — Influence de la servitude sur les maîtres comme sur les esclaves. — Le régime forcé de la terreur réciproque. — L'absentéisme.
2° Développement de la grande propriété, presque exclusivement sucrière. — Disparition progressive des « petits blancs ». — Inconvénients de la réunion de la culture et de la fabrication du sucre sur les mêmes habitations. — Abandon de la charrue pour la houe de l'esclave. — La routine : stagnation des procédés agricoles et industriels. — Production exclusive et intensive des denrées d'exportation. — Presque point de « cultures vivrières ».
3° Application du pacte colonial aux Antilles. — Leur dépendance absolue de la métropole. — Point de circulation monétaire. — Le troc ; ses difficultés et ses abus.
4° L'esclavage a empêché la naissance d'industries variées.
5° Défaut de vie intellectuelle et artistique.
6° Avilissement du travail libre. — Des avantages relatifs du travail servile par suite du bon marché de la main-d'œuvre. — Revenus produits par les Antilles au siècle dernier. — Prospérité du commerce extérieur.
7° Rapidité des fortunes créoles, mais leur instabilité. — La généralité des propriétés endettées.
8° Constitution d'une société factice. — Responsabilité de la métropole.
9° L'héritage du passé pèse encore aujourd'hui sur les Antilles. — Problèmes soulevés par l'émancipation. — L'avenir.

I

Nous voici arrivé au terme de notre étude. Avant de conclure, il importe de récapituler les faits.

La traite des nègres commence vers le milieu du xv⁰ siècle. Les Français, imitant les Espagnols et les Portugais, l'introduisent aux Antilles deux siècles plus tard. Ils exploitent d'abord le sol au moyen des esclaves africains, concurremment avec des travailleurs libres européens ou engagés. Mais, peu à peu, les préjugés de l'intérêt les portent à écarter les blancs; de même, ils renoncent prématurément à utiliser la population indigène des Caraïbes. C'en est fait : l'esclavage triomphe. — C'est surtout Colbert qui régularise et développe l'importation des noirs. Après lui, le gouvernement suit l'impulsion qu'il a donnée. Privilèges et primes ne cessent d'encourager les Compagnies. Malgré tout, les colons se plaignent qu'on ne leur apporte jamais assez de nègres. Personne, d'ailleurs, ne paraît songer au caractère immoral et inhumain de ce commerce.

Ainsi, voilà de malheureux êtres qui, pour la plupart, étaient libres chez eux[1], habitués à vivre au grand air, sans travailler, et, — ce qui est, je le veux bien, un médiocre idéal, — faisant du *farniente*, du laisser-aller à toutes les impulsions de la nature, la suprême jouissance. Assurément, ils ne seraient jamais allés bien loin dans la voie du progrès intellectuel et moral. Mais, survient le blanc, l'homme civilisé, l'envoyé de Dieu, s'il fallait en croire les motifs qui ont officiellement guidé les nations chrétiennes vers les côtes d'Afrique. Alors, au nom de je ne sais quel droit supérieur qui est, à proprement parler, celui de la force, mise au ser-

---

[1] S'il y en avait qui étaient déjà réduits en esclavage, c'étaient surtout des esclaves domestiques qui, nous l'avons vu, n'étaient pas d'ordinaire vendus aux Européens.

vice de l'intelligence et de la cupidité, il devient possesseur de ces autres hommes. Qu'ils aient commis la moindre faute, qu'ils aient été accusés de sorcellerie, ou qu'en guerre ils aient eu le malheur de se laisser faire prisonniers, — quand leur roitelet lui-même ne leur a pas simplement donné la chasse comme à des animaux, — les voilà réduits à l'état de bétail humain. On leur met une fourche au cou, et en marche la caravane ! Ils sont troqués contre toutes sortes de pacotilles apportées par les Européens, et c'est à qui, dans cet échange, se dupera le plus.

Voyez-les maintenant, chargés de chaînes, entassés à bord, soigneusement séparés les uns des autres, dès qu'ils sont parents, amis ou seulement de la même tribu, pour qu'ils ne puissent pas se comprendre et tramer un complot. Oui, on les transforme bien en bêtes brutes, puisque le langage qui les en distinguait surtout leur est rendu inutile. Impossible même d'avoir aucune communication avec leurs bourreaux, qui ne connaissent pas leur idiome. Aussi bien, qu'en est-il besoin ? Qu'ils respirent et mangent pour ne pas mourir, c'est assez. S'ils font mine de broncher, il n'y a qu'à frapper sur eux, à resserrer les chaînes. Et, pendant de longues semaines, ils voguent ainsi, loin, toujours plus loin du pays natal, sur cet Océan dont la seule vue les emplit d'épouvante. Peuvent-ils concevoir quel terrible sorcier fait aller ainsi leur prison mouvante ? Nous figurerons-nous jamais quelles fantastiques chimères hantaient leur pauvre cerveau [1] ? Ils ont vite fait de tomber dans une stupidité morne. Mais, halte-là ! La mélancolie est de mauvaise hygiène. Ils n'ont pas le droit d'être tristes. Allons ! il faut qu'ils s'amusent. S'ils hésitent, le fouet cingle leurs membres roidis par l'immobilité prolongée dans un espace trop étroit. Et en avant la danse, la danse du pays, au son des instruments du pays, que font résonner les *bombes !* Ils commencent à s'animer, un instant

---

[1] Ils croyaient, en particulier, que les blancs les emmenaient dans leurs pays pour les manger et se faire ensuite des souliers avec leur peau.

peut-être ils oublient leurs misères. Mais ils sont délassés ; c'en est fini de sauter et de rire. L'équipage a fini, lui, sa corvée de surveillance. Qu'on enferme le troupeau. L'un d'entre eux tombe-t-il malade? S'il est condamné, on n'attend même pas toujours qu'il meure pour le jeter par-dessus bord. Et il est rare qu'il n'en disparaisse pas ainsi au moins un chaque jour. Qu'importe après tout au négrier? C'est le déchet calculé dans les frais généraux. Ceux qui ont la malechance de survivre arrivent déjà plus ou moins exténués. D'autres blancs viennent les examiner, les essayer comme ils feraient d'un cheval. Marché conclu. L'esclave est à son nouveau maître.

Il lui a coûté tant, il doit lui rapporter tant. Tel est le calcul du colon. Le nègre n'est-il pas sa propriété ? N'a-t-il pas le droit d'en user à son gré? Tous ses efforts vont tendre à obtenir le rendement maximum de ce capital vivant. Du reste, l'arbitraire le plus illimité lui est laissé, jusqu'au moment où le gouvernement se préoccupe pourtant de régler la situation de cet être hybride, qui tient en même temps de la nature des personnes et des choses. De là le Code Noir, œuvre de Colbert, inspiré à la fois de la Bible et du droit romain, du christianisme et du droit canonique, et dans lequel a passé, malgré tout, un souffle d'humanité.

C'est au nom de la religion qu'on essaie de légitimer l'esclavage. Ne faut-il pas estimer heureux ces fétichistes que des chrétiens sont allés chercher pour les retirer des ténèbres de l'idolâtrie et leur permettre de faire leur salut ? Mais nous avons vu comment ils comprenaient le catholicisme. De fait, maintenus dans la plus profonde ignorance, ils restèrent, sauf de rares exceptions, à peu près païens. Comment eût-il été possible de leur faire comprendre qu'ils étaient les frères des blancs ? En tout cas, ils devaient trouver que ceux-ci avaient une singulière façon de mettre en pratique le précepte : « Aimez-vous les uns les autres. » — Et l'on émet officiellement la prétention de les moraliser ! Or nombre de maîtres sont les premiers à abuser des négresses. En vain le gouvernement essaye de refréner le libertinage, d'empêcher le mélange des sangs. Les unions légitimes furent extrêmement rares parmi les esclaves. La famille n'exista pour ainsi dire pas pour eux.

Donc ils furent réduits à n'être guère que des corps, des instruments de travail. C'est ici que commence l'exploitation en règle de la machine humaine. Ce travail, que le nègre a en horreur, le prend tout entier, du matin au soir, quand ce n'est pas du soir au matin. Le jour naît et on entend claquer le fouet du commandeur. A genoux pour la prière! Ne convient-il pas d'abord que l'esclave rende grâces au ciel pour ses bienfaits? Ironie du sort et profanation!... Allons, en route pour les champs! Il faut bien qu'il fasse pousser la canne à sucre, et le café, et le cacao, pour que ses frères blancs aient quelques douceurs. S'il ne va pas assez vite, s'il commet quelque inattention, s'il se relâche une minute de la besogne sous cet ardent soleil, qui fait ruisseler la peau même du nègre, le fouet s'allonge de-ci, de-là, et de-ci, de-là, il la raye, cette affreuse peau noire, parfois même en emporte quelque lambeau. Pendant ce temps, à l'atelier, d'autres esclaves sont attelés au moulin à sucre ou postés près de la chaudière; ce service se fait jour et nuit, par des équipes qui se relaient de douze heures en douze heures. Malheur à celui qui, vaincu par la fatigue ou le sommeil, s'approche trop des roues du moulin, qui emportent ou la main ou le bras, ou le corps tout entier saisi dans l'engrenage! Malheur à celui qui, se penchant sur la chaudière, tombe dans le sucre bouillant[1]! Ah! qu'ils ont bien peiné les travailleurs! Que la journée et que la nuit ont été bonnes! Et que la récolte et la fabrication s'annoncent productives! Ils méritent bien un peu de repos; ils ont bien gagné de quoi réparer leurs forces. Pour se reposer, ils ont, en effet, la ressource d'aller se jeter dans leur case sur un affreux grabat. Mais bah! pourquoi les nourrir? Ne coûtent-ils pas déjà trop

[1] Ces accidents étaient assez ordinaires, au rapport des témoins oculaires.

cher à se procurer? Les coquins sauront bien se tirer d'affaire. Et, sous ce prétexte, les maîtres leur donnent peu ou point de nourriture. Les misérables en sont réduits à s'ingénier pour trouver n'importe quoi. Très souvent il leur faut voler cette nourriture si durement gagnée. Ils volent aussi pour se vêtir, où les femmes recourent à d'autres moyens pour satisfaire leur goût de la toilette. Se charger de parures bizarres et éclatantes était, en effet, leur principale satisfaction, comme leur plus grande passion était la danse. Malades ou vieux, ils étaient censés devoir être soignés par leurs maîtres. Mais, dans la plupart des cas, cette prescription du Code Noir n'était qu'illusoire. Rarement ils arrivaient à un âge avancé. C'est à peine si, vers la fin du XVIII° siècle, cette lamentable situation matérielle de l'esclave s'améliore.

Que dire des droits inscrits dans les règlements en sa faveur? Théoriquement, on semble bien lui reconnaître une sorte de personnalité. Mais combien les manifestations en sont restreintes dans la pratique! S'il peut contracter mariage, ce n'est que du consentement de son maître. Et quel père que celui dont la femme et les enfants sont au pouvoir d'un autre, exposés à être malmenés, châtiés, sans qu'il ait le droit de les protéger! Nous savons combien peu la femme était à l'abri des caprices du maître. Le principal avantage du mariage pour l'esclave est de ne pouvoir être vendu séparément de sa femme et de ses enfants impubères. D'autre part, on discute sans cesse pour savoir s'il doit être considéré comme meuble ou comme immeuble. La plupart du temps, il est rattaché au fonds qu'il sert à exploiter. Pourtant il reparaît à chaque instant — c'est fatal — avec les caractères propres à l'être humain, mais ne pouvant agir que par la volonté d'un maître. Le Code Noir stipule qu'il lui est interdit de posséder. Néanmoins, en réalité, la facilité lui est laissée de se constituer un pécule; mais jamais il n'en jouit qu'à titre précaire; il ne saurait, en particulier, en disposer par testament. Il est également incapable de recevoir ni donations, ni legs. Qu'il soit ouvrier ou commerçant, c'est toujours le maître qu'il représente, et c'est le maître qui est responsable de ses actes. Mais lui n'a pas le droit d'assumer une responsabilité personnelle ; c'est pour cela que tous offices ou fonctions publiques lui sont interdits. En justice, il n'est autorisé à figurer que comme témoin ; encore est-ce à défaut de blancs et à la condition que son maître ne soit pas en cause. Quand il est compté comme tête, c'est à l'exemple du bétail, pour être assujetti à la capitation et aux corvées.

La loi est faite surtout pour se garantir contre lui. La contrainte exercée par le maître sur son habitation à l'aide du commandeur constamment armé du fouet ne suffit pas. Les esclaves sont le nombre, de 10 à 15 contre un. S'ils s'avisaient de raisonner, de se concerter, que deviendraient les blancs? Aussi accumule-t-on toutes sortes de précautions contre eux. Il leur est interdit de circuler sans une permission écrite, de porter des armes, de s'attrouper. Mais, la plupart du temps, les maîtres ne se soucient guère de les livrer à la justice pour ces infractions aux règlements ; car leur emprisonnement leur impose une perte, outre que certains châtiments mettent l'esclave dans l'impossibilité de travailler pendant un temps plus ou moins long. Ce n'est donc que pour les vrais délits ou crimes que l'action de la justice publique les atteint réellement. Ils sont coutumiers de vols, de violences, de meurtres, d'incendies et d'empoisonnements ; ce dernier crime, si fréquent aux Antilles, fut comme un produit spécial de l'esclavage. On les fustige, on les marque au fer rouge, on leur fait subir la question ordinaire et extraordinaire, on les pend, on les brûle, on les applique à la roue, on les écartèle. Les maîtres eux-mêmes inventent parfois pour les punir les supplices les plus atroces. Mais tous les moyens restent insuffisants pour assurer la sécurité générale. Tout dommage causé par ses esclaves, le maître est tenu de le réparer ; seulement, si c'est un crime qui entraîne contre eux la peine de mort, il est indemnisé de leur perte. Les propriétaires furent amenés à organiser une sorte d'assurance mutuelle pour se prémunir contre les risques à courir de ce fait. Tant ils étaient sans cesse à redouter les excès de ceux qui ne cherchaient qu'à se venger de leurs cruautés! En somme, les rapports de maîtres à esclaves en arrivèrent à produire un régime de barbarie réciproque ; elle fut seulement, d'un côté, plus sauvage, et, de l'autre, plus raffinée.

Faut-il s'en étonner? La force seule maintient les nègres. Ils se vengent comme ils peuvent. Ils n'ont qu'une idée, fuir le maître maudit. Alors ils s'en vont, marrons, errer dans la montagne ou la forêt, et là, réunis en bandes, ils vivent libres entre eux ; par leurs incursions ils terrorisent les habitations. On leur donne la chasse comme à des bêtes fauves ; on les traque, on tire sur eux. S'ils sont pris, c'est le fouet et la fleur de lys pour la première fois ; c'est le jarret ou la jambe coupés pour la deuxième, et, pour la troisième, la mort, ou, à tout le moins, les travaux publics à la chaîne, leur vie durant. Heureusement pour les colons, ils ne parvinrent jamais à être assez disciplinés pour tenter avec succès des révoltes générales. Sans quoi ils auraient pu facilement se rendre maîtres des îles et reconquérir leur liberté.

La liberté! Mais qu'en avaient-ils donc tant besoin, disaient les esclavagistes ? Après tout, étaient-ils si malheureux ? N'étaient-ce pas uniquement les natures vicieuses qui recouraient à la vengeance, à la fuite, à la révolte? Est-ce qu'il n'y avait pas plus d'un paysan, plus d'un ouvrier en France qui ne mangeait pas toujours à sa faim ou qui se trouvait même sans abri? Et les soldats de l'ancien régime, et les matelots avaient-ils donc un sort beaucoup plus doux? Quelle différence si grande entre eux et les esclaves? Pourquoi donc plaindre tant les nègres ? N'avaient-ils pas du moins la vie matérielle assurée ? Tout ceci a été dit souvent. Mais la liberté avec tous ses risques n'était-elle pas préférable à un état qui retranchait ces humains de l'humanité ? N'ont-ils pas eux-mêmes montré constamment que tel était en réalité leur sentiment? Force est bien de recourir aux sophismes pour tâcher de justifier l'esclavage.

Aussi bien, que ne demanda-t-on à rétablir en France la servitude personnelle abolie depuis des siècles? Nous avons montré que la question se posa précisément au sujet des nègres des Antilles amenés par leurs maîtres dans la métropole. Nul doute qu'ils dussent être libres de par les lois du royaume. Mais quel dommage ce principe absolu n'aurait-il pas causé aux propriétaires? Aussi les législateurs furent-ils obligés de s'ingénier pour y apporter des restrictions. Il fut admis, dès 1716, qu'un esclave pouvait rester momentanément esclave, même sur le sol de la métropole. Ce fut la cause d'une véritable invasion lente de noirs dans les ports et à Paris, jusqu'à ce qu'en 1777 le roi eût pris le parti d'interdire l'entrée de son royaume à tous les gens de couleur, sauf les domestiques des colons. Encore ces prescriptions furent-elles bien incomplètement observées jusqu'à la Révolution.

L'état de domestique fut assurément de beaucoup le meilleur pour les nègres. C'était pour eux le moyen de s'insinuer dans les bonnes grâces du maître et d'arriver à se faire affranchir. La liberté devenait le prix d'un long dévouement; souvent, il est vrai, il était plus simple pour les négresses de l'obtenir de la faiblesse d'un maître pour elles et pour leurs enfants; dans certains cas, des esclaves se rachetaient; parfois encore,— mais c'était l'exception,— ils étaient libérés pour actions d'éclat en temps de guerre, ou pour services rendus à la cause publique. Ces divers motifs multiplièrent vite dans une proportion excessive les affranchissements. Aussi le gouvernement dut-il songer à imposer un frein à l'arbitraire des maîtres. D'où la nécessité d'une autorisation préalable, puis l'établissement d'une taxe des libertés. Mais que de moyens il restait de tourner la loi! Ici encore, la plupart des arrêts édictés restèrent souvent lettre morte. L'affranchissement aurait pu du moins être conçu comme un moyen d'arriver progressivement à la suppression de l'esclavage, lorsque le progrès des idées humanitaires l'eut condamné. Mais on ne paraît guère y avoir songé sérieusement.

La classe des gens de couleur libres se juxtaposa donc à celle des blancs. Mais le Code Noir ordonnait en vain qu'il ne devait plus y avoir entre eux aucune différence légale. Non seulement le préjugé de couleur les marqua dans l'opinion publique d'une tache ineffaçable, mais il parvint à provoquer contre eux une série de mesures générales ou locales qui les maintinrent toujours à distance des blancs. Si l'égalité a été définitivement proclamée, on sait de quel œil sont même encore aujourd'hui regardés les sang-mêlé aux colonies.

II

Finalement, nous croyons pouvoir dire que l'esclavage moderne, avec les horreurs de la traite, a été aussi terrible pour les victimes, sinon même plus, que l'esclavage ancien. Or, à la différence de ce qui s'était passé dans l'antiquité[1], où la servitude était devenue une des conséquences naturelles de l'état social, rien ne justifiait chez les nations modernes cet odieux abus de la force. Il faut bien le reconnaître, c'est avant tout l'intérêt qui a guidé les Européens dans cet asservissement méthodique d'une race de civilisation inférieure par la race plus civilisée, du noir par le blanc, de l'idolâtre par le chrétien. Ne devons-nous pas ajouter que, par suite du progrès des temps et des idées, ils furent sciemment coupables ?

Il est juste de rappeler qu'à l'origine c'est la métropole qui institua l'esclavage. C'est elle, du moins, qui organisa la traite au profit exclusif des commerçants du royaume ; car jamais les habitants des îles ne furent autorisés à aller

---

[1] Pour tout ce qui est relatif à l'esclavage ancien, voir Wallon, *Histoire de l'esclavage dans l'antiquité*.

chercher régulièrement eux-mêmes des nègres sur les côtes d'Afrique. Ils durent se contenter d'acheter ceux que des Compagnies privilégiées et, parfois, des armateurs particuliers voulaient bien leur apporter. Comme en aucun cas ces trafiquants ne favorisèrent l'émigration des travailleurs libres, si même ils n'entravèrent pas les tentatives faites en ce sens par les gouvernants, il y a lieu de constater que les colons se virent imposer le système de l'esclavage comme unique moyen de cultiver leurs terres. Sans doute, ils en profitèrent et eux-mêmes en arrivèrent bientôt, par la force des choses, à ne plus concevoir d'autre manière de mettre le sol en valeur. Puis, quand l'esclavage fut devenu comme la base de la propriété aux Antilles, n'est-il pas naturel qu'ils s'en soient faits les plus acharnés défenseurs, puisque toute leur fortune en dépendait et que sa suppression leur apparaissait comme la ruine ?

Toutefois, nous affirmerons que l'esclavage a été un fléau pour tous, aussi bien oppresseurs qu'opprimés, et à tous les points de vue, social, économique et politique, aussi bien que philosophique et humanitaire.

On ne discute plus sur le principe même de l'esclavage. « L'illégitimité de la servitude, comme on l'a bien dit [1], est au petit nombre des vérités que l'Évangile, la science et la liberté politique ont rendues maîtresses de la conscience humaine dans toute l'Europe. » C'est pourquoi nous n'avons pas jugé à propos de reproduire les théories diverses émises sur cette question par les moralistes et les philosophes. Après avoir exposé l'organisation de l'esclavage dans les Antilles françaises, nous voudrions simplement indiquer quelles nous paraissent en avoir été les conséquences.

1° Tout d'abord, si on n'avait pas recouru aux noirs d'Afrique, la population des Antilles eût été entièrement changée. Nous pensons avoir démontré qu'il n'était pas

---

[1] A. Cochin, *Abolition de l'esclavage*, I, p. ix.

indispensable, — comme les colons finirent par le croire eux-mêmes, — d'importer des nègres et que des travailleurs blancs auraient parfaitement pu s'acclimater dans ces îles. Le système des engagés avait d'ailleurs bien réussi à l'origine. Il aurait suffi de le modifier en encourageant l'émigration d'Européens [1] mieux recrutés, qui auraient pu devenir de *petits habitants*. Il est à présumer que cette population se serait développée normalement et aurait constitué une société régulière et pleine de vie, tandis qu'on fut obligé de recourir sans cesse à la traite pour réparer la décroissance continuelle du nombre des nègres. Et quels furent les résultats du mélange inévitable des deux races produit par le libertinage des maîtres? De créer l'espèce particulière des mulâtres et autres sang-mêlé qui, à l'époque même de l'esclavage, durent, dans la plupart des cas, leur affranchissement à des causes immorales. Entre les blancs et ces nouveaux libres il ne pouvait y avoir assimilation. Au contraire, l'antagonisme naquit dès le début et ne fit que s'aviver par suite du préjugé de couleur. Certes il n'est pas douteux qu'il eût infiniment mieux valu une population uniquement blanche — eût-elle dû être moins nombreuse — d'habitants n'ayant jamais connu la servitude. Quelques ressources en effet qu'offre actuellement la population de nègres et de gens de couleur émancipés, dont un certain nombre font preuve de qualités remarquables, ne constatons-nous pas que les descendants des maîtres et des esclaves d'autrefois subissent encore les conséquences fatales des lois de l'hérédité? Ce n'est évidemment pas dans l'espace de quarante ou cinquante ans que se transforment radicalement des habitudes et toute une manière d'être contractées pendant deux siècles. Or qui ne sait que, si la servitude avilit l'esclave, elle exerce, en un autre sens, une influence non moins néfaste sur le caractère du maître? Celui-ci s'accoutume

[1] On envoya aux îles un certain nombre de familles allemandes; mais on y renonça aussi bien vite.

trop facilement à ne rien faire, à se laisser dominer par ses passions, à ne pas tolérer la moindre velléité de résistance. Celui-là, dont les instincts sont sans cesse réprimés, devient un être absolument passif, sans initiative, sans responsabilité, sans moralité [1]. Il est obligé de recourir à la dissimulation et à la ruse pour voler ce qui lui est refusé, ou bien à la violence pour se venger. S'il parvient à la liberté, son idéal est d'imiter le blanc. On comprend que, lors de l'abolition de l'esclavage par la Convention, les noirs aient cru qu' « être libre, c'est avoir des esclaves » et qu'ils en aient réclamé à grands cris ; on comprend encore que, suivant cette autre idée, « être libre, c'est ne rien faire », ils aient obstinément refusé de travailler. « Les Africains, privés par l'esclavage de cette règle intérieure qui détermine la moralité des actions humaines, jetés soudainement de la servitude dans les excès d'une licence sans bornes, étrangers à nos usages et à nos lois, ont été égarés par les leçons qu'ils ont reçues au moment de leur entrée subite dans la société [2]. »

En outre, les nègres, dix ou quinze fois plus nombreux que les blancs, n'ont pu être domptés que par la terreur. Mais les propriétaires eux-mêmes ont vécu sans cesse en proie à la crainte des révoltes serviles ou, tout au moins, des brigandages des nègres marrons, qui exercèrent si souvent contre eux de si terribles représailles. Ils ont dû appliquer la maxime : *Oderint dum metuant*, et pour cela se conduire sans cesse en bourreaux. Plaignons-les eux-mêmes d'en avoir été réduits à ce triste rôle. L'impartialité nous oblige de constater ici qu'il ne manqua pas de bons maîtres et qu'à ceux-là les esclaves se montrèrent dévoués. De plus, à l'occasion des fréquentes attaques dirigées contre les Antilles par les Anglais, on vit des esclaves combattre vaillamment contre l'ennemi. Mais pouvait-on jamais compter sur leur fidélité, quand il leur était si facile d'acheter la liberté par la trahison — bien

---

[1] Cf. De Broglie, *Rapport de la Commission*, etc., pp. 110 et 130.
[2] Arch. Col., *Essai sur l'esclavage*, F, 129, p. 131.

excusable chez eux — plutôt que de la conquérir par une conduite héroïque ?

Quoi qu'il en soit, peu à peu, à la fois par suite du manque de sécurité et de confortable aux îles, les colons les plus riches se décidèrent à aller jouir de leurs revenus dans la métropole. Les colonies souffrirent alors de l'absentéisme, qui rendit encore pire la condition des esclaves, dont les gérants n'avaient naturellement aucune pitié. S'il en fut ainsi, c'est qu'on n'était pas parvenu à faire du séjour des Antilles comme une seconde patrie[1].

2° Si nous passons de la condition des personnes à celle des terres, que voyons-nous? Au début, alors qu'il n'y avait pas encore quantité de noirs aux Antilles, chacun vivait facilement sur des terres peu ou point délimitées, étonnamment fertiles, qui, grâce à un travail insignifiant[2], donnaient des produits largement rémunérateurs. Comme en France, on labourait avec la charrue et on cultivait les denrées de première nécessité. Mais l'esclavage eut presque immédiatement trois conséquences capitales : il amena le développement de la grande propriété, l'abandon de la charrue pour la houe de l'esclave, la culture à peu près exclusive des produits de luxe et d'exportation.

L'extension de la culture pratiquée en grand et appliquée presque exclusivement à la canne à sucre coïncide avec celle que Colbert donna à la traite. A l'origine, chacun n'avait besoin que d'une portion de terre peu étendue, parce qu'on cultivait presque uniquement le tabac, avec le cacao, le roucou, le gingembre, l'indigo. Ces produits convenaient très bien à la petite et à la moyenne propriété[3]. Mais on constata bientôt que le sucre rapportait bien davantage[4]. Aussi « les plus

---

[1] Cf. Commission coloniale, 1849-1851. Rapport d'Em. Thomas, p. 21-22.
[2] « Le travail d'un homme pendant une heure par jour suffit pour assurer sa subsistance et celle de sa famille. » Arch. Col., Essai sur l'esclavage, F, 120, p. 211.
[3] Cf. P. Leroy-Beaulieu, op. cit., p. 163.
[4] La culture de la canne ne commence que vers 1650. On croit communément que c'est le juif Benjamin Dacosta qui l'importa du Brésil à la Marti-

« accommodés » commencèrent à acheter les terres de leurs voisins. Dès 1680, les Antilles ont perdu « plus de 4.000 habitants, dont les terres sont à présent possédées, écrit l'intendant Patoulet, par 12 ou 15 sucriers seulement... L'habitation du sieur de Maintenon, la plus grande et la plus fructueuse, n'a qu'un économe blanc et plus de 150 nègres[1]. » A Saint-Christophe, les gros propriétaires forcent les petits par tous les moyens à abandonner leurs terres pour s'agrandir. Il finira par ne rester que « les grosses familles, c'est-à-dire les sucriers[2] »... Ce mouvement ne fait que s'accélérer. Les administrateurs se plaignent constamment que les « petits blancs » diminuent, qu'il n'arrive pas assez d'émigrants d'Europe, que les « cultures vivrières » sont de plus en plus abandonnées. Le Ministre écrit à ce sujet, le 30 mars 1687, au chevalier de Saint-Laurent[3], qu'il y a déjà trop grande abondance de sucre : « Il est nécessaire de les obliger (les habitants) à partager la culture de leurs terres en indigo, rocou, cacao, casse, gingembre, coton et autres fruits qu'ils peuvent cultiver, et de tenir la main à ce qu'ils se mesurent dans ce partage, de manière qu'ils ne tombent pas dans l'excès d'une même espèce, autant qu'il sera possible. Il faut aussi qu'ils s'attachent à élever des vers à soie[4]. » Il insiste peu après sur ce point dans un autre mémoire[5], en ces termes frappants : « La perte infaillible des îles sera causée par l'excessive quantité de cannes de sucre que les habitants ont plantée. » Malheureusement, rien ne peut arrêter le mouvement donné. Tout est sacrifié par quelques propriétaires ayant des capi-

---

nique, en 1644 (P. Leroy-Beaulieu, *op. cit.*, 162). Pourtant Labat, III, 323, est d'avis qu'elle existait déjà aux Antilles. Dacosta aurait seulement fait connaître les procédés par lesquels il fallait la traiter.

[1] Arch. Col., C⁸, II, Mémoire du 11 décembre 1680.
[2] *Ib.*, F, 250. Mémoire de Blenac et de Goimpy, 6 mars 1687.
[3] *Ib.*, B, 13, p. 8.
[4] Les instructions fréquemment renouvelées sur ce point n'eurent jamais de succès.
[5] Arch. Col., B, 13, p. 63. Instructions répétées dans les mêmes termes au comte Desnos, B, 24, p. 20. Lettre du 10 février 1720.

taux à l'établissement d'« habitations sucrières », qui exigent un vaste terrain, un grand nombre de nègres, des bâtiments considérables.

La grande propriété est rendue aussi nécessaire, parce qu'on n'a pas l'idée de séparer les deux opérations, agricole et industrielle, de la production de la canne et de la fabrication du sucre. Autrement, les petits propriétaires auraient pu continuer à vivre en apportant leurs cannes à des établissements spéciaux chargés de les travailler. Ce procédé a été préconisé surtout au moment de l'abolition de l'esclavage, et l'expérience a prouvé qu'il était beaucoup plus rémunérateur [1]. Il est certain que, s'il avait été adopté autrefois, la propriété ne se serait pas concentrée en un aussi petit nombre de mains qu'elle le fut aux Antilles. Mais c'est précisément ce que ne voulurent pas les spéculateurs les plus hardis, qui ne s'expatriaient que dans l'espoir de faire rapidement de grosses fortunes. L'aléa qui les tentait n'existant plus, ils ne se seraient sans doute pas aventurés au delà des mers pour y chercher simplement la paisible et médiocre existence d'un petit cultivateur. C'eût été une perte, car les audacieux sont nécessaires dans les pays neufs. Peut-être donc exprimons-nous une vue purement chimérique en regrettant qu'on n'ait pas eu primitivement recours à cette division du travail, qui semble impliquer une société déjà pleinement organisée. Nous n'ignorons pas que l'histoire ne se refait pas après coup. Mais ne serait-il pas excessif de se contenter de dire tou-

---

[1] Cf. Schœlcher, *Abolition immédiate de l'esclavage*, Paris, 1842, p. xxiii, et *L'esclavage pendant les deux dernières années*, II, 377. Il cite une brochure de M. P. Daubrée, *Questions coloniales sous le rapport industriel*, 1841, où sont exposés les avantages de cette combinaison, qui ne nécessite plus un grand concours de bras, ni un gros capital d'exploitation. — Ramon de la Sagra, savant économiste espagnol, indique dans son *Historia fisica, politica y natural de la isla de Cuba*, que c'est ainsi qu'on procède à Java et qu'on obtient les meilleurs résultats. — V. aussi *Revue Col.*, 1re série, 1845, t. V, p. 239 et suiv., Analyse d'un article de José-A. Saco, *De la suppression de la traite des esclaves africains dans l'île de Cuba*, — et 2e série, 1849, t. II, p. 7, un Mémoire de Don Domingo de Goicouria.

jours : il en a été ainsi; il ne pouvait pas en être autrement ?

Pour la charrue, par exemple, elle avait été importée aux Antilles par les premiers colons. Mais elle fut à peu près complètement délaissée, dès que la main-d'œuvre fut tombée à vil prix. « Du jour où le rang social se mesura au nombre des nègres que l'on possédait, le dédain de tout autre instrument que la houe de l'esclave devint à la mode pendant deux cents ans, et ce ne fut que vers la fin du siècle dernier, lorsque le régime de la servitude avait été ébranlé, que reparurent quelques charrues[1]. » En effet, à cette époque, le sieur Brun, ancien major des volontaires corses, se fait accorder le privilège exclusif pendant six ans pour la vente d'une charrue de son invention, destinée à « labourer à l'aide d'un nègre et d'un mulet autant de terres que 12 nègres par la méthode ordinaire du pays[2] ». Cette méthode, empruntée aux Espagnols, et déjà décrite par l'historien Oviedo dans les premières années du XVI° siècle, était des plus primitives, et elle maintint l'agriculture dans la plus déplorable routine. Il faut attribuer sans doute à la nonchalance des créoles, produite à la fois par le climat et la facilité de la vie, le manque absolu d'initiative dont ils témoignèrent pour améliorer leurs procédés de culture. En même temps, ils ne se préoccupèrent pas du danger qu'ils couraient d'épuiser le sol par le développement à outrance d'une seule culture, sans avoir recours à l'alternance des récoltes.

L'intérêt ne fut même pas pour eux un stimulant suffisant. On reste confondu en constatant avec quelle insouciance,

[1] J. Duval, *op. cit.*, p. 151.
[2] Moreau de Saint-Méry, V, 332, 4 novembre 1770. — Le Ministre écrit, le 18 juillet 1777, à M. de la Busquière, médecin à Sainte-Lucie, pour lui accuser réception d'un Mémoire dans lequel il proposait d'encourager l'usage de la charrue. Arch. Col., B, 160, Martinique, p. 72. — « On peut démontrer facilement qu'en se servant de la charrue on laboure et l'on plante plus dans un jour et avec un nombre dix fois moins grand de nègres formés au travail qu'on ne pourrait bêcher et planter à la manière accoutumée. » Clarkson, *op. cit.*, p. 268.

uniquement préoccupés de fournir des denrées d'exportation à la France, ils négligèrent les cultures destinées à leur propre alimentation et à celle de leurs esclaves. Ce fut au point que, plus d'une fois, les Antilles furent exposées à la famine, quand, pour une cause ou pour une autre, manquaient les arrivages de farine, ou de bœuf salé d'Irlande, ou de morue de Terre-Neuve, importés de France. Dans la vie ordinaire, il ne fut pas rare de voir des propriétaires obligés de recourir à leurs esclaves, — qu'ils étaient tenus de nourrir, — pour se procurer leur propre nourriture journalière ; car ceux-ci élevaient de la volaille, ou bien un porc, une chèvre, cultivaient quelques légumes, ou encore allaient à la pêche ou à la chasse, bien entendu avec l'autorisation de leurs maîtres. Mais on ne comprend pas que les propriétaires des grandes habitations n'aient pas plus souvent pris soin d'entretenir une basse-cour, d'élever des bestiaux, de réserver une portion de terrain pour la production de denrées alimentaires.

3° Ajoutons à cela qu'en vertu des idées économiques de l'époque, représentées par le régime exclusif du pacte colonial, la métropole ne voyait dans les colons que des sujets d'une espèce particulière destinés à lui acheter ses produits manufacturés et alimentaires à des prix le plus souvent excessifs [1], alors qu'ils étaient contraints de céder en échange leurs denrées de culture à un taux relativement bien moindre,

[1] « Il n'est pas rare de voir les marchands gagner 100 pour 100. » Du Tertre, II, 460. — En 1670, les habitants de Saint-Domingue se révoltent contre les abus du monopole commercial. La Compagnie vendait une aune de toile 6 livres, et les Hollandais 20 sols, un baril de lard 750 livres de tabac (ou 7 pistoles et demie), et les Hollandais 200. Dessalles, I, 500-501. — « ... Le gain que les marchands font sur les marchandises qu'ils portent aux Îles est si excessif qu'il n'y a presque plus moyen de le supporter. L'argent que la Compagnie avait apporté ici pour le bien commun des habitants a été tout enlevé... » Arch. Col., C⁸, I. Lettre de M. de Baas au Ministre, 8 juin 1674. Les administrateurs et les colons ne cessent de se plaindre de cette exploitation dont ils sont victimes. — « L'office de ces établissements est d'opérer la consommation des produits de la culture et de l'industrie du royaume; ils fournissent de plus des denrées de luxe que l'habitude nous a rendues nécessaires. » Mémoire du roi, du 7 mars 1777. Durand Molard, III, 281.

vu le manque absolu de débouchés et, par conséquent, de concurrence. Le peu d'argent qui avait été importé aux Antilles par les colons ou par les Compagnies disparut rapidement, si bien que tout le commerce ne consista plus que dans le troc. Les principaux produits des îles étaient le sucre, de beaucoup le plus important et dont les variations de prix déterminaient la valeur des échanges, l'indigo, le tabac, le café, la casse, le séné, le gingembre, le coton, le caret ou écaille de tortue, les bois de teinture, le roucou. Les colons auraient pu garder l'argent contre lequel ils auraient vendu leurs produits, tandis qu'il leur était impossible de conserver la marchandise elle-même. Ils furent donc contraints de subir les exigences des négociants de France.

4° Remarquons que, les nègres étant presque exclusivement attachés à la culture du sol et à la fabrication du sucre, aucune autre industrie importante ne se créa aux Antilles. Pour les besoins de la construction, on éleva seulement des briqueteries, des tuileries et des fours à chaux, de même qu'il y eut des menuisiers, des charpentiers et des forgerons. Mais c'est à peine si quelques blancs, quelques gens de couleur libres ou des esclaves formés en France, puis travaillant au retour pour le compte de leurs maîtres, se livrèrent à la production de menus objets d'usage journalier [1]. Ils pratiquaient de préférence le négoce de pacotilles provenant de l'importation. Dès que les libres avaient quelques fonds, ils aimaient mieux acheter une habitation, ou tenir un cabaret, qui leur permettait de faire rapidement fortune. Tous les métiers restèrent en somme à l'état rudimentaire. Du moment qu'il n'y avait pas d'émulation, il n'y eut point d'initiative, partant point de progrès [2].

[1] « Ce qui manque le plus, ce sont les artisans », malgré le privilège que leur accordait l'édit de mars 1642, de passer maîtres au bout de six ans de séjour aux îles. Du Tertre, II, 468.

[2] « On a bien vu quelques pays à esclaves fleurir par l'agriculture, mais on n'en peut citer un seul où les arts mécaniques aient été portés à un haut point de perfection. » Ad. Smith, t. I, liv. III, ch. II, p. 464.

5° Ne parlons pas de l'art, qui aurait probablement pu susciter quelques vocations chez les créoles [1], si la douceur de l'existence, — tandis que d'autres peinaient pour eux, — n'avait développé à un si haut degré leur penchant trop naturel à l'indolence et aux jouissances purement matérielles, sous le climat enchanteur des îles. A plus forte raison, ne soyons pas surpris que les gens de couleur n'aient produit en aucun genre [2] aucun homme vraiment remarquable, digne d'être cité. La vie intellectuelle et artistique fut aussi restreinte que possible aux Antilles [3]. « Nous remarquerons — écrit justement Boyer Peyreleau [4] — avec Léonard (poète créole de la Guadeloupe, de la fin du xviii° siècle), — que c'est surtout dans les colonies que l'Européen éprouve le regret des beaux-arts qu'il a laissés dans sa patrie. Les talents y sont rares, et l'homme de lettres, fût-il créole, y porte un air étranger. A l'exception de quelques hommes instruits, dont le nombre est petit et qui possèdent des livres, le reste vit dans l'ignorance de tout ce qui ne tient pas au commerce ou à l'économie rurale, et, dans ces objets mêmes, il ne voit qu'une routine aveugle. Il est vrai que l'élan de l'homme laborieux et intelligent y est incessamment arrêté par des institutions qui ne sont en harmonie ni avec les besoins, ni avec les intérêts, par l'arbitraire qui tient lieu de justice, par la routine et les préjugés locaux, par les pas-

---

[1] Ceux que l'on peut citer et qui se sont fait par exemple un nom dans les lettres ont été élevés en France et soustraits par conséquent à l'influence énervante de ce milieu particulier auquel nous attribuons pour une bonne part l'absence d'un haut idéal chez les créoles.

[2] « Il y a eu depuis deux siècles plus de 200.000 individus affranchis, et pas un seul n'a laissé un nom dont les amis des sciences, des lettres et de la philosophie se souviennent. » Arch. Col., *Essai sur l'esclavage*, F, 129, p. 235. — Notre expression « en aucun genre » pourrait porter à nous objecter l'exemple de Toussaint Louverture. Mais nous n'avons pas dénié le courage à la race noire. Surexcité chez celui-là par un noble sentiment, il a fait de lui un héros, quelque appréciation que l'on porte sur son rôle et sur son caractère. Mais avec lui nous ne sommes plus dans le domaine des arts, des sciences, de la littérature.

[3] La première imprimerie ne fut introduite à Saint-Domingue qu'en 1762.

[4] *Op. cit.*, I, 114.

sions des chefs, souvent même par leur impéritie ou leur cupidité. Le climat et le sol énervent l'homme, les institutions l'y dégradent, et il est très difficile, pour ne pas dire impossible, d'y garantir les livres de l'humidité, des vers et des insectes. »

6° Enfin, un des résultats les plus funestes de l'esclavage a été l'avilissement du travail libre. Comme dans le monde antique, il finit par sembler aux libres que toute besogne matérielle les eût fait déroger à leur état. Mais, à la différence des anciens, ce n'était pas pour mieux vivre de la vie de l'esprit qu'ils s'abstenaient de ces travaux. En définitive, le nom de manœuvre ou de laboureur resta indissolublement lié à celui d'esclave. Déjà, avant 1848, on a pu dire : « L'esclave déteste le sol ; l'homme de couleur et l'affranchi le méprisent, et le blanc l'exploite à la hâte comme une mine qu'on fouille avidement avec la pensée d'un prochain abandon [1]. » C'est pourquoi, après l'émancipation, il a été si difficile de réhabiliter la main-d'œuvre libre. Force a été de recourir à des travailleurs du dehors, tels que les coolis indiens, africains, même chinois, pour faire reprendre la culture, après la terrible crise provoquée par la suppression brusque de l'esclavage. Ce système, reconnu d'ailleurs par l'expérience comme détestable au point de vue social et économique, n'a pas non plus contribué à relever le travail libre [2].

7° Les économistes se sont demandé encore s'il y eut même une économie réelle à employer des esclaves, au lieu de libres, pour mettre en valeur le sol et ses produits. Suivant Adam Smith [3], « l'expérience de tous les temps et de toutes les nations s'accorde pour démontrer que l'ouvrage fait par des esclaves, quoiqu'il paraisse ne coûter que les frais de leur subsistance, est, au bout du compte, le plus cher de tous.

---

[1] *Revue coloniale*, 1847, t. XII, p. 138. Art. de M. Garnier.
[2] Cf. P. Leroy-Beaulieu, *op. cit.*, pp. 238 et suiv., et *passim*.
[3] T. I, liv. III, ch. ii, p. 163-165. Cf. aussi liv. I, ch. viii, p. 103. Voir encore G. Roscher, *Principes d'économie politique*, trad. Wolowski, Paris, 1857, 2 vol. in-8, I, pp. 156 et suiv.

Celui qui ne peut rien acquérir en propre ne peut pas avoir d'autre intérêt que de manger le plus possible et de travailler le moins possible. Tout travail au delà de ce qui suffit pour acheter sa subsistance ne peut lui être arraché que par la contrainte et non par aucune considération de son intérêt personnel. » Dans la pratique, il a été partout constaté, en effet, que la somme de travail des nègres uniquement obtenue par la force n'était pas équivalente à celle que pouvait fournir un colon libre, rémunéré par un salaire ou exploitant sa propre terre. Il est intéressant de voir qu'un administrateur de Cayenne, — qui, par conséquent, a étudié la question sur place, — écrit en 1768[1] : « On croit pouvoir mettre en fait que les propriétaires, en payant la journée d'un homme libre plus cher que ne leur coûte aujourd'hui la journée d'un esclave, ne diminueraient pas pour cela leur revenu. Un plus fort salaire rendrait une plus forte somme de travail. Des travailleurs libres, mieux entretenus et mieux traités que des esclaves, seraient plus dispos, plus vigoureux. Ils joindraient à la force mécanique l'intelligence et la bonne volonté qui manquent à la plupart des esclaves. » Il faudrait, en réalité, pouvoir calculer ce que coûtait le prix d'un esclave et le salaire d'un libre. Naturellement il y eut beaucoup de variations, suivant les époques. J.-B. Say évalue à 500 francs[2] le coût annuel d'un esclave, y compris l'intérêt et l'amortissement du prix d'achat, tandis qu'il porte à 1.800 francs les gages d'un laboureur. Peut-être ce dernier chiffre est-il exagéré. D'autre part, si l'entretien des nègres ne coûtait relativement presque rien[3], il faut faire entrer en ligne de compte,

[1] Arch. Col., Colonies en général, XIII, F, 90. Plan proposé pour opérer successivement la suppression de l'esclavage dans l'habitation de Montjoly, à Cayenne.
[2] Cf. P. Leroy-Beaulieu, op. cit., I, 773.
[3] La dépense occasionnée par un nègre « ne peut aller à 20 écus par an ». Lettre de De Goimpy, 28 juillet 1687. Arch. Col., C⁸, 4. — Labat, IV, 207, faisant le compte de la dépense totale d'une habitation de 120 nègres, l'évalue à 6.610 livres, soit 55 par tête. — Schœlcher, Colonies françaises, 268-269, donne le chiffre de 100 livres par an.

outre l'usure de ce capital vivant, les charges de corvées et de capitation, les maladies, les accidents, le marronage, les affranchissements, enfin mille frais imprévus qui mettaient certainement le renouvellement de ce matériel animé à un taux fort onéreux.

Malgré tout, cependant, il paraît difficile de contester qu'il n'y ait eu un intérêt immédiat pour les planteurs à employer des nègres esclaves. Il est certain que, sans eux, les Antilles ne seraient pas arrivées si promptement à une telle prospérité. Suivant un Mémoire de Malouet, de 1776[1], les îles à sucre « produisent 120 millions, qui, par l'action et la réaction des échanges, représentent une somme décuple ». Necker écrit dans son *Traité de l'administration des finances de la France*[2] : « Ce n'est qu'en vendant au dehors pour 220 à 230 millions de marchandises ou manufacturées ou apportées des colonies que la France obtient une balance de 70 millions » Le *Mémoire du Bureau de la balance du commerce des colonies françaises* en 1787[3] donne, comme chiffre d'exportation du royaume, pour les colonies, 73.707.000 livres et, pour l'importation des colonies en France, 185.047.000 livres. Un négociant de la Martinique[4] estime à 235.436.000 livres, argent de France, les marchandises exportées des îles dans la métropole et à 317.000.000 seulement l'exportation totale des colonies espagnoles, portugaises, anglaises, hollandaises, danoises. Il est à noter que ce n'est qu'aux Antilles que notre colonisation était prospère[5]. Cette prospérité fit par contrecoup celle de certains de nos ports, en particulier de Nantes, Marseille et Bordeaux. Mais à quel prix ces résultats furent-ils achetés ? C'est aussi, au point de vue historique, ce qu'il est essentiel de faire voir.

6° Voici, d'abord, un aperçu des fortunes créoles. Vers

[1] Arch. Col., *Colonies en général*, XIII, F, 90.
[2] Éd. de 1785, t. II, ch. III, p. 118.
[3] Arch. Col., F, 139, p. 85.
[4] Ib., ib., p. 5. Mémoire de Ruste.
[5] P. Leroy-Beaulieu, *op. cit.*, 167.

1700, d'après Labat [1], une habitation estimée de 350 à 400.000 francs rapportait 90.000 francs, soit environ 25 0/0. En tout cas, les revenus ordinaires étaient toujours évalués au minimum à 15 0/0. Or nous voyons, d'après un État du prix des habitations de la Grenade vendues aux Anglais en 1765 [2], qu'il y en a 68, représentant un capital de 30.695.000 livres. Le prix le plus élevé est de 1.800.000 livres, le plus bas est de 150.000 livres seulement ; mais presque toutes dépassent 200.000, et la moyenne varie entre 300.000 et 500.000. Quoique nous n'ayons pas trouvé de renseignements aussi précis sur les autres îles, il est à présumer que la grande propriété y était au moins aussi développée, et probablement même plus. La plupart des propriétaires, de nombre restreint, avaient donc des revenus variant entre 50 et 100.000 livres, ou même dépassant souvent ces chiffres. Mais, ne l'oublions pas, ils n'ont guère la ressource de réaliser cette richesse en argent. Alors ils se livrent à des dépenses excessives pour se procurer des objets de luxe, qui leur sont d'ailleurs vendus à des prix exorbitants, ou bien ils s'arrangent pour aller consommer en France le produit de leurs propriétés. Malgré leur fortune, ces capitalistes terriens en sont réduits à vivre, pour ainsi dire, au jour le jour. Qu'il survienne donc seulement une sécheresse, une inondation, un incendie, une invasion de fourmis, — comme le cas était trop fréquent, — la récolte est compromise, les revenus manquent; et, comme ils ne peuvent recourir à l'épargne, il suffit ainsi d'une mauvaise année pour les endetter. Presque tous les colons sont chargés de dettes, lisons-nous, en effet, dans un document officiel ; ils sont « plutôt les fermiers du commerce que les propriétaires des habitations [3] ». De là une très grande instabilité dans les fortunes et les situations sociales, ou, du moins, une prospérité souvent tout'extérieure et de pur apparat. Cette

---

[1] IV, 153.
[2] Arch. Col., F, 17, 24 avril.
[3] Moreau de Saint-Méry, IV, 660. Procès-verbal, etc., 1764.

situation est bien résumée par Moreau de Jonnès[1] : « Un propriétaire ne reçoit jamais d'argent et, par représailles, il en donne, s'il se peut, encore moins. C'est en quelque sorte un droit acquis que de ne pas payer ; comme on ne paie pas ses esclaves, on ne paie non plus personne autre, et ce sont deux coutumes qui se tiennent par une même origine. Aussi cite-t-on dans chaque colonie des dettes qui remontent jusqu'à Louis XIII, des habitations engagées pour dix fois leur valeur, et, par contre, des colons héritiers de fortunes immenses, dont ils ne peuvent ni disposer, ni même obtenir la moindre part ». C'est ce qu'écrit aussi l'amiral Roussin en 1842[2] : « Sauf de très rares exceptions, la propriété privée n'existe pas et n'est qu'un mot vide de sens... Ceux qui possèdent n'ont pas plus de crédit que ceux qui n'ont rien, tant l'opinion est générale que toutes les propriétés sont grevées de dettes supérieures à la valeur du fonds. »

8° C'est ainsi que se constitua aux Antilles une société tout à fait factice, parce qu'elle ne s'était pas fondée et développée normalement. Ce qui manqua le plus, ce fut une classe moyenne, et ce qui l'empêcha de se créer, ou du moins de se maintenir, ce fut l'esclavage. Si les premiers colons, que nous avons vus à l'œuvre, firent preuve de qualités remarquables d'initiative, d'énergie et d'endurance, leurs successeurs, gâtés par l'introduction des esclaves, se laissèrent vaincre peu à peu par le climat et les séductions d'une vie molle et facile. Ce fait eut pour cause principale le « divorce de la propriété et du travail[3] ». La notion de l'effort, de la lutte nécessaire pour l'existence, fut bientôt perdue pour ceux qui n'avaient qu'à jouir du labeur des autres. La nature, — qui demande souvent à être vaincue, — ici spontanément féconde, les comblait de ses prodigalités ; la masse des hommes, — avec lesquels il faut compter d'habitude pour exercer contre eux la concur-

---

[1] *Op. cit.*, p. 242.
[2] Cf. P. Leroy-Beaulieu, *op. cit.*, p. 241.
[3] Duval, *op. cit.*, 166.

rence, — annihilés comme volonté, n'existaient plus que comme instruments. Dès lors, plus d'obstacle, et, par suite, plus de progrès, mais l'abandon aux instincts et aux passions, l'amour des jouissances frivoles suivant le caprice du moment, sans prévoyance, sans souci de l'épargne, sans réelles vertus de famille, sans un haut idéal de vie intellectuelle et morale, sans la moindre préoccupation, en un mot, de la justice et de l'humanité. Il est juste de dire que si les colons, contents de se laisser vivre, excédèrent ou laissèrent excéder par leurs gérants les nègres de fatigues et de cruautés pour obtenir d'eux le maximum d'efforts et de rendement possible, la cause en est, non pas uniquement à leur égoïsme et à leur désir immodéré du luxe, mais aussi, pour une bonne part, au régime tyrannique qu'ils furent eux-mêmes contraints de subir de la part de la métropole.

9° L'abolition de la traite, puis de l'esclavage, et enfin du pacte colonial, a changé la face des choses. Toutefois, il n'en reste pas moins établi que, l'esclavage ayant produit les tristes résultats que nous avons fait connaître, à la suite de l'émancipation se sont posés d'autres problèmes nés précisément de la situation antérieure, et qui sont loin d'être encore complètement résolus. En premier lieu est celui de l'accord des deux races qui, au fond, restent radicalement hostiles, mais avec cette différence que les gens de couleur jouissant désormais des mêmes droits que les blancs et l'emportant fatalement par le nombre, ont aujourd'hui la prépondérance. S'il est vrai qu'il existe « une justice immanente », on pourrait trouver que c'est là comme un « juste retour... des choses d'ici-bas », une sorte d'expiation du passé, subie, ainsi qu'il arrive trop souvent, par d'autres que les auteurs responsables. Quoi qu'il en soit, ce résultat n'est-il pas déplorable ? Et peut-on s'empêcher de regretter que le pouvoir soit précisément dévolu à ceux qui paraissent jusqu'ici le moins préparés à l'exercer ?

En second lieu, le sol ayant été, peut-on dire, lui aussi,

libéré, s'est présentée la question de la reconstitution de la propriété, établie sur de nouvelles bases, et de l'organisation du travail libre. On sait qu'il a été impossible de ramener à la culture une grande quantité de gens de couleur, auxquels de trop vivants souvenirs la rendaient particulièrement odieuse. Mais, comme nous l'avons indiqué (p. 455), l'immigration des coolis n'a été qu'un expédient, et n'a pas permis de créer véritablement le travail libre.

En troisième lieu, les Antilles ont naturellement profité de la liberté commerciale, à laquelle est venue s'ajouter la liberté politique. Mais, malgré les progrès accomplis à ce double point de vue[1], peut-on dire que nous ayons trouvé là formule la plus pratique de conciliation entre le développement des intérêts particuliers de nos colonies et leur subordination aux intérêts généraux de la métropole? Heureusement, la population de nos îles américaines se rattache de plus en plus par le sentiment patriotique à la France continentale, et leur territoire est bien devenu comme le prolongement de la mère-patrie au-delà de l'Océan. C'est ce qui rendra, espérons-le, l'entente de jour en jour plus facile. Mais, pour cela, il est nécessaire que la population de couleur ne devienne pas, à son tour, oppressive à l'égard de la population blanche. Oui, souhaitons surtout, en terminant, que, grâce au progrès des idées philanthropiques en notre siècle, la société des Antilles réalise le rapprochement et l'union de tous les Français, sans distinction de race. Un des éléments du patriotisme est d'ordinaire la communauté des souffrances et des joies dans le passé. Malheureusement, il ne saurait exister ici. Il faut donc que les descendants des anciens maîtres

[1] « Depuis quelques années, au point de vue politique, nous avons introduit dans nos colonies les libertés de la France; nous leur donnons des gouverneurs civils, nous admettons dans notre Parlement leurs représentants. On dirait que la France est pleine de regrets d'avoir manqué dans le passé sa vocation coloniale, et de ferme propos de réparer les fautes dans cette voie. A ces desseins virils, quoique tardifs, on ne saurait trop applaudir. » P. Leroy-Beaulieu, *op. cit.*, p. 248.

et des anciens esclaves oublient des souvenirs déjà lointains. Puissent-ils, se dégageant de préjugés funestes, se réconcilier et fraterniser bien plutôt par la communauté d'efforts en vue de l'œuvre présente qui s'impose à eux et par la communauté des espérances en vue de l'avenir!

TABLE DES MATIÈRES

PRÉFACE

Thèse de l'utilité de l'esclavage au point de vue économique. — Supériorité du travail libre. — Fausse conception de l'intérêt. — Intérêt même actuel de la question de l'esclavage. — Ni esclavagistes, ni abolitionnistes ne l'ont traitée avec une impartialité suffisante. — Étude faite par M. P. Trayer au point de vue juridique. — Indication sommaire du plan du présent ouvrage.. VII

LIVRE I

LES FRANÇAIS AUX ANTILLES. — LA TRAITE

CHAPITRE I
ÉTABLISSEMENT DES FRANÇAIS DANS LES ANTILLES

I. — Persistance de l'esclavage dans la péninsule ibérique jusqu'aux temps modernes. — Extension nouvelle qu'il prend en Amérique par la traite des noirs au XVIe siècle. — Las Casas. — Les Français n'ont fait que suivre l'exemple des Espagnols et des Portugais... 2

II. — Voyage de d'Esnambuc à Saint-Christophe (1625). — Premiers esclaves. — La Compagnie de Saint-Christophe (1626), appelée ensuite Compagnie des Iles de l'Amérique. — Les débuts de la traite française. — Occupation de la Guadeloupe, de la Martinique et dépendances. — Les flibustiers de Saint-Domingue........ 4

III. — Peuplement rapide des Antilles. — Éléments divers de leur population: noblesse aventurière, fonctionnaires et officiers ; — ordres religieux ; — bourgeois ; — *engagés*, volontaires ou forcés. — Ainsi, avant que la traite se fût développée, constitution d'une société capable de vivre par elle-même. — Mais le courant d'émigration ne fut pas entretenu............................... 12

IV. — L'intérêt fait préférer les nègres esclaves. — Préjugé contre le travail libre. — Insuffisance de l'objection tirée du climat. — L'enquête de 1840 : les faits historiques ; — témoignages divers. — Conclusion : le travail des immigrants européens aurait pu suffire... 19

V. — Population indigène des Caraïbes. — Pourquoi on ne l'a pas réduite en servitude. — Des sauvages de la terre ferme. — Droits accordés aux indigènes des colonies françaises. — Rares essais tentés pour les civiliser. — Ils disparaissent peu à peu......... 26

VI. — L'esclavage des noirs africains domine toute l'histoire des Antilles. — Indication des principales phases de cette histoire par rapport à notre sujet.................................... 32

CHAPITRE II
LA TRAITE : CONCESSIONS ET PRIVILÈGES

I. — Diverses inexactitudes au sujet du commencement de la traite française. — Documents. — La traite n'est d'abord astreinte à aucune réglementation. — Elle se régularise et se développe surtout à partir de 1664, date de création de la Compagnie des Indes Occidentales. — Impulsion donnée par Colbert. — Défense de recourir désormais aux étrangers. — Exemption de droits pour les nègres et pour les marchandises servant à la traite. — Premières primes (1672)...................................... 36

II. — Compagnie d'Afrique ou du Sénégal (1674). — Nouvelles mesures en faveur de la traite. — Monopole (1679). — Compagnie de Guinée (1685). — Vaisseaux du roi employés à la traite. — Défense d'exporter les nègres des Antilles. — Compagnie royale du Sénégal, du cap Vert et côtes d'Afrique (1696)............... 41

III. — Compagnie de Saint-Domingue (1698). — Compagnie de l'Assiente (1701-1712). — Permissions à des armateurs particuliers. — Refus aux colons. — Liberté complète de la traite pour les négociants du royaume sur la côte de Guinée (1713). — La Compagnie des Indes obtient privilège exclusif (1720). — Liberté de 1725 à 1727, sauf pour les colons.................................. 52

IV. — Défense de faire le trafic des nègres avec les îles étrangères (1739). — Entraves apportées par la guerre à la traite. — Cependant prohibition de plus en plus rigoureuse. — La traite française est presque anéantie par le traité de Paris (1763)............... 63

V. — Traite libre (1767). — Permission accordée extraordinairement aux habitants de Cayenne. — Compagnie de la Guyane (1777). — La traite se détourne surtout vers Saint-Domingue. — Recours à la traite étrangère, mais avec droits très élevés. — Compagnie du Sénégal (1786). — Augmentation des primes (1786). — Leur suppression (1792-1793). — Suppression de la traite (1794, — 1817, — 1831). — Résumé................................. 71

CHAPITRE III
LE PAYS DE LA TRAITE

I. — Principaux comptoirs de traite sur les côtes occidentales d'Afrique, d'après un Mémoire du roi de 1785: Sénégal, côte de Sierra-Leone, côte d'Or, royaume de Juda, côte d'Angola. — Le pays des noirs. — Liste des rois nègres avec lesquels on traitait. 77

II. — Le type nègre. — Principales variétés exportées aux Antilles et traits qui les caractérisent : Sénégalais, Ouolofs ; — Foules, Mandingues ; — Bambaras, Quiambas ; — nègres de la côte d'Or : Ibos et Mocos ; — Congos ; — nègres d'Angola : Mondongues, Foin ; — Mozambiques 85

III. — L'esclavage en Afrique. — Prisonniers de guerre ; condamnés pour meurtre, vol, sorcellerie, adultère ; liberté perdue au jeu. — Esclaves domestiques. — L'arbitraire des roitelets noirs. — Comment l'esclavage a été développé par les Européens......... 91

IV. — Manière dont se faisait la traite. — Les courtiers. — Caravanes d'esclaves. — Les *coutumes*. — Divers intermédiaires. — Le troc. — Comptes de traite. — Objets d'échange. — Prix approximatifs des nègres. — Les nègres *pièces d'Inde*. — Opinions optimistes de négriers.................................... 95

CHAPITRE IV

EXPORTATION ET VENTE DES NÈGRES

I. — Les nègres achetés sont réunis au *tronc* avant l'embarquement. — Les préparatifs du départ. — Règlement destiné aux bâtiments négriers. — Soins et discipline. — Propreté. — Divers témoignages à ce sujet. — Révoltes à bord. — Perte moyenne de 7 à 8 0/0 pendant la traversée.................................. 100

II. — Arrivée aux Iles. — Visite sanitaire. — Cas rédhibitoires. — Vente à bord ou à terre. — Le commerce du *regretage*. — Prix de revente des nègres. — Bénéfices de la traite............. 110

III. — Les nègres de choix des gouverneurs. — Abus. — Le droit de 2 0/0. — Divers essais de réglementation. — Suppression du droit en 1760... 128

IV. — La traite n'a été qu'un commerce d'échange. — Inconvénients de ce système. — Causes qui empêchaient souvent les colons de payer les nègres. — Manque d'argent aux Iles. — Exemption de moitié des droits pour les marchandises provenant de la traite... 132

V. — Du nombre des noirs importés aux Antilles. — Défectuosité des recensements. — Recherches d'après divers documents officiels. — La reproduction n'a jamais été suffisante pour qu'on pût se passer de la traite. — Décroissance annuelle de 2 1/2 0/0. — C'est là encore une des raisons qui font condamner la traite et l'esclavage... 135

LIVRE II

LE RÉGIME DE L'ESCLAVAGE

CHAPITRE I

LA LÉGISLATION AUX ANTILLES. — LE CODE NOIR

I. — Vu l'influence de l'esclavage sur la destinée des Antilles, il importe d'étudier les rapports des maîtres et des esclaves. — Au début, l'esclave n'a aucune garantie. — Il est en dehors de la législation imitée de la métropole..................... 143

II. — Juridiction établie d'abord par la Compagnie des Iles. — Juridiction des particuliers. — Le roi se réserve la justice souveraine. — Conseils souverains créés à la Martinique (1664), à la Guadeloupe et à Saint-Domingue (1685). — Gouverneur et Intendant. — Lois du royaume suivies aux colonies. — Nécessité d'en promulguer de nouvelles, surtout pour les esclaves................. 145

III. — Le Code Noir, œuvre de Colbert. — Comment il a été préparé. — Mémoires de Patoulet, Blenac et Begon..................... 149

IV. — Au sujet de la rédaction du Code Noir. — Influence de la Bible, du droit romain, du droit canonique; applications parfois erronées. — La fusion des races au point de vue légal et au point de vue pratique. — Le Code Noir est une œuvre humaine pour l'époque....................................... 154

V. — Le Code Noir d'après un texte manuscrit des Archives Coloniales 158

CHAPITRE II

RELIGION DES ESCLAVES

I. — Le prosélytisme religieux invoqué pour justifier l'esclavage. — De l'influence que pouvait exercer la religion chrétienne sur les esclaves. — Fétichisme des nègres. — Quelques-uns ont une vague connaissance de l'Islamisme......................... 167

II. — Les religieux entreprennent dès le début leur conversion. — Ils sollicitent l'intervention des pouvoirs locaux. — Diverses mesures prises avant le Code Noir. — Les maîtres juifs et protestants 172

III. — Prescriptions relatives au baptême et à l'instruction religieuse. — Repos des jours fériés. — Libre exercice du culte. — Règlement adressé aux curés des îles. — Préoccupations officielles qu'inspire constamment le salut des noirs.............. 177

IV. — Qu'arrive-t-il dans la pratique ? — Offices troublés par les nègres. — Processions. — Fêtes. — Difficultés de l'enseignement évangélique. — Superstitions des nègres. — Leurs réunions illicites dans les églises. — Les Jésuites accusés de les corrompre. — Les magistrats ne veulent pas laisser les religieux empiéter sur la justice séculière à propos des pénitences publiques.......... 181

V. — Inconvénients que voit le pouvoir civil dans l'enseignement donné aux nègres. — La sûreté des blancs dépend de leur ignorance. — La religion n'a pas favorisé l'émancipation des esclaves. 193

CHAPITRE III

MŒURS DES ESCLAVES

I. — Degré de moralité originaire du nègre. — Si les Européens l'ont amélioré ou perverti. — Mélange fatal des deux races. — Premier règlement de M. de Tracy (1664). — Mesures subséquentes. — Peines infligées aux commandeurs et aux maîtres... 195

II. — L'article 9 du Code Noir. — Rapprochement de cet article avec les textes concernant l'esclavage dans l'antiquité. — Exemples de son application. — Insuffisance des prescriptions légales pour empêcher la corruption. — Rôle du clergé, des magistrats. — La question du mélange des sangs............................ 199

III. — Du mariage des esclaves au point de vue moral. — Rareté des unions légitimes. — Ses causes. — Pas de famille véritable. — Le triomphe de la bête humaine............................ 208

CHAPITRE IV

DE LA CONDITION MATÉRIELLE DES ESCLAVES

I. — Les esclaves ne sont guère que des corps, des instruments de travail. — Aucune réglementation de leur travail, sauf pour les dimanches et fêtes. — Nègres employés à la culture, aux sucreries; nègres ouvriers, domestiques........................ 213

II. — Pas de prescriptions relatives au logement des esclaves. — Cases des nègres.. 216

III. — Nourriture des esclaves. — Obligations légales des maîtres à ce sujet. — Elles paraissent mal conçues en principe. — Leur insuffisance dans la pratique. — La question du samedi. — Mesures vainement multipliées pour contraindre les maîtres à s'adonner aux cultures *vivrières*.. 218

IV. — Vêtements. — Esclaves peu ou point habillés par leurs maîtres, sauf les domestiques. — Amour des nègres pour la toilette. — Règlement sur le luxe des esclaves. — Leurs divertissements, en particulier la danse.................................. 226

V. — Malades, infirmes, vieillards doivent être soignés par les maîtres. — Maladies auxquelles les nègres sont plus spécialement sujets. — Les avortements. — Mortalité considérable..... 235

VI. — Arguments tirés de la condition des nègres pour défendre l'esclavage. — Mémoire de Malouet sur cette question. — Amélioration relative du sort des esclaves vers la fin du xviii° siècle. Ordonnance de 1786. — En fait, leur situation est toujours restée misérable.. 238

CHAPITRE V

DES ESCLAVES CONSIDÉRÉS PAR RAPPORT AU DROIT CIVIL

I. — L'esclave n'est pas une personne. — Des effets du christianisme en ce qui le concerne : baptême ; — mariage : articles 10, 11, 12, 13 du Code Noir ; — du sort des enfants ; — sépulture des esclaves 242

II. — L'esclave n'est qu'une propriété. — De sa qualité mobilière ou immobilière. — Législation complexe à ce sujet. — Déclaré meuble en principe, il est en fait traité dans la plupart des cas comme immeuble. — Articles 44 à 54 du Code Noir. — Il ne peut généralement être saisi qu'avec le fonds. — De la destination des esclaves dans les successions et partages. — Il n'y eut jamais de jurisprudence absolument fixe sur les règles à appliquer aux esclaves considérés comme propriété........................... 247

III. — L'esclave n'a le droit de rien posséder en propre : article 28 du Code Noir. — De son pécule : article 29. — Portion de terrain qui lui est concédée. — Il ne peut recevoir ni donations, ni legs ; — ni faire lui-même aucune disposition entre vifs ou testamentaire.. 265

IV. — Cas où l'esclave représente juridiquement la personne de son maître. — Conditions dans lesquelles il pratique un commerce. — Nombreuses précautions accumulées contre lui. — Des métiers qu'il est autorisé à exercer. — Esclaves tenant maisons. — Nègres de journée. — Colportage des esclaves................ 270

V. — Les maîtres sont tenus des actes de négoce de leurs esclaves ;

jusqu'à quel point? — De leur incapacité légale à divers points de vue. — De leur témoignage en justice 279
VI. — De la capitation payée par les maîtres pour leurs esclaves.— Des réquisitions. — Conclusion 283

CHAPITRE VI

POLICE ET CHATIMENTS CONCERNANT LES ESCLAVES

I. — Régime de contrainte perpétuelle auquel sont soumis les esclaves. — Exception relative pour ceux qui servent de domestiques. — Discipline des ateliers et du jardin ; économes et commandeurs. — Le fouet ; diverses sortes de flagellation. — Autres peines infligées par les maîtres eux-mêmes........................ 289
II. — Du nombre des blancs préposés à la garde des nègres. — Prescriptions à ce sujet; elles ne sont presque jamais observées. — Corps de gens de couleur libres destinés à contenir les esclaves. 294
III. — Mesures prises à l'égard de la circulation des nègres. — Défense de porter des armes ; — application de l'article 15 du Code Noir au suicide ; — défense de s'attrouper. — Ces règlements préventifs sont sans cesse violés 298
IV. — La justice publique. — Procédure employée à l'égard des esclaves. — Juges ordinaires. — Droit d'appel au Conseil supérieur. — Pourquoi les maîtres secondent mal l'action de la justice. — Le bourreau.................................... 304
V. — Principaux délits et crimes : Vols, violences et meurtres, incendies, empoisonnements. — Châtiments divers dont ils sont punis.. 309
VI. — Tentatives de répression des excès des maîtres contre leurs esclaves.. 323
VII. — Responsabilité des maîtres concernant les dommages causés par leurs esclaves — Nègres justiciés. — Divers cas auxquels un nègre tué est remboursé. — Charge imposée par le paiement des nègres justiciés. — Leur prix. — Caisse des nègres justiciés. Conclusion 336

CHAPITRE VII

DU MARRONAGE DES NÈGRES. — RÉVOLTES

I. — Étymologie du mot *marron*. — Le *marronage* a été la plaie des Antilles.— Différentes sortes de nègres marrons.— Premières mesures prises contre eux. — L'esclave Fabulé. — Jurisprudence incertaine et variable jusqu'en 1685. — L'article 38 du Code Noir. 342

II. — Règlements divers à partir de 1700. — Proposition de rendre eunuques les marrons. — Désordres qu'ils causent. — Chasses dirigées contre eux. — Prix de capture. — Les maîtres doivent signer leurs plaintes en marronage.'— Des esclaves épaves et non réclamés. — Du sort des nègres nés dans les bois............ 348

III. — Des esclaves réfugiés en territoire étranger. — Conventions avec les Espagnols et les Portugais. — Acte du 3 juin 1777. — Des nègres marrons de Surinam....................... 355

IV. — Recrudescence du marronage dans les Antilles françaises vers 1740. — Règlements des Conseils de Léogane et du Cap concernant la maréchaussée. — Cas divers. — Ordonnance royale du 1ᵉʳ février 1743.. 359

V. — Lettre du Ministre au maréchal de Saxe au sujet de son projet d'enrôler des nègres marrons (1747). — Exemple de la discipline des marrons entre eux. — Marrons à la chaîne (1764). — Déclaration royale de 1768................................. 363

VI. — Peines portées contre les receleurs d'esclaves. — Tentatives de révoltes. — Pourquoi elles ont toujours échoué............... 369

CHAPITRE VIII

DES ESCLAVES AMENÉS EN FRANCE

I. — Le principe de la liberté personnelle en France au XIVᵉ siècle. — Que vont devenir les nègres esclaves des colonies passant dans la métropole ? — Au début, ils sont considérés comme libres. — Première décision à ce sujet, en 1696. — Défense aux capitaines d'en embarquer. — Ceux qui ont débarqué en France ne peuvent être contraints de retourner aux îles........................ 373

II. — Édit du mois d'octobre 1716, restrictif de la liberté. — Déclaration du roi, du 15 décembre 1738, destinée à empêcher les maîtres de garder en France leurs esclaves au delà des délais fixés; ses prescriptions plus sévères. — Déclaration à faire pour les esclaves amenés en France. — Exceptions au règlement. — Cas de confiscation. — Les nègres se multiplient trop en France............. 378

III. — Ordonnances du duc de Penthièvre (1762). — Lettre ministérielle aux administrateurs des colonies pour leur défendre d'accorder aucun passage aux gens de couleur (1763). — De la consignation à payer pour les esclaves amenés dans la métropole. — Déclaration du roi, du 9 août 1777, interdisant l'entrée du royaume à tous les gens de couleur, sauf les domestiques....... 385

IV. — Difficulté de garder les nègres au dépôt. — Pièces servant à vérifier la situation des noirs embarqués pour la France. — Du nombre des nègres venus en France. — Arrêt du 11 janvier 1778. — Ordonnance du 23 février. — Arrêt du 5 avril interdisant le mariage entre blancs et gens de couleur. — La plupart des prescriptions ne furent jamais rigoureusement observées........... 392

CHAPITRE IX

AFFRANCHISSEMENT DES ESCLAVES. — SITUATION NOUVELLE DES AFFRANCHIS

I. — Pas de disposition légale sur l'affranchissement avant le Code Noir, sauf pour les mulâtres. — Articles 55 et 56 du Code Noir : pas de restrictions à la volonté des maîtres. — Motifs divers qui les poussent à affranchir leurs esclaves : services rendus par les domestiques ; — services rendus à la cause publique ; — liaisons illégitimes ; — spéculation.................................... 401

II. — Ordonnance royale interdisant l'affranchissement sans autorisation préalable (1713). — Affranchissements trop multipliés ; instructions à ce sujet. — Ordonnance royale de 1736, proscrivant la fraude qui consistait à baptiser comme libres des enfants de mères non affranchies.................................... 407

III. — Vers 1740, imposition d'un droit pour les affranchissements. — Détails à ce sujet. — Suppression de cette taxe des libertés (1766). — Divers règlements locaux. — Le Conseil d'État décide qu'il n'appartient qu'aux gouverneurs et intendants de statuer sur les affranchissements. — Ordonnance de 1775. — État semestriel des permissions accordées. — Actes d'affranchissement non ratifiés. — Les affranchis ne pouvant montrer un titre légal de liberté appartiennent au roi. — Dans la pratique, la volonté des maîtres n'a jamais pu être sérieusement entravée par les règlements.... 411

IV. — Articles 57, 58, 59 du Code Noir, relatifs aux affranchis : égalité apparente entre les gens de couleur libres et les blancs. — Le préjugé de couleur. — L'appellation de sang-mêlé considérée comme un outrage. — Différence radicale entre les sang-mêlé et les blancs. — Il n'en est pas de même des Indiens. — L'opinion du gouvernement commence à changer vers 1789......... 420

V. — Vérification des titres de liberté. — Défense aux sang-mêlé de porter les noms des blancs. — Politique tendant à empêcher les unions entre les gens de couleur et les blancs. — Règlements sur le luxe des gens de couleur.................................... 425

VI. — Charges dans la judicature et les milices interdites aux sang-mêlé. — De même pour certains offices ou métiers. — Ils exercent souvent les moins avouables. — Restrictions à leur droit de propriété : ils ne peuvent recevoir ni dons, ni legs des blancs. — Débats au sujet du droit de capitation dont ils se prétendent exempts. — Mesures diverses à leur égard. — De leurs rapports avec les blancs. — Le préjugé de couleur partagé par les esclaves sang-mêlé.................................... 428

CHAPITRE X

RÉSUMÉ. — CONCLUSION

I. — Résumé des chapitres précédents.................... 436
II. — Rien ne justifie l'esclavage moderne, qui a été l'abus conscient de la force. — C'est la métropole qui l'a imposé aux Antilles françaises. — L'esclavage a été un fléau à tous les points de vue. — Son principe n'est plus discutable......................... 444
    Ses conséquences funestes: 1° Il a empêché le développement, reconnu possible, de la population blanche aux Antilles. — Résultats du mélange des races. — Influence de la servitude sur les maîtres comme sur les esclaves. — Le régime forcé de la terreur réciproque. — L'absentéisme............................. 445
2° Développement de la grande propriété, presque exclusivement sucrière. — Disparition progressive des « petits blancs ». — Inconvénients de la réunion de la culture de la canne et de la fabrication du sucre sur les mêmes habitations. — Abandon de la charrue pour la houe de l'esclave. — La routine : stagnation des procédés agricoles et industriels. — Production exclusive et intensive des denrées d'exportation. — Presque point de « cultures vivrières ». 448
3° Application du pacte colonial aux Antilles. — Leur dépendance absolue de la métropole. — Point de circulation monétaire. — Le troc : ses difficultés et ses abus............................ 452
4° L'esclavage a empêché la naissance d'industries variées......... 453
5° Défaut de vie intellectuelle et artistique...................... 454
6° Avilissement du travail libre. — Des avantages relatifs du travail servile par suite du bon marché de la main-d'œuvre. — Revenus produits par les Antilles au siècle dernier. — Prospérité du commerce extérieur..................................... 455
7° Rapidité des fortunes créoles, mais leur instabilité. — La généralité des propriétaires endettés............................ 455
8° Constitution d'une société factice. — Responsabilité de la métropole.. 459
9° L'héritage du passé pèse encore aujourd'hui sur les Antilles.... 460
Problèmes soulevés par l'émancipation. — L'avenir............. 461

Tours. — Imprimerie DESLIS Frères.

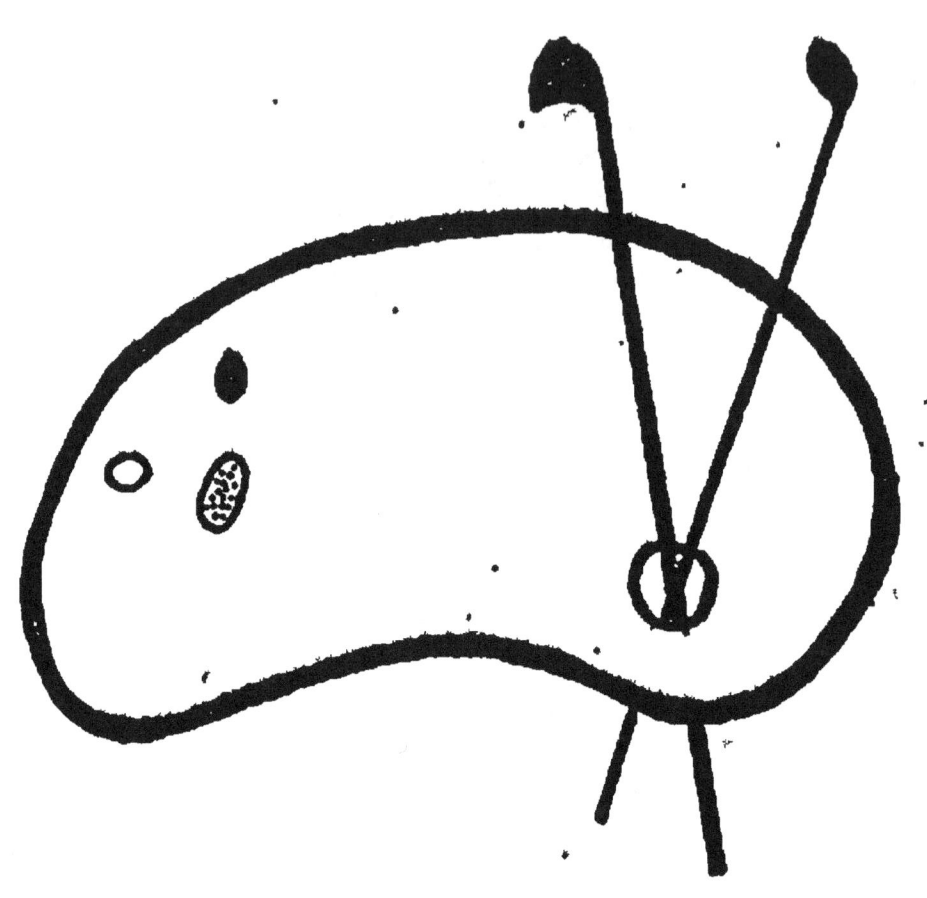

ORIGINAL EN COULEUR
NP 2 43-120-8

www.ingramcontent.com/pod-product-compliance
Lightning Source LLC
Chambersburg PA
CBHW050610230426
43670CB00009B/1345